행시 최종합격생 7인의

5급 PSAT
유형별 기출공략
상황판단

SD에듀
(주)시대고시기획

Always **with you**

사람이 길에서 우연하게 만나거나 함께 살아가는 것만이 인연은 아니라고 생각합니다.
책을 펴내는 출판사와 그 책을 읽는 독자의 만남도 소중한 인연입니다.
(주)시대고시기획은 항상 독자의 마음을 헤아리기 위해 노력하고 있습니다.
늘 독자와 함께하겠습니다.

머리말

5급 공채 PSAT 준비의 시작!
가장 효율적인 학습법은
기출문제를 분석하는 것입니다!

2004년 외무고등고시에 처음 도입된 공직적격성평가(이하 PSAT)는 이후 2005년 행정고등고시와 입법고등고시, 그리고 2011년 민간경력자 시험에도 도입되면서 그 중요성이 점차 강조되어 왔습니다. 이제 PSAT는 적용 범위를 더 확대하여 7급 공무원 채용시험에도 도입되는 등 그야말로 공무원 시험의 핵심요소로 자리 잡았습니다.

PSAT를 준비하는 수험생을 대상으로 한 설문조사에서, 대부분의 수험생이 PSAT를 대비하기 위한 방법으로 "기출문제"를 선택하고 있다는 조사 결과가 있었습니다. 이는 PSAT 시험이 해를 거듭하면서 어느 정도 고정된 문제 형태를 가지게 된 결과라고 할 수 있습니다.

처음 PSAT가 도입될 당시만 해도 생소한 출제유형과 평가제도로 인해 많은 수험생이 학습의 어려움을 호소했지만 각 영역에 대한 기출 분석 및 출제 방향에 대한 학습이 이루어지면서 이제는 어느 정도 PSAT의 대비책이 정립되었다고 볼 수 있습니다. 그러나 PSAT의 효율적인 학습을 위해서는 기출문제를 무작정 풀어보는 것이 아니라, 과목별로 기출 유형을 꼼꼼히 파악하고 정리해두는 것이 중요합니다.

본서는 이러한 사항들에 집중하여 가장 효과적인 기출문제 정리와 응용력 향상을 위한 방법이 어떤 것일지에 대한 고민의 결과물입니다. 5급 공채 시험을 준비하면서 PSAT에 여러 번 합격하였고, 마침내 최종합격한 합격생들로 이루어진 집필진이 2016년부터 2022년까지 총 7개년의 5급 PSAT 기출문제들을 분석하여 각 영역마다 대표 유형을 선별하고 관련된 문제를 수록하였습니다.

또한 처음 PSAT를 준비하는 수험생들의 눈높이에 맞도록 정확하고 상세한 해설로 구성하였으며, 그동안의 수험 과정에서 시행착오를 거듭하며 쌓은 문제접근 방법 및 풀이 방법에 대한 노하우를 아낌없이 담았습니다.

SD에듀는 수험생 여러분의 지치지 않는 노력을 응원하며 합격에 도달하는 가장 빠르고 정확한 길을 제시하고자 힘쓰고 있습니다. 수험생 여러분이 합격의 결승선에 도달하는 그날까지 언제나 함께 응원하겠습니다.

● 도입 배경

21세기 지식기반사회가 필요로 하는 공직자는 정치 · 경제 · 사회 · 문화 등 각 분야에서 일어나는 급속한 변화에 신속히 적응하고 새롭게 발생하는 문제들에 대처할 수 있어야 한다. 이러한 시대적 요구에 부응하기 위해 단순히 암기된 지식이 아닌 잠재적 학습능력과 문제해결능력을 측정하기 위한 PSAT 시험을 도입, 공직자로서 갖추어야 할 소양과 자질을 평가하고 있다.

● 평가 영역

공직적격성평가(Public Service Aptitude Test)는 공직자에게 필요한 소양과 자질을 측정하는 시험으로, 논리적 · 비판적 사고능력, 자료의 분석 및 추론능력, 판단 및 의사 결정능력 등 종합적 사고력을 평가한다.

1. PSAT의 평가영역은 언어논리 · 자료해석 · 상황판단 세 영역으로 구성된다.

언어논리	글의 이해, 표현, 추론, 비판과 논리적 사고 등의 능력을 평가
자료해석	수치 자료의 정리와 이해, 처리와 응용계산, 분석과 정보 추출 등의 능력을 평가
상황판단	상황의 이해, 추론 및 분석, 문제 해결, 판단과 의사 결정 등의 능력을 평가

2. PSAT는 특정한 지식의 정도를 측정하는 것이 아니라 능력을 측정하는 시험이기 때문에, 대학입시 수학능력시험과 유사한 측면이 있다. 그러나 수학능력시험은 학습능력을 측정하고 있는 데 반해, PSAT는 새로운 상황에서 적응하는 능력과 문제해결, 판단능력을 주로 측정하고 있기 때문에 학습능력보다는 공직자로서 당면하게 될 업무와 문제들에 대한 해결능력과 종합적이고 심도 있는 사고력을 요하는 문제가 중점적으로 출제된다.

● PSAT 실시 시험 개관

구분	시행 형태		
	1차시험	2차시험	3차시험
5급 공개경쟁채용시험	PSAT · 헌법	직렬별 필수/선택과목(논문형)	면접
입법고시			
외교관후보자 선발시험		전공평가/통합논술(논문형)	
지역인재 7급 수습직원 선발시험		서류전형	
7급 공개경쟁채용시험	PSAT	전문과목(선택형)	
5 · 7급 민간경력자 선발시험		서류전형	
대통령경호처 7급 경호공무원		체력검정 및 인성검사	

시험 일정

구분	2022년도 원서접수	제1차시험		제2차시험		제3차시험 (면접시험)	최종합격자 발표
		시험일	합격자 발표일	시험일	합격자 발표일		
5급 행정				6.25.~6.30.	9.2.	9.19.~9.21.	10.4.
5급 기술	1.25.~1.27	2.26.	4.6.	7.1.~7.6.	9.2.	9.19.~9.21.	10.4.
외교관후보자 선발시험				6.25.~6.30.	9.2.	9.22.	10.4.

※ 2022년도 기준 시험일정입니다.
시험일정은 변경될 수 있으므로 인사혁신처 또는 사이버국가고시센터 온라인 페이지의 공고사항을 반드시 확인하시기 바랍니다.

시험 영역

헌법	+	PSAT		
25문항 (25분)		언어논리 영역 40문항(90분)	자료해석 영역 40문항(90분)	상황판단 영역 40문항(90분)

합격생 정○○

고시공부를 하면서 가장 큰 불안요소 중 하나는 PSAT 점수가 아닐까 생각합니다. 과도하게 시간을 투자하기도 부담스럽고, 1차에 떨어지면 2차 시험장에서 지금까지 공부했던 실력을 발휘할 기회조차 얻지 못하게 되니까요. 또한 PSAT 점수를 빠른 시간 내에 올리기 어렵다는 것도 수험생들에게 고민이 될 것 같습니다.

기본적으로 PSAT를 준비하려면 기출문제를 풀어보고, 자신의 취약한 부분을 파악하는 것에서 시작해야 합니다. 그리고 얼마만큼의 시간을 투자할 것인지 전략을 세워야 합니다. 자료해석은 빠르게 점수를 올릴 수 있지만, 언어논리나 상황판단은 오랜 시간을 두고 연습이 필요합니다. 행정고시에 진입할 것인지를 고민한다거나, 혹은 1차 공부를 시작하기로 마음먹었다면 우선 4~5개년 정도의 기출문제를 풀어보시길 권합니다.

스터디를 구성하여 함께 풀어보는 것도 좋습니다. 저는 매일 아침 스터디모임을 가지며 언어논리/자료해석/상황판단 1세트를 풀고, 그 전날 풀었던 문제 중 풀이가 필요한 문제들을 가져와 스터디원들과 "가장 합리적인 풀이"를 찾고자 했습니다. 이를 통해 강제적으로라도 문제 풀이를 하고, 또한 내가 생각하지 못한 새로운 접근방식을 터득할 수 있었던 것 같습니다. 이러한 과정에서 얻은 "가장 합리적인 풀이"를 이 책의 "합격생 가이드"에 담았습니다.

저는 **언어논리** 점수를 높이기 위해 모든 기출문제를 반복하여 풀었습니다. 처음에는 복습에 많은 시간을 투자했습니다. 틀린 문제는 왜 이 선택지가 답인지, 맞은 문제는 왜 이 선택지를 골라야 하고 왜 다른 것들은 오답인지를 계속해서 고민했습니다. 더 이상 오답 풀이가 의미 없어질 때 즈음해서 자연스럽게 언어논리에서 요구하는 사고흐름을 터득한 것 같습니다. 언어논리는 시중에 양질의 문제가 많이 없어 기출 의존도가 특히 높은데, 기출문제를 다시 풀더라도 이를 다 아는 문제라고 착각하지 말고 매번 새로운 방식으로 풀어보시길 권합니다. 그리고 자신이 생각한 "이것이 정답인 이유"가 타당한 것인지도 재차 검증해 보아야 합니다. 이를 반복하다 보면 언어논리가 요구하는 사고방식에 가까워질 수 있습니다.

자료해석은 처음에는 가장 어렵지만 나중에는 가장 쉬운 과목입니다. 처음에 어려운 이유는 접근 방식을 몰라서이고, 이를 터득하면 비교적 수월하게 점수를 올릴 수 있습니다. 핵심은 "모든 계산을 할 필요가 없다."입니다. 처음 문제를 보면 세세한 계산을 전부 해야 할 것처럼 보이지만, 조금만 생각해보면 식들이 간단히 정리된다거나, 어림산이 가능하다거나, 혹은 정작 계산해야 하는 항목은 1~2가지뿐이라거나 하는 식입니다. 이를 파악하기 위한 가장 빠른 방법은 숙련된 사람과 함께 공부하는 것입니다. 주변에 숙련자가 없다면 이 책의 "합격자 가이드"를 적극적으로 활용하시기 바랍니다. 한 번만 보면, 다음부터는 각 유형들에 대입하여 문제를 풀어나갈 수 있을 것입니다.

상황판단에서 가장 중요한 부분은 이 문제를 건드릴지 말지를 분간해내는 것입니다. 언어논리와 자료해석은 주어진 시간 내에 대부분의 문제를 풀 수 있으나, 상황판단의 경우는 3~4문제 정도는 시간 내(평균 2분 15초)에 풀기 어려운 문제가 섞여 있습니다. 1차에서는 모든 문제의 배점이 동일하므로, 이 킬러 문항들을 버리는 것이 상황판단 고득점에서 가장 핵심적인 부분입니다. 다음으로는 '틀리지 말아야 할 부분에서 틀리지 않는 것'이 중요합니다. 어려운 8문항을 포기하더라도, 다른 문제를 모두 맞혀 80점 이상의 높은 점수를 받을 수 있습니다. 따라서 킬러 문항을 푸는 연습보다도 쉬운 문제를 정확하게 맞히는 연습이 중요합니다.

처음 PSAT을 공부하는 분들, PSAT 점수에 부담을 느끼는 분들에게 이 책이 도움이 되었으면 좋겠습니다. 이 책에서 선별한 기출문제를 비롯하여 다른 기출문제들도 반복적으로 푸는 훈련을 하다 보면 유의미한 실력 상승이 따라올 것으로 기대합니다.

합격생 오○○

저는 2019년도 PSAT 시험에서 세 과목 모두 90점대 점수를 받았습니다. 저 역시 초시 때에는 상당한 점수 차이로 PSAT 시험에서 떨어졌지만 지속적인 연습 끝에 점수를 많이 끌어올렸습니다. PSAT 점수를 상승시키기 위해서는 기출문제를 반복해서 분석하는 것이 가장 중요하다고 생각합니다. 저는 매년 3개월 정도를 PSAT 준비에 투자했는데, 기출문제는 2~3번씩 다시 풀었습니다. 풀 때마다 더 빠른 풀이 방법은 무엇이 있을지 고민했던 것이 점수 상승의 주요인이었다고 생각합니다.

언어논리 영역은 언어 영역과 논리 영역으로 나뉩니다. 대부분의 수험생들이 논리 영역을 포기하고 언어 영역 풀이에 시간을 많이 들이지만, 언어 영역은 단기간에 점수를 끌어올리기에 어려움이 있기 때문에 논리 영역에서 최대한 점수를 끌어올리는 것이 좋다고 생각합니다. 우선 언어 영역은 문제당 무조건 2분 내로 풀어야 합니다. 문제 풀이를 연습하는 단계에서부터 한 문제당 2분을 넘길 것 같으면 고민을 멈추고 가장 정답에 가까울 것 같은 선지를 고른 후에 바로 다음 문제로 넘어가야 합니다. 논리 영역은 기호논리학 법칙들을 사용하는 데에 능숙해지면 풀이가 정말 쉬워집니다. 저는 학교에서 논리학 교양 강의를 수강한 이후에 기출문제 풀이를 통해 연습했지만 학교 강의 이외에도 다양한 수단을 통해서 기호논리학을 알아둔다면 단기간에 점수를 크게 끌어올릴 수 있을 것이라 생각합니다.

자료해석 영역은 일반적으로 점수를 올리기 가장 쉬운 영역이라고들 말하지만, 개인적으로는 80점 이상으로 점수를 끌어올리는 데에 가장 애를 먹었던 영역입니다. 자료해석 영역에서는 계산에서의 결벽을 없애는 것이 점수 상승의 핵심입니다. 주어진 계산을 1의 자리까지 모두 하려고 하지 말고, 숫자를 대충 보고 조건에 맞는지 아닌지를 판단하고 바로 넘어갈 수 있어야 합니다. 이외에도 차이값 비교, 곱셈 비교, 분수 비교 등 다양한 테크닉을 활용하면 풀이 시간을 단축할 수 있습니다. 그러나 자료해석 영역의 핵심은 결국 실수하지 않는 것이라고 생각합니다. 8문제를 버려도 푼 문제만 모두 맞춘다면 80점을 받을 수 있습니다. 실수하지 않기 위해 식을 작성한 이후에 계산을 했는데, 이처럼 침착하게 풀이하는 것이 점수 상승의 핵심이라고 생각합니다.

상황판단 영역은 점수를 올릴 수 있는 영역에서 점수를 올리고, 점수를 올리기 어려운 영역은 빠르게 넘기고 마지막에 풀어야 합니다. 법조문 유형이나 일치부합 유형과 같이 퀴즈 이외의 유형은 기출문제 분석을 통해서 점수를 올리기가 상대적으로 용이합니다. 반면, 퀴즈 유형은 문제의 숨겨진 장치가 무엇인지 바로 파악해내야 2분 내에 풀 수 있기 때문에 점수를 올리기가 어렵습니다. 따라서 상황판단 영역의 핵심은 기출문제 풀이를 통해서 숨겨진 장치를 파악하는 연습을 하는 것, 그리고 비(非) 퀴즈 유형의 문제들을 우선 풀고 그 다음에 퀴즈 유형의 문제를 푸는 방식으로 시험을 운용하는 연습을 하는 것입니다. 통상 1-3-2-4 혹은 1-3-4-2 순서가 사용되는데, 최근 1~10번 문제에 퀴즈형 문제가 나오기도 하는 등 형식의 변형이 있기 때문에 지속적인 기출문제 풀이 연습을 통해서 본인에게 맞는 운용 방식을 찾아야 합니다. '조금만 더 하면 풀 수 있을 것 같은데.'라는 생각을 버리고, 어려운 문제라면 바로 넘어가야 한다는 점도 꼭 명심해주세요.

1차 시험 커트라인을 유지시키거나 상승시킬 수 있을 정도로 **상당히 쉽게 출제**됐습니다. 난이도 판단의 배경으로는 법조문 유형, 수리퀴즈 유형, 전반적인 시험 시간 관리 측면에서 논의할 수 있습니다.

우선 정보확인 및 추론 유형의 감소 이후 증가한 **법조문 유형 문제들의 전반적인 난이도 하락**이 나타났습니다. 평면적인 조문들을 활용한 문제들로 출제되어 각 조문의 주체와 내용만 정확히 구별한다면 틀리기 어려울 정도의 선지 구성이 나타났습니다. 특히 21번과 같이 법조문을 여러 집단 간 적용해야 하는 유형이나, 17번과 같이 상황을 판단해야 하는 문제들이 상당히 쉽게 구성되는 경향이 나타났는데, 난이도 하락을 견인하는 데 이바지했다고 생각합니다. 이러한 경향이 지속된다고 가정할 경우, **법조문을 구조화시켜서 선지를 해결하는 훈련**을 미리 해둔다면 안정적인 상황판단 점수 취득에 효과적일 것으로 예상됩니다.

둘째 **수리퀴즈 유형의 문제에서도 상당한 난이도 하락**이 나타났습니다. 단순 계산형 수리퀴즈 문제라고 할 수 있는 ㉮ 책형 기준 9, 10, 29번 등에서는 단순 덧셈 수준에 그치거나 기존 기출에서 이미 많이 활용된 장치들이 나타나서 난이도 하락에 기여했습니다. 추론형 수리퀴즈 문제에서도 역시 기존 장치들이 많이 활용됐습니다. 시계의 특성을 활용한 13번, 반올림을 활용한 32번 등 유도하고 있는 장치가 명확하게 나타난 문제들로 인해 상황판단 영역의 전반의 정답률이 높아질 것으로 예상됩니다. 향후 치루어질 1차 시험에서도 이같이 쉽게 출제될 지 여부는 미지수이지만, 적어도 경향에 비추어 **기존 기출 문제상 수리퀴즈 문제들에 적용된 장치들을 미리 분석하고 대비**하는 것이 상황판단 점수를 확보하는 데 도움이 될 것으로 예상됩니다.

마지막으로 **시험 시간 관리** 측면에서 주요 문항들의 난이도 하락에 따라 시간 배분이 예년에 비해 훨씬 쉬웠을 것으로 예상됩니다. 90분 동안 40문제를 해결해야 하는 현 PSAT 시험 체계에서 문제당 약 2분의 시간이 주어집니다. 수험생별 전략의 차이가 있겠지만, 상황판단에 있어 시간 배분은 비교적 쉽고 명확하게 해결할 수 있는 **법조문과 단순 계산 문제에서 시간을 아끼고, 추론형 문제와 논리퀴즈, 게임 등 발상이 떠오르지 않는다면 해결하기 어려운 문제들에 시간을 더 투자**하거나 풀지 않고 넘겨 안정적인 점수 취득을 도모하는 것이 기본적인 골조라 할 수 있습니다. 앞서 언급한 법조문 및 수리퀴즈 유형에서 난이도 하락 및 추론형 수리퀴즈 문제에서의 변별력 하락에 따라 각 응시생은 어려운 문제 해결을 위해 사용할 수 있는 시간이 늘어났다는 인상을 받았을 것으로 예상됩니다.

향후 시험을 준비하는 수험생 입장에서 2021년도 기출 경향이 유지된다면, 상황판단 영역에서 목표 점수를 상향할 필요성이 있습니다. 그러나 수리퀴즈 유형 등의 문제가 다시 기존 수준으로 조정될 가능성도 존재하고 있는 만큼 **기출문제에 대한 분석과 법조문 유형 등에 대한 연습**을 통해 적어도 기존 기출에 등장한 장치에 대해서만큼은 이해하고 활용할 수 있도록 대비하는 것이 점수 취득에 효과적일 것입니다.

2022년 5급 공개경쟁채용 제1차 시험 PSAT 상황판단 총평

2022년 5급 PSAT 상황판단은 2021년보다 상당히 어려운 난이도로 출제되었습니다. 2020년과 2021년 PSAT 상황판단은 기존보다 쉬운 난이도로 출제된 경향이 있었지만, 그 경향이 뒤바뀌었습니다. 더욱이 상황판단은 많은 수험생들이 어려워하는 과목이기 때문에 이번 2022년 상황판단은 수험생들을 크게 당황시켰다고 판단됩니다.

첫째, 법조문 유형 문제들은 평이한 난이도로 출제되었습니다.

법조문 유형의 문제들은 조문 내의 주체를 파악한다든지, 기간 등을 계산하는 문제가 주를 이루었고, 이러한 유형은 기출문제를 통하여 충분히 연습된 아이디어이므로 많은 학생들이 큰 문제없이 앞쪽 문제들을 해결할 수 있었습니다. 법조문이 선지에 적용되는 방식을 이해하고 훈련하여 빠르게 문제를 풀고 어려운 뒤쪽 문제(퀴즈 등)를 풀 시간을 벌어야 합니다.

둘째, 수리퀴즈 유형의 문제 난이도가 상승하였습니다.

3분 이상의 시간을 주어도 어떠한 아이디어가 떠오르지 않는다면 풀 수 없는 8번, 30번, 32번과 같은 퀴즈가 출제되고, 전반적으로 계산하여야 하는 양이 많아져 수리퀴즈 문제를 푸는 데 시간이 많이 소요되었습니다.

셋째, 조건을 적용하여 계산을 요구하는 문제가 많아지고, 그 계산이 복잡해졌습니다.

8, 10, 11, 30번 등 조건을 주고 총액을 구하는 식의 문제가 많아져 시간이 많이 소요됩니다. 문제를 보고 2분 이상의 시간이 소요될 것 같으면 다음 문제로 넘어가는 식의 선구안이 필요합니다.

마지막으로 문제의 구성 측면에서 앞부분의 문제는 평이한 난이도로 빨리 풀리고, 뒷부분의 문제에서 난이도가 높아져 시간이 지체된 경우가 많았습니다.

시간관리 측면에서 앞부분의 문제를 빠르게 풀고, 뒷부분의 문제에 시간을 쏟을 수 있게 하는 전략이 필요합니다. 문제 푸는 순서에도 여러 전략이 있는데, 1번부터 차례대로 문제를 푸는 방식, 1번부터 10번을 풀고, 21번으로 넘어가는 방식 등이 있습니다. 자신에게 맞는 방식을 선택하여 어려운 문제에 시간을 뺏기는 일이 발생하지 않아야 합니다.

어려워진 상황판단 기조가 계속된다면, 역시 난이도의 상승은 수리퀴즈나 복잡한 계산문제가 견인할 것입니다. 그렇다고 하여 퀴즈 문제를 대비하는 것에는 한계가 있으므로 형식화된 문제인 법조문이나 조건적용 유형의 기출문제를 연습하여 적어도 기존 기출에 등장한 정답 장치에 대해서는 신속하고 정확하게 대처할 수 있도록 하여야 고득점을 노릴 수 있을 것입니다.

01

CHAPTER
01 법조문

Public Se

1 유형의 이해

상황판단에서 출제되는 법조문 유형의 문제는 '법조문 이해'와 '법조문 적용'으로 나눌 수 있다. '법조문 이해'의 경우
에 대한 설명으로 옳은 것을 골라내는 것에 중점을 두기에 난도가 평이한 것이 대부분이다. 하지만 '법조문 적용'의
상황에 해당 법조문이 올바르게 적용되었는지를 중점적으로 검토하기 때문에, 주어진 상황을 법학적으로 이해하는
야 한다. 따라서 시간이 걸리거나 다소 까다로운 문제가 많다.

2 발문 유형

• 다음 글을 근거로 판단할 때 옳은 것은?
• 다음 글을 근거로 판단할 때 허용될 수 없는 것은?

3 접근법

법조문을 모두 읽은 뒤에 선지를 보게 되면, 기억에 남는 것이 없어 비효율적이다. 따라서 시간 절약을 위해서는
해당하는 법조문을 찾아 읽는 것이 좋다. 또한 제00조 옆의 괄호는 해당 조문의 내용을 압축적으로 담고 있으므로
읽는 것도 좋은 방법이 될 수 있다.
법조문 적용 유형의 경우에는 상황부터 빠르게 읽으면서 해당 상황을 대략적으로 이해할 필요가 있다. 이후 법조문
조문에 나타난 법 용어로 상황을 머릿속으로 정리하는 습관이 필요하다.

4 생각해 볼 부분

유형별 가이드

PSAT 기출문제를 분석하여 유형을 구분
하였으며, 해당 유형에 대한 접근법 및 파
악해두어야 할 내용들을 정리하였습니다.

02

대표문항

유형을 구분하고 그에 해당하는 대표적인
PSAT 기출문제들을 엄선하였고, 유형별
가이드에서 다룬 내용을 구체적으로 어떻
게 적용할 것인지 파악해볼 수 있습니다.

대표문항 19년 행시(가) 22번

다음 글을 근거로 판단할 때 옳은 것은?

난도 하

풀이시간 1분 45초

제00조(사무의 관장) 시장(특별시장·광역시장은 제외한다. 이하 같다)·군수 및 자치구의 구청장은
이 법에 따른 본인서명사실확인서 및 전자본인서명확인서의 발급·관리 등에 관한 사무를 관장한다.
제00조(본인서명사실확인서의 발급 신청) ① 본인서명사실확인서를 발급받으려는 사람 중 다음 각 호
의 어느 하나에 해당하는 사람은 시장·군수·구청장(자치구가 아닌 구의 구청장을 포함한다)이나
읍장·면장·동장(이하 '발급기관'이라 한다)을 직접 방문하여 발급을 신청하여야 한다.
1. 대한민국 내에 주소를 가진 국민
2. 대한민국 내에 주소를 가지지 아니한 국민
3. 「재외동포의 출입국과 법적 지위에 관한 법률」에 따라 국내거소신고를 한 재외국민
② 미성년자인 신청인이 제1항에 따라 본인서명사실확인서의 발급을 신청하려는 경우에는 법정대
리인과 함께 발급기관을 직접 방문하여 법정대리인의 동의를 받아 신청하여야 한다.
제00조(전자본인서명확인서 발급시스템 이용의 승인) ① 민원인은 전자본인서명확인서 발급시스템을
이용하려는 경우에는 미리 시장·군수 또는 자치구의 구청장(이하 '승인권자'라 한다)의 승인을 받
아야 한다.
② 제1항에 따라 승인을 받으려는 민원인은 승인권자를 직접 방문하여 이용 승인을 신청하여야 한다.
③ 미성년자인 민원인이 제2항에 따라 이용 승인을 신청하려는 경우에는 법정대리인과 함께 승인
권자를 직접 방문하여 법정대리인의 동의를 받아 신청하여야 한다.
제00조(인감증명서와의 관계) 부동산거래에서 인감증명서 제출과 함께 관련 서면에 인감을 날인하여
야 할 때에는 다음 각 호의 어느 하나에 해당하는 경우 인감증명서를 제출하고 관련 서면에 인감을
날인한 것으로 본다.
1. 본인서명사실확인서를 제출하고 관련 서면에 서명을 한 경우
2. 전자본인서명확인서 발급증을 제출하고 관련 서면에 서명을 한 경우

① 대구광역시 수성구 A동 주민 甲(30세)이 전자본인서명확인서 발급시스템을 이용하기 위해서
는 미리 동장을 방문하여 이용 승인을 신청하여야 한다.
② 재외국민 乙(26세)이 「재외동포의 출입국과 법적 지위에 관한 법률」에 따라 국내거소신고를
하였다면 본인서명사실확인서 발급을 신청한 것으로 본다.
③ 본인서명사실확인서를 발급받은 바 있는 丙(17세)가 전자본인서명확인서 발급시스템 이용
승인을 신청하기 위해서는 법정대리인의 동의를 받지 않아도 된다.
④ 토지매매 시 인감증명서를 제출하고 관련 서면에 인감을 날인하여야 하는 경우, 본인서명사
실확인서를 제출하고 관련 서면에 서명하는 것으로 대신할 수 있다.

합격생 가이드

시장, 군수, 구청장에 서울
된다고 생각하여 ⑤번 선지
려움을 겪을 수 있다. 자치
치단체와 기초자치단체로
장·광역시장·도지사는 광
며 일반시장·군수·구청
체장에 해당한다. 따라서 여
시장은 파주시장, 수원시장
광역, 기초자치단체의 차이
묻는 문항이 자주 출제되므
해두어야 한다.

대표문항으로 선정한 이유

해당 문항은 '법조문 이해
문항의 경우, 선지들을 오답
해 출제자가 사용하고 있는
존 기출에서 사용된 적 있는
들이다. 가령 ①번과 ⑤번
권한주체를 변경하여 오답
며 ②번 선지는 간주조항이
하고 간주하고 있어 오답이

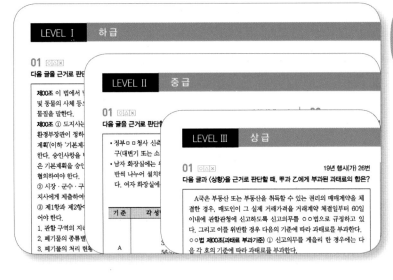

03
난도별 문제 분류

유형을 구분하고 유사 문제들을 모아 난도별로 구분하였습니다. 제일 쉬운 문제부터 가장 어려운 문제까지 차근차근 풀어가며 실력을 쌓을 수 있습니다.

04
정확하고 상세한 해설

행시 최종 합격생들이 자신의 경험에 비추어 처음 PSAT을 준비하는 수험생들의 눈높이에 맞춰 정답과 오답에 대한 해설을 상세하고 정확하게 집필하였습니다.

---

03 법조문　　　　　　　　　　🔲 ④

난도 하
풀이시간 1분
정답해설
④ 옳다. 대통령인이 찍혀 있는 법령의 공포문 전문에 대하여는 제2조 제1항, 제3조, 제4조에서 규정하고 있다. 각 조에서는 대통령이 서명한 후 대통령인을 찍고 그 공포일을 명기하여 국무총리와 관계 국무위원이 서명한다고 규정하고 있다. 따라서 대통령인이 찍혀 있는 법령의 공포문 전문이라면 국무총리의 서명이 들어 있다.

오답해설
① 옳지 않다. 제2조 제2항에 따라 확정된 법률을 대통령이 공포하지 아니하여 국회의장이 이를 공포하는 경우에만 국회의장이 서명한 후 국회의장인을 찍는다.
② 옳지 않다. 제3조에 따라 조약 공포문의 전문에는 국무총리가 서명할 뿐이다.
③ 옳지 않다. 제2조 제1항에 따라 법률 공포문에는 대통령인을 찍고 국무총리와 관계 국무위원이 서명한다. 따라서 대법원장은 관여하는 바가 없다.

여야 한다.
④ 옳지 않다. 제2조 제2항에 따라 B군 군수는 10년마다 기본계획을 세워 도지사에게 제출하여야 한다.
⑤ 옳지 않다. 제3조 제2항에서는 계획변경에 대해 환경부장관의 재량을 인정하고 있다. 따라서 변경해야 할 의무는 없다.

합격생 가이드
'권한'에 관하여 규정하고 있는 법조문의 경우에는 권한과 해당 권한을 행사할 수 있는 주체가 제대로 연결되었는지, 기속규정인지 재량규정인지를 유념하여 풀어야 한다. ③번 선지와 ④번 선지는 권한과 해당 권한을 행사할 수 있는 주체가 부합하지 않는 오답 선지이고 ⑤번 선지는 재량규정을 기속으로 해석하여 틀린 선지이다. 따라서 이러한 유형의 문항에서는 선지부터 보면서 발췌해서 읽되, 해당 선지가 정형화되어있는 오답유형에 속하는지를 고려하여 판단한다면 보다 정확하게 문항을 풀 수 있다.

02 법조문　　　　　　　　　　🔲 ①

난도 하

05
합격생 가이드

행시에 최종합격하기까지 PSAT을 오랫동안 준비하며 쌓은 문제 유형에 따른 접근법과 노하우를 담았습니다.

난도 하
풀이시간 1분
정답해설
④ 옳다. 대통령인이
3조, 제4조에서 규
찍고 그 공포일을
고 있다. 따라서
의 서명이 들어 있

오답해설
① 옳지 않다. 제2조
국회의장이 이를
는다.
② 옳지 않다. 제3조
③ 옳지 않다. 제2조
와 관계 국무위원
⑤ 옳지 않다. 제6조
이관보를 우선하

합격생 가이드

Public Service Aptitude Test

목차

본책
- 2022년 5급 PSAT 상황판단 최신 기출문제 · 4
- 2022년 5급 PSAT 상황판단 최신 기출문제 정답 및 해설 · · · · · · · · · · · · · · 22

PART 01 기출유형분석
- CHAPTER 01 법조문 · 4
- CHAPTER 02 조건적용 · 22
- CHAPTER 03 정보확인 · 추론 · 34
- CHAPTER 04 단순계산 · 48
- CHAPTER 05 수리퀴즈(계산) · 58
- CHAPTER 06 수리퀴즈(추론) · 68
- CHAPTER 07 게임 · 규칙 · 80
- CHAPTER 08 논리퀴즈 · 90
- CHAPTER 09 시간 · 공간 · 102
- CHAPTER 10 종합 · 112

책 속의 책 **PART 02 정답 및 해설**

PSAT
Public Service Aptitude Test

2022년 5급 PSAT
상황판단
최신 기출문제

행시 최종합격생 7인의 5급 PSAT 유형별 기출공략 〈상황판단〉

Public Service Aptitude Test

문제별 정답·유형분석·난도·풀이시간을 수록하였습니다. 풀이시간의 경우,
문제풀이에 최적화된 시간을 제시한 것이오니, 학습 시 참고해 주시기 바랍니다.

2022년 공직적격성평가(PSAT)

2022년 2월 26일 시행

5급 공채 · 외교관후보자 및 지역인재 7급 선발 필기시험

응시번호	
성 명	

문제책형
나

【시험과목】

제1과목	상 황 판 단

문 1. 다음 글을 근거로 판단할 때 옳은 것은?

> 제00조 ① 자신의 생명 또는 신체상의 위험을 무릅쓰고 급박한 위해에 처한 다른 사람의 생명·신체 또는 재산을 구하기 위한 구조행위로서 다음 각 호의 어느 하나의 경우에 대해서는 이 법을 적용한다. 다만 자신의 행위로 인하여 위해에 처한 사람에 대하여 구조행위를 하다가 사망하거나 부상을 입은 행위는 제외한다.
> 1. 범죄행위를 제지하거나 그 범인을 체포하다가 사망하거나 부상을 입은 경우
> 2. 운송수단의 사고로 위해에 처한 다른 사람의 생명·신체 또는 재산을 구하다가 사망하거나 부상을 입은 경우
> 3. 천재지변, 수난(水難), 화재 등으로 위해에 처한 다른 사람의 생명·신체 또는 재산을 구하다가 사망하거나 부상을 입은 경우
> 4. 물놀이 등을 하다가 위해에 처한 다른 사람의 생명 또는 신체를 구하다가 사망하거나 부상을 입은 경우
> ② 의사자(義死者)란 직무 외의 행위로서 구조행위를 하다가 사망하여 ㅁㅁ부장관이 의사자로 인정한 사람을 말한다.
> ③ 의상자(義傷者)란 직무 외의 행위로서 구조행위를 하다가 신체상의 부상을 입어 ㅁㅁ부장관이 의상자로 인정한 사람을 말한다.
> 제00조 ① 국가는 의사자·의상자가 보여준 살신성인의 숭고한 희생정신과 용기가 항구적으로 존중될 수 있도록 서훈(敍勳)을 수여하는 등 필요한 조치를 할 수 있다.
> ② 국가와 지방자치단체는 의사자를 추모하고 숭고한 뜻을 기리기 위한 동상 및 비석 등의 기념물을 설치하는 기념사업을 수행할 수 있다.
> ③ 국가는 다음 각 호의 기준에 따라 의상자 및 의사자 유족에게 보상금을 지급한다.
> 1. 의상자의 경우에는 그 본인에게 지급한다.
> 2. 의사자의 경우에는 그 배우자, 자녀, 부모, 조부모, 형제자매의 순으로 지급한다. 이 경우 같은 순위의 유족이 2인 이상인 때에는 보상금을 같은 금액으로 나누어 지급한다.

※ 서훈 : 공적의 등급에 따라 훈장을 내림

① 의사자 甲에게 배우자와 자녀가 있는 경우, 보상금은 전액 배우자에게 지급된다.

② 지방자치단체는 의상자 乙에게 서훈을 수여하거나 동상을 설치하는 기념사업을 수행할 수 있다.

③ 소방관 丙이 화재 현장에 출동하여 화재를 진압하던 중 부상을 입은 경우, 丙은 의상자로 인정될 수 있다.

④ 물놀이를 하던 丁이 물에 빠진 애완동물을 구조하던 중 부상을 입은 경우, 丁은 의상자로 인정될 수 있다.

⑤ 운전자 戊가 자신이 일으킨 교통사고의 피해자를 구조하던 중 다른 차량에 치여 부상당한 경우, 戊는 의상자로 인정될 수 있다.

문 2. 다음 글을 근거로 판단할 때 옳은 것은?

> 제00조 ① 본인 또는 배우자, 직계혈족(이하 '본인 등'이라 한다)은 가족관계등록부의 기록사항에 관하여 발급할 수 있는 증명서(가족관계증명서, 기본증명서, 혼인관계증명서, 입양관계증명서, 친양자입양관계증명서 등)의 교부를 청구할 수 있고, 본인 등의 대리인이 청구하는 경우에는 본인 등의 위임을 받아야 한다. 다만 다음 각 호의 어느 하나에 해당하는 경우에는 본인 등이 아닌 경우에도 교부를 신청할 수 있다.
> 1. 국가 또는 지방자치단체가 직무상 필요에 따라 문서로 신청하는 경우
> 2. 소송·민사집행의 각 절차에서 필요한 경우
> 3. 다른 법령에서 본인 등에 관한 증명서를 제출하도록 요구하는 경우
> ② 제1항에도 불구하고 친양자입양관계증명서는 다음 각 호의 어느 하나에 해당하는 경우에 한하여 교부를 청구할 수 있다.
> 1. 친양자가 성년이 되어 신청하는 경우
> 2. 법원의 사실조회촉탁이 있거나 수사기관이 수사상 필요에 따라 문서로 신청하는 경우
> ③ 제1항 및 제2항에 따라 증명서의 교부를 청구하는 사람은 수수료를 납부하여야 하며, 증명서의 송부를 신청하는 경우에는 우송료를 따로 납부하여야 한다.
> ④ 본인 또는 배우자, 부모, 자녀는 가족관계등록부의 기록사항 전부 또는 일부에 대하여 전자적 방법에 의한 열람을 청구할 수 있다. 다만 친양자입양관계증명서의 기록사항에 대하여는 친양자가 성년이 된 이후에만 청구할 수 있다.

① A의 직계혈족인 B가 A의 기본증명서 교부를 청구할 때에는 A의 위임을 받아야 한다.

② 본인의 입양관계증명서 교부를 청구한 C는 수수료와 우송료를 일괄 납부하여야 한다.

③ 지방자치단체는 직무상 필요에 따라 구두로 지역주민 D의 가족관계증명서 교부를 신청할 수 있다.

④ E의 자녀 F는 E의 혼인관계증명서의 기록사항에 대해 전자적 방법에 의한 열람을 청구할 수 있다.

⑤ 미성년자 G는 본인의 친양자입양관계증명서의 기록사항에 대해 전자적 방법에 의한 열람을 청구할 수 있다.

문 3. 다음 글과 〈상황〉을 근거로 판단할 때 옳은 것은?

> **제○○조** ① 소비자는 물품 등의 사용으로 인한 피해의 구제를 한국소비자원에 신청할 수 있다.
> ② 국가·지방자치단체 또는 소비자단체는 소비자로부터 피해구제의 신청을 받은 때에는 한국소비자원에 그 처리를 의뢰할 수 있다.
> ③ 사업자는 소비자로부터 피해구제의 신청을 받은 때에는 다음 각 호의 어느 하나에 해당하는 경우에 한하여 한국소비자원에 그 처리를 의뢰할 수 있다.
> 1. 소비자로부터 피해구제의 신청을 받은 날부터 30일이 경과하여도 합의에 이르지 못하는 경우
> 2. 한국소비자원에 피해구제의 처리를 의뢰하기로 소비자와 합의한 경우
>
> **제□□조** ① 한국소비자원장은 피해구제신청사건을 처리함에 있어서 당사자 또는 관계인이 법령을 위반한 것으로 판단되는 때에는 관계 기관에 이를 통보하고 적절한 조치를 의뢰하여야 한다. 다만 다음 각 호의 경우에는 그러하지 아니하다.
> 1. 피해구제신청사건의 당사자가 피해보상에 관한 합의를 하고 법령위반행위를 시정한 경우
> 2. 관계 기관에서 위법사실을 이미 인지·조사하고 있는 경우
> ② 한국소비자원장은 피해구제신청의 당사자에 대하여 피해보상에 관한 합의를 권고할 수 있다.
>
> **제△△조** 한국소비자원장은 제○○조의 규정에 따라 피해구제의 신청을 받은 날부터 30일 이내에 제□□조 제2항의 규정에 따른 합의가 이루어지지 아니하는 때에는 지체 없이 소비자분쟁조정위원회에 분쟁조정을 신청하여야 한다.
>
> **제◇◇조** 한국소비자원의 피해구제 처리절차 중에 법원에 소를 제기한 당사자는 그 사실을 한국소비자원에 통보하여야 한다.

───── 〈상 황〉 ─────

소비자 甲은 사업자 乙이 생산한 물품을 사용하다가 피해를 입었다. 이에 甲은 乙에게 피해구제를 신청하였다.

① 乙이 신청을 받은 날부터 30일이 지나도록 甲과 합의에 이르지 못한 경우, 乙은 한국소비자원에 그 처리를 의뢰할 수 있다.
② 甲과 乙이 한국소비자원에 피해구제의 처리를 의뢰하기로 합의한 경우, 乙은 30일 이내에 소비자분쟁조정위원회에 분쟁조정을 신청하여야 한다.
③ 한국소비자원이 甲의 피해구제 처리절차를 진행하는 중에는 甲은 해당 사건에 대해 법원에 소를 제기할 수 없다.
④ 한국소비자원장이 권고한 피해보상에 관한 합의가 甲과 乙 사이에 이루어지지 않은 경우, 한국소비자원장은 30일 이내에 소비자분쟁조정위원회에 분쟁조정을 신청하여야 한다.
⑤ 한국소비자원장은 피해구제신청사건을 처리함에 있어서 乙이 법령을 위반한 것으로 판단되면, 관계 기관에서 위법사실을 이미 인지·조사하고 있는 경우라도 관계 기관에 이를 통보하고 적절한 조치를 의뢰하여야 한다.

문 4. 다음 글과 〈상황〉을 근거로 판단할 때 옳은 것은?

> **제○○조** ① 박물관에는 임원으로서 관장 1명, 상임이사 1명, 비상임이사 5명 이내, 감사 1명을 둔다.
> ② 감사는 비상임으로 한다.
> ③ 관장은 정관으로 정하는 바에 따라 □□부장관이 임면하고, 상임이사와 비상임이사 및 감사의 임면은 정관으로 정하는 바에 따른다.
>
> **제○○조** ① 관장의 임기는 3년으로 하며, 1년 단위로 연임할 수 있다.
> ② 이사와 감사의 임기는 2년으로 하며, 1년 단위로 연임할 수 있다.
> ③ 임원의 사임 등으로 인하여 선임되는 임원의 임기는 새로 시작된다.
> ④ 관장은 박물관을 대표하고 그 업무를 총괄하며, 소속 직원을 지휘·감독한다.
> ⑤ 관장이 부득이한 사유로 직무를 수행할 수 없을 때에는 상임이사가 그 직무를 대행하고, 상임이사도 직무를 수행할 수 없을 때에는 정관으로 정하는 임원이 그 직무를 대행한다.
>
> **제○○조** ① 박물관의 중요 사항을 심의·의결하기 위하여 박물관에 이사회를 둔다.
> ② 이사회는 의장을 포함한 이사로 구성하고 관장이 의장이 된다.
> ③ 이사회는 재적이사 과반수의 출석으로 개의하고, 재적이사 과반수의 찬성으로 의결한다.
> ④ 감사는 직무와 관련하여 필요한 경우 이사회에 출석하여 발언할 수 있다.
>
> **제○○조** ① 박물관의 임직원이나 임직원으로 재직하였던 사람은 그 직무상 알게 된 비밀을 누설하거나 도용하여서는 아니 된다.
> ② 제1항을 위반하여 직무상 알게 된 비밀을 누설하거나 도용한 사람은 2년 이하의 징역 또는 2천만 원 이하의 벌금에 처한다.

───── 〈상 황〉 ─────

○○박물관에는 임원으로 이사인 관장 A, 상임이사 B, 비상임이사 C, D, E, F와 감사 G가 있다.

① A가 2년간 재직하다가 퇴직한 경우, 새로 임명된 관장의 임기는 1년이다.
② 이사회에 A, B, C, D, E가 출석한 경우, 그 중 2명이 반대하면 안건은 부결된다.
③ A가 부득이한 사유로 직무를 수행할 수 없을 때에는 G가 소속 직원을 지휘·감독한다.
④ B가 직무상 알게 된 비밀을 누설한 경우, 1년의 징역과 500만 원의 벌금에 처해질 수 있다.
⑤ ○○박물관 정관에 "관장은 이사, 감사를 임면한다."라고 규정되어 있는 경우, A는 G의 임기가 만료되면 H를 상임감사로 임명할 수 있다.

문 5. 다음 글과 〈상황〉을 근거로 판단할 때 옳은 것은?

> 19세 이상 주민(이하 '주민'이라 한다)은 지방자치단체에 조례의 제정·개정 및 폐지를 청구할 수 있다. 시·도와 인구 50만 이상 대도시에서는 주민 총수의 100분의 1 이상, 시·군 및 자치구에서는 주민 총수의 50분의 1 이상의 연서로 해당 지방자치단체의 장에게 조례를 제정하거나 개정 또는 폐지할 것을 청구할 수 있다. 이때 청구인 대표자는 조례의 제정안·개정안 및 폐지안(이하 '주민청구조례안'이라 한다)을 작성하여 제출해야 한다. 지방자치단체의 장은 청구를 받은 날부터 5일 이내에 그 내용을 공표하여야 하며, 공표한 날을 포함하여 10일간 청구인명부나 그 사본을 공개된 장소에서 누구나 열람할 수 있도록 해야 한다. 청구인명부의 서명에 관하여 이의가 있는 주민은 열람기간 동안 해당 지방자치단체의 장에게 이의를 신청할 수 있다. 지방자치단체의 장은 이의신청을 받으면 열람기간이 끝난 날의 다음 날부터 14일 이내에 그에 대해 심사·결정하고 그 결과를 당사자에게 알려야 한다.
>
> 지방자치단체의 장은 이의신청이 없는 경우 또는 이의신청에 대해 그 결정이 끝난 경우 청구를 수리하고, 요건을 갖추지 못하였다면 청구를 각하한다. 지방자치단체의 장은 청구를 수리한 날을 포함하여 60일 이내에 주민청구조례안을 지방의회에 부의하여야 하며, 그 결과를 청구인 대표자에게 알려야 한다.
>
> 지방의회는 재적의원 3분의 1 이상의 출석으로 개의한다. 의결 사항은 재적의원 과반수의 출석과 출석의원 과반수의 찬성으로 의결한다.

〈상 황〉
- ㅁㅁ도 A시의 인구는 30만 명이며, 19세 이상 주민은 총 20만 명이다.
- A시 주민 甲은 청구인 대표자로 2022. 1. 3. ㅇㅇ조례에 대한 개정을 청구했고, 이에 A시 시장 B는 같은 해 1. 5. 이를 공표하였다.
- A시 의회 재적의원은 12명이다.

① A시에서 주민이 조례 개정을 청구하기 위해서는 최소 6,000명 이상의 연서가 필요하다.
② A시 주민이 甲의 조례 개정 청구인명부의 서명에 대해 이의를 신청할 수 있는 기간은 2022. 1. 14.까지이다.
③ A시 주민 乙이 2022. 1. 6. 청구인명부의 서명에 대해 이의를 신청했다면, B는 같은 해 1. 31.까지 그에 대한 심사·결정 결과를 당사자에게 통보해야 한다.
④ 甲의 조례 개정 청구가 2022. 2. 1. 수리되었다면, B는 같은 해 4. 2.까지 ㅇㅇ조례 개정안을 A시 의회에 부의해야 한다.
⑤ A시 의회는 의원 3명의 참석으로 ㅇㅇ조례 개정안에 대해 개의할 수 있다.

문 6. 다음 글을 근거로 판단할 때, 〈보기〉에서 옳은 것만을 모두 고르면?

> 사람들은 관리자의 업무지시 능력이 뛰어난 작업장일수록 '업무실수 기록건수'가 적을 것이라고 생각한다. 이런 통념을 검증하기 위해 ㅇㅇ공장의 8개 작업장을 대상으로 연구가 진행되었다. 각 작업장의 인력 구성과 업무량 등은 모두 동일했다. 업무실수 기록건수를 종속변수로 설정하고 6개월 동안 관련 자료를 꼼꼼히 조사하여 업무실수 기록건수 실태를 파악했다. 또한 공장 구성원에 대한 설문조사와 인터뷰를 통해 관리자의 업무지시 능력, 근로자의 직무만족도, 직장문화 등을 조사했다.
>
> 분석 결과 관리자의 업무지시 능력이 우수할수록, 근로자의 직무만족도가 높을수록 업무실수 기록건수가 많았다. 또한 근로자가 상급자의 실수 지적을 두려워하지 않고 자신의 실수를 인정하며 그것을 통해 학습하려는 직장문화에서는 업무실수 기록건수가 많았다. 반면 업무실수 기록건수가 적은 작업장에서는 근로자가 자신의 실수를 보고하면 상급자로부터 질타나 징계를 받을 것이라는 우려 때문에 가급적 실수를 감추었다.

〈보 기〉
ㄱ. 업무실수 기록건수가 많은 작업장에서는 실수를 통해 학습하려는 직장문화가 약할 것이다.
ㄴ. 업무실수 기록건수가 많다고 해서 근로자의 직무만족도가 낮은 것은 아닐 것이다.
ㄷ. 관리자의 업무지시 능력이 우수한 작업장일수록 업무실수 기록건수가 적을 것이다.
ㄹ. 징계에 대한 우려가 약한 작업장보다 강한 작업장에서 업무실수 기록건수가 적을 것이다.

① ㄱ, ㄴ
② ㄱ, ㄷ
③ ㄴ, ㄷ
④ ㄴ, ㄹ
⑤ ㄷ, ㄹ

문 7. 다음 글과 〈상황〉을 근거로 판단할 때 옳은 것은?

> 한 지리학자는 임의의 국가에 분포하는 도시를 인구규모 순으로 배열할 때, 도시 순위와 인구규모 사이에 일정한 법칙이 존재한다는 것을 발견했다. 이를 도시의 순위규모법칙이라고 부르며, 이에 따른 분포를 '순위규모분포'라고 한다. 순위규모분포가 나타나는 경우 인구규모 두 번째 도시의 인구는 인구규모가 가장 큰 도시인 수위도시 인구의 1/2이고, 세 번째 도시의 인구는 수위도시 인구의 1/3이 된다. 그 이하의 도시에도 동일한 규칙이 적용된다.
>
> 이와 달리 한 국가의 인구규모 1위 도시에 인구가 집중되는 양상이 나타나면 이를 '종주분포'라고 한다. 도시화가 전국적으로 진행되지 않은 나라에서는 인구규모 2위 이하의 도시에 비해 1위 도시의 인구규모가 훨씬 큰 종주분포 형태를 보인다. 이 때 인구규모가 첫 번째인 도시를 종주도시라고 부른다. 종주분포의 정도를 측정하는 척도로 종주도시지수가 사용된다. 종주도시지수는 '1위 도시의 인구÷2위 도시의 인구'로 나타낸다. 대체로 개발도상국의 경우 급속한 산업화로 종주도시로의 인구집중이 현저하게 나타나기 때문에 종주도시지수가 높다.

─────── 〈상 황〉 ───────
> • 순위규모분포를 보이는 A국에서 인구규모 세 번째 도시의 인구는 200만 명이다.
> • 종주분포를 보이는 B국에서 인구규모 두 번째 도시의 인구는 200만 명이고 종주도시지수는 3.3이다.

① A국의 수위도시와 인구규모 두 번째 도시 간 인구의 차이는 300만 명이다.
② B국의 인구규모 세 번째 도시의 인구는 종주도시의 1/3이다.
③ B국의 종주도시 인구는 A국의 수위도시에 비해 40만 명 적다.
④ 인구규모 첫 번째 도시와 두 번째 도시의 인구 합은 A국이 B국보다 60만 명 더 많다.
⑤ A국과 B국의 인구규모 두 번째 도시 인구는 동일하다.

문 8. 다음 글을 근거로 판단할 때, 乙이 계산할 금액은?

> 甲~丁은 회전 초밥을 먹으러 갔다. 식사를 마친 후, 각자 먹은 접시는 각자 계산하기로 했다. 초밥의 접시당 가격은 다음과 같다.

〈초밥의 접시당 가격〉

(단위 : 원)

빨간색 접시	1,500
파란색 접시	1,200
노란색 접시	2,000
검정색 접시	4,000

> 이들은 각각 3가지 색의 접시만 먹었으며, 각자 먹지 않은 접시의 색은 서로 달랐다. 이들이 먹은 접시 개수를 모두 세어 보니 빨간색 접시 7개, 파란색 접시 4개, 노란색 접시 8개, 검정색 접시 3개였다. 이들이 먹은 접시에 대한 정보는 다음과 같다.
>
> • 甲은 빨간색 접시 4개, 파란색 접시 1개, 노란색 접시 2개를 먹었다.
> • 丙은 乙보다 파란색 접시를 1개 더 먹었으며, 노란색 접시는 먹지 않았다.
> • 丁은 모두 6개의 접시를 먹었으며, 이 중 빨간색 접시는 2개였고 파란색 접시는 먹지 않았다.

① 7,200원
② 7,900원
③ 9,400원
④ 11,200원
⑤ 13,000원

문 9. 다음 글과 〈상황〉을 근거로 판단할 때, 〈보기〉에서 옳은 것만을 모두 고르면?

> 甲 : 수면무호흡증으로 고생하고 있는데 양압기를 사용하면 많이 개선된다고 들었어요. 건강보험 급여 적용을 받으면 양압기 대여료가 많이 저렴해진다던데 설명 좀 들을 수 있을까요?
>
> 乙 : 급여 대상이 되려면 수면다원검사를 받으시고, 검사 결과 무호흡·저호흡 지수가 15 이상이면 돼요. 무호흡·저호흡 지수가 10 이상 15 미만이면 불면증·주간졸음·인지기능저하·기분장애 중 적어도 하나에 해당하면 돼요.
>
> 甲 : 그러면 제가 부담하는 대여료는 얼마인가요?
>
> 乙 : 일단 수면다원검사 결과 급여 대상에 해당하면 양압기 처방을 받으실 수 있어요. 양압기는 자동형과 수동형이 있는데 둘 중 하나를 선택해야 하고 중간에 바꿀 수는 없어요. 자동형의 기준금액은 하루에 3,000원이고 수동형은 하루에 2,000원이에요. 대여기간 중에는 사용 여부와 관계없이 대여료가 부과돼요. 처방일부터 최대 90일간 순응기간이 주어져요. 순응기간에는 기준금액 중 50%만 고객님이 부담하시면 되고, 나머지는 건강보험공단에서 저희 회사로 지급해요. 90일 기간 내에 연이은 30일 중 하루 4시간 이상 사용한 일수가 21일이 되면 그날로 순응기간이 종료돼요. 그러면 바로 그다음 날부터는 정식사용기간이 시작되어 기준금액의 20%만 고객님이 부담하시면 됩니다.

〈상 황〉

> 수면다원검사 결과 甲의 무호흡·저호흡 지수는 16이었다. 甲은 2021년 4월 1일 양압기 처방을 받고 그날 양압기를 대여받았다.

〈보 기〉

> ㄱ. 甲은 불면증·주간졸음·인지기능저하·기분장애 증상이 없었더라도 양압기 처방을 받았을 것이다.
> ㄴ. 甲이 2021년 4월 한 달 동안 부담한 양압기 대여료가 30,000원이라면, 甲은 수동형 양압기를 대여받았을 것이다.
> ㄷ. 甲의 순응기간이 2021년 5월 21일에 종료되었다면, 甲은 해당 월에 양압기를 최소한 48시간 이상 사용하였을 것이다.
> ㄹ. 甲이 자동형 양압기를 대여받고 2021년 6월에 부담한 대여료가 36,000원이라면, 甲이 처방일부터 3개월간 부담한 총 대여료는 126,000원일 것이다.

① ㄱ, ㄷ
② ㄴ, ㄹ
③ ㄷ, ㄹ
④ ㄱ, ㄴ, ㄷ
⑤ ㄱ, ㄴ, ㄹ

문 10. 다음 글과 〈상황〉을 근거로 판단할 때, ㅁㅁ시가 A동물보호센터에 10월 지급할 경비의 총액은?

> ㅁㅁ시는 관할구역 내 동물보호센터에 다음과 같은 기준으로 경비를 지급하고 있다.
>
> • 사료비
>
> | 구분 | 무게 | 1일 사료 급여량 | 사료가격 |
> |---|---|---|---|
> | 개 | 10kg 미만 | 300g/마리 | 5,000원/kg |
> | | 10kg 이상 | 600g/마리 | 5,000원/kg |
> | 고양이 | – | 400g/마리 | 5,000원/kg |
>
> • 인건비
> – 포획활동비(1일 1인당) : 안전관리사 노임액(115,000원)
> – 관리비(1일 1마리당) : 안전관리사 노임액(115,000원)의 100분의 20
> • 주인이 유실동물을 찾아간 경우 동물보호센터가 주인에게 보호비를 징수한다. 보호비는 보호일수와 관계없이 1마리당 100,000원이다. 단, 3일 미만 보호 시 징수하지 않으며, 7일 이상 보호 시 50%를 가산한다.
> • ㅁㅁ시는 사료비와 인건비를 합한 금액에서 보호비를 공제한 금액을 다음 달에 경비로 지급한다.

〈상 황〉

> • ㅁㅁ시 소재 A동물보호센터가 9월 한 달간 관리한 동물의 일평균 마릿수는 다음과 같다.
>
> | 개 | 10kg 미만 | 10 |
> |---|---|---|
> | | 10kg 이상 | 5 |
> | 고양이 | – | 5 |
>
> • A동물보호센터는 9월 한 달간 1인을 8일 동안 포획활동에 투입하였다.
> • A동물보호센터에서 9월 한 달간 주인에게 반환된 유실동물의 마릿수는 다음과 같다.
>
> | 보호일수 | 1일 | 2일 | 3일 | 4일 | 5일 | 6일 | 7일 이상 |
> |---|---|---|---|---|---|---|---|
> | 마릿수 | 2 | 3 | 1 | 1 | 2 | 0 | 2 |

① 1,462만 원
② 1,512만 원
③ 1,522만 원
④ 1,532만 원
⑤ 1,572만 원

문 11. 다음 글과 〈상황〉을 근거로 판단할 때, A가 새로 읽기 시작한 350쪽의 책을 다 읽은 때는?

- A는 특별한 일이 없는 경우 월~금요일까지 매일 시외버스를 타고 30분씩 각각 출근과 퇴근을 하며 밤 9시 이전에 집에 도착한다.
- A는 대중교통을 이용할 때 책을 읽는다. 단, 시내버스에서는 책을 읽지 않고, 또 밤 9시가 넘으면 어떤 대중교통을 이용해도 책을 읽지 않는다.
- A는 10분에 20쪽의 속도로 책을 읽는다. 다만 책의 1쪽부터 30쪽까지는 10분에 15쪽의 속도로 읽는다.

〈상 황〉

A는 이번 주 월~금요일까지 출퇴근을 했는데, 화요일에는 회사 앞에서 회식이 있어 밤 8시 30분에 시외버스를 타고 30분 후에 집 근처 정류장에 내려 퇴근했다. 수요일에는 오전 근무를 마치고 회의를 위해서 지하철로 20분 이동한 후 다시 시내버스를 30분 타고 회의 장소로 갔다. 회의가 끝난 직후 밤 9시 10분에 지하철을 40분 타고 퇴근했다. A는 200쪽까지 읽은 280쪽의 책을 월요일 아침 출근부터 이어서 읽었고, 그 책을 다 읽은 직후 곧바로 350쪽의 새로운 책을 읽기 시작했다.

① 수요일 회의 장소 이동 중
② 수요일 퇴근 중
③ 목요일 출근 중
④ 목요일 퇴근 중
⑤ 금요일 출근 중

문 12. 다음 글을 근거로 판단할 때, '사무관'을 옳게 암호화한 것은?

A암호화 방식은 단어를 〈자모변환표〉와 〈난수표〉를 이용하여 암호로 변환한다.

〈자모변환표〉

ㄱ	ㄲ	ㄴ	ㄷ	ㄸ	ㄹ	ㅁ	ㅂ	ㅃ	ㅅ
120	342	623	711	349	035	537	385	362	479
ㅆ	ㅇ	ㅈ	ㅉ	ㅊ	ㅋ	ㅌ	ㅍ	ㅎ	ㅏ
421	374	794	734	486	325	842	248	915	775
ㅐ	ㅑ	ㅒ	ㅓ	ㅔ	ㅕ	ㅖ	ㅗ	ㅘ	ㅙ
612	118	843	451	869	917	615	846	189	137
ㅚ	ㅛ	ㅜ	ㅝ	ㅞ	ㅟ	ㅠ	ㅡ	ㅢ	ㅣ
789	714	456	198	275	548	674	716	496	788

〈난수표〉

4844961121353486410560951374586251538644418913…

- 우선 암호화하고자 하는 단어의 자모를 초성(첫 자음자)-중성(모음자)-종성(받침) 순으로 나열하되, 종성이 없는 경우 초성-중성으로만 나열한다. 예를 들어 '행복'은 'ㅎㅐ ㅇㅂㅗㄱ'이 된다.
- 그 다음 각각의 자모를 〈자모변환표〉에 따라 대응하는 세 개의 숫자로 변환한다. 예를 들어 '행복'은 '915612374385846120'으로 변환된다.
- 변환된 숫자와 〈난수표〉의 숫자를 가장 앞의 숫자부터 순서대로 하나씩 대응시켜 암호 숫자로 바꾼다. 이때 암호 숫자는 그 암호 숫자와 변환된 숫자를 더했을 때 그 결괏값의 일의 자리가 〈난수표〉의 대응 숫자와 일치하도록 하는 0~9까지의 숫자이다. 따라서 '행복'에 대한 암호문은 '579884848850502521'이다.

① 015721685634228562433
② 015721685789228562433
③ 905721575679228452433
④ 015721685789228805381472
⑤ 905721575679228795281472

문 13. 다음 글을 근거로 판단할 때, ㉠에 해당하는 것은?

> 甲 : 혹시 담임 선생님 생신이 몇 월 며칠인지 기억나?
>
> 乙 : 응, 기억하지. 근데 그건 왜?
>
> 甲 : 내가 그날(월일)로 네 자리 일련번호를 설정했는데, 맨 앞 자리가 0이 아니었다는 것 말고는 도저히 기억이 나질 않아서 말이야.
>
> 乙 : 그럼 내가 몇 가지 힌트를 줄게. 맞혀볼래?
>
> 甲 : 좋아.
>
> 乙 : 선생님 생신은 31일까지 있는 달에 있어.
>
> 甲 : 고마워. 그다음 힌트는 뭐야?
>
> 乙 : 선생님 생신의 일은 8의 배수야.
>
> 甲 : 그래도 기억이 나질 않네. 힌트 하나만 더 줄 수 있어?
>
> 乙 : 알았어. ㉠
>
> 甲 : 아! 이제 알았다. 고마워.

① 선생님 생신은 15일 이전이야.

② 선생님 생신의 일은 월의 배수야.

③ 선생님 생신의 일은 월보다 큰 수야.

④ 선생님 생신은 네 자리 모두 다른 수야.

⑤ 선생님 생신의 네 자리 수를 모두 더하면 9야.

문 14. 다음 글을 근거로 판단할 때, 다음 주 수요일과 목요일의 청소당번을 옳게 짝지은 것은?

> A~D는 다음 주 월요일부터 금요일까지 하루에 한 명씩 청소당번을 정하려고 한다. 청소당번을 정하는 규칙은 다음과 같다.
>
> • A~D는 최소 한 번씩 청소당번을 한다.
>
> • 시험 전날에는 청소당번을 하지 않는다.
>
> • 발표 수업이 있는 날에는 청소당번을 하지 않는다.
>
> • 한 사람이 이틀 연속으로는 청소당번을 하지 않는다.
>
> 다음은 청소당번을 정한 후 A~D가 나눈 대화이다.
>
> A : 나만 두 번이나 청소당번을 하잖아. 월요일부터 청소당번이라니!
>
> B : 미안. 내가 월요일에 발표 수업이 있어서 그날 너밖에 할 사람이 없었어.
>
> C : 나는 다음 주에 시험이 이틀 있는데, 발표 수업이 매번 시험 보는 날과 겹쳐서 청소할 수 있는 요일이 하루밖에 없었어.
>
> D : 그래도 금요일에 청소하고 가야 하는 나보다는 나을걸.

	수요일	목요일
①	A	B
②	A	C
③	B	A
④	C	A
⑤	C	B

문 15. 다음 글과 〈상황〉을 근거로 판단할 때, 〈보기〉에서 옳은 것만을 모두 고르면?

> 퍼스널컬러(personal color)란 개인의 머리카락, 눈동자, 피부색 등을 종합하여 본인에게 가장 어울리는 색상을 말한다. 퍼스널컬러는 크게 웜(warm)톤과 쿨(cool)톤으로 나눠지는데, 웜톤은 따스하고 부드러운 느낌의 색인 반면에 쿨톤은 차갑고 시원한 느낌의 색이다. 웜톤은 봄타입과 가을타입으로, 쿨톤은 여름타입과 겨울타입으로 세분화된다.
>
> 퍼스널컬러는 각 타입의 색상 천을 얼굴에 대봄으로써 찾을 수 있다. 가장 잘 어울리는 타입의 천을 얼굴에 댔을 때 얼굴빛이 화사해지고 이목구비가 또렷해 보인다. 이를 '형광등이 켜졌다'라고 표현한다.

> ── 〈상 황〉 ──
>
> 네 명(甲~丁)이 퍼스널컬러를 알아보러 갔다. 각 타입(봄, 여름, 가을, 겨울)마다 색상 천은 밝은 색과 어두운 색이 있어서 총 8장이 있다. 하나의 색상 천을 네 명에게 동시에 대보고 형광등이 켜지는지 확인하였다. 얼굴에 대보는 색상 천의 순서는 다음과 같다.
>
> 1. 첫 번째에서 네 번째까지 밝은 색 천을 대보고 다섯 번째부터 여덟 번째까지 어두운 색 천을 대본다.
>
> 2. 웜톤 천과 쿨톤 천을 교대로 대보지만, 첫 번째로 대보는 천의 톤은 알 수 없다.
>
> 진단 결과, 甲, 乙, 丙, 丁은 서로 다른 타입의 퍼스널컬러를 진단받았으며, 본인 타입의 천을 대보았을 때는 밝은 색과 어두운 색의 천 모두에서 형광등이 켜졌고, 그 외의 천을 대보았을 때는 형광등이 켜지지 않았다.
>
> 다음은 진단 후 네 명이 나눈 대화이다.
>
> 甲 : 나는 가을타입이었어. 마지막 색상 천에서는 형광등이 켜지지 않았어.
>
> 乙 : 나는 짝수 번째 천에서는 형광등이 켜진 적이 없어.
>
> 丙 : 나는 乙이랑 타입은 다르지만 톤은 같아. 그리고 나한테 형광등이 켜진 색상 천 순서에 해당하는 숫자를 합해보니까 6이야.
>
> 丁 : 나는 밝은 색 천을 대보았을 때, 乙보다 먼저 형광등이 켜졌어.

> ── 〈보 기〉 ──
>
> ㄱ. 네 명의 타입을 모두 알 수 있다.
>
> ㄴ. 丙은 첫 번째 색상 천에서 형광등이 켜졌다.
>
> ㄷ. 색상 천을 대본 순서별로 형광등이 켜진 사람이 누구인지 알 수 있다.
>
> ㄹ. 형광등이 켜진 색상 천 순서에 해당하는 숫자의 합은 丙을 제외한 세 명이 같다.

① ㄱ, ㄴ

② ㄱ, ㄷ

③ ㄴ, ㄹ

④ ㄱ, ㄷ, ㄹ

⑤ ㄴ, ㄷ, ㄹ

문 16. 다음 글과 〈상황〉을 근거로 판단할 때, 청년미래공제에 참여 가능한 기업을 모두 고르면?

〈2022년 청년미래공제 참여기업 모집 공고문〉

• 목적
  – 미취업 청년의 중소기업 유입을 촉진하고, 청년 근로자의 장기 근속과 자산 형성을 지원
• 참여 자격
  – 고용보험 피보험자 수 5인 이상 중소기업
  – 고용보험 피보험자 수 1인 이상 5인 미만의 기업이라도 청년기업은 참여 가능
  ※ 청년기업 : 14세 이상 39세 이하인 청년이 현재 대표이면서 사업을 개시한 날부터 7년이 지나지 않은 기업
• 참여 제한
  – 청년수당 가입유지율이 30% 미만인 기업은 참여 불가. 단, 청년수당 가입 인원이 2인 이하인 경우는 참여 가능

$$\frac{\text{청년수당}}{\text{가입유지율(\%)}} = \frac{\text{청년수당 6개월 이상 가입 유지 인원(ⓒ)}}{\text{청년수당 가입 인원(ⓐ)}} \times 100$$

─── 〈상 황〉 ───

2022년 현재 중소기업(A~E)에 관한 정보는 다음과 같다.

기업	고용보험 피보험자 수	대표자 나이	사업 개시 경과연수	(ⓐ)	(ⓒ)
A	45	39	8	25	7
B	30	40	8	25	23
C	4	40	6	2	2
D	2	39	6	2	0
E	2	38	8	2	2

① A, C
② A, D
③ B, D
④ B, E
⑤ C, E

문 17. 다음 글을 근거로 판단할 때, 〈보기〉에서 옳은 것만을 모두 고르면?

국민은 A, B 두 집단으로 구분되며, 현행 정책과 개편안에 따라 각 집단에 속한 개인이 얻는 혜택은 다음과 같다.

집단	현행 정책	개편안
A	100	90
B	50	80

정부는 다음 (가), (나), (다) 중 하나를 판단기준으로 하여 정책을 채택하려고 한다.
(가) 국민 전체 혜택의 합이 더 큰 정책을 채택한다.
(나) 개인이 얻는 혜택이 적은 집단에 더 유리한 정책을 채택한다.
(다) A, B 두 집단 간 개인 혜택의 차이가 더 작은 정책을 채택한다.

─── 〈보 기〉 ───

ㄱ. (가)를 판단기준으로 할 경우, A인구가 B인구의 4배라면 현행 정책이 유지된다.
ㄴ. (가)를 판단기준으로 할 경우, B인구가 전체 인구의 30%라면 개편안이 채택된다.
ㄷ. (나)를 판단기준으로 할 경우, A와 B의 인구와 관계없이 개편안이 채택된다.
ㄹ. (다)를 판단기준으로 할 경우, A인구가 B인구의 5배라면 현행 정책이 유지된다.

① ㄱ, ㄴ
② ㄱ, ㄹ
③ ㄴ, ㄷ
④ ㄷ, ㄹ
⑤ ㄱ, ㄴ, ㄷ

문 18. 다음 글과 〈상황〉을 근거로 판단할 때, 2022년에 건강검진을 받을 직원이 가장 많은 검진항목은?

A기관은 직원들을 대상으로 건강검진 프로그램을 운영하고 있다. 직원들은 각 검진항목의 대상에 해당하는 경우 주기에 맞춰 반드시 검진을 받는다. 다만 검진주기가 2년인 검진항목은 최초 검진대상이 되는 해 또는 그다음 해에 검진을 받아야 한다. 예를 들어 2021년에 45세가 된 직원은 2021년 또는 2022년 중 한 번 심장 검진을 받고, 이후 2년마다 심장 검진을 받아야 한다.

〈A기관 건강검진 프로그램〉

검진항목	대상	주기
위	40세 이상	2년
대장	50세 이상	1년
심장	45세 이상	2년
자궁경부	30세 이상 45세 미만 여성	2년
간	40세 이상 간암 발생 고위험군	1년

─── 〈상 황〉 ───

A기관 직원 甲~戊의 2020년 건강검진 기록은 다음과 같다. 2020년 검진 이후 A기관 직원 현황과 간암 발생 고위험군 직원은 변동이 없다.

〈2020년 A기관 직원 건강검진 기록〉

이름	나이(세)	성별	검진항목
甲	28	여	없음
乙	45	남	위
丙	40	여	간
丁	48	남	심장
戊	54	여	대장

① 위
② 대장
③ 심장
④ 자궁경부
⑤ 간

※ 다음 글을 읽고 물음에 답하시오. [문 19.~문 20.]

'탄소중립'이란 인간 활동을 통한 온실가스 배출을 최대한 줄이고, 남은 온실가스는 산림 흡수 및 제거활동을 통해 실질적인 배출량을 0으로 만드는 것을 의미한다. 즉 배출되는 탄소량과 흡수·제거되는 탄소량을 동일하게 만든다는 개념으로, 이에 탄소중립을 '넷제로(Net-Zero)'라 부르기도 한다. 탄소중립에 동참하기로 한 A은행은 업무를 수행하면서 발생하는 이산화탄소 배출량을 줄이기 위해 2가지 사항에 주목하였다. 첫 번째는 항공 출장이고, 두 번째는 컴퓨터의 전력 낭비이다.

한 사람이 비행기로 출장 시 발생하는 이산화탄소 평균 배출량은 400kg으로, 이는 같은 거리를 4명이 자동차 한 대로 출장 시 발생하는 이산화탄소 평균 배출량의 2배에 해당한다. 항공 출장으로 인하여 현재 A은행이 배출하는 연간 이산화탄소의 양은 A은행의 연간 전체 이산화탄소 배출량의 1/5에 달하는 수준이다.

항공 출장을 줄이기 위해서 A은행은 화상회의시스템을 도입하기로 하였다. 화상회의시스템을 활용할 경우에 한 사람의 이산화탄소 평균 배출량은 항공 출장의 1/10 수준에 불과하다. A은행에서는 매년 연인원 1,000명이 항공 출장을 가고 있는데, 항공 출장인원의 30%에게 항공 출장 대신 화상회의시스템을 활용하도록 할 계획이다.

한편 은행과 같이 정보 처리가 업무의 핵심인 업계에서는 컴퓨터 시스템의 전력 소비가 전체 전력 소비의 큰 비중을 차지한다. A은행은 컴퓨터의 전력 낭비 요소를 파악하기 위하여 컴퓨터 전력 사용 현황을 조사하였다. 그 결과 컴퓨터의 전력 소비량이 밤 시간대에 놀라울 정도로 많다는 것을 발견하게 되었다. 그 이유는 직원들이 자신의 컴퓨터를 끄지 않고 퇴근하여 많은 컴퓨터가 밤에 계속 켜져 있었기 때문이다.

이에 A은행은 전력차단프로젝트를 수행하기로 하였다. 22,000대의 컴퓨터에 전력관리 소프트웨어를 설치하여, 컴퓨터가 일정시간 사용되지 않으면 언제라도 컴퓨터와 모니터의 전원이 자동으로 꺼지도록 하는 것이다. 이 프로젝트를 통하여 A은행은 연간 35만kWh의 전력 소비를 절감할 수 있을 것으로 예상되며, 이는 652톤의 이산화탄소 배출에 해당하는 양이다.

문 19. 윗글을 근거로 판단할 때, 〈보기〉에서 옳은 것만을 모두 고르면?

─── 〈보 기〉 ───

ㄱ. A은행이 전력차단프로젝트를 시행하더라도 주간에 전력 절감은 없을 것이다.

ㄴ. A은행의 전력차단프로젝트로 절감되는 컴퓨터 1대당 전력량은 연간 15kWh 이상이다.

ㄷ. A은행이 화상회의시스템과 전력차단프로젝트를 도입하면 넷제로가 실현된다.

ㄹ. 1인당 이산화탄소 평균 배출량은 4명이 자동차 한 대로 출장을 가는 경우가 같은 거리를 1명이 비행기로 출장을 가는 경우의 1/8에 해당한다.

① ㄱ, ㄴ
② ㄱ, ㄷ
③ ㄴ, ㄹ
④ ㄱ, ㄷ, ㄹ
⑤ ㄴ, ㄷ, ㄹ

문 20. 윗글을 근거로 판단할 때, ㉠에 해당하는 것은?

> A은행은 화상회의시스템과 전력차단프로젝트의 도입효과를 검토해 보았다. 검토 결과 둘을 도입하면, A은행 이산화탄소 배출량은 도입 전에 비해 연간 (㉠)% 감소할 것으로 예상되었다.

① 30   ② 32
③ 34   ④ 36
⑤ 38

문 21. 다음 글과 〈상황〉을 근거로 판단할 때, A시장이 잘못 부과한 과태료 초과분의 합은?

> 제00조 ① ☆☆영업을 하려는 자는 시·도지사에게 기간 내에 일정한 사항을 신고하여야 한다.
> ② 신고의무자가 부실하게 신고한 경우에는 신고하지 아니한 것으로 본다.
> ③ 시·도지사는 신고의무자가 기간 내에 신고하지 아니한 경우, 일정한 기간(이하 '사실조사기간'이라 한다)을 정하여 그 사실을 조사하고, 신고의무자에게 사실대로 신고할 것을 촉구하여야 한다.
> ④ 시·도지사는 신고의무자가 기간 내에 신고하지 아니한 경우에는 다음 각 호의 기준에 따라 과태료를 부과한다. 단, 제3항의 촉구를 받은 신고의무자가 신고하지 아니한 경우에는 다음 각 호 기준 금액의 2배를 부과한다.
> 1. 신고기간이 지난 후 1개월 이내 : 1만 원
> 2. 신고기간이 지난 후 1개월 초과 6개월 이내 : 3만 원
> 3. 신고기간이 지난 후 6개월 초과 : 5만 원
> 제00조 시·도지사는 과태료 처분대상자가 다음 각 호의 어느 하나에 해당하는 경우에는 과태료를 경감하여 부과한다. 단, 둘 이상에 해당하는 경우에는 그 중 높은 경감비율만을 한 차례 적용한다.
> 1. 사실조사기간 중 자진신고한 자 : 2분의 1 경감
> 2. 「장애인복지법」상 장애인 : 10분의 2 경감

> ───── 〈상 황〉 ─────
> A시장은 신고기간 내에 신고를 하지 않은 甲, 乙, 丙을 대상으로 사실조사를 실시하였고, 사실조사기간 중 자진신고를 한 丙을 제외한 모든 자에게 신고를 촉구하였다. 촉구를 받은 甲은 사실대로 신고하였지만 乙은 부실하게 신고하였다. 그 후 A시장은 甲, 乙, 丙에게 아래의 금액을 과태료로 부과하였다.

〈과태료 부과현황〉

대상자	신고기간 후 경과일수	특이사항	부과액
甲	200일	국가유공자	10만 원
乙	71일		6만 원
丙	9일	「장애인복지법」상 장애인	1만 5천 원

① 57,000원   ② 60,000원
③ 72,000원   ④ 85,000원
⑤ 90,000원

문 22. 다음 글과 〈상황〉을 근거로 판단할 때 옳은 것은?

> 제○○조 ① 사업주는 다음 각 호의 어느 하나에 해당하는 작업을 도급하여 자신의 사업장에서 수급인의 근로자가 그 작업을 하도록 해서는 아니 된다.
> 1. 도금작업
> 2. 수은, 납 또는 카드뮴을 가공·처리하는 작업
> ② 사업주는 제1항에도 불구하고 다음 각 호의 어느 하나에 해당하는 경우에는 제1항 각 호에 따른 작업을 도급하여 자신의 사업장에서 수급인의 근로자가 그 작업을 하도록 할 수 있다.
> 1. 일시적·간헐적으로 하는 작업을 도급하는 경우
> 2. 수급인이 보유한 기술이 전문적이고 해당 사업주의 사업 운영에 필수불가결한 경우로서 고용노동부장관의 승인을 받은 경우
> ③ 제2항 제2호에 따른 승인을 받은 작업을 도급받은 수급인은 그 작업을 하도급할 수 없다.
> 제□□조 도급인은 수급인의 근로자가 자신의 사업장에서 작업을 하는 경우, 자신의 근로자와 수급인의 근로자의 산업재해를 예방하기 위하여 필요한 안전조치 및 보건조치를 하여야 한다.
> 제△△조 고용노동부장관은 사업주가 다음 각 호의 어느 하나에 해당하는 경우에는 10억 원 이하의 과징금을 부과·징수할 수 있다.
> 1. 제○○조 제1항을 위반하여 도급한 경우
> 2. 제○○조 제2항 제2호를 위반하여 승인을 받지 아니하고 도급한 경우
> 3. 제○○조 제3항을 위반하여 재하도급한 경우
> 제◇◇조 제□□조를 위반한 자는 3년 이하의 징역 또는 3천만 원 이하의 벌금에 처한다.

※ 도급(都給) : 공사 등을 타인(수급인)에게 맡기는 일

> ───── 〈상 황〉 ─────
> 장신구 제조업체 甲(도급인)은 도금작업을 위해 도금 전문업체 乙(수급인)과 도급계약을 체결하였다.

① 도금작업이 일시적인 경우, 甲은 고용노동부장관의 승인 없이 乙의 근로자를 자신의 사업장에서 작업하도록 할 수 있다.
② 도금작업이 상시적인 경우, 甲이 乙의 근로자를 자신의 사업장에서 작업하도록 하였다면 3년 이하의 징역에 처한다.
③ 乙은 자신의 기술이 甲의 사업 운영에 필수불가결한 경우가 아니라면 그 작업을 하도급할 수 없다.
④ 乙의 근로자가 甲의 사업장에서 작업을 하는 경우, 안전조치 및 보건조치를 할 의무는 乙이 진다.
⑤ 甲이 자신의 사업장에서 작업을 하는 乙의 근로자에 대해 필요한 안전조치 및 보건조치를 하지 않을 경우, 고용노동부장관은 3억 원의 과징금을 부과할 수 있다.

문 23. 다음 글과 〈상황〉을 근거로 판단할 때 옳은 것은?

민사소송에서 법원은 원고가 청구한 금액의 한도 내에서만 판결을 해야 하고, 그 상한을 넘는 금액을 인정하는 판결을 해서는 안 된다. 예컨대 임대인(원고)이 임차인(피고)을 상대로 밀린 월세를 이유로 2천 4백만 원의 지급을 청구하는 소를 제기하였다. 이 경우 법원은 심리 결과 임차인의 밀린 월세를 2천만 원으로 판단하면 2천만 원을 지급하라고 판결해야 하지만, 3천만 원으로 판단하더라도 3천만 원을 지급하라고 판결할 수는 없다. 다만 임대인이 소송 도중 청구금액을 3천만 원으로 변경하면 비로소 법원은 3천만 원을 지급하라고 판결할 수 있다.

그런데 교통사고 등으로 신체상 손해를 입은 경우, 피해자인 원고는 적극적 손해(치료비), 소극적 손해(일실수익), 위자료 등 3가지 손해항목으로 금액을 나누어 손해배상을 청구하는 것이 일반적이다. 예컨대 교통사고 피해자가 적극적 손해 3백만 원, 소극적 손해 4백만 원, 위자료 2백만 원으로 손해항목을 나누고 그 총액인 9백만 원의 지급을 청구하는 소를 제기하는 것이다. 이와 관련하여 손해배상 총액을 초과하지 않으면, 법원이 손해항목별 상한을 넘는 금액을 인정하는 판결을 할 수 있는지가 문제된다. 위 사례에서 법원이 심리 결과 적극적 손해 2백만 원, 소극적 손해 5백만 원, 위자료 2백만 원이 타당하다고 판단한 경우, 피고가 원고에게 합계 9백만 원의 손해배상을 지급하라고 판결할 수 있는지에 대해 3가지 견해가 있다. A견해는 각 손해항목별로 금액의 상한을 초과하는 판결을 할 수 없다고 한다. B견해는 손해배상 총액의 상한만 넘지 않으면 손해항목별 상한 금액을 넘더라도 무방하다고 한다. C견해는 적극적 손해와 소극적 손해는 동일한 '재산상 손해'이지만 '위자료'는 정신적 고통에 대한 배상으로 그 성질이 다르다는 점을 중시하여, 적극적 손해와 소극적 손해를 합산한 '재산상 손해' 그리고 '위자료' 두 개의 손해항목으로 나누고 그 항목별 상한 금액을 넘지 않으면 된다고 한다.

※ 일실수익 : 교통사고 등으로 사망하거나 신체상의 상해를 입은 사람이 장래 얻을 수 있는 수입액의 상실분

─── 〈상 황〉 ───

甲은 乙 소유의 주택에 화재를 일으켰다. 이로 인해 乙은 주택 소실에 따른 재산상 손해를 입었고 주택의 임차인 丙이 화상을 입었다. 이에 乙은 재산상 손해 6천만 원의 지급을 청구하는 소를, 丙은 치료비 1천만 원, 일실수익 1억 원, 위자료 5천만 원, 합계 1억 6천만 원의 지급을 청구하는 소를 甲을 상대로 각각 제기하였다.

법원은 심리 결과 乙의 재산상 손해는 5천만 원이고, 丙의 손해는 치료비 5백만 원, 일실수익 1억 2천만 원, 위자료 3천 5백만 원이 타당하다고 판단하였다.

① 법원은 甲이 乙에게 6천만 원을 지급하라고 판결해야 한다.
② 소송 도중 乙이 청구금액을 8천만 원으로 변경한 경우, 법원은 심리 결과 손해액을 5천만 원으로 판단하더라도 甲이 乙에게 8천만 원을 지급하라고 판결해야 한다.
③ A견해에 따르면, 법원은 甲이 丙에게 1억 6천만 원을 지급하라고 판결해야 한다.
④ B견해에 따르면, 법원은 甲이 丙에게 1억 4천만 원을 지급하라고 판결해야 한다.
⑤ C견해에 따르면, 법원은 甲이 丙에게 1억 4천 5백만 원을 지급하라고 판결해야 한다.

문 24. 다음 글을 근거로 판단할 때, 입찰공고 기간을 준수한 것은?

제00조 ① 입찰공고(이하 '공고'라 한다)는 입찰서 제출마감일의 전일부터 기산(起算)하여 7일 전에 이를 행하여야 한다.

② 공사를 입찰하는 경우로서 현장설명을 실시하는 경우에는 현장설명일의 전일부터 기산하여 7일 전에 공고하여야 한다. 다만 입찰참가자격을 사전에 심사하려는 공사에 관한 입찰의 경우에는 현장설명일의 전일부터 기산하여 30일 전에 공고하여야 한다.

③ 공사를 입찰하는 경우로서 현장설명을 실시하지 아니하는 경우에는 입찰서 제출마감일의 전일부터 기산하여 다음 각 호에서 정한 기간 전에 공고하여야 한다.

1. 입찰가격이 10억 원 미만인 경우 : 7일
2. 입찰가격이 10억 원 이상 50억 원 미만인 경우 : 15일
3. 입찰가격이 50억 원 이상인 경우 : 40일

④ 제1항부터 제3항까지의 규정에도 불구하고 다음 각 호의 어느 하나에 해당하는 경우에는 입찰서 제출마감일의 전일부터 기산하여 5일 전까지 공고할 수 있다.

1. 재공고입찰의 경우
2. 다른 국가사업과 연계되어 일정조정이 불가피한 경우
3. 긴급한 행사 또는 긴급한 재해예방·복구 등을 위하여 필요한 경우

⑤ 협상에 의해 계약을 체결하는 경우에는 제1항 및 제4항에도 불구하고 제안서 제출마감일의 전일부터 기산하여 40일 전에 공고하여야 한다. 다만 다음 각 호의 어느 하나에 해당하는 경우에는 제안서 제출마감일의 전일부터 기산하여 10일 전까지 공고할 수 있다.

1. 제4항 각 호의 어느 하나에 해당하는 경우
2. 입찰가격이 고시금액 미만인 경우

① A부서는 건물 청소 용역업체 교체를 위해 제출마감일을 2021. 4. 1.로 정하고 2021. 3. 26. 공고를 하였다.
② B부서는 입찰참가자격을 사전에 심사하고 현장설명을 실시하는 신청사 건설공사 입찰가격을 30억 원에 진행하고자, 현장설명일을 2021. 4. 1.로 정하고 2021. 3. 15. 공고를 하였다.
③ C부서는 협상에 의해 헬기도입에 관한 계약을 체결하려고 하였는데, 다른 국가사업과 연계되어 일정조정이 불가피하게 되자 제출마감일을 2021. 4. 1.로 정하고 2021. 3. 19. 공고를 하였다.
④ D부서는 협상에 의해 다른 국가사업과 관계없는 계약을 체결하고자, 제출마감일을 2021. 4. 1.로 정하고 2021. 3. 26. 공고를 하였다.
⑤ E부서는 현장설명 없이 5억 원에 주차장 공사를 입찰하고자 2021. 4. 1.을 제출마감일로 하여 공고하였으나, 입찰자가 1개 회사밖에 없어 제출마감일을 2021. 4. 9.로 다시 정하고 2021. 4. 5. 재공고하였다.

문 25. 다음 글을 근거로 판단할 때, 〈상황〉의 ㉠~㉢을 옳게 짝지은 것은?

1957년 제정 「저작권법」은 저작물의 저작재산권을 저작자가 생존하는 동안과 사망한 후 30년간 존속하는 것으로 규정하고 있었다.

이후 1987년 개정 「저작권법」은 저작재산권을 저작자가 생존하는 동안과 사망 후 50년간 존속하도록 개정하여 저작재산권의 보호기간(이하 '보호기간'이라 한다)을 연장하였다. 다만 1987년 「저작권법」이 시행된 1987. 7. 1. 이전에 1957년 「저작권법」에 따른 보호기간이 이미 경과한 저작물은 더 이상 보호하지 않는 것으로 규정하였다.

또한 2011년 개정 「저작권법」은 보호기간을 저작자 생존 기간 동안과 사망 후 70년간으로 개정하였으며, 다만 2011년 「저작권법」이 시행된 2013. 7. 1. 이전에 1987년 「저작권법」에 따른 보호기간이 이미 경과한 저작물은 더 이상 보호하지 않는 것으로 규정하였다.

한편 보호기간을 산정할 때는 저작자가 사망한 다음 해의 1월 1일을 기산일(起算日)로 한다. 예컨대 '저작물 X'를 창작한 저작자 甲이 1957. 4. 1. 사망하였다면 저작물 X의 보호기간은 1958. 1. 1.부터 기산하여 1987년 「저작권법」에 의해 2007. 12. 31.까지 연장되지만, 2011년 「저작권법」에 따르면 보호기간이 이미 만료된 상태이다.

── 〈상 황〉 ──

'저작물 Y'를 창작한 저작자 乙은 1963. 1. 1. 사망하였다. 저작물 Y의 보호기간은 1957년 제정 「저작권법」에 따르면 (㉠)이고, 1987년 개정 「저작권법」에 따르면 (㉡)이며, 2011년 개정 「저작권법」에 따르면 (㉢)이다.

	㉠	㉡	㉢
①	1992. 1. 1.까지	2012. 1. 1.까지	이미 만료된 상태
②	1992. 12. 31.까지	2012. 12. 31.까지	이미 만료된 상태
③	1992. 12. 31.까지	2012. 12. 31.까지	2032. 12. 31.까지
④	1993. 12. 31.까지	2013. 12. 31.까지	이미 만료된 상태
⑤	1993. 12. 31.까지	2013. 12. 31.까지	2033. 12. 31.까지

문 26. 다음 글을 근거로 판단할 때, 〈보기〉에서 옳은 것만을 모두 고르면?

석유에서 얻을 수 있는 연료를 대체하는 물질 중 하나는 식물성 기름이다. 식물성 기름의 지방산을 처리하면 자동차 연료로 쓸 수 있는 바이오디젤을 만들 수 있다. 바이오디젤은 석유에서 얻는 일반디젤에 비해 몇 가지 장점이 있다. 바이오디젤은 분진이나 일산화탄소, 불완전연소 유기물과 같은 오염 물질을 적게 배출한다. 또한 석유에서 얻는 연료와 달리 식물성 기름에는 황이 거의 들어 있지 않아 바이오디젤을 연소했을 때 이산화황이 거의 배출되지 않는다. 바이오디젤은 기존 디젤 엔진에서도 사용될 수 있고 석유 연료에 비해 쉽게 생분해되기 때문에 외부로 유출되더라도 환경에 미치는 영향이 작다.

물론 바이오디젤도 단점이 있다. 우선 바이오디젤은 일반디젤보다 생산원가가 훨씬 높다. 또한 바이오디젤은 생분해되기 때문에 장기간 저장이 어렵고, 질소산화물을 더 많이 배출한다. 그뿐 아니라 엔진에 접착성 찌꺼기가 남을 수 있고, 일반디젤보다 응고점이 높다. 이 때문에 바이오디젤을 일반디젤의 첨가물로 사용하고 있다. 바이오디젤과 일반디젤은 쉽게 혼합되며, 그 혼합물은 바이오디젤보다 응고점이 낮다. 바이오디젤은 영어 약자 BD로 나타내는데, BD20은 바이오디젤 20%와 일반디젤 80%의 혼합연료를 뜻한다.

── 〈상 황〉 ──

ㄱ. 같은 양이라면 BD20의 생산원가가 일반디젤보다 낮을 것이다.
ㄴ. 석유에서 얻은 연료에는 황 성분이 포함되어 있을 것이다.
ㄷ. 같은 온도에서 바이오디젤이 액체일 때 일반디젤은 고체일 수 있다.
ㄹ. 바이오디젤만 연료로 사용하면 일반디젤만 사용했을 때와 비교해서 질소산화물 배출은 늘지만 이산화황 배출은 줄어들 것이다.

① ㄱ
② ㄴ, ㄷ
③ ㄴ, ㄹ
④ ㄷ, ㄹ
⑤ ㄱ, ㄴ, ㄷ

문 27. 다음 글을 근거로 판단할 때 옳은 것은?

커피에 함유된 카페인의 각성효과는 사람에 따라 다르다. 커피를 한 잔만 마셔도 각성효과가 큰 사람이 있고, 몇 잔을 연거푸 마셔도 거의 영향을 받지 않는 사람도 있다. 甲국 정부는 하루 카페인 섭취량으로 성인은 400mg 이하, 임신부는 300mg 이하, 어린이·청소년은 체중 1kg당 2.5mg 이하를 권고하고 있다.

카페인은 식물에서 추출한 알칼로이드 화학물질로 각성효과, 기억력, 집중력을 일시적으로 향상시킨다. 카페인의 효과는 '아데노신'과 밀접한 관련이 있다. 사람의 몸에서 생성되는 화학물질인 아데노신은 뇌의 각성상태를 완화시켜 잠들게 하는 신경전달물질이다. 이 아데노신이 뇌 수용체와 결합하기 전에 카페인이 먼저 뇌 수용체와 결합하면 각성효과가 나타나게 된다. 즉 커피 속의 카페인은 아데노신의 역할을 방해하는 셈이다.

몸에 들어온 카페인은 간에서 분해된다. 카페인의 분해가 잘 될수록 각성효과가 빨리 사라진다. 카페인이 간에서 분해되는 과정에는 카페인 분해 효소가 필요하다. 카페인 분해 효소의 효율이 유전적·환경적 요인에 따라 어떻게 달라지는지 확인하기 위해 조사를 진행하였다. 그 결과 흡연 또는 여성의 경구피임약 복용 등도 카페인 분해 효율에 영향을 주지만 유전적 요인이 가장 큰 영향을 준다는 결론에 도달했다. 카페인 분해 효소의 효율을 결정하는 유전자는 15번 염색체에 있다. 이 유전자 염기서열 특정 부분의 변이가 A형인 사람을 '빠른 대사자', C형인 사람을 '느린 대사자'로 나누기도 한다. C형인 사람은 카페인 분해가 느려서 카페인이 일으키는 각성효과를 길게 받는다. "나는 낮에 커피 한 잔만 마셔도 밤에 잠이 안 와!"라고 말하는 사람은 느린 대사자일 가능성이 높다. 반면에 커피를 마셔도 잘 자는 사람은 빠른 대사자일 가능성이 높다.

① 甲국 정부가 권고하는 하루 카페인 섭취량 이하를 섭취하면 각성효과가 나타나지 않는다.

② 카페인은 각성효과를 돕는 아데노신 분비를 촉진시킨다.

③ 유전자 염기서열 특정 부분의 변이가 A형인 사람은 C형인 사람보다 카페인의 각성효과가 더 오래 유지된다.

④ 몸무게가 60kg인 성인 남성에 대해 甲국 정부가 권고하는 하루 카페인 섭취량은 최대 150mg이다.

⑤ 사람에 따라 커피의 각성효과가 달라지는 데 가장 큰 영향을 주는 것은 유전적 요인이다.

문 28. 다음 글을 근거로 판단할 때, 〈상황〉의 ㉠과 ㉡을 옳게 짝지은 것은?

수액을 주입할 때 사용하는 단위 gtt는 방울이라는 뜻의 라틴어 gutta에서 유래한 것으로, 수액 용기에서 떨어지는 수액의 방울 수를 나타낸다. 일반적으로 20gtt/ml가 '기준규격'이며, 이는 용기에서 20방울이 떨어졌을 때 수액 1ml가 주입되는 것을 말한다.

── 〈상 황〉 ──

• 기준규격에 따라 수액 360ml를 2시간 동안 모두 주입하려면, 1초당 (㉠)gtt씩 주입하여야 한다.

• 기준규격에 따라 3초당 1gtt로 수액을 주입하면, 24시간 동안 최대 (㉡)ml를 주입할 수 있다.

	㉠	㉡
①	0.5	720
②	1	720
③	1	1,440
④	2	1,440
⑤	2	2,880

문 29. 다음 글을 근거로 판단할 때, 진로의 순위를 옳게 짝지은 것은?

- 甲은 A, B, C 3가지 진로에 대해 비용편익분석(편익 − 비용)을 통하여 최종 결과값이 큰 순서대로 순위를 정하려고 한다.
- 각 진로별 예상되는 편익은 다음과 같다.
  - 편익 = 근속연수 × 평균연봉
  - 연금이 있는 경우 편익에 1.2를 곱한다.

구분	A	B	C
근속연수	25	35	30
평균연봉	1억 원	7천만 원	5천만 원
연금 여부	없음	없음	있음

- 각 진로별 예상되는 비용은 다음과 같다.
  - 비용 = 준비연수 × 연간 준비비용 × 준비난이도 계수
  - 준비난이도 계수는 상 2.0, 중 1.5, 하 1.0으로 한다.
  - 연고지가 아닌 경우 비용에 2억 원을 더한다.

구분	A	B	C
준비연수	3	1	4
연간 준비비용	6천만 원	1천만 원	3천만 원
준비난이도	중	하	상
연고지 여부	연고지	비연고지	비연고지

- 평판도가 1위인 경우, 비용편익분석 결과값에 2를 곱한다.

구분	A	B	C
평판도	2위	3위	1위

	1순위	2순위	3순위
①	A	B	C
②	B	A	C
③	B	C	A
④	C	A	B
⑤	C	B	A

문 30. 다음 글과 〈상황〉을 근거로 판단할 때, X의 범위는?

A국은 다음과 같은 원칙에 따라 소득에 대해 과세한다.

- 근로소득자나 사업자 모두 원칙적으로 과세대상소득의 20%를 세금으로 납부한다.
- 근로소득자의 과세대상소득은 근로소득이고, 사업자의 과세대상소득은 매출액에서 생산비용을 공제한 값이다.
- 근로소득자의 경우 신용카드 지출금액의 5%는 과세대상소득에서 공제한다. 예를 들어 원래 과세대상소득이 1천만 원인 사람이 10만 원을 신용카드로 지출하면 이 사람의 실제 과세대상소득은 5천 원 감소하여 999만 5천 원이 된다.
- 사업자는 신용카드로 취득한 매출액의 1%를 수수료로 카드회사에 지불한다. 수수료는 생산비용에 포함되지 않는다.
- 지역상권 활성화를 위해 2021년 한시적으로 지역상권부흥상품권을 통한 거래는 사업자의 과세대상에서 제외하기로 했다.

─────── 〈상 황〉 ───────

2021년 A국의 근로소득자 甲은 가구를 제작·판매하는 사업자 乙로부터 100만 원에 판매되는 식탁을 신용카드로 구입하려고 하였다. 乙이 이 식탁을 제작하는 데 드는 생산비용은 80만 원이다. 그런데 乙은 지역상권부흥상품권으로 자신이 판매하는 가구를 구매하는 고객에게 (X)만 원을 할인하는 행사를 진행하였고, 甲은 이 사실을 알게 되었다. 이에 甲은 지역상권부흥상품권으로 이 식탁을 구매하였으며, 결과적으로 신용카드로 거래하는 것보다 甲과 乙 모두 금전적으로 이득을 보았다.

① 0 < X < 5
② 1 < X < 5
③ 1 < X < 6
④ 3 < X < 6
⑤ 3 < X < 10

문 31. 다음 글을 근거로 판단할 때, 5세트가 시작한 시점에 경기장에 남아 있는 관람객 수의 최댓값은?

> - 총 5세트의 배구경기에서 각 세트를 이길 때마다 세트 점수 1점을 획득하여 누적 세트 점수 3점을 먼저 획득하는 팀이 승리한다.
> - 경기 시작 전, 경기장에는 홈팀을 응원하는 관람객 5,000명과 원정팀을 응원하는 관람객 3,000명이 있었다.
> - 각 세트가 끝날 때마다 누적 세트 점수가 낮은 팀을 응원하는 관람객이 경기장을 나가는데, 홈팀은 1,000명, 원정팀은 500명이 나간다.
> - 경기장을 나간 관람객은 다시 들어오지 못하며, 경기 중간에 들어온 관람객은 없다.
> - 경기는 원정팀이 승리했으나 홈팀이 두 세트를 이기며 분전했다.

① 6,000명
② 6,500명
③ 7,000명
④ 7,500명
⑤ 8,000명

문 32. 다음 글을 근거로 판단할 때, 〈보기〉에서 옳은 것만을 모두 고르면?

> 1에서 9까지 아홉 개의 숫자버튼이 있고, 단계별로 숫자버튼을 한 번 누르면 〈규칙〉에 따라 값이 출력되는 장치가 있다.
>
> 〈규칙〉
>
> 1단계 : 숫자버튼을 누르면 그 수가 그대로 출력된다.
> 2단계 : '1단계 출력값'에 '2단계에서 누른 수에 11을 곱한 값'을 더한 값이 출력된다.
> 3단계 : '2단계 출력값'에 '3단계에서 누른 수에 111을 곱한 값'을 더한 값이 출력된다. 다만 그 값이 1,000 이상인 경우 0이 출력된다.

> ─── 〈보 기〉 ───
> ㄱ. 100부터 999까지의 정수는 모두 출력 가능하다.
> ㄴ. 250이 출력되도록 숫자버튼을 누르는 방법은 한 가지이다.
> ㄷ. 100의 배수(0 제외)가 출력되었다면 처음 누른 숫자버튼은 반드시 1이다.

① ㄱ
② ㄴ
③ ㄱ, ㄴ
④ ㄱ, ㄷ
⑤ ㄴ, ㄷ

문 33. 다음 〈대화〉를 근거로 판단할 때 옳은 것은?(단, 토끼는 옹달샘이 아닌 다른 곳에서도 물을 마실 수 있다)

> ─── 〈대 화〉 ───
> 토끼 A : 우리 중 나를 포함해서 셋만 옹달샘에 다녀왔어.
> 토끼 B : D가 물을 마셨다면 나도 물을 마셨어.
> 토끼 C : 나는 계속 D만 졸졸 따라다녔어.
> 토끼 D : B가 옹달샘에 가지 않았다면, 나도 옹달샘에 가지 않았어.
> 토끼 E : 너희 중 둘은 물을 마셨지. 나를 포함해서 셋은 물을 한 모금도 마시지 않아서 목이 타.

① A와 D는 둘 다 물을 마셨다.
② C와 D는 둘 다 물을 마셨다.
③ E는 옹달샘에 다녀가지 않았다.
④ A가 물을 마시지 않았으면 B가 물을 마셨다.
⑤ 물을 마시지 않은 토끼는 모두 옹달샘에 다녀갔다.

문 34. 다음 글을 근거로 판단할 때, 사무소 B의 전화번호를 구성하는 6개 숫자를 모두 합한 값의 최댓값은?

> 사무소 A와 사무소 B 각각의 전화번호는 1부터 9까지의 숫자 중 6개로 구성되어 있다.
> - A와 B전화번호에서 공통된 숫자의 종류는 5를 포함하여 세 가지이다.
> - A전화번호는 세 가지의 홀수만으로 구성되어 있다.
> - A전화번호의 첫 번째와 마지막 숫자는 서로 다르며, 합이 10이다.
> - B전화번호를 구성하는 숫자 중 가장 큰 숫자는 세 번 나타난다.
> - B전화번호를 구성하는 숫자 중 두 번째로 작은 숫자는 짝수다.

① 33
② 35
③ 37
④ 39
⑤ 42

문 35. 다음 글을 근거로 판단할 때, 〈보기〉에서 옳은 것만을 모두 고르면?

> A마을에서는 다음과 같이 양의 이름을 짓는다.
> - '물', '불', '돌', '눈' 중 한 개 이상의 글자를 사용하여 이름을 짓는다.
> - 봄에 태어난 양의 이름에는 '물', 여름에 태어난 양의 이름에는 '불', 가을에 태어난 양의 이름에는 '돌', 겨울에 태어난 양의 이름에는 '눈'이 반드시 포함되어야 한다.
> - 수컷 양의 이름에는 '물', 암컷 양의 이름에는 '불'이 반드시 포함되어야 한다.
> - 같은 글자가 두 번 이상 사용되어서는 안 된다.

─── 〈보 기〉 ───
ㄱ. 겨울에 태어난 A마을 양이 암컷이라면, 그 양에게 붙일 수 있는 두 글자 이름은 두 가지이다.
ㄴ. A마을 양 '물불'은 여름에 태어났다면 수컷이고 봄에 태어났다면 암컷이다.
ㄷ. A마을 양의 이름은 모두 두 글자 이상 네 글자 이하이다.

① ㄱ
② ㄴ
③ ㄷ
④ ㄱ, ㄴ
⑤ ㄴ, ㄷ

문 36. 다음 글과 〈상황〉을 근거로 판단할 때, 일반하역사업 등록이 가능한 사업자만을 모두 고르면?

〈일반하역사업의 최소 등록기준〉

구분	1급지 (부산항, 인천항, 포항항, 광양항)	2급지 (여수항, 마산항, 동해·묵호항)	3급지 (1급지와 2급지를 제외한 항)
총시설 평가액	10억 원	5억 원	1억 원
자본금	3억 원	1억 원	5천만 원

- 사업자의 시설 중 본인 소유 시설평가액 총액이 등록기준에서 정한 급지별 '총시설평가액'의 3분의 2 이상이어야 한다.
- 사업자의 하역시설 평가액 총액은 해당 사업자의 시설평가액 총액의 3분의 2 이상이어야 한다.
- 3급지 항에 대해서는 자본금이 1억 원 이상이면 등록기준에서 정한 급지별 '총시설평가액'을 2분의 1로 완화한다.

─── 〈상 황〉 ───
- 시설 A~F 중 하역시설은 A, B, C이다.
- 사업자 甲~丁 현황은 다음과 같다.

사업자	항만	자본금	시설	시설 평가액	본인 소유여부
甲	부산항	2억 원	B	4억 원	○
			C	2억 원	○
			D	1억 원	×
			E	3억 원	×
乙	광양항	3억 원	C	8억 원	○
			E	1억 원	×
			F	2억 원	×
丙	동해· 묵호항	4억 원	A	1억 원	○
			C	4억 원	○
			D	3억 원	×
丁	대산항	1억 원	A	6천만 원	○
			B	1천만 원	×
			C	1천만 원	×
			D	1천만 원	○

① 甲, 乙
② 甲, 丙
③ 乙, 丙
④ 乙, 丁
⑤ 丙, 丁

문 37. 다음 글과 〈상황〉을 근거로 판단할 때, 甲소방서에서 폐기대상을 제외하고 가장 먼저 교체대상이 될 장비는?

- 〈소방장비 내용연수 기준〉에 따라 소방장비 구비목록의 소방장비를 교체해야 한다. 사용연수가 내용연수 기준을 초과한 소방장비는 폐기하고, 초과하지 않은 소방장비는 내용연수가 적게 남은 것부터 교체해야 한다.

〈소방장비 내용연수 기준〉

구분		내용연수
소방자동차		10
소방용로봇		7
구조장비	산악용 들것	5
	구조용 안전벨트	3
방호복	특수방호복	5
	폭발물방호복	10

※ 내용연수 : 소방장비의 내구성을 고려할 때, 최대 사용연수로 적절한 기준 연수

- 내용연수 기준을 초과한 소방장비의 기한을 연장하여 사용할 필요가 있는 경우에는 다음 기준에 따라 1회에 한해 연장 사용할 수 있으며, 이 경우 내용연수 기준을 초과하지 않은 것으로 본다.
  - 소방자동차 : 1년(단, 특수정비를 받은 경우에는 3년까지 가능)
  - 그 밖의 소방장비 : 1년
- 위의 내용연수 기준과 연장 사용 기준에도 불구하고 다음 어느 하나에 해당하는 경우에는 내용연수 기준을 초과한 것으로 본다.
  - 소방자동차의 운행거리가 12만km를 초과한 경우
  - 실사용량이 경제적 사용량을 초과한 경우

〈상 황〉

- 甲소방서의 현재 소방장비 구비목록은 다음과 같다.

구분	사용연수	연장사용여부	비고
소방자동차1	12	2년 연장	운행거리 15만km 특수정비 받음
소방자동차2	9	없음	운행거리 8만km 특수정비 불가
소방용로봇	4	없음	
구조용 안전벨트	5	1년 연장	경제적 사용량 1,000회 실사용량 500회
폭발물방호복	9	없음	경제적 사용량 500회 실사용량 600회

① 소방자동차1
② 소방자동차2
③ 소방용로봇
④ 구조용 안전벨트
⑤ 폭발물방호복

문 38. 다음 글을 근거로 판단할 때, 甲과 乙이 선택할 스포츠 종목은?

- 甲과 乙은 함께 스포츠 데이트를 하려 한다. 이들이 고려하고 있는 종목은 등산, 스키, 암벽등반, 수영, 볼링이다.
- 甲과 乙은 비용, 만족도, 위험도, 활동량을 기준으로 종목별 점수를 부여하고, 종목별로 두 사람의 점수를 더하여 합이 가장 높은 종목을 선택한다. 단, 동점일 때는 乙이 부여한 점수의 합이 가장 높은 종목을 선택한다.
- 甲과 乙이 점수를 부여하는 방식은 다음과 같다.
  - 甲과 乙은 비용이 적게 드는 종목부터, 만족도가 높은 종목부터 순서대로 5점에서 1점까지 1점씩 차이를 두고 부여한다.
  - 甲은 위험도가 높은 종목부터, 활동량이 많은 종목부터 순서대로 5점에서 1점까지 1점씩 차이를 두고 부여하며, 乙은 그 반대로 점수를 부여한다.

구분	등산	스키	암벽등반	수영	볼링
비용(원)	8,000	60,000	32,000	20,000	18,000
만족도	30	80	100	20	70
위험도	40	100	80	50	60
활동량	50	100	70	90	30

① 등산
② 스키
③ 암벽등반
④ 수영
⑤ 볼링

※ 다음 글을 읽고 물음에 답하시오. [문 39.~문 40.]

하드디스크는 플래터와 헤드 등으로 구성되어 있다. '플래터'는 원반 모양이고 같은 크기의 플래터가 위아래로 여러 개 나란히 정렬되어 있다. 플래터의 양면은 각각 '표면'이라 불리는데, 데이터를 저장하기 위해 자기물질로 덮여 있다. '헤드'는 데이터를 표면에 저장하거나 저장된 데이터를 인식한다. 이를 위해 헤드는 회전하는 플래터의 중심부와 바깥 사이를 플래터 반지름 선을 따라 일정한 속도로 이동한다.

플래터의 표면은 폭이 일정한 여러 개의 '트랙'이 동심원을 이룬다. 플래터마다 트랙 수는 같으며, 트랙은 여러 개의 '섹터'로 나누어진다. 이 구분은 하드디스크상의 위치를 나타내고 파일(데이터)을 디스크 공간에 할당하기 위해 사용된다. 예를 들어 어떤 특정한 데이터는 '표면 3, 트랙 5, 섹터 7'에 위치하게 된다. 이때 표면은 위에서부터 차례로 번호가 부여된다. 트랙은 바깥쪽에서 안쪽으로 순서대로 번호가 부여되며, 섹터는 반시계방향으로 번호가 부여된다.

섹터는 하드디스크의 최소 저장 단위로 하나의 섹터에는 파일을 1개만 저장한다. 한 섹터는 512바이트까지 저장할 수 있지만, 10바이트 파일을 저장해도 섹터 한 개를 전부 차지한다. 초기 하드디스크는 모든 트랙마다 동일한 섹터 수를 가졌지만, 현재의 하드디스크에는 바깥쪽 트랙에 좀 더 많은 섹터가 있다. 섹터의 크기가 클수록 섹터의 저장 공간이 커지기 때문에 크기를 똑같이 하여 섹터당 저장 공간을 일정하게 유지하고 있다.

플래터 표면 중심에서 거리가 같은 모든 트랙을 수직으로 묶어 하나의 '실린더'라 한다. 표면마다 하나씩 있는 여러 개의 헤드가 동시에 이동하는데, 헤드가 한 트랙(실린더)에서 다른 트랙(실린더)으로 움직이는 데는 시간이 걸린다. 따라서 동시에 호출되는 데이터를 동일한 실린더 안에 있게 하면, 헤드의 추가 이동이 필요 없어져서 탐색 시간을 단축시킬 수 있다. 하지만 이런 저장 방식이 항상 가능한 것은 아니며, 하드디스크의 여러 곳(트랙과 섹터)에 분산되어 파일이 저장되기도 한다.

데이터 탐색 속도는 플래터 바깥쪽에 있던 헤드가 데이터를 읽고 쓴 후 다시 플래터 바깥쪽에 정확히 정렬하는 데까지 걸리는 시간을 가리킨다. 하드디스크가 성능이 좋을수록 플래터는 빠른 속도로 회전하는데, 일반적으로 회전속도는 5,400rpm(분당 5,400회전) 혹은 7,200rpm이다. 플래터 위를 이동하는 헤드의 속도는 1번 트랙의 바깥쪽 끝과 마지막 트랙의 안쪽 끝 사이를 초당 몇 번 왕복하는지를 나타내며, Hz로 표현된다. 예를 들어 1Hz는 1초에 헤드가 1번 왕복하는 것을 의미한다.

문 39. 윗글을 근거로 판단할 때 옳은 것은?

① 플래터가 5개라면 표면의 개수는 최대 5개이다.
② 플래터가 5개, 플래터당 트랙이 10개, 트랙당 섹터가 20개라면, 실린더의 개수는 10개이다.
③ 플래터 안의 모든 섹터의 크기가 같다면, 각 트랙의 섹터 수는 같다.
④ 10바이트 파일 10개 저장에 필요한 최소 섹터 수와 100바이트 파일 1개 저장에 필요한 최소 섹터 수는 같다.
⑤ 파일 크기가 트랙 1개의 저장용량보다 작다면, 해당 파일은 항상 하나의 트랙에 저장된다.

문 40. 윗글을 근거로 판단할 때, 〈상황〉의 ㉠과 ㉡을 옳게 짝지은 것은?

〈상 황〉

A하드디스크는 표면 10개, 표면당 트랙 20개, 트랙당 섹터 20~50개로 이루어져 있다. 현재 헤드의 위치는 1번 트랙의 바깥쪽 끝이며 헤드 이동경로에 처음 위치한 섹터는 1번이다. 플래터의 회전속도는 7,200rpm, 헤드의 이동속도는 5Hz이다. 플래터 1회전에 걸리는 시간은 (㉠)초이고, 헤드가 트랙 하나를 이동하는 데 걸리는 시간은 평균 (㉡)초이다.

	㉠	㉡
①	$\frac{1}{12}$	$\frac{1}{10}$
②	$\frac{1}{12}$	$\frac{1}{100}$
③	$\frac{1}{120}$	$\frac{1}{100}$
④	$\frac{1}{120}$	$\frac{1}{200}$
⑤	$\frac{1}{720}$	$\frac{1}{200}$

01	02	03	04	05	06	07	08	09	10
①	④	①	②	②	④	①	④	④	③
11	12	13	14	15	16	17	18	19	20
④	②	②	④	⑤	③	⑤	②	③	⑤
21	22	23	24	25	26	27	28	29	30
②	①	⑤	③	⑤	③	⑤	③	⑤	②
31	32	33	34	35	36	37	38	39	40
③	⑤	④	③	①	④	②	①	②	④

01 법조문

답 ①

난도 중

정답해설

① 두 번째 조 제3항 제2호에 의하면 의사자의 경우 보상금은 배우자, 자녀, 부모, 조부모, 형제자매의의 순으로 지급한다. 배우자와 자녀가 있는 경우 보상금은 더 높은 순위인 배우자에게 전액 지급된다.

오답해설

② 두 번째 조 제1항에 의하면 서훈 수여의 주체는 국가이므로, 지방자치단체는 서훈 수여가 불가능하다.

③ 첫 번째 조 제3항에 의하면 의상자란 직무 외의 행위로 구조행위를 하였어야 한다. 소방관의 행위는 직무행위이므로 의상자로 인정될 수 없다.

④ 첫 번째 조 제1항 제4호에 의하면 다른 사람의 생명 또는 신체를 구하다가 부상을 입었어야 한다. 애완동물의 구조는 의상자로 인정될 수 없다.

⑤ 첫 번째 조 단서에 의하면 자신의 행위로 인하여 위해에 처한 사람에 대한 구조행위는 제외한다고 하였으므로 戊은 의상자로 인정될 수 없다.

합격생 가이드

법조문 문제에서는 각 조항의 주어(주체)를 표시하면서 읽어야 한다. ②와 같은 선지는 법조문 유형에서 반드시 출제되는 매력적인 오답 장치이기 때문에 주의해야 한다.

02 법조문

답 ④

난도 하

정답해설

④ 제4항에 의하면 본인 또는 자녀는 가족관계등록부의 기록사항에 대하여 전자적 방법에 의한 열람을 청구할 수 있다.

오답해설

① 제1항에 의하면 A의 직계혈족인 B가 A의 기본증명서 교부를 청구할 때에는 A의 위임이 필요하지 않다.

② 제3항에 따르면 증명서의 교부를 청구하는 사람은 수수료를 납부하여야 하고, 증명서의 송부를 신청하는 경우에 우송료를 따로 납부하여야 한다.

③ 제1항 제1호에 따르면 국가 또는 지방자치단체는 직무상 필요에 따라 문서로 교부를 신청할 수 있다.

⑤ 제4항 단서에 따르면 친양자는 성년이 된 이후에만 전자적 방법에 의한 열람을 청구할 수 있다.

03 법조문

답 ①

난도 중

정답해설

① 첫 번째 조 제3항 제1호에 의하면 사업자인 乙은 소비자 甲으로부터 피해구제의 신청을 받은 날부터 30일이 경과하여도 합의에 이르지 못하는 경우 한국소비자원에 그 처리를 의뢰할 수 있다.

오답해설

② 첫 번째 조 제3항 제2호에 의하면 한국소비자원에 피해구제의 처리를 의뢰하기로 소비자와 합의한 경우 乙은 한국소비자원에 그 처리를 의뢰할 수 있다.

③ 네 번째 조로 미루어 보면 한국소비자원의 피해구제 처리절차 중에 甲은 해당 사건에 대해 법원에 소를 제기할 수 있다.

④ 세 번째 조에 의하면 해당 합의가 이루어지지 않은 경우 한국소비자원장은 지체 없이 소비자분쟁조정위원회에 분쟁조정을 신청하여야 한다.

⑤ 두 번째 조 제1항 제2호에 의하면 관계 기관에서 위법사실을 이미 인지·조사하고 있는 경우에는 관계 기관에 이를 통보하고, 적절한 조치를 의뢰하여야 하는 것은 아니다.

합격생 가이드

법조문 문제에서는 주체, 귀속·재량 여부(하여야 한다 or 할 수 있다)와 시기(30일 이내, 지체 없이 등)가 중요하다. 선지에서 그러한 내용이 법조문과 다르지 않은지를 중심적으로 살펴보아야 한다.

04 법조문

답 ②

난도 중

정답해설

② 세 번째 조 제3항에 따르면 이사회는 재적이사 과반수의 출석으로 개의하고, 재적이사 과반수의 찬성으로 의결한다. 이사회에 A, B, C, D, E가 출석한 경우, 이사는 B, C, D, E 이므로 이 중 2명이 반대하면 과반수가 되지 않아서 안건은 부결된다.

오답해설

① 두 번째 조 제3항에 따르면 임원의 사임 등으로 선임되는 임원의 임기는 새로 시작되며, 새로 임명된 관장의 임기는 3년이다.

③ 두 번째 조 제5항에 따르면 관장이 부득이한 사유로 직무를 수행할 수 없을 때에는 상임이사가 그 직무를 대행한다. 따라서 B가 직무를 대행한다.

④ 네 번째 조 제2항에 의하면 2년 이하의 징역 또는 2천만 원 이하의 벌금에 처한다. 징역과 벌금은 동시에 처해질 수 없다.

⑤ 첫 번째 조 제2항에 따르면 감사는 비상임으로 한다.

05 조건적용
정답 ②

난도 중

정답해설

② 청구인명부의 서명에 이의가 있는 주민은 열람기간 동안 이의를 신청할 수 있다. 열람기간은 지방자치단체장이 공표한 날을 포함하여 10일간이다. A시 시장 B는 2022. 1. 5. 공표하였으므로 이의를 신청할 수 있는 기간은 2022. 1. 14.까지이다.

오답해설

① 19세 이상 주민은 총 20만 명이므로 50분의 1을 하면 최소 4,000명 이상의 연서가 필요하다.

③ 지방자치단체의 장은 이의신청을 받으면 열람기간이 끝난 날의 다음 날부터 14일 이내에 그에 대해 심사·결정하고 그 결과를 당사자에게 알려야 한다. 열람기간은 2022. 1. 14에 끝나므로 같은 해 2022. 1. 28까지 심사·결정 결과를 당사자에게 통보해야 한다.

④ 지방자치단체의 장은 청구를 수리한 날을 포함하여 60일 이내에 주민청구조례안을 지방의회에 부의하여야 한다. 2022. 2. 1을 포함하여 60일 이내라면 같은 해 4. 1.까지 부의해야 한다.

⑤ 지방의회는 재적 의원 3분의 1 이상의 출석으로 개의한다. 재적의원은 12명이므로 4명 이상 참석하여야 개의할 수 있다.

합격생 가이드

글의 여러 부분에서 필요한 정보를 찾아야 하기 때문에 중요한 내용은 밑줄을 그어 표시해 놓는 것이 좋다. 예를 들어 이의 신청 기간은 열람기간 내이고, 공표한 날부터 10일이라는 것 등을 표시해 놓도록 한다.

06 정보확인 · 추론
정답 ④

난도 하

정답해설

분석 결과를 바탕으로 정의 상관관계를 갖는 변수를 정리하면 다음과 같다.
• 관리자의 업무지시 능력
• 근로자의 직무만족도
• 업무실수 기록건수
• 학습하려는 직장문화
• 징계 우려

ㄴ. 근로자의 직무만족도가 높을수록 업무실수 기록건수가 많았다.

ㄹ. 마지막 문장에 따르면 징계 우려가 강할수록 업무실수 기록건수가 적을 것이다.

오답해설

ㄱ. 학습하려는 직장문화에서는 업무실수 기록건수가 많았다.

ㄷ. 관리자의 업무지시 능력이 우수한 작업장일수록 업무실수 기록건수가 많았다.

합격생 가이드

해설과 같이 정의 상관관계에 있는 변수들을 정리해서 메모해 놓으면 선지의 정오판단에서 헷갈리지 않게 풀이할 수 있다.

07 조건적용
정답 ①

난도 하

정답해설

• 순위규모분포일 때 인구규모가 가장 큰 도시의 인구를 a라고 하면, 두 번째 도시 인구는 $1/2a$, 세 번째 도시는 인구는 $1/3a$이다.
• 종주도시지수는 1위 도시 인구/2위 도시 인구이다.

① $1/3a=200$만 명이라면 A국 수위도시 인구는 $a=600$만 명, 두 번째 도시 인구는 $1/2a=300$만 명이다. 수위도시와 두 번째 도시 간 인구의 차이는 300만 명이다.

오답해설

② 종주도시지수로는 인구규모 세 번째 도시의 인구를 알 수 없다.

③ B국의 종주도시지수는 3.30이므로 1위 도시 인구/200=3.3, 즉 1위 도시 인구는 660만 명이다. A국의 수위도시에 비해 60만 명 많다.

④ A국은 900만 명(600+300), B국은 860만 명(660+200)이므로, A국이 40만 명 더 많다.

⑤ A국은 300만 명, B국은 200만 명이므로 동일하지 않다.

합격생 가이드

상황판단 영역에서 자주 출제되는 조건적용 문제는 미지수를 활용하면 빠르게 풀 수 있기 때문에 이를 적용해서 풀 수 있는 연습이 필요하다.

08 수리퀴즈(추론)
정답 ④

난도 중

정답해설

문제의 조건을 정리하여 표로 나타내면 다음과 같다.

구분	빨	파	노	검	합계
甲	4	1	2	0	
乙	b	a	c		
丙	1−b	a+1	0		
丁	2	0	6−c	c−2	6
합계	7	4	8	3	

1) 파란색 접시는 총 4개이므로 a=1이다.

2) 모두 각각 3가지 색의 접시만 먹었으므로 병은 빨간색 접시를 1개 이상 먹었다. 1−b≥1이므로 b=0이다.

3) 검정색 접시는 총 3개인데, 甲을 제외한 모든 사람이 1개 이상 먹어야 하므로 丁의 검정색 접시는 c−2=1이다. 따라서 c=3이다.

4) 결론적으로 乙은 빨, 파, 노, 검 접시 순서대로 0개, 1개, 3개, 1개를 먹었다. 따라서 각각 1,200원, 6,000원, 4,000원을 더하면 11,200원이다.

구분	빨	파	노	검	합계
甲	4	1	2	0	
乙	0	1	3	1	
丙	1	2	0	1	
丁	2	0	3	1	6
합계	7	4	8	3	

합격생 가이드

을의 접시 개수를 미지수로 놓는 것이 계산하기 편하다. 또한 변수가 2가지일 경우(이 문제의 경우 사람, 접시 수이다) 표를 그려 문제를 해결하도록 한다.

09 수리퀴즈(추론)

답 ④

난도 중

정답해설

ㄱ. 甲은 수면다원검사 결과 무호흡·저호흡 지수가 16이다. 증상이 없었더라도 급여 대상이므로 양압기 처방을 받을 수 있다.

ㄴ.

구분	자동형	수동형
기준금액	3,000원	2,000원
순응기간	1,500원	1,000원
정식사용기간	600원	400원

4월 동안 수동형 양압기를 대여하고, 순응기간이었다면 30일×1,000원이므로 대여료는 30,000원이다. 자동형 양압기를 대여하였다면 순응기간을 21일만 계산해도 대여료는 21일×1,500원=31,500원이므로 자동형 양압기를 대여받아서 대여료가 30,000원이 나오는 것은 불가능하다.

ㄷ. 4월 1일 양압기 처방을 받은 이후 최대 90일간 순응기간이 주어진다. 90일 기간 내에 연이은 30일 중 하루 4시간 이상 사용한 일수가 21이 되면 그날로 순응기간이 종료된다. 따라서 처방 후 90일 이전인 5월 21일에 종료되었다면 4월 22일부터 4월 30일까지 매일 4시간씩 9일간 사용하고, 5월 중으로 4시간씩 12일을 사용하였을 때 순응기간이 종료된다. 5월에는 양압기를 4시간×12일, 최소 48시간 이상 사용하였을 것이다.

오답해설

ㄹ. 6월에 부담한 자동형 양압기 대여료가 36,000원이라면 순응기간이 6월 중에 종료되었다는 것을 뜻한다(36,000원/1,500원≠30일). 따라서 4월과 5월은 모두 순응기간이었다고 할 수 있고, 4, 5월의 대여료는 61일×1,500원=91,500원이다. 따라서 총 대여료는 127,500원이다.

합격생 가이드

ㄹ과 같은 경우 6월에 부담한 대여료가 36,000원/1,500원≠30일이라는 사실을 통해 4, 5월은 모두 순응기간임을 알았다면 쉽게 문제를 해결할 수 있었다. ㄷ과 같은 경우는 선지 중 유일하게 일수를 계산하기 때문에 이해가 어렵고 실수가 발생할 수 있다. 이 경우 ㄱ, ㄴ, ㄹ을 먼저 판단하여 선지를 소거하는 전략을 취하는 것이 좋다.

10 단순계산

답 ③

난도 상

정답해설

제시된 내용을 정리하면 다음과 같다.

- 사료비 : (10마리×0.3kg+5마리×0.6kg+5마리×0.4kg)×30일×5,000원=1,200,000원
- 인건비
  - 포획활동비 : 115,000원×8일=920,000원
  - 관리비 : 115,000원×0.2×20마리×30일=13,800,000원
- 보호비(공제, 3일부터) : 100,000+100,000+200,000+300,000=700,000원

따라서 경비 총액은 사료비(120만 원)+인건비(1,472만 원)−보호비(70만 원)이므로 1,522만 원이다.

합격생 가이드

단순계산 문제 중 난이도가 높은 편에 속하여 시간이 많이 소요될 우려가 있다. 이러한 문제는 처음에 풀 때는 넘겼다가 시간이 남는 경우 돌아와서 다시 푸는 것이 좋은 방법 중 하나이다.

11 수리퀴즈(추론)

답 ④

난도 중

정답해설

문제의 조건을 정리하여 표로 나타내면 다음과 같다.

구분	월	화	수	목
출근	3×20=60쪽	3×20=60쪽	3×20=60쪽	3×20=60쪽
			2×20=40쪽	
퇴근	1×20=20쪽 (280쪽 책 끝)	3×20=60쪽	(9시 이후)	3×20=60쪽 (퇴근 중 350쪽 달성)
	2×15=30쪽 (300쪽 책 시작)			

월요일 결과	화요일 결과	수요일 결과
30쪽	30+120=150쪽	150+100=250쪽

따라서 A는 목요일 퇴근 중에 책을 다 읽게 된다.

합격생 가이드

요일로 나뉜 어떠한 작업의 총시간을 구하는 유형의 문제에서는 월요일부터 필요한 만큼 요일을 표로 나타낸 뒤 그 밑에 소요된 시간 등을 계산하면 풀이가 좀 더 편리하다. 단 오답을 유도하는 조건들은 항상 주의해야 한다.

12 게임·규칙

답 ②

난도 하

정답해설

'사무관'의 자모는 'ㅅㅏㅁㅜㄱㅗㅏㄴ'이 된다.

먼저 자모변환표에서, ㅅ의 변환숫자는 479이다. 변환숫자 첫 번째 자리인 4는 난수표의 첫 번째 자리인 4와 대응되는데, 암호숫자를 x라고 하면, x+4(변환숫자)=4(난수표의 대응 숫자)가 성립하여야 한다. 따라서 첫 번째 암호는 0이다. 같은 방법으로 변환했을 때, ㅅ은 015, ㅏ는 721, ㅁ은 685, ㅜ는 789…가 암호숫자가 된다. 따라서 '사무관(ㅅㅏㅁㅜㄱㅗㅏㄴ)'을 암호화하면 '015721685789228562433'이다.

합격생 가이드

실제로 확인하면 되는 정보의 양을 최소화하기 위해서는 선지 소거법을 활용하여야 한다. 실전에서는 ㅅ의 암호숫자가 015임을 확인하고, ㅜ의 암호숫자가 789임을 확인하면 바로 전체 자릿수가 21자리인 ②를 선택할 수 있다.

13 논리퀴즈

답 ②

난도 하

정답해설

제시된 조건을 정리하면 다음과 같다.

1) 네 자리 일련번호의 맨 앞자리가 0이 아니라면 1이다(10월, 11월, 12월).
2) 31일까지 있는 달이라면 10월과 12월이다.
3) 생신의 일이 8의 배수라면 8일, 16일, 24일 중 하나이다.
4) 1)~3)과 ㉠의 조건을 통해 하나의 일련번호가 확정된다.

위의 조건에 따라 후보인 일련번호는 1008, 1016, 1024, 1208, 1216, 1224(월일)이다.

② 1224(12월 24일)라는 하나의 일련번호가 확정된다.

오답해설

① 1008, 12080이 해당되므로 확정할 수 없다.

③ 1016, 1024, 1216, 1224가 해당되므로 확정할 수 없다.

④ 1024, 12080이 해당되므로 확정할 수 없다.

⑤ 1008, 1224가 해당되므로 확정할 수 없다

합격생 가이드

1)부터 3)까지의 조건을 만족시키는 모든 후보를 생각해놓은 다음, 선지를 차례대로 대입하며 풀이하면 된다. 일련번호를 하나로 확정해야 한다는 점을 생각하면 빠르게 답을 찾을 수 있다.

14 논리퀴즈 답 ④

난도 중

정답해설

A, B, C, D의 대화를 표로 정리하면 다음과 같다.

구분	월	화	수	목	금
당번	A				D

여기서 C는 청소할 수 있는 요일이 하루밖에 없다고 하였다. 시험·발표 당일과 그 전날은 청소를 할 수 없고, 한사람이 최소 한 번씩 청소당번을 하며 이틀 연속으로는 할 수 없기 때문에 C의 시험·발표 날은 화요일과 금요일이므로 C가 청소할 수 있는 요일은 수요일밖에 없다.

이 조건을 다시 표로 정리하면 다음과 같다.

구분	월	화	수	목	금
당번	A	B	C	A	D

따라서 다음 주 수요일과 목요일의 청소당번은 C와 A이다.

합격생 가이드

요일을 나열한 후 확정적인 청소당번을 써 놓고, 당번이 불가능한 날 역시 모두 표시하면 실수를 줄일 수 있다. 예를 들어 월요일에 '~B', 화요일에 '~A' 등을 표시해 놓으면 더 쉽게 파악할 수 있다.

15 논리퀴즈 답 ⑤

난도 상

정답해설

제시된 조건을 정리하면 다음과 같다.

구분	밝은 색				어두운 색			
순서	1	2	3	4	5	6	7	8
톤								
타입								
사람								

• 甲 : 가을 타입이고, 8번째는 아니다.

• 乙 : 짝수 번째는 아니다.

• 丙 : 乙과 같은 톤이고, 순서의 숫자를 더하면 6이다.

• 丁 : 밝은 색 천일 때, 乙보다 먼저 형광등이 켜졌다.

여기서 8번째가 쿨톤이라고 가정한다면, 甲과 丁이 짝수 번째여야 하는데, 이는 乙의 진술과 모순된다. 따라서 8번째는 웜톤이고, 봄임을 알 수 있다.

丁의 진술에 따라 밝은 색일 때 丁은 2번째에 형광등이 켜졌고, 丙의 진술에 따라 丙은 1번과 5번임을 알 수 있다.

이 조건들을 다시 표로 나타내면 다음과 같다.

구분	밝은 색				어두운 색			
순서	1	2	3	4	5	6	7	8
톤	쿨	웜	쿨	웜	쿨	웜	쿨	웜
타입		봄		가을		가을		봄
사람	丙	丁	乙	甲	丙	甲	乙	丁

ㄴ. 丙은 1번과 5번이므로 첫 번째에 형광등이 켜졌다.

ㄷ. 순서별로 형광등이 켜진 사람이 누구인지 알 수 있다.

ㄹ. 甲, 乙, 丁 모두 순서의 숫자를 더하면 합은 10으로 같다.

오답해설

ㄱ. 쿨톤의 경우 乙, 丙이 각각 무슨 타입인지는 알 수 없다.

합격생 가이드

많은 종류의 정보를 추론하여야 하는 논리퀴즈이다. 조건이 복잡한 만큼 표를 적극적으로 활용하여야 한다.

16 조건적용 답 ③

난도 중

정답해설

제시된 조건과 상황을 정리하면 다음과 같다.

• A 기업은 청년수당 가입유지율이 30% 미만이므로 참여가 불가하다.

• B 기업은 고용보험 피보험자 수가 5인 이상이고, 청년수당 가입유지율이 30% 이상이므로 참여가 가능하다.

• C 기업은 고용보험 피보험자 수가 5인 미만이고, 청년기업에 해당되지 않아서 참여가 불가하다.

• D 기업은 고용보험 피보험자 수가 5인 미만이지만 청년기업이기 때문에 참여 자격이 되고, 청년수당 가입유지율이 30% 미만이지만 청년수당 가입 인원이 2인 이하인 경우이므로 참여가 가능하다.

• E 기업은 고용보험 피보험자 수가 5인 미만이고, 사업 개시 경과연수가 7년이 초과되어 청년기업에 해당되지 않아서 참여가 불가하다.

따라서 참여 가능한 기업은 B, D이다.

합격생 가이드

조건의 단서를 꼼꼼히 적용할 수 있어야 한다. 고용보험 피보험자 수가 5인 미만인 기업은 3개였고, 청년기업이라는 단서의 적용을 통해 해당하는 대상이 되거나 되지 않았다.

17 정보확인·추론

답 ⑤

난도 중

정답해설

ㄱ. (가)의 경우 국민 전체 혜택의 합이 더 큰 정책을 채택한다. A인구가 4, B인구가 1인 경우 국민 전체 혜택의 합은 다음과 같다. 현행 정책은 $4 \times 100 + 1 \times 50 = 450$, 개편안은 $4 \times 90 + 1 \times 80 = 440$이다. 현행 정책이 국민 전체 혜택의 합보다 더 크므로 현행 정책이 유지된다.

ㄴ. (가)를 기준으로 판단하고, A인구에 가중치 7, B인구에 가중치 3을 두면 국민 전체 혜택의 합은 다음과 같다. 현행 정책은 $7 \times 100 + 3 \times 50 = 850$, 개편안은 $7 \times 90 + 3 \times 80 = 870$이다. 개편안이 국민 전체 혜택의 합보다 더 크므로 개편안이 채택된다.

ㄷ. (나)는 개인이 얻는 혜택이 적은 집단에 더 유리한 정책을 채택한다. 개인이 얻은 혜택이 적은 집단은 B집단이고, B집단에 더 유리한 정책은 개편안이다.

오답해설

ㄹ. (다)는 A, B 두 집단 간 개인 혜택의 차이가 더 작은 정책을 채택한다. 현행 정책은 개인 간 혜택의 차이가 $100 - 50 = 50$이고, 개편안은 $90 - 80 = 10$이다. 인구와 관계없이 개편안이 채택된다.

합격생 가이드

가중치라는 함정에 걸리지 않도록 주의해야 한다. 또한 가중치를 적용한 합계 계산을 연습하면 다른 문제 풀이에도 도움이 될 수 있다.

18 조건적용

답 ②

난도 중

정답해설

제시된 조건을 표로 정리하면 다음과 같다.

이름	성별	2020년 (나이)	2021년 (나이)	2022년 (나이)
甲	여	없음 (28)	없음 (29)	선택(자궁경부) (30)
乙	남	위 (45)	심장 (46)	위 (47)
丙	여	간 (40)	간, 위, 자궁경부 (41)	간 (42)
丁	남	심장 (48)	위 (49)	심장, 대장 (50)
戊	여	대장 (54)	위, 심장, 대장 (55)	대장 (56)

따라서 2022년에 건강검진을 받을 직원이 가장 많은 검진항목은 대장이다.

합격생 가이드

甲은 2022년에 자궁경부 검진을 받거나, 2023년에 받는다. 2년 주기의 검진항목은 해당 연도에 없다면 다음 연도에 받는다는 사실을 파악하였다면 표를 구성하기 수월하였을 것이다. 丁의 경우 대장 검진은 주기가 1년이기 때문에 50세가 된 그 해에 바로 대장 검진을 받아야 한다.

19 종합

답 ③

난도 중

정답해설

ㄴ. A은행의 전력차단 프로젝트로 인해 절감되는 총 전력량은 연간 35만kWh이다. 컴퓨터는 총 22,000대이므로 절감되는 컴퓨터 1대당 전력량은 연간 $\frac{350,000}{22,000} \fallingdotseq 15.9$(kWh/대)이다.

ㄹ. 4명이 자동차 한 대로 출장을 가는 경우 이산화탄소 배출량은 $400kg \times \frac{1}{2} = 200kg$이다. 같은 거리를 1명이 비행기로 출장하는 경우 400kg가 배출된다. 1인당 이산화탄소 평균 배출량은 전자가 $\frac{200}{4} = 50kg$이고, 후자가 400kg이므로 전자는 후자의 1/8에 해당한다.

오답해설

ㄱ. A은행이 수행하는 전력차단프로젝트는 컴퓨터가 일정시간 사용되지 않으면 언제라도 컴퓨터와 모니터의 전원이 자동으로 꺼진다. 따라서 주간에도 전력 절감이 있을 것이다.

ㄷ. A은행이 연간 배출하는 이산화탄소 배출량을 계산하면, 3문단에서 매년 연인원 1,000명이 항공출장을 가고 있다고 하고, 2문단에서 항공 출장으로 배출하는 이산화탄소 양은 A은행의 연간 전체 이상화탄소 배출량의 1/5에 해당하는 수준이라고 하였으므로 전체 이산화탄소 배출량은 1,000명×400kg×5=2,000,000kg이다.

- 화상회의시스템으로 절감할 수 있는 이산화탄소 양 : 1,000명×30%×9/10=108,000kg
- 전력차단프로그램으로 절감할 수 있는 이산화탄소 양 : 652,000kg

따라서 절감량이 전체 이산화탄소 배출량과 같지 않으므로 넷제로가 실현되지 않는다.

20 종합

답 ⑤

난도 중

정답해설

- 도입 전 전체 이산화탄소 배출량 : 1,000명×400kg×5=2,000,000kg(2,000t)
- 화상회의시스템으로 절감하는 양 : 1,000명×30%×9/10=108,000kg(108t)
- 전력차단프로그램으로 절감하는 이산화탄소 양 : 652,000kg(652t)

따라서 절감되는 양은 760t으로 도입 전과 비교하면 38%가 감소한다.

합격생 가이드

19, 20번 문제 모두 t(톤)과 kg(킬로그램)의 단위에 주의하도록 한다. 또한 지문 곳곳에 숨어있는 단서를 활용하여 전체 이산화탄소 배출량 등을 계산하기 위해 지문 옆쪽이나 빈 여백에 필요한 정보를 빠르게 파악하여 메모하는 습관도 도움이 된다.

21 법조문　답 ②

난도 중

甲 : 신고기간이 지난 후 6개월 초과에 해당하므로 초과분은 5만 원이다.

乙 : 신고기간이 지난 후 1개월 초과 6개월 이내에 해당하므로 초과분은 3만 원이다. 하지만 부실하게 신고하였으므로 2배를 부과하여 초과분은 6만 원이다.

丙 : 신고기간이 지난 후 1개월 이내에 해당하고, 자진신고(높은 경감비율만 적용) 비율을 적용하여 초과분은 1만 원×1/2=5천 원이다.

따라서 잘못 부과한 과태료 초과분의 합은 甲(10−5)+乙(6−6)+丙(1.5−0.5)=6만 원이다.

합격생 가이드

법조문과 계산문제가 복합된 형태이다. 이러한 경우 단순한 법조문 형태보다 더 많은 시간이 소요될 수 있다. 라책형의 경우 1번으로 문제가 나왔는데, 첫 문제부터 계산 문제가 나와서 당황할 수 있다. 따라서 전략적으로 넘어가고 시간적 여유가 있을 때 푸는 방법도 권해본다.

22 법조문　답 ①

난도 중

정답해설

① 첫 번째 조 제2항에 제1호에 의하면 일시적으로 하는 작업을 도급하는 경우 고용노동부장관의 승인 없이 자신의 사업장에서 수급인의 근로자가 그 작업을 하도록 할 수 있다.

오답해설

② 세 번째 조 제1항에 따르면 10억 원 이하의 과징금을 부과·징수할 수 있다.

③ 첫 번째 조 제2항 제2호과 제3항에 따르면 기술이 필수불가결한 경우 그 작업을 하도급할 수 없을 뿐. 필수불가결한 경우가 아니라면 그 작업을 하도급할 수 없다는 규정은 없다.

④ 두 번째 조에 의하면 乙의 근로자가 甲의 사업장에서 작업을 하는 경우. 안전조치 및 보건조치를 할 의무는 도급인 甲이 진다.

⑤ 네 번째 조에 의하면 필요한 안전조치 및 보건조치를 하지 않을 경우 3년 이하의 징역 또는 3천만 원 이하의 벌금에 처해진다.

합격생 가이드

선지의 판단과 관련하여 한 개의 조항에 딸려있는 각호는 서로 독립적인 규정이다. 따라서 첫 번째 조 제2항 제1호과 제2호는 독립적이므로, 일시적으로 작업을 도급하는 경우 고용노동부장관의 승인을 받을 필요가 없다.

23 조건적용　답 ⑤

난도 중

정답해설

제시된 상황을 표로 정리하면 다음과 같다.

구분	乙	丙		
	재산상 손해	적극적 손해	소극적 손해	위자료
주장	6천만 원	1천만 원	1억 원	5천만 원
법원의 판단	5천만 원	5백만 원	1억 2천만 원	3천 5백만 원

⑤ C견해에 따르면, 적극적 손해와 소극적 손해는 동일한 성질이고 위자료는 다르다. 적극적 손해와 소극적 손해를 합산한 재산상 손해와 위자료를 두 개의 항목으로 나누고 그 항목별 상한 금액을 넘지 않으면 된다. 따라서 법원의 심리 결과에 따라 손해 상한은 재산상 손해(적극+소극) 1억 2천 5백만 원과 위자료 3천 5백만 원이다. 丙의 주장에 따라 재산상 손해(적극+소극) 1억 1천만 원과 위자료 3천 5백만 원을 지급한다면 법원은 1억 4천 5백만 원을 지급하라고 판결해야 한다.

오답해설

① 1문단에 따르면 법원의 심리 결과에 따라 재산상 손해인 5천만 원을 지급하라고 판결해야 한다.

② 1문단에 따르면 법원의 심리 결과를 초과하여 지급할 수 없다. 법원의 판단에 따라 5천만 원을 지급하라고 판결해야 한다.

③ A견해에 따르면, 각 손해 항목별로 금액의 상한을 초과하는 판결을 할 수 없다. 적극적 손해 5백만 원, 소극적 손해 1억 원, 위자료 3천 5백만 원이므로 1억 4천만 원을 지급하라고 판결해야 한다.

④ B견해에 따르면, 손해배상 총액의 상한만 넘지 않는다면 가능하다. 丙의 주장에 따르면 손해배상 총액이 1억 6천만 원이고, 법원의 심리 결과에 따른 총액도 1억 6천만 원이므로 1억 6천만 원을 지급하라고 판결해야 한다.

24 법조문　답 ③

난도 중

정답해설

③ 제5항에 따르면 협상에 의한 계약을 체결하는 경우 제안서 제출마감일의 전일부터 기산하여 40일 전에 공고하여야 한다. 다만 해당 선지는 제5항 제1호에 따른 제4항 제2호에 해당하는 경우이므로, 제안서 제출마감일의 전일부터 기산하여 10일 전까지 공고할 수 있다. 제출마감일이 2021. 4. 1.이고 2021. 3. 19.에 공고하였다면 공고 기간을 준수한 것이다.

오답해설

① 제1항에 따르면 입찰서 제출마감일의 전일부터 기산하여 7일 전에 행하여야 한다. 제출 마감일이 2021. 4. 1.이므로 2021. 3. 24.에 공고하여야 한다.

② 제2항 단서에 따라 현장설명일의 전일부터 기산하여 30일 전에 공고하여야 한다.

④ 제5항에 따라 제안서 제출마감일의 전일부터 기산하여 40일 전에 공고하여야 한다.

⑤ 제4항에 따라 입찰서 제출 마감일의 전일부터 기산하여 5일 전까지 공고할 수 있다. 제출마감일을 2021. 4. 9.로 다시 정했으므로 2021. 4. 3.까지 재공고하여야 한다.

합격생 가이드

제출마감일 전일부터 기산한다는 뜻을 이해하여야 한다. 또한 법조문 문제의 특성상 주어진 대부분의 조항이나 호가 활용된다는 것을 생각하면 선지의 정오 판단 시 빠뜨리는 조항이 있는지 주의해야 한다.

25 조건적용
답 ⑤

난도 하

정답해설

㉠ : 1957년 개정 「저작권법」에 따르면 저작물의 저작재산권을 저작자가 사망한 후 30년간 존속하는 것으로 규정한다. 따라서 1993. 12. 31.까지이다.

㉡ : 1987년 개정 「저작권법」에 따르면 저작재산권을 저작자가 사망한 후 50년간으로 개정하였다. 따라서 ㉠의 보호기간이 연장되므로 20년을 더한 2013. 12. 31.까지이다.

㉢ : 2011년 개정 「저작권법」에 따르면 보호기간을 저작자가 사망한 후 70년간으로 개정하였다. 따라서 ㉡에 20년을 더한 2033. 12. 31.까지이다.

합격생 가이드

기산일과 관련된 정보는 상황판단 문제를 풀기 위해서 자주 접해보았을 것이다. 따라서 많은 수험생들이 어렵지 않게 풀 수 있었을 것이라 생각한다. ㉠, ㉡, ㉢을 차례대로 풀이하는 경우 앞에서 도출한 정답이 뒤의 빈칸에 힌트가 되는 것도 이러한 문제의 특징이므로 알아두어야 한다.

26 정보확인 · 추론
답 ③

난도 하

정답해설

ㄴ. 1문단에 따르면 석유에서 얻는 연료와 달리 식물성 기름에는 황이 거의 들어 있지 않다. 따라서 석유에서 얻은 연료에는 황 성분이 포함되어 있을 것이다.

ㄹ. 2문단에 따르면 바이오디젤은 질소산화물을 일반디젤보다 더 많이 배출하고, 1문단에 따르면 바이오디젤은 일반디젤보다 이산화황을 거의 배출하지 않는다.

오답해설

ㄱ. 2문단에 따르면 바이오디젤은 일반디젤보다 생산원가가 훨씬 높다. 따라서 바이오디젤이 혼합된 BD20은 일반디젤보다 생산원가가 높을 것이다.

ㄷ. 2문단에 따르면 바이오디젤은 일반디젤보다 응고점이 높다. 따라서 같은 온도에서 바이오디젤이 액체일 때 일반디젤은 고체일 수 없다.

27 정보확인 · 추론
답 ⑤

난도 하

정답해설

⑤ 3문단에 따르면 카페인 분해 효소의 효율이 유전적 · 환경적 요인에 따라 어떻게 달라지는지 확인하기 위한 조사에서 유전적 요인이 가장 큰 영향을 준다는 결론에 도달했다.

오답해설

① 1문단에 따르면 카페인에 따른 각성효과는 권고 섭취량과 관계없이 사람마다 다르다.

② 2문단에 따르면 카페인은 아데노신의 역할을 방해한다.

③ 3문단에 따르면 A형이 '빠른 대사자', C형이 '느린 대사자'이다. C형인 사람이 A형인 사람보다 카페인의 각성효과가 더 오래 유지된다.

④ 1문단에 따르면 성인은 몸무게와 관계없이 400mg 이하를 권고한다.

합격생 가이드

2020년 이후로 잘 출제되지 않았던 줄글 지문의 단순한 정보확인 문제가 출제되었다. 이러한 문제는 답을 찾기 수월하여 풀이시간이 짧기 때문에 시간을 최대한 절약하여 후반부의 퀴즈나 계산 문제에서 쓸 수 있어야 한다.

28 단순계산
답 ③

난도 중

정답해설

기준규격 20gtt/ml는 20방울이 떨어졌을 때 수액 1ml가 주입되는 것을 말한다.

㉠ : 수액 360ml는 7,200gtt와 같다. 2시간은 7,200초이므로 모두 주입하려면, 1초당 1gtt(방울)씩 주입하여야 한다.

㉡ : 기준규격에 따라 3초당 1gtt(방울)씩 수액을 주입하면 1분당 20gtt(방울), 즉 1ml를 주입하는 것과 같다. 24시간은 1,440분이므로 최대 1,440ml를 주입할 수 있다.

합격생 가이드

새로운 단위가 나오는 계산문제에서는 단위가 어떤 의미를 가지고 있는지 잘 파악하여야 한다. ㉡의 경우 3초당 1gtt로 수액을 주입하며, 기준규격에 따를 때 20방울이 1ml가 되는 것을 이해하면 1분당 1ml가 주입된다는 것을 알 수 있다.

29 단순계산
답 ⑤

난도 중

정답해설

- 각 진로의 편익은 다음과 같다.
  - A : 25×1억 원=25억 원
  - B : 35×7천만 원=24.5억 원
  - C : 30×5천만 원=15억 원×연금(1.2)=18억 원
- 각 진로의 비용은 다음과 같다.
  - A : 3×6천만 원×1.5=2.7억 원
  - B : 1×1천만 원×1.0+2억 원(비연고지)=2.1억 원
  - C : 4×3천만 원×2.0+2억 원(비연고지)=4.4억 원

비용편익분석(편익-비용) 결과값은 A : 22.3억 원, B : 22.4억 원, C : 13.6억 원이다. 단 평판도 1위인 C는 결과값에 2를 곱하여 27.2억 원이 된다.

따라서 진로의 순위는 1순위부터 C, B, A 순이다.

합격생 가이드

다소 재미있는 소재가 출제되었다. 문제의 숨은 의도를 해석해보자면 진로 C는 5급 공채 시험을 준비하는 것일 가능성이 다분하다. PSAT 문제를 출제 · 검토하는 주체는 교수이거나 5급 공채 출신 현직자인 것을 감안할 때, 수험생들에게 희망을 주는 문제가 아니었나 싶다. 비합리적인 풀이는 지양해야 하지만, 누가 보더라도 C가 사무관인 경우 진로의 순위가 1위가 되는 것은 우연의 일치라기보다는 출제자의 배려라고 생각할 수 있겠다.

30 수리퀴즈(추론)

답 ②

난도 상

정답해설

- 신용카드 거래 시 甲, 乙의 이득
  - 甲 : 100만 원×0.05×0.2(세율)=1만 원
  - 乙 : (100−80)만 원×(1−0.2)−100만 원×0.01(수수료)=15만 원

갑의 이득은 신용카드 거래 시 공제되는 금액에 세율을 곱한 값이고, 을의 이득은 세금을 지출하고 난 뒤 사업소득에 신용카드 수수료를 뺀 값이다.

- 상품권 거래 시 甲, 乙의 이득
  - 甲 : X만 원
  - 乙 : (100−X)만 원−80만 원=20−X만 원

갑의 이득은 상품권 사용으로 할인받은 X만 원이고, 을의 이득은 세금을 지불하지 않는 사업소득(20−X만 원)이다.

따라서 상품권으로 구매했을 경우 갑과 을 모두 금전적으로 이득을 보았으므로 X의 범위는 1<X<5가 된다.

합격생 가이드

난도가 높은 수리퀴즈 문제였다. 이러한 문제를 해결하기 위해서는 신용카드 거래 시와 상품권 거래 시로 경우를 나누고, 각각의 경우에 해당하는 조건들을 계산한 뒤 비교하는 방법을 채택하여야 한다.

31 게임·규칙

답 ③

난도 상

정답해설

5세트에서 원정팀이 승리하고, 홈팀이 두 세트를 이긴 경우를 모두 나열하면 다음과 같다. 이때의 특징은 5세트는 반드시 원정팀이 승리한다는 것이다. 이를 계산하면 아래 표와 같은 6가지 경우가 나온다.

1세트	2세트	3세트	4세트	5세트	나간 관람객 수(명)
홈	홈	원정	원정	원정	(−500−500−500−0)=−1,500
홈	원정	홈	원정	원정	(−500−0−500−0)=−1,000
홈	원정	원정	홈	원정	(−500−0−1000−0)=−1,500
원정	홈	홈	원정	원정	(−1000−0−500−0)=−1,500
원정	홈	원정	홈	원정	(−1000−0−1000−0)=−2,000
원정	원정	홈	홈	원정	(−1000−1000−1000−0)=−3,000

따라서 5세트가 시작한 시점에 남아 있는 관람객 수의 최댓값은 −1,000명인 7,000명이다.

합격생 가이드

각 세트가 끝날 때마다 누적 세트 점수가 낮은 팀을 응원하는 관람객이 경기장을 나간다. 이때 누적 세트 점수가 동률이라면 홈팀이든 원정팀이든 아무도 나가지 않는다. 따라서 최대한 경기를 박빙으로 만들고, 동시에 홈팀이 먼저 많은 세트를 따는 경우가 바람직할 것이다. 이러한 포인트를 캐치한다면 홈−원정−홈−원정−원정 순으로 승리하는 경우를 충분히 생각해낼 수 있을 것이다.

32 수리퀴즈(추론)

답 ⑤

난도 상

정답해설

1단계를 통해 도출되는 숫자를 x, 2단계를 통해 도출되는 숫자를 y, 3단계를 통해 도출되는 숫자를 z라고 하자. x, y, z는 1∼9까지의 자연수이고, 1, 2, 3단계를 모두 거친 후 출력되는 수는 x+11y+111z이다.

ㄴ. 2500이 출력되도록 누르는 방법은 z=2, y=2, z=6의 한 가지 경우 밖에 가능하지 않다.

```
      x
    y y
+ z z z
-------
  2 5 0
```

ㄷ. 100의 배수가 출력되려면 y+z=9이고, x+y+z=10이 성립하여야 한다. 즉, 이를 위해선 x는 반드시 10이다.

```
      x
    y y
+ z z z
-------
1∼9 0 0
```

오답해설

ㄱ. 반례를 생각해보면 333과 같은 숫자는 출력할 수 없다.

```
      x
    y y
+ z z z
-------
  3 3 3
```

일 때, x, y, z는 1∼9까지의 자연수로 불가능하다.

합격생 가이드

난도가 높은 수리퀴즈였다. 해설과 같이 덧셈의 형태를 만들었다면 그나마 수월하게 문제를 풀 수 있었을 것이나, 이를 실전에서 곧바로 생각해낼 수 있는 수험생은 소수이다. ㄷ과 관련하여서도 수학적 센스를 요구하기 때문에 평소에 수리퀴즈를 많이 접해보는 연습이 필요하다.

33 논리퀴즈

답 ④

난도 중

정답해설

주어진 조건을 정리하면 다음과 같다.

1) A : A포함 3명 옹달샘(토끼까지 편의상 '명'을 단위로 한다).
2) B : D물 → B물
3) C : C옹달샘 ↔ D옹달샘
4) D : ~B옹달샘 → ~D옹달샘
5) E : E제외 2명이 물을 마셨다.

제시된 조건을 표로 나타내면 다음과 같다.

구분	A	B	C	D	E
물(2명)					X
옹달샘(3명)	O				

3)과 4)를 통해 'D옹달샘 → C옹달샘∧B옹달샘'이다. 옹달샘은 3명이므로 D는 옹달샘에 가지 않았다. '~D옹달샘 → ~C옹달샘'이고, 나머지 A, B, E가 옹달샘에 다녀왔다.

구분	A	B	C	D	E
물(2명)					X
옹달샘(3명)	O	O	X	X	O

옹달샘에서 물을 마시는 경우의 수는 다음과 같다.

ⅰ)

구분	A	B	C	D	E
물(2명)	X	O	X	O	X
옹달샘(3명)	O	O	X	X	O

ⅱ)

구분	A	B	C	D	E
물(2명)	O/X	O	X/O	X	X
옹달샘(3명)	O	O	X	X	O

ⅲ)

구분	A	B	C	D	E
물(2명)	O	X	O	X	X
옹달샘(3명)	O	O	X	X	O

④ 모든 경우에 '~A물 → B물'이다.

오답해설

① ⅰ), ⅱ)의 경우에 A, D 둘 다 물을 마신 것은 아니다.

② ⅱ), ⅲ)의 경우에 C, D 둘 다 물을 마신 것은 아니다.

③ E는 옹달샘에 다녀갔다.

⑤ 모든 경우에 '~물 → 옹달샘'인 것은 아니다. 물을 마시지 않은 경우도 존재한다.

합격생 가이드

전형적인 논리퀴즈 문제이고, 충분히 연습되었다면 시간을 단축하며 풀 수 있었을 것이다. 실전에서는 모든 경우의 수를 나타내도 좋지만, ④를 귀류법으로 검증하여 '~A물∧~B물'인 경우 모순이 발생함을 알고 ④가 반드시 참이라는 결과를 도출하여도 좋다.

34 수리퀴즈(추론)   답 ③

난도 상

정답해설

편의상 제시된 조건에 1)부터 5)까지 번호를 붙인다면 1)~3)까지 조건에 따라 A전화번호를 구성하는 홀수는 (1, 5, 9) 또는 (3, 5, 7)이다.

- A전화번호가 (1, 5, 9)로 이루어져 있는 경우
  - 공통된 숫자의 종류 또한 (1, 5, 9)가 된다.
  - 5)에 따르면 B전화번호의 두 번째로 작은 숫자는 2 또는 4이다.
  - 4)에 따르면 B전화번호를 구성하는 숫자 중 가장 큰 숫자는 세 번 나타나므로 6개의 숫자 종류는 4가지이다(여섯 자리가 aaabcd이기 때문에 숫자 종류는 a~d까지 4가지).
  - B전화번호를 구성하는 6개 숫자는 (1, 2, 5, 9) 또는 (1, 4, 5, 9)이다.
  따라서 최댓값은 (1, 4, 5, 9)일 때 숫자를 모두 합한 37이다.
- A전화번호가 (3, 5, 7)로 이루어져 있는 경우
  - 공통된 숫자의 종류 또한 (3, 5, 7)이다.
  - B전화번호의 두 번째로 작은 숫자는 4이다.
  - B전화번호를 구성하는 6개 숫자는 (3, 4, 5, 7)이다.
  따라서 (3, 4, 5, 7)을 더한 값은 33이므로 B전화번호의 최댓값은 (1, 4, 5, 9)일 때의 37이다.

합격생 가이드

B전화번호를 구성하는 숫자의 종류는 4가지인 것을 1), 4), 5)의 조건을 통해 알 수 있다. 이를 이용한 경우의 수를 나누어 최대가 되는 경우를 도출해 내도록 한다.

35 논리퀴즈   답 ①

난도 상

정답해설

제시된 내용을 표로 정리하면 다음과 같다.

구분	봄	여름	가을	겨울
	물	불	돌	눈
수컷	물			
암컷	불			

ㄱ. 겨울에 태어난 양이므로 '눈'과 암컷이므로 '불'이 반드시 포함되어야 한다. 이 양에게 붙일 수 있는 두 글자 이름은 '눈불' 또는 '불눈' 두 가지이다.

오답해설

ㄴ. '물불'이 여름에 태어난 암컷일 경우 '불'만 포함되면 된다. 따라서 '물불'이 여름에 태어났다고 반드시 수컷인 것은 아니고, 봄에 태어났다고 반드시 암컷인 것도 아니다.

ㄷ. A마을 양의 이름은 한 글자일 수 있다. 여름에 태어난 암컷일 경우 이름이 '불'일 수 있다.

합격생 가이드

함정이 있는 퀴즈 문제이다. ㄴ의 경우 출제자가 함정에 걸릴 것을 의도한 것으로, ㄱ, ㄴ을 옳다고 판단하고 ④를 선택하고 넘어간 학생이 많을 것이다. 하지만 ㄷ에서 힌트를 얻는다면 그러한 함정을 피할 수 있다. 상황판단 문제를 풀 때는 항상 종합적인 사고를 하여야 하며, 출제자가 의도한 틀에 갇혀서 섣부르게 판단하면 안 된다.

36 조건적용   답 ④

난도 중

정답해설

乙 : 1급지이고, 총시설평가액의 $\frac{2}{3}$(6.67억 원) 이상이 본인 소유 시설평가액(8억 원)이여서 가능하다. 두 번째 조건으로 하역시설 평가액 총액(8억 원) 역시 해당 사업자의 시설평가액 총액(11억 원)의 $\frac{2}{3}$(7.4억 원) 이상이므로 적정하다.

丁 : 3급지이고, 자본금이 1억 원 이상이므로 등록기준 총시설평가액은 5천만 원으로 완화된다. 총시설평가액의 $\frac{2}{3}$(3.34천만 원) 이상이 본인 소유 시설평가액(7천만 원)이므로 가능하다. 두 번째 조건 역시 하역시설 평가총액(6천만 원)이 시설평가액 총액(9천만 원)의 $\frac{2}{3}$ 이상이므로 적정하다.

오답해설

甲 : 1급지이므로 총시설평가액의 $\frac{2}{3}$ 이상(6.67억 원)이 본인 소유 시설평가액이어야 하지만 이는 6억 원으로 불가능하다. 또한 甲은 최소 등록기준의 자본금에서부터 제외된다.

丙 : 2급지이고 총시설평가액의 $\frac{2}{3}$ (3.34억 원) 이상이 본인 소유 시설평가액(5억 원)이므로 가능하다. 하지만 두 번째 조건의 하역시설 평가액 총액(5억 원)이 해당 사업자의 시설평가액 총액(8억 원)의 $\frac{2}{3}$ (5.4억 원) 이상이 아니므로 적정하지 않다.

합격생 가이드

여러 선지 중 어느 선지가 조건을 충족하는지 묻는 조건적용 문제에서는 대부분 단서에 의해 조기에 소거되는 선지가 존재한다. 이 문제의 경우 甲은 첫 번째 조건(자본금)부터 충족시키지 못하여 바로 소거되었다. 이러한 점을 빠르게 파악하는 연습을 해두어야 한다.

37 조건적용　답 ②

난도 중

정답해설

제시된 내용을 정리하면 다음과 같다.
- 소방자동차1 : 마지막 조건에 의해 운행거리가 12만km를 초과하여 내용연수 기준을 초과하므로 폐기한다.
- 소방자동차2 : 내용연수는 10년이고, 현재 사용연수가 9년이므로 교체대상까지 1년. 연장 사용한다면 2년이 남았다.
- 소방용로봇 : 내용연수는 7년이고, 현재 사용연수는 4년이므로 교체대상까지 3년이 남았다.
- 구조용 안전벨트 : 내용연수 기준으로 기본 3년이고, 1회 연장 사용시 최대 4년이므로, 내용연수 기준을 초과하여 폐기한다.
- 폭발물방호복 : 마지막 조건에 의해 실사용량이 경제적 사용량을 초과하여 내용연수 기준을 초과하므로 폐기한다.
따라서 가장 먼저 교체대상이 될 장비는 소방자동차2이다.

합격생 가이드

정답이 아닌 선지를 빠르게 소거해나간다는 식으로 문제를 풀어가는 것은 조건적용 문제에서 항상 강조하는 내용이다. 이 문제에서는 마지막 조건을 보고 바로 소방자동차1과 폭발물방호복을 소거하였다면 그만큼 계산하여야 할 시간을 단축하였다.

38 단순계산　답 ①

난도 중

정답해설

갑과 을의 점수를 표로 나타내면 다음과 같다.

구분	등산		스키		암벽등반		수영		볼링	
	甲	乙	甲	乙	甲	乙	甲	乙	甲	乙
비용	5	5	1	1	2	2	3	3	4	4
만족도	2	2	4	4	5	5	1	1	3	3
위험도	1	5	5	1	4	2	2	4	3	3
활동량	2	4	5	1	3	3	4	2	1	5
합계	10	16	15	7	14	12	10	10	11	15

등산과 암벽등반, 볼링의 합계점수가 각 26점으로 가장 높고, 동점일 때에는 乙이 부여한 점수의 합이 가장 높은 종목을 선택하므로 등산이 선택된다.

합격생 가이드

실전에서는 표 옆에 점수를 표시하도록 한다. 또한, 위험도와 활동량의 점수를 적을 때, 甲과 乙의 점수의 합이 항상 6이 됨을 파악했다면 문제를 조금 더 빨리 풀 수 있다.

39 종합　답 ②

난도 중

정답해설

② 플래터가 5개, 플래터당 트랙이 10개, 트랙당 섹터가 20개라면, 실린더의 개수는 10개이다. 4문단에 따르면 플래터 표면 중심에서 거리가 같은 모든 트랙을 수직으로 묶어 하나의 실린더라고 한다. 플래터당 트랙이 10개라면 실린더의 개수 또한 10개이다.

오답해설

① 1문단에 따르면 플래터에는 양면으로 표면이 2개씩 있다. 플래터가 5개라면 표면의 개수는 최대 10개이다.
③ 3문단에 따르면 모든 섹터의 크기가 같다면 바깥쪽 트랙일수록 더 많은 섹터가 있다.
④ 3문단에 따르면 한 섹터는 512바이트를 저장하든, 10바이트를 저장하든 섹터 한 개를 전부 사용해야 한다.
⑤ 4문단에 따르면 하드디스크의 여러 곳(트랙과 섹터)에 분산되어 파일이 저장되기도 한다.

합격생 가이드

시험지 여백에 하드디스크의 원반 모양을 그려 플래터와 헤드, 트랙과 실린더 등을 표시하면 이해하기 더 편하다. 실전에서는 이러한 사항들을 그려보는 시간도 아끼려는 수험생이 많은데, 가능하면 확실하게 풀고 넘어가는 방법을 찾아야 한다.

40 종합

답 ④

난도 중

정답해설

플래터의 회전속도가 7,200rpm이라는 것은 분당 7,200번 회전한다는 것을 의미한다. 바꿔 말하면 60초에 7,200번 회전하므로 1초당 120번을 회전한다. 즉 1회전에 1/120초가 걸리므로 ㉠은 $\frac{1}{120}$ 이다.

헤드의 이동속도가 5Hz라는 것은 1초에 헤드가 5번 왕복한다는 것을 의미한다. 표면당 트랙이 20개가 있으므로, 1번 왕복에 트랙을 40번 지나게 된다. 이를 비례식으로 나타내면 '1초 : 트랙(40×5개)=㉡초 : 트랙 1개'가 되므로 ㉡=$\frac{1}{200}$ 이다.

합격생 가이드

상황판단에서 자주 등장하는 단위 계산 문제이다. 단위 계산 문제를 푸는 정석적인 방법은 해당 단위에 대한 이해를 바탕으로 비례식을 세워 푸는 것임을 기억해둔다면 문제 풀이에 유용하게 쓰일 수 있다.

난도 중

PART

01

기출유형분석

CHAPTER 01   법조문

CHAPTER 02   조건적용

CHAPTER 03   정보확인 · 추론

CHAPTER 04   단순계산

CHAPTER 05   수리퀴즈(계산)

CHAPTER 06   수리퀴즈(추론)

CHAPTER 07   게임 · 규칙

CHAPTER 08   논리퀴즈

CHAPTER 09   시간 · 공간

CHAPTER 10   종합

01 법조문

1 유형의 이해

상황판단에서 출제되는 법조문 유형의 문제는 '법조문 이해'와 '법조문 적용'으로 나눌 수 있다. '법조문 이해'의 경우, 선지가 법조문에 대한 설명으로 옳은 것을 골라내는 것에 중점을 두기에 난도가 평이한 것이 대부분이다. 하지만 '법조문 적용'의 경우에는 주어진 상황에 해당 법조문이 올바르게 적용되었는지를 중점적으로 검토하기 때문에, 주어진 상황을 법학적으로 이해하는 것이 선행되어야 한다. 따라서 시간이 걸리거나 다소 까다로운 문제가 많다.

2 발문 유형

- 다음 글을 근거로 판단할 때 옳은 것은?
- 다음 글을 근거로 판단할 때 허용될 수 없는 것은?

3 접근법

법조문을 모두 읽은 뒤에 선지를 보게 되면, 기억에 남는 것이 없어 비효율적이다. 따라서 시간 절약을 위해서는 선지부터 보면서 해당하는 법조문을 찾아 읽는 것이 좋다. 또한 제00조 옆의 괄호는 해당 조문의 내용을 압축적으로 담고 있으므로 이를 활용하여 읽는 것도 좋은 방법이 될 수 있다.

법조문 적용 유형의 경우에는 상황부터 빠르게 읽으면서 해당 상황을 대략적으로 이해할 필요가 있다. 이후 법조문을 읽으면서 법조문에 나타난 법 용어로 상황을 머릿속으로 정리하는 습관이 필요하다.

4 생각해 볼 부분

법조문 유형에서는 권한 주체를 바꿔내거나, 단서를 이용하는 등 오답 유형이 일정하다. 따라서 선지에서 권한 주체나 예외적 상황에 관해서 묻고 있는 경우에는 먼저 정오 판단을 하는 것이 좋다.

다음 글을 근거로 판단할 때 옳은 것은?

제00조(사무의 관장) 시장(특별시장·광역시장은 제외한다. 이하 같다)·군수 및 자치구의 구청장은 이 법에 따른 본인서명사실확인서 및 전자본인서명확인서의 발급·관리 등에 관한 사무를 관장한다.

제00조(본인서명사실확인서의 발급 신청) ① 본인서명사실확인서를 발급받으려는 사람 중 다음 각 호의 어느 하나에 해당하는 사람은 시장·군수·구청장(자치구가 아닌 구의 구청장을 포함한다)이나 읍장·면장·동장(이하 '발급기관'이라 한다)을 직접 방문하여 발급을 신청하여야 한다.
1. 대한민국 내에 주소를 가진 국민
2. 대한민국 내에 주소를 가지지 아니한 국민
3. 「재외동포의 출입국과 법적 지위에 관한 법률」에 따라 국내거소신고를 한 재외국민
② 미성년자인 신청인이 제1항에 따라 본인서명사실확인서의 발급을 신청하려는 경우에는 법정대리인과 함께 발급기관을 직접 방문하여 법정대리인의 동의를 받아 신청하여야 한다.

제00조(전자본인서명확인서 발급시스템 이용의 승인) ① 민원인은 전자본인서명확인서 발급시스템을 이용하려는 경우에는 미리 시장·군수 또는 자치구의 구청장(이하 '승인권자'라 한다)의 승인을 받아야 한다.
② 제1항에 따라 승인을 받으려는 민원인은 승인권자를 직접 방문하여 이용 승인을 신청하여야 한다.
③ 미성년자인 민원인이 제2항에 따라 이용 승인을 신청하려는 경우에는 법정대리인과 함께 승인권자를 직접 방문하여 법정대리인의 동의를 받아 신청하여야 한다.

제00조(인감증명서와의 관계) 부동산거래에서 인감증명서 제출과 함께 관련 서면에 인감을 날인하여야 할 때에는 다음 각 호의 어느 하나에 해당하는 경우 인감증명서를 제출하고 관련 서면에 인감을 날인한 것으로 본다.
1. 본인서명사실확인서를 제출하고 관련 서면에 서명을 한 경우
2. 전자본인서명확인서 발급증을 제출하고 관련 서면에 서명을 한 경우

① 대구광역시 수성구 A동 주민 甲(30세)이 전자본인서명확인서 발급시스템을 이용하기 위해서는 미리 동장을 방문하여 이용 승인을 신청하여야 한다.
② 재외국민 乙(26세)이 「재외동포의 출입국과 법적 지위에 관한 법률」에 따라 국내거소신고를 하였다면 본인서명사실확인서 발급을 신청한 것으로 본다.
③ 본인서명사실확인서를 발급받은 바 있는 丙(17세)이 전자본인서명확인서 발급시스템 이용 승인을 신청하기 위해서는 법정대리인의 동의를 받지 않아도 된다.
④ 토지매매 시 인감증명서를 제출하고 관련 서면에 인감을 날인하여야 하는 경우, 본인서명사실확인서를 제출하고 관련 서면에 서명하는 것으로 대신할 수 있다.
⑤ 서울특별시 종로구 B동 주민 丁(25세)은 본인서명사실확인서를 발급받기 위하여 서울특별시장을 방문하여 전자본인서명확인서 발급시스템 이용 승인을 신청하여야 한다.

정답해설

④ 옳다. '인감증명서와의 관계'에 관한 조문 제1호에 따라 본인서명사실확인서를 제출하고 관련 서면에 서명하는 것으로 인감증명서를 제출하고 서면에 인감을 날인한 것으로 보게 된다.

오답해설

① 옳지 않다. '전자본인서명확인서 발급시스템 이용의 승인'에 관한 조문 제1항에 따르면 甲은 수성구청장의 승인을 받아야 한다.
② 옳지 않다. 乙은 '본인서명사실확인서의 발급 신청'에 관한 조문 제1항 제3호에 해당하는 자로서 본인서명사실확인서를 발급받기 위해서는 발급기관에 발급을 신청하여야 한다. 신청 간주 조항은 나타나 있지 않다.
③ 옳지 않다. 丙은 미성년자로서, '전자본인서명확인서 발급시스템 이용의 승인'에 관한 조문 제3항에 따라 법정대리인의 동의를 받아야 한다.
⑤ 옳지 않다. '본인서명사실확인서의 발급 신청'에 관한 조문 제1항에서는 '시장, 군수, 구청장이나 읍장, 면장, 동장에게 신청하여야 한다'고 하고 있다. 서울특별시장은 광역지치단체장으로 해당 항에서 지칭하는 시장에 포함되지 않는다.

답 ④

난도 하

풀이시간 1분 45초

합격생 가이드

시장, 군수, 구청장에 서울특별시장이 포함된다고 생각하여 ⑤번 선지를 판단할 때 어려움을 겪을 수 있다. 자치단체장은 광역자치단체와 기초자치단체로 구분하며 특별시장·광역시장·도지사는 광역자치단체장이며 일반시장·군수·구청장은 기초자치단체장에 해당한다. 따라서 여기에서 의미하는 시장은 파주시장, 수원시장 등을 의미한다. 광역, 기초자치단체의 차이를 알고 있는지 묻는 문항이 자주 출제되므로 반드시 숙지해두어야 한다.

대표문항으로 선정한 이유

해당 문항은 '법조문 이해'에 해당한다. 이 문항의 경우, 선지들을 오답으로 만들기 위해 출제자가 사용하고 있는 방식이 모두 기존 기출에서 사용된 적 있는 전형적인 방식들이다. 가령 ①번과 ⑤번 선지의 경우에는 권한주체를 변경하여 오답을 구성하고 있으며 ②번 선지는 간주조항이 없음에도 불구하고 간주하고 있어 오답이 된다.

01 ○△✕　　18년 행시(나) 3번

다음 글을 근거로 판단할 때 옳은 것은?

> 제00조 이 법에서 말하는 폐기물이란 쓰레기, 연소재, 폐유, 폐알칼리 및 동물의 사체 등으로 사람의 생활이나 사업활동에 필요하지 않게 된 물질을 말한다.
>
> 제00조 ① 도지사는 관할 구역의 폐기물을 적정하게 처리하기 위하여 환경부장관이 정하는 지침에 따라 10년마다 '폐기물 처리에 관한 기본계획'(이하 '기본계획'이라 한다)을 세워 환경부장관의 승인을 받아야 한다. 승인사항을 변경하려 할 때에도 또한 같다. 이 경우 환경부장관은 기본계획을 승인하거나 변경승인하려면 관계 중앙행정기관의 장과 협의하여야 한다.
>
> ② 시장·군수·구청장은 10년마다 관할 구역의 기본 계획을 세워 도지사에게 제출하여야 한다.
>
> ③ 제1항과 제2항에 따른 기본계획에는 다음 각 호의 사항이 포함되어야 한다.
>
> 1. 관할 구역의 지리적 환경 등에 관한 개황
> 2. 폐기물의 종류별 발생량과 장래의 발생 예상량
> 3. 폐기물의 처리 현황과 향후 처리 계획
> 4. 폐기물의 감량화와 재활용 등 자원화에 관한 사항
> 5. 폐기물처리시설의 설치 현황과 향후 설치 계획
> 6. 폐기물 처리의 개선에 관한 사항
> 7. 재원의 확보계획
>
> 제00조 ① 환경부장관은 국가 폐기물을 적정하게 관리하기 위하여 전조 제1항에 따른 기본계획을 기초로 '국가 폐기물 관리 종합계획'(이하 '종합계획'이라 한다)을 10년마다 세워야 한다.
>
> ② 환경부장관은 종합계획을 세운 날부터 5년이 지나면 그 타당성을 재검토하여 변경할 수 있다.

① 재원의 확보계획은 기본계획에 포함되지 않아도 된다.

② A도 도지사가 제출한 기본계획을 승인하려면, 환경부장관은 관계 중앙행정기관의 장과 협의를 거쳐야 한다.

③ 환경부장관은 국가 폐기물을 적정하게 관리하기 위하여 10년마다 기본계획을 수립하여야 한다.

④ B군 군수는 5년마다 종합계획을 세워 환경부장관에게 제출하여야 한다.

⑤ 기본계획 수립 이후 5년이 경과하였다면, 환경부장관은 계획의 타당성을 재검토하여 계획을 변경하여야 한다.

02 ○△✕　　18년 행시(나) 4번

다음 글을 근거로 판단할 때 옳은 것은?

> 제00조 다음 각 호의 어느 하나에 해당하는 자는 감사원에 감사를 청구할 수 있다.
>
> 1. 19세 이상으로서 300명 이상의 국민
> 2. 상시 구성원 수가 300인 이상으로 등록된 공익 추구의 시민단체. 다만 정치적 성향을 띠거나 특정 계층 또는 집단의 이익을 추구하는 단체는 제외한다.
> 3. 감사대상기관의 장. 다만 해당 감사대상기관의 사무처리에 관한 사항 중 자체감사기구에서 직접 처리하기 어려운 부득이한 사유가 있거나 자체감사기구가 없는 경우에 한한다.
> 4. 지방의회. 다만 해당 지방자치단체의 사무처리에 한한다.
>
> 제00조 ① 감사청구의 대상은 공공기관에서 처리한 사무처리가 다음 각 호의 어느 하나에 해당하는 사항으로 한다.
>
> 1. 주요 정책·사업의 추진과정에서의 예산낭비에 관한 사항
> 2. 기관이기주의 등으로 인하여 정책·사업 등이 장기간 지연되는 사항
> 3. 국가 행정 및 시책, 제도 등이 현저히 불합리하여 개선이 필요한 사항
> 4. 기타 공공기관의 사무처리가 위법 또는 부당행위로 인하여 공익을 현저히 해한다고 판단되는 사항
>
> ② 제1항의 규정에 불구하고 다음 각 호의 어느 하나에 해당하는 사항은 감사청구의 대상에서 제외한다.
>
> 1. 수사 중이거나 재판(헌법재판소 심판을 포함한다), 행정심판, 감사원 심사청구 또는 화해·조정·중재 등 법령에 의한 불복절차가 진행 중인 사항. 다만 수사 또는 재판, 행정심판 등과는 직접적인 관계없이 예산낭비 등을 방지하기 위한 긴급한 필요가 있다고 인정될 때에는 감사를 실시할 수 있다.
> 2. 수사 결과, 판결, 재결, 결정 또는 화해·조정·중재 등에 의하여 확정되었거나 형 집행에 관한 사항

※ 공공기관 : 중앙행정기관, 지방자치단체, 정부투자기관을 의미한다.

① A시 지방의회는 A시가 주요 사업으로 시행하는 노후수도설비교체사업 중 발생한 예산낭비 사항에 대하여 감사를 청구할 수 있다.

② B정당의 사무총장은 C시청 별관신축공사 입찰 시 담당공무원의 부당한 업무처리에 대하여 단독으로 감사를 청구할 수 있다.

③ D정부투자기관의 장은 해당 기관 직원과 특정 기업 간 유착관계에 대하여 자체감사기구에서 직접 처리할 수 있더라도 감사를 청구할 수 있다.

④ E시 지방의회는 E시 시장의 위법한 사무처리에 대하여 판결이 확정되었더라도 감사를 청구할 수 있다.

⑤ 민간 유통업체 F마트 사장은 농산물의 납품대가로 과도한 향응을 받은 담당직원의 위법행위에 대하여 감사를 청구할 수 있다.

03 ○△✕

다음 글을 근거로 판단할 때 옳은 것은?

제00조 이 법은 법령의 공포절차 등에 관하여 규정함을 목적으로 한다.

제00조 ① 법률 공포문의 전문에는 국회의 의결을 받은 사실을 적고, 대통령이 서명한 후 대통령인을 찍고 그 공포일을 명기하여 국무총리와 관계 국무위원이 서명한다.

② 확정된 법률을 대통령이 공포하지 아니할 때에는 국회의장이 이를 공포한다. 국회의장이 공포하는 법률의 공포문 전문에는 국회의 의결을 받은 사실을 적고, 국회의장이 서명한 후 국회의장인을 찍고 그 공포일을 명기하여야 한다.

제00조 조약 공포문의 전문에는 국회의 동의 또는 국무회의의 심의를 거친 사실을 적고, 대통령이 서명한 후 대통령인을 찍고 그 공포일을 명기하여 국무총리와 관계 국무위원이 서명한다.

제00조 대통령령 공포문의 전문에는 국무회의의 심의를 거친 사실을 적고, 대통령이 서명한 후 대통령인을 찍고 그 공포일을 명기하여 국무총리와 관계 국무위원이 서명한다.

제00조 ① 총리령을 공포할 때에는 그 일자를 명기하고, 국무총리가 서명한 후 총리인을 찍는다.

② 부령을 공포할 때에는 그 일자를 명기하고, 해당 부의 장관이 서명한 후 그 장관인을 찍는다.

제00조 ① 법령의 공포는 관보에 게재함으로써 한다.

② 관보의 내용 및 적용 시기 등은 종이관보를 우선으로 하며, 전자관보는 부차적인 효력을 가진다.

※ 법령 : 법률, 조약, 대통령령, 총리령, 부령을 의미한다.

① 모든 법률의 공포문 전문에는 국회의장인이 찍혀 있다.

② 핵무기비확산조약의 공포문 전문에는 총리인이 찍혀 있다.

③ 지역문화발전기본법의 공포문 전문에는 대법원장인이 찍혀 있다.

④ 대통령인이 찍혀 있는 법령의 공포문 전문에는 국무총리의 서명이 들어 있다.

⑤ 종이관보에 기재된 법인세법의 세율과 전자관보에 기재된 그 세율이 다른 경우 전자관보를 기준으로 판단하여야 한다.

04 ○△✕

다음 글과 〈상황〉을 근거로 판단할 때 옳은 것은?

제00조 ① 증인신문은 증인을 신청한 당사자가 먼저하고, 다음에 다른 당사자가 한다.

② 재판장은 제1항의 신문이 끝난 뒤에 신문할 수 있다.

③ 재판장은 제1항과 제2항의 규정에 불구하고 언제든지 신문할 수 있다.

④ 재판장은 당사자의 의견을 들어 제1항과 제2항의 규정에 따른 신문의 순서를 바꿀 수 있다.

⑤ 당사자의 신문이 중복되거나 쟁점과 관계가 없는 때, 그 밖에 필요한 사정이 있는 때에 재판장은 당사자의 신문을 제한할 수 있다.

⑥ 합의부원은 재판장에게 알리고 신문할 수 있다.

제00조 ① 증인은 따로따로 신문하여야 한다.

② 신문하지 않은 증인이 법정 안에 있을 때에는 법정에서 나가도록 명하여야 한다. 다만 필요하다고 인정한 때에는 신문할 증인을 법정 안에 머무르게 할 수 있다.

제00조 재판장은 필요하다고 인정한 때에는 증인 서로의 대질을 명할 수 있다.

제00조 증인은 서류에 의하여 진술하지 못한다. 다만 재판장이 허가하면 그러하지 아니하다.

※ 당사자 : 원고, 피고를 가리킨다.

─── 〈상 황〉 ───

원고 甲은 피고 乙을 상대로 대여금반환청구의 소를 제기하였다. 이후 절차에서 甲은 丙을, 乙은 丁을 각각 증인으로 신청하였으며 해당 재판부(재판장 A, 합의부원 B와 C)는 丙과 丁을 모두 증인으로 채택하였다.

① 丙을 신문할 때 A는 乙보다 먼저 신문할 수 없다.

② 甲의 丙에 대한 신문이 쟁점과 관계가 없는 때, A는 甲의 신문을 제한할 수 있다.

③ A가 丁에 대한 신문을 乙보다 甲이 먼저 하게 하려면, B와 C의 의견을 들어야 한다.

④ 丙과 丁을 따로따로 신문해야 하는 것이 원칙이지만, B는 필요하다고 인정한 때 丙과 丁의 대질을 명할 수 있다.

⑤ 丙이 질병으로 인해 서류에 의해 진술하려는 경우 A의 허가를 요하지 않는다.

05 ○△✕　　　　　　　　　　　　　　　　17년 행시(가) 4번

다음 〈A국 사업타당성조사 규정〉을 근거로 판단할 때, 〈보기〉에서 옳은 것만을 모두 고르면?

───────── 〈A국 사업타당성조사 규정〉 ─────────

제○○조(예비타당성조사 대상사업) 신규 사업 중 총사업비가 500억 원 이상이면서 국가의 재정지원 규모가 300억 원 이상인 건설사업, 정보화사업, 국가연구개발사업에 대해 예비타당성조사를 실시한다.

제△△조(타당성조사의 대상사업과 실시) ① 제○○조에 해당하지 않는 사업으로서, 국가 예산의 지원을 받아 지자체 · 공기업 · 준정부기관 · 기타 공공기관 또는 민간이 시행하는 사업 중 완성에 2년 이상이 소요되는 다음 각 호의 사업을 타당성조사 대상사업으로 한다.

1. 총사업비가 500억 원 이상인 토목사업 및 정보화사업
2. 총사업비가 200억 원 이상인 건설사업

② 제1항의 대상사업 중 다음 각 호의 어느 하나에 해당하는 경우에는 타당성조사를 실시하여야 한다.

1. 사업추진 과정에서 총사업비가 예비타당성조사의 대상 규모로 증가한 사업
2. 사업물량 또는 토지 등의 규모 증가로 인하여 총사업비가 100분의 20 이상 증가한 사업

───────── 〈보 기〉 ─────────

ㄱ. 국가의 재정지원 비율이 50%인 총사업비 550억 원 규모의 신규 건설사업은 예비타당성조사 대상이 된다.

ㄴ. 민간이 시행하는 사업도 타당성조사 대상사업이 될 수 있다.

ㄷ. 지자체가 시행하는 건설사업으로서 사업완성에 2년 이상 소요되며 전액 국가의 재정지원을 받는 총사업비 460억 원 규모의 사업추진 과정에서, 총사업비가 10% 증가한 경우 타당성조사를 실시하여야 한다.

ㄹ. 총사업비가 500억 원 미만인 모든 사업은 예비타당성조사 및 타당성조사 대상사업에서 제외된다.

① ㄱ, ㄴ
② ㄱ, ㄷ
③ ㄴ, ㄷ
④ ㄴ, ㄹ
⑤ ㄷ, ㄹ

06 ○△✕　　　　　　　　　　　　　　　　17년 행시(가) 6번

다음 〈A대학 학사규정〉을 근거로 판단할 때, 〈상황〉의 ㉠과 ㉡에 들어갈 기간으로 옳게 짝지은 것은?

───────── 〈A대학 학사규정〉 ─────────

제1조(목적) 이 규정은 졸업을 위한 재적기간 및 수료연한을 정하는 것을 목적으로 한다.

제2조(재적기간과 수료연한) ① 재적기간은 입학 시부터 졸업 시까지의 기간으로 휴학기간을 포함한다.

② 졸업을 위한 수료연한은 4년으로 한다. 다만 다음 각 호의 경우에는 수료연한을 달리할 수 있다.

1. 외국인 유학생은 어학습득을 위하여 수료연한을 1년 연장하여 5년으로 할 수 있다.
2. 특별입학으로 입학한 학생은 2년차에 편입되며 수료연한은 3년으로 한다. 다만 특별입학은 내국인에 한한다.

③ 수료와 동시에 졸업한다.

제3조(휴학) ① 휴학은 일반휴학과 해외 어학연수를 위한 휴학으로 구분한다.

② 일반휴학은 해당 학생의 수료연한의 2분의 1을 초과할 수 없으며, 6개월 단위로만 신청할 수 있다.

③ 해외 어학연수를 위한 휴학은 해당 학생의 수료연한의 2분의 1을 초과할 수 없으며, 1년 단위로만 신청할 수 있다.

───────── 〈상 황〉 ─────────

• A대학의 학생이 재적할 수 있는 최장기간은 (㉠)이다.

• A대학에 특별입학으로 입학한 학생이 일반휴학 없이 재적할 수 있는 최장기간은 (㉡)이다.

	㉠	㉡
①	9년	4년
②	9년 6개월	4년
③	9년 6개월	4년 6개월
④	10년	4년 6개월
⑤	10년	5년

07 ☐△✕ 16년 행시(5) 26번

다음 글을 근거로 판단할 때 허용될 수 <u>없는</u> 행위는?(단, 적법한 권한을 가진 자가 조회하는 것으로 전제한다)

제OO조(범죄경력조회·수사경력조회 및 회보의 제한 등) 수사자료표에 의한 범죄경력조회 및 수사경력조회와 그에 대한 회보는 다음 각 호의 어느 하나에 해당하는 경우에 그 전부 또는 일부에 대하여 조회 목적에 필요한 범위에서 할 수 있다.
1. 범죄 수사 또는 재판을 위하여 필요한 경우
2. 형의 집행 또는 사회봉사명령, 수강명령의 집행을 위하여 필요한 경우
3. 보호감호, 치료감호, 보호관찰 등 보호처분 또는 보안관찰업무의 수행을 위하여 필요한 경우
4. 수사자료표의 내용을 확인하기 위하여 본인이 신청하거나 외국 입국·체류 허가에 필요하여 본인이 신청하는 경우
5. 외국인의 귀화·국적회복·체류 허가에 필요한 경우
6. 각군 사관생도의 입학 및 장교의 임용에 필요한 경우
7. 병역의무 부과와 관련하여 현역병 및 사회복무요원의 입영(入營)에 필요한 경우
8. 공무원 임용, 인가·허가, 서훈(敍勳), 대통령 표창, 국무총리 표창 등의 결격사유, 징계절차가 개시된 공무원의 구체적인 징계 사유(범죄경력조회와 그에 대한 회보에 한정한다) 또는 공무원연금지급 제한 사유 등을 확인하기 위하여 필요한 경우

※ 회보 : 신청인의 요구에 대하여 조회 후 알려주는 것

① 외국인 A의 귀화 허가를 위하여 A의 범죄경력을 조회하는 행위
② 회사원 B에 대한 사회봉사명령 집행을 위하여 B에 대한 수사경력을 조회하는 행위
③ 퇴직공무원 C의 공무원연금 지급 제한 사유를 확인하기 위해 C의 범죄경력을 조회하는 행위
④ 취업준비생 D의 채용에 참고하기 위하여 해당 사기업의 요청을 받아 D의 범죄경력을 조회하는 행위
⑤ 징계절차가 개시된 공무원 E의 구체적인 징계 사유를 확인하기 위하여 E의 범죄경력을 조회하는 행위

08 ☐△✕ 15년 행시(인) 8번

다음 글을 근거로 판단할 때 옳은 것은?

제OO조(군위탁생의 임명) ① 군위탁생은 육군, 해군 및 공군(이하 '각군'이라 한다)에서 시행하는 전형과 해당 교육기관에서 시행하는 소정의 시험에 합격한 자 중에서 각군 참모총장의 추천에 의하여 국방부장관이 임명한다. 다만 부사관의 경우에는 각군 참모총장이 임명한다.
② 군위탁생은 임명권자의 허가 없이 교육기관을 옮기거나 전과(轉科)할 수 없다.
제OO조(경비의 지급) ① 군위탁생에 대하여는 수학기간 중 입학금·등록금 기타 필요한 경비를 지급한다.
② 국외위탁생에 대하여는 왕복항공료 및 체재비를 지급하며, 6개월 이상 수학하는 국외위탁생에 대하여는 배우자 및 자녀의 왕복항공료, 의료보험료 또는 의료보조비, 생활준비금 및 귀국 이전비를 가산하여 지급할 수 있다. 이 경우 체재비의 지급액은 월 단위로 계산한다.
제OO조(성적이 우수한 자의 진학 등) ① 국방부장관은 군위탁생으로서 소정의 과정을 우수한 성적으로 마친 자 중 지원자에 대하여는 소속군 참모총장의 추천에 의하여 해당 전공분야 또는 관련 학문분야의 상급과정에 진학하여 계속 수학하게 할 수 있다.
② 국방부장관은 군위탁생으로서 박사과정을 우수한 성적으로 마친 자 중 지원자에 대하여는 소속군 참모총장의 추천에 의하여 해당 전공분야 또는 관련분야의 실무연수를 하게 할 수 있다.

① 해군 장교가 군위탁생으로 추천받기 위해서는 해군에서 시행하는 전형과 해당 교육기관에서 시행하는 시험에 합격하여야 한다.
② 육군 부사관인 군위탁생이 다른 학교로 전학을 하기 위해서는 국방부장관의 허가를 받아야 한다.
③ 석사과정을 우수한 성적으로 마친 군위탁생은 소속군 참모총장의 추천이 없어도 관련 학문분야 박사과정에 진학하여 계속 수학할 수 있다.
④ 군위탁생의 경우 국내위탁과 국외위탁의 구별 없이 동일한 경비가 지급된다.
⑤ 3개월의 국외위탁교육을 받는 군위탁생은 체재비를 지급받을 수 없다.

09 ⬜△✕   14년 행시(A) 7번

다음 글을 근거로 판단할 때 옳지 <u>않은</u> 것은?

> **제00조(보증의 방식)** ① 보증은 그 의사가 보증인의 기명날인 또는 서명이 있는 서면으로 표시되어야 효력이 발생한다.
>
> ② 보증인의 채무를 불리하게 변경하는 경우에도 제1항과 같다.
>
> **제00조(채권자의 통지의무 등)** ① 채권자는 주채무자가 원본, 이자 그 밖의 채무를 3개월 이상 이행하지 아니하는 경우 또는 주채무자가 이행기에 이행할 수 없음을 미리 안 경우에는 지체 없이 보증인에게 그 사실을 알려야 한다.
>
> ② 제1항에도 불구하고 채권자가 금융기관인 경우에는 주채무자가 원본, 이자 그 밖의 채무를 1개월 이상 이행하지 아니할 때에는 지체 없이 그 사실을 보증인에게 알려야 한다.
>
> ③ 채권자는 보증인의 청구가 있으면 주채무의 내용 및 그 이행 여부를 보증인에게 알려야 한다.
>
> ④ 채권자가 제1항부터 제3항까지의 규정에 따른 의무를 위반한 경우에는 보증인은 그로 인하여 손해를 입은 한도에서 채무를 면한다.
>
> **제00조(보증기간 등)** ① 보증기간의 약정이 없는 때에는 그 기간을 3년으로 본다.
>
> ② 보증기간은 갱신할 수 있다. 이 경우 보증기간의 약정이 없는 때에는 계약체결 시의 보증기간을 그 기간으로 본다.
>
> ③ 제1항 및 제2항에서 간주되는 보증기간은 계약을 체결하거나 갱신하는 때에 채권자가 보증인에게 고지하여야 한다.

※ 보증계약은 채무자(乙)가 채권자(甲)에 대한 금전채무를 이행하지 아니하는 경우에 보증인(丙)이 그 채무를 이행하기로 하는 채권자와 보증인 사이의 계약을 말하며, 이때 乙을 주채무자라 한다.

① 보증인 丙이 주채무자 乙의 甲에 대한 금전채무를 보증하기 위해 채권자 甲과 보증계약을 서면으로 체결하지 않으면 그 계약은 무효이다.

② 보증인 丙이 주채무자 乙의 甲에 대한 금전채무를 보증하기 위해 채권자 甲과 보증계약을 체결하면서 보증기간을 약정하지 않으면 그 기간은 3년이다.

③ 주채무자 乙이 원본, 이자 그 밖의 채무를 2개월 이상 이행하지 아니하는 경우, 금융기관이 아닌 채권자 甲은 지체 없이 보증인 丙에게 그 사실을 알려야 한다.

④ 보증인 丙의 청구가 있는데도 채권자 甲이 주채무의 내용 및 그 이행 여부를 丙에게 알려주지 않으면, 丙은 그로 인하여 손해를 입은 한도에서 채무를 면하게 된다.

⑤ 보증인 丙이 주채무자 乙의 甲에 대한 금전채무를 보증하기 위해 채권자 甲과 기간을 2년으로 약정한 보증계약을 체결한 다음, 그 계약을 갱신하면서 기간을 약정하지 않으면 그 기간은 2년이다.

---

10 ⬜△✕   14년 행시(A) 24번

다음 글을 근거로 판단할 때, 〈보기〉에서 옳은 것만을 모두 고르면?

> **제00조(행정정보의 공표 등)** ① 공공기관은 다음 각 호의 어느 하나에 해당하는 정보에 대해서는 공개의 구체적 범위와 공개의 주기·시기 및 방법 등을 미리 정하여 공표하고, 이에 따라 정기적으로 공개하여야 한다. 다만 제□□조 제1항 각 호의 어느 하나에 해당하는 정보에 대해서는 그러하지 아니하다.
>
> 1. 국민생활에 매우 큰 영향을 미치는 정책에 관한 정보
> 2. 국가의 시책으로 시행하는 공사(工事) 등 대규모 예산이 투입되는 사업에 관한 정보
> 3. 예산집행의 내용과 사업평가 결과 등 행정감시를 위하여 필요한 정보
>
> ② 공공기관은 제1항에 규정된 사항 외에도 국민이 알아야 할 필요가 있는 정보를 국민에게 공개하도록 적극적으로 노력하여야 한다.
>
> **제00조(공개대상 정보의 원문공개)** 공공기관 중 중앙행정기관은 전자적 형태로 보유·관리하는 정보 중 공개대상으로 분류된 정보를 국민의 정보공개 청구가 없더라도 정보통신망을 활용한 정보공개시스템을 통하여 공개하여야 한다.
>
> **제□□조(비공개대상 정보)** ① 공공기관이 보유·관리하는 정보는 공개대상이 된다. 다만 다음 각 호의 어느 하나에 해당하는 정보는 공개하지 아니할 수 있다.
>
> 1. 다른 법률 또는 법률에서 위임한 명령(국회규칙·대법원규칙·헌법재판소규칙·중앙선거관리위원회규칙·대통령령 및 조례로 한정한다)에 따라 비밀이나 비공개 사항으로 규정된 정보
> 2. 해당 정보에 포함되어 있는 성명·주민등록번호 등 개인에 관한 사항으로서 공개될 경우 사생활의 비밀 또는 자유를 침해할 우려가 있다고 인정되는 정보. 다만 다음 각 목에 열거한 개인에 관한 정보는 제외한다.
>   가. 법령에서 정하는 바에 따라 열람할 수 있는 정보
>   나. 공공기관이 공표를 목적으로 작성하거나 취득한 정보로서 사생활의 비밀 또는 자유를 부당하게 침해하지 아니하는 정보
>   다. 직무를 수행한 공무원의 성명·직위

> ──────── 〈보 기〉 ────────
>
> ㄱ. 국민생활에 매우 큰 영향을 미치는 정책에 관한 정보는 모두 공개하여야 한다.
>
> ㄴ. 헌법재판소규칙에서 비공개 사항으로 규정한 정보는 공개하지 아니할 수 있다.
>
> ㄷ. 국가의 시책으로 시행하는 공사 등 대규모 예산이 투입되는 사업에 관한 직무를 수행한 공무원의 성명·직위는 공개할 수 있다.

① ㄱ

② ㄷ

③ ㄱ, ㄴ

④ ㄴ, ㄷ

⑤ ㄱ, ㄴ, ㄷ

11 ⊙△✕   12년 행시(인) 24번

다음 규정에 근거할 때, 옳지 않은 것을 〈보기〉에서 모두 고르면?

제00조 행정기관의 장은 민원사항을 접수·처리함에 있어서 민원인에게 소정의 구비서류 외의 서류를 추가로 요구하여서는 아니 된다.

제00조 행정기관의 장은 민원인의 편의를 위하여 그 행정기관이 접수·교부하여야 할 민원사항을 다른 행정기관 또는 특별법에 의하여 설립되고 전국적 조직을 가진 법인 중 대통령령이 정하는 법인으로 하여금 접수·교부하게 할 수 있다.

제00조 행정기관의 장은 정보통신망을 이용하여 다른 행정기관 소관의 민원사무를 접수·교부할 수 있다.

제00조 행정기관의 장은 민원사항을 처리한 결과(다른 행정기관 소관의 민원사항을 포함한다)를 무인민원발급창구를 이용하여 교부할 수 있다.

제00조 행정기관의 장은 민원사무 처리상황의 확인·점검 등을 위하여 소속 공무원 중에서 민원사무심사관을 지정하여야 한다.

제00조 행정기관의 장은 민원 1회 방문 처리제의 원활한 운영을 위하여 민원사무의 처리에 경험이 많은 소속공무원을 민원후견인으로 지정하여 민원인 안내 및 민원인과의 상담에 응하도록 할 수 있다.

제00조 민원인은 대규모의 경제적 비용이 수반되는 민원 사항의 경우에 한하여 행정기관의 장에게 정식으로 민원서류를 제출하기 전에 약식서류로 사전심사를 청구할 수 있다.

─────── 〈보 기〉 ───────

ㄱ. A시 시장은 B시 소관의 민원사항에 관해서는 무인민원발급창구를 통해 그 처리결과를 교부할 수 없다.

ㄴ. C시 시장은 정보통신망을 이용하여 D시 소관의 민원사무를 접수·교부할 수 있다.

ㄷ. 민원인은 소액의 경제적 비용이 소요되고 신속히 처리할 사안에 대하여 약식서류로 사전심사를 청구할 수 있다.

ㄹ. E시 시장은 민원인의 편의를 위하여 당해 시에만 소재하는 유명 서점을 지정하여 소관 민원사항을 접수·교부하게 할 수 있다.

ㅁ. F시 시장은 민원인에게 소정의 구비서류 이외의 서류 제출을 요구할 수 없다.

---

① ㄱ, ㄴ

② ㄱ, ㄹ

③ ㄱ, ㄷ, ㄹ

④ ㄴ, ㄷ, ㅁ

⑤ ㄴ, ㄹ, ㅁ

01 ◻◻△✕　　19년 행시(가) 23번

다음 글을 근거로 판단할 때, 〈보기〉에서 옳은 것만을 모두 고르면?

- 정부ㅁㅁ청사 신축 시 〈화장실 위생기구 설치기준〉에 따라 위생기구(대변기 또는 소변기)를 설치하고자 한다.
- 남자 화장실에는 위생기구 수가 짝수인 경우 대변기와 소변기를 절반씩 나누어 설치하고, 홀수인 경우 대변기를 한 개 더 많게 설치한다. 여자 화장실에는 모두 대변기를 설치한다.

〈화장실 위생기구 설치기준〉

기 준	각 성별 사람 수(명)	위생기구 수(개)
A	1~9	1
	10~35	2
	36~55	3
	56~80	4
	81~110	5
	111~150	6
B	1~15	1
	16~40	2
	41~75	3
	76~150	4
C	1~50	2
	51~100	3
	101~150	4

—— 〈보 기〉 ——

ㄱ. 남자 30명과 여자 30명이 근무할 경우, A기준과 B기준에 따라 설치할 위생기구 수는 같다.

ㄴ. 남자 50명과 여자 40명이 근무할 경우, B기준에 따라 설치할 남자 화장실과 여자 화장실의 대변기 수는 같다.

ㄷ. 남자 80명과 여자 80명이 근무할 경우, A기준에 따라 설치할 소변기는 총 4개이다.

ㄹ. 남자 150명과 여자 100명이 근무할 경우, C기준에 따라 설치할 대변기는 총 5개이다.

① ㄱ, ㄴ
② ㄴ, ㄷ
③ ㄷ, ㄹ
④ ㄱ, ㄴ, ㄹ
⑤ ㄱ, ㄷ, ㄹ

02 ◻◻△✕　　16년 행시(5) 5번

다음 글을 근거로 판단할 때 옳지 않은 것은?

제00조(예비이전후보지의 선정) ① 종전부지 지방자치단체의 장은 군 공항을 이전하고자 하는 경우 국방부장관에게 이전을 건의할 수 있다.

② 제1항의 건의를 받은 국방부장관은 군 공항을 이전하고자 하는 경우 군사작전 및 군 공항 입지의 적합성 등을 고려하여 군 공항 예비이전후보지(이하 '예비이전후보지'라 한다)를 선정할 수 있다.

제00조(이전후보지의 선정) 국방부장관은 한 곳 이상의 예비이전후보지 중에서 군 공항 이전후보지를 선정함에 있어서 군 공항 이전부지 선정위원회의 심의를 거쳐야 한다.

제00조(군 공항 이전부지 선정위원회) ① 군 공항 이전후보지 및 이전부지의 선정 등을 심의하기 위해 국방부에 군 공항 이전부지 선정위원회(이하 '선정위원회'라 한다)를 둔다.

② 위원장은 국방부장관으로 하고, 당연직위원은 다음 각 호의 사람으로 한다.

1. 기획재정부차관, 국토교통부차관
2. 종전부지 지방자치단체의 장
3. 예비이전후보지를 포함한 이전주변지역 지방자치단체의 장
4. 종전부지 및 이전주변지역을 관할하는 특별시장·광역시장 또는 도지사

③ 선정위원회는 다음 각 호의 사항을 심의한다.

1. 이전후보지 및 이전부지 선정
2. 종전부지 활용방안 및 종전부지 매각을 통한 이전 주변지역 지원방안

제00조(이전부지의 선정) ① 국방부장관은 이전후보지 지방자치단체의 장에게 「주민투표법」에 따라 주민투표를 요구할 수 있다.

② 제1항의 지방자치단체의 장은 주민투표 결과를 충실히 반영하여 국방부장관에게 군 공항 이전 유치를 신청한다.

③ 국방부장관은 제2항에 따라 유치를 신청한 지방자치단체 중에서 선정위원회의 심의를 거쳐 이전부지를 선정한다.

※ 종전부지 : 군 공항이 설치되어 있는 기존의 부지
※ 이전부지 : 군 공항이 이전되어 설치될 부지

① 종전부지를 관할하는 광역시장은 이전부지 선정 심의에 참여한다.

② 국방부장관은 선정위원회의 심의를 거치지 않고 예비이전후보지를 선정할 수 있다.

③ 선정위원회는 군 공항이 이전되고 난 후에 종전부지를 어떻게 활용할 것인지에 대한 사항도 심의한다.

④ 종전부지 지방자치단체의 장은 주민투표를 거치지 않으면 국방부장관에게 군 공항 이전을 건의할 수 없다.

⑤ 예비이전후보지가 한 곳이라고 하더라도 선정위원회의 심의를 거쳐야 이전후보지로 선정될 수 있다.

03 ◯△☓

다음 글과 〈상황〉을 근거로 판단할 때 옳은 것은?

제00조(포상금의 지급) 국세청장은 체납자의 은닉재산을 신고한 자에게 그 신고를 통하여 징수한 금액에 다음 표의 지급률을 적용하여 계산한 금액을 포상금으로 지급할 수 있다. 다만 포상금이 20억 원을 초과하는 경우, 그 초과하는 부분은 지급하지 아니한다.

징수금액	지급률
2,000만 원 이상 2억 원 이하	100분의 15
2억 원 초과 5억 원 이하	3,000만 원+2억 원 초과 금액의 100분의 10
5억 원 초과	6,000만 원+5억 원 초과 금액의 100분의 5

제00조(고액·상습체납자 등의 명단 공개) 국세청장은 체납발생일부터 1년이 지난 국세가 5억 원 이상인 체납자의 인적사항, 체납액 등을 공개할 수 있다. 다만 체납된 국세가 이의신청·심사청구 등 불복청구 중에 있거나 그 밖에 대통령령으로 정하는 사유가 있는 경우에는 그러하지 아니하다.

제00조(관허사업의 제한) ① 세무서장은 납세자가 국세를 체납하였을 때에는 허가·인가·면허 및 등록과 그 갱신(이하 '허가 등'이라 한다)이 필요한 사업의 주무관서에 그 납세자에 대하여 그 허가 등을 하지 아니할 것을 요구할 수 있다.
② 세무서장은 허가 등을 받아 사업을 경영하는 자가 국세를 3회 이상 체납한 경우로서 그 체납액이 500만 원 이상일 때에는 그 주무관서에 사업의 정지 또는 허가 등의 취소를 요구할 수 있다.
③ 제1항 또는 제2항에 따른 세무서장의 요구가 있을 때에는 해당 주무관서는 정당한 사유가 없으면 요구에 따라야 하며, 그 조치결과를 즉시 해당 세무서장에게 알려야 한다.

제00조(출국금지 요청 등) 국세청장은 정당한 사유 없이 5,000만 원 이상 국세를 체납한 자에 대하여 법무부장관에게 출국금지를 요청하여야 한다.

〈상 황〉

• 甲은 허가를 받아 사업을 경영하고 있음
• 甲은 법령에서 정한 정당한 사유 없이 국세 1억 원을 1회 체납하여 법령에 따라 2012. 12. 12. 체납액이 징수되었음
• 甲은 국세인 소득세(납부기한 : 2013. 5. 31.) 2억 원을 법령에서 정한 정당한 사유 없이 2015. 2. 7. 현재까지 체납하고 있음
• 甲은 체납국세와 관련하여 불복청구 중이거나 행정소송이 계류 중인 상태가 아니며, 징수유예나 체납처분유예를 받은 사실이 없음

---

① 국세청장은 甲의 인적사항, 체납액 등을 공개할 수 있다.
② 세무서장은 법무부장관에게 甲의 출국금지를 요청하여야 한다.
③ 국세청장은 甲에 대하여 허가의 갱신을 하지 아니할 것을 해당 주무관서에 요구할 수 있다.
④ 2014. 12. 12. 乙이 甲의 은닉재산을 신고하여 국세청장이 甲의 체납액을 전액 징수할 경우, 乙은 포상금으로 3,000만 원을 받을 수 있다.
⑤ 세무서장이 甲에 대한 사업허가의 취소를 해당 주무관서에 요구하면 그 주무관서는 요구에 따라야 하고, 그 조치결과를 즉시 해당 세무서장에게 알려야 한다.

---

04 ◯△☓

다음 글과 〈법조문〉을 근거로 판단할 때, 甲이 乙에게 2,000만 원을 1년간 빌려주면서 선이자로 800만 원을 공제하고 1,200만 원만을 준 경우, 乙이 갚기로 한 날짜에 甲에게 전부 변제하여야 할 금액은?

돈이나 물품 등을 빌려 쓴 사람이 돈이나 같은 종류의 물품을 같은 양만큼 갚기로 하는 계약을 소비대차라 한다. 소비대차는 이자를 지불하기로 약정할 수 있고, 그 이자는 일정한 이율에 의하여 계산한다. 이런 이자는 돈을 빌려 주면서 먼저 공제할 수도 있는데, 이를 선이자라 한다. 한편 약정 이자의 상한에는 법률상의 제한이 있다.

〈법조문〉

제00조 ① 금전소비대차에 관한 계약상의 최고이자율은 연 30%로 한다.
② 계약상의 이자로서 제1항에서 정한 최고이자율을 초과하는 부분은 무효로 한다.
③ 약정금액(당초 빌려주기로 한 금액)에서 선이자를 사전 공제한 경우, 그 공제액이 '채무자가 실제 수령한 금액'을 기준으로 하여 제1항에서 정한 최고이자율에 따라 계산한 금액을 초과하면 그 초과부분은 약정금액의 일부를 변제한 것으로 본다.

---

① 760만 원
② 1,000만 원
③ 1,560만 원
④ 1,640만 원
⑤ 1,800만 원

05 ◎△✕

다음 글을 근거로 판단할 때 옳은 것은?

> ○○법 제00조 ① 여행업, 관광숙박업, 관광객 이용시설업 및 국제회의업을 경영하려는 자는 특별자치도지사·시장·군수·구청장(자치구의 구청장을 말한다. 이하 같다)에게 등록하여야 한다.
> ② 카지노업을 경영하려는 자는 문화체육관광부장관의 허가를 받아야 한다.
> ③ 유원시설업 중 대통령령으로 정하는 유원시설업을 경영하려는 자는 특별자치도지사·시장·군수·구청장의 허가를 받아야 한다.
> ④ 제3항에 따른 유원시설업 외의 유원시설업을 경영하려는 자는 특별자치도지사·시장·군수·구청장에게 신고하여야 한다.
> ⑤ 관광극장유흥업, 한옥체험업, 외국인관광 도시민박업, 관광식당업, 관광사진업 및 여객자동차터미널시설업 등의 관광 편의시설업을 경영하려는 자는 특별시장·광역시장·도지사·특별자치도지사(이하 "시·도지사"라 한다) 또는 시장·군수·구청장의 지정을 받아야 한다.
> ⑥ 제5항의 시·도지사 또는 시장·군수·구청장은 대통령령이 정하는 바에 따라 관광 편의시설업의 지정에 관한 권한 일부를 한국관광공사, 협회, 지역별·업종별 관광협회 등에 위탁할 수 있다.
> ○○법 시행령 제00조 ① ○○법 제00조 제3항에서 "대통령령으로 정하는 유원시설업"이란 종합유원시설업 및 일반유원시설업을 말한다.
> ② ○○법 제00조 제4항에서 "제3항에 따른 유원시설업 외의 유원시설업"이란 기타 유원시설업을 말한다.
> ③ ○○법 제00조 제6항의 "관광 편의시설업"이란 관광식당업·관광사진업 및 여객자동차터미널시설업을 말한다.

① 청주시에서 관광극장유흥업을 경영하려는 자는 지역별 관광협회인 충청북도 관광협회에 등록하여야 한다.
② 제주특별자치도에서 관광숙박업을 경영하려는 자는 문화체육관광부장관에게 신고하여야 한다.
③ 서울특별시 종로구에서 한옥체험업을 경영하려는 자는 서울특별시 종로구청장이 위탁한 자로부터 지정을 받아야 한다.
④ 부산광역시 해운대구에서 카지노업을 경영하려는 자는 부산광역시장의 허가를 받아야 한다.
⑤ 군산시에서 종합유원시설업을 경영하려는 자는 군산시장의 허가를 받아야 한다.

06 ◎△✕

다음 규정에 근거할 때, 수수료 총액이 가장 많은 것은?

> 제00조 특허출원 관련 수수료는 다음 각 호와 같다.
> 1. 특허출원료
>   가. 출원서를 서면으로 제출하는 경우 : 매건 5만 8천 원(단, 출원서의 첨부서류 중 명세서, 도면 및 요약서의 합이 20면을 초과하는 경우 초과하는 1면마다 1천 원을 가산한다)
>   나. 출원서를 전자문서로 제출하는 경우 : 매건 3만 8천 원
> 2. 출원인변경신고료
>   가. 상속에 의한 경우 : 매건 6천 5백 원
>   나. 법인의 분할·합병에 의한 경우 : 매건 6천 5백 원
>   다. 「기업구조조정 촉진법」 제15조 제1항의 규정에 따른 약정을 체결한 기업이 경영정상화계획의 이행을 위하여 행하는 영업양도의 경우 : 매건 6천 5백 원
>   라. 가목 내지 다목 외의 사유에 의한 경우 : 매건 1만 3천 원
> 제00조 특허권 관련 수수료는 다음 각 호와 같다.
> 1. 특허권의 실시권 설정 또는 그 보존등록료
>   가. 전용실시권 : 매건 7만 2천 원
>   나. 통상실시권 : 매건 4만 3천 원
> 2. 특허권의 이전등록료
>   가. 상속에 의한 경우 : 매건 1만 4천 원
>   나. 법인의 분할·합병에 의한 경우 : 매건 1만 4천 원
>   다. 「기업구조조정 촉진법」 제15조 제1항의 규정에 따른 약정을 체결한 기업이 경영정상화계획의 이행을 위하여 행하는 영업양도의 경우 : 매건 1만 4천 원
>   라. 가목 내지 다목 외의 사유에 의한 경우 : 매건 5만 3천 원
> 3. 등록사항의 경정·변경(행정구역 또는 지번의 변경으로 인한 경우 및 등록명의인의 표시변경 또는 경정으로 인한 경우는 제외한다)·취소·말소 또는 회복등록료 : 매건 5천 원

① 특허출원 5건을 신청한 A가 사망한 후, A의 단독 상속인 B가 출원인을 변경하고자 할 때의 출원인변경신고료
② C가 자기 소유의 특허권 9건을 말소하는 경우의 등록료
③ D가 특허출원 1건에 대한 40면 분량의 특허출원서를 전자문서로 제출하는 경우의 특허출원료
④ E소유의 특허권 1건의 통상실시권에 대한 보존등록료
⑤ F주식회사가 G주식회사를 합병하면서 획득한 G주식회사 소유의 특허권 4건에 대한 이전등록료

07 ○△✕ 11년 행시(발) 9번

다음 규정을 근거로 판단할 때 기간제 근로자로 볼 수 있는 경우를 〈보기〉에서 모두 고르면?(단, 아래의 모든 사업장은 5인 이상의 근로자를 고용하고 있다)

제00조 ① 이 법은 상시 5인 이상의 근로자를 사용하는 모든 사업 또는 사업장에 적용한다. 다만 동거의 친족만을 사용하는 사업 또는 사업장과 가사사용인에 대하여는 적용하지 아니한다.
② 국가 및 지방자치단체의 기관에 대하여는 상시 사용하는 근로자의 수에 관계없이 이 법을 적용한다.
제00조 ① 사용자는 2년을 초과하지 아니하는 범위 안에서(기간제 근로계약의 반복갱신 등의 경우에는 계속 근로한 총 기간이 2년을 초과하지 아니하는 범위 안에서) 기간제 근로자※를 사용할 수 있다. 다만 다음 각 호의 어느 하나에 해당하는 경우에는 2년을 초과하여 기간제 근로자로 사용할 수 있다.
1. 사업의 완료 또는 특정한 업무의 완성에 필요한 기간을 정한 경우
2. 휴직·파견 등으로 결원이 발생하여 당해 근로자가 복귀할 때까지 그 업무를 대신할 필요가 있는 경우
3. 전문적 지식·기술의 활용이 필요한 경우와 박사 학위를 소지하고 해당 분야에 종사하는 경우
② 사용자가 제1항 단서의 사유가 없거나 소멸되었음에도 불구하고 2년을 초과하여 기간제 근로자로 사용하는 경우에는 그 기간제 근로자는 기간의 정함이 없는 근로계약을 체결한 근로자로 본다.

※ 기간제 근로자라 함은 기간의 정함이 있는 근로계약을 체결한 근로자를 말한다.

───── 〈보 기〉 ─────

ㄱ. 甲회사가 수습기간 3개월을 포함하여 1년 6개월간 A를 고용하기로 근로계약을 체결한 경우
ㄴ. 乙회사는 근로자 E의 휴직으로 결원이 발생하여 2년간 B를 계약직으로 고용하였는데, E의 복직 후에도 B가 계속해서 현재 3년 이상 근무하고 있는 경우
ㄷ. 丙국책연구소는 관련 분야 박사학위를 취득한 C를 계약직(기간제) 연구원으로 고용하여 C가 현재 丙국책연구소에서 3년간 근무하고 있는 경우
ㄹ. 국가로부터 도급받은 3년간의 건설공사를 완성하기 위해 丁건설회사가 D를 그 기간 동안 고용하기로 근로계약을 체결한 경우

① ㄱ, ㄴ
② ㄴ, ㄷ
③ ㄱ, ㄷ, ㄹ
④ ㄴ, ㄷ, ㄹ
⑤ ㄱ, ㄴ, ㄷ, ㄹ

08 ○△✕ 10년 행시(발) 23번

다음 글과 〈상황〉을 근거로 판단할 때, 〈보기〉에서 옳은 것만을 모두 고르면?

민사분쟁을 해결하는 대표적인 제도는 법원의 재판을 통해 분쟁을 해결하는 민사소송이지만, 그 외에도 다음과 같은 분쟁해결제도가 있다.
• 제소전 화해 : 민사분쟁의 당사자 한 쪽이 지방법원(또는 시·군법원)에 화해신청을 하여 단독판사 주재 하에 행하는 것으로, 화해가 성립하여 화해조서가 작성되면 분쟁이 해결된다. 화해가 성립되지 않으면 당사자는 민사소송을 제기하기 위한 소제기 신청을 할 수 있는데, 이 소제기 신청이 있으면 화해신청을 한 때에 민사소송이 제기된 것으로 본다.
• 중재 : 민사분쟁을 법관이 아닌 중재인의 판단으로 해결한다. 즉 분쟁에 대한 판단을 분쟁당사자의 합의에 의해 중재인에게 맡기고 그의 판단(중재판정)에 의해 분쟁을 해결하는 제도이다.
• 조정 : 법관이나 조정위원회(판사와 민간인 조정위원 2인으로 구성됨)가 민사분쟁의 당사자 사이에 개입하여 화해로 이끄는 절차이다. 분쟁당사자는 지방법원(또는 시·군법원)에 조정을 신청한다. 조정이 성립되어 조정조서가 작성되면 분쟁은 해결된다. 그러나 조정이 성립되지 않고 종결된 때는 조정을 신청한 때에 민사소송이 제기된 것으로 본다.
• 독촉절차 : 금전(金錢)을 지급받을 것을 목적으로 하는 청구와 관련된 제도이다. 채권자가 지방법원(시·군법원)에 신청을 하면, 법원은 채무자를 심문하지 않고 채무자에게 지급명령을 한다. 채무자가 지급명령에 대하여 이의신청을 하지 않으면 채권자는 확정된 지급명령에 의하여 채무자의 재산에 대해 강제집행을 신청할 수 있다.

───── 〈상 황〉 ─────

甲은 乙에게 자신의 X주택을 임대하여 주었다. 임대차계약기간이 종료하자 甲은 乙에게 여러 차례 X주택을 비워줄 것을 요구하였지만, 乙은 X주택에서 계속 생활하고 있다.

───── 〈보 기〉 ─────

ㄱ. 甲이 중재를 이용하기 위해서는 乙과의 합의가 있어야 한다.
ㄴ. 甲이 제소전 화해나 조정을 신청한 경우, 조정은 조정위원회가 개입할 수 있다는 점에서 법관만이 개입하는 제소전 화해와 차이가 있다.
ㄷ. 甲은 법원에 독촉절차를 신청하여 乙에게 지급명령을 받게 한 후 乙이 이의를 제기하지 않으면, X주택에 대한 강제집행을 신청할 수 있다.
ㄹ. 甲은 乙과의 분쟁을 화해, 조정, 중재로 해결할 수 있는데, 법관이 이 절차를 모두 진행한다.
ㅁ. 甲이 2009년 5월 1일 조정을 신청하였지만, 그 조정이 성립되지 않아 2009년 8월 10일 조정절차가 종료되었다. 이 경우 甲과 乙 사이에 2009년 8월 10일에 민사소송이 제기된 것으로 본다.

① ㄱ, ㄴ
② ㄱ, ㄷ
③ ㄱ, ㄴ, ㅁ
④ ㄴ, ㄷ, ㄹ
⑤ ㄷ, ㄹ, ㅁ

09 ◻◯△✕

다음 법규정에 근거할 때 〈보기〉에서 옳은 내용을 모두 고른 것은?

> **제○○조** 혼인은 가족관계등록법에 정한 바에 의하여 신고함으로써 그 효력이 생긴다.
> **제○○조** 부부 사이에 체결된 재산에 관한 계약은 부부가 그 혼인관계를 해소하지 않는 한 언제든지 부부의 일방이 이를 취소할 수 있다. 그러나 제3자의 권리를 해하지 못한다.
> **제○○조** 혼인성립 전에 그 재산에 관하여 약정한 때에는 혼인 중에 한하여 이를 변경하지 못한다. 그러나 정당한 사유가 있는 때에는 법원의 허가를 얻어 변경할 수 있다.

---〈보 기〉---

> ㄱ. 약혼자 A와 B가 가족관계등록법에서 정한 절차에 따라 혼인신고를 하면 아직 혼례식을 올리지 않았더라도 법률상 부부가 된다.
> ㄴ. A는 혼인 5주년을 기념하는 의미로 자기가 장래 취득할 부동산을 배우자 B의 명의로 등기하기로 약정하였지만, 마음이 바뀌면 혼인 중에는 이 약정을 언제든지 취소할 수 있다.
> ㄷ. B는 배우자 A에게 자기 소유의 주택을 증여하였는데, A가 친구 C에게 이 주택을 매도하여 소유권을 이전하였더라도 그 증여계약을 취소하면 B는 C에게 그 주택의 반환을 청구할 수 있다.
> ㄹ. 혼인 후 사이가 좋을 때에 A가 배우자 B에게 자기 소유의 주택을 증여했으나, 이혼을 한 현재는 이전의 증여계약을 취소하고 주택반환을 청구할 수 없다.
> ㅁ. 약혼자 A와 B가 혼인 후 B의 재산을 A가 관리하기로 합의를 하였다면, 아직 혼인신고 이전이더라도 법원의 허가 없이는 합의내용을 변경할 수 없다.

※ 배우자란 혼인신고를 한 부부의 일방(한쪽)을 말한다.

① ㄱ, ㄷ
② ㄴ, ㅁ
③ ㄱ, ㄴ, ㄹ
④ ㄱ, ㄴ, ㅁ
⑤ ㄷ, ㄹ, ㅁ

10 ◻◯△✕

다음 법규정을 옳게 해석하거나 추론한 것을 〈보기〉에서 모두 고른 것은?

> **제○○조** 대통령·국무총리·국무위원·행정각부의 장·헌법재판소 재판관·법관·중앙선거관리위원회 위원·감사원장·감사위원 기타 법률이 정한 공무원이 그 직무집행에 있어서 헌법이나 법률을 위배한 때에는 국회는 탄핵의 소추를 의결할 수 있다.
> **제○○조** 감사원은 원장을 포함한 5인 이상 11인 이하의 감사위원으로 구성한다.
> **제○○조** 대통령의 국법상 행위는 문서로써 하며, 이 문서에는 국무총리와 관계 국무위원이 부서(副署)할 권한을 갖는다.
> **제○○조** ① 국무위원은 국무총리의 제청으로 대통령이 임명한다.
> ② 국무총리는 국무위원의 해임을 대통령에게 건의할 수 있다.
> **제○○조** ① 국무회의는 대통령·국무총리와 15인 이상 30인 이하의 국무위원으로 구성한다.
> ② 대통령은 국무회의의 의장이 되고, 국무총리는 부의장이 된다.

---〈보 기〉---

> ㄱ. 국무회의의 최대 구성원수와 감사원의 최대 구성원수의 합은 41인이다.
> ㄴ. 부도덕한 사생활이나 정치적 무능력으로 야기되는 행위 등은 대통령에 대한 탄핵사유가 된다.
> ㄷ. 국무위원은 자신의 업무와 관련되는 대통령의 국정행위문서에 대한 부서를 거부할 수 있다.
> ㄹ. 대통령이 국무위원을 임명하는 경우에는 국무총리의 제청이 있어야 하지만, 국무위원의 해임은 국무총리의 제청 없이 자유로이 할 수 있다.
> ㅁ. 탄핵제도는 대통령을 비롯한 고위직 공직자에 대하여 책임을 추궁함으로써 헌법을 보호하는 기능을 한다고 볼 수 있다.

① ㄱ, ㄷ
② ㄴ, ㄹ
③ ㄴ, ㅁ
④ ㄱ, ㄷ, ㄹ
⑤ ㄷ, ㄹ, ㅁ

01 ◻◻◻

다음 글과 〈상황〉을 근거로 판단할 때, 甲과 乙에게 부과된 과태료의 합은?

A국은 부동산 또는 부동산을 취득할 수 있는 권리의 매매계약을 체결한 경우, 매도인이 그 실제 거래가격을 거래계약 체결일부터 60일 이내에 관할관청에 신고하도록 신고의무를 ○○법으로 규정하고 있다. 그리고 이를 위반할 경우 다음의 기준에 따라 과태료를 부과한다.

○○법 제00조(과태료 부과기준) ① 신고의무를 게을리 한 경우에는 다음 각 호의 기준에 따라 과태료를 부과한다.

1. 신고기간 만료일의 다음 날부터 기산하여 신고를 하지 않은 기간(이하 '해태기간'이라 한다)이 1개월 이하인 경우
  가. 실제 거래가격이 3억 원 미만인 경우 : 50만 원
  나. 실제 거래가격이 3억 원 이상인 경우 : 100만 원
2. 해태기간이 1개월을 초과한 경우
  가. 실제 거래가격이 3억 원 미만인 경우 : 100만 원
  나. 실제 거래가격이 3억 원 이상인 경우 : 200만 원

② 거짓으로 신고를 한 경우에는 다음 각 호의 기준에 따라 과태료를 부과한다. 단, 과태료 산정에 있어서의 취득세는 매수인을 기준으로 한다.

1. 부동산의 실제 거래가격을 거짓으로 신고한 경우
  가. 실제 거래가격과 신고가격의 차액이 실제 거래가격의 20% 미만인 경우
    - 실제 거래가격이 5억 원 이하인 경우 : 취득세의 2배
    - 실제 거래가격이 5억 원 초과인 경우 : 취득세의 1배
  나. 실제 거래가격과 신고가격의 차액이 실제 거래가격의 20% 이상인 경우
    - 실제 거래가격이 5억 원 이하인 경우 : 취득세의 3배
    - 실제 거래가격이 5억 원 초과인 경우 : 취득세의 2배
2. 부동산을 취득할 수 있는 권리의 실제 거래가격을 거짓으로 신고한 경우
  가. 실제 거래가격과 신고가격의 차액이 실제 거래가격의 20% 미만인 경우 : 실제 거래가격의 100분의 2
  나. 실제 거래가격과 신고가격의 차액이 실제 거래가격의 20% 이상인 경우 : 실제 거래가격의 100분의 4

③ 제1항과 제2항에 해당하는 위반행위를 동시에 한 경우 해당 과태료는 병과한다.

〈상 황〉

- 매수인의 취득세는 실제 거래가격의 100분의 1이다.
- 甲은 X토지를 2018. 1. 15. 丙에게 5억 원에 매도하였으나, 2018. 4. 2. 거래가격을 3억 원으로 신고하였다가 적발되어 과태료가 부과되었다.
- 乙은 공사 중인 Y아파트를 취득할 권리인 입주권을 2018. 2. 1. 丁에게 2억 원에 매도하였으나, 2018. 2. 5. 거래가격을 1억 원으로 신고하였다가 적발되어 과태료가 부과되었다.

① 1,400만 원   ② 2,000만 원
③ 2,300만 원   ④ 2,400만 원
⑤ 2,500만 원

02 ◻◻◻

다음 글과 〈상황〉을 근거로 판단할 때 옳은 것은?

저작자는 미술저작물, 건축저작물, 사진저작물(이하 "미술 저작물 등"이라 한다)의 원본이나 그 복제물을 전시할 권리를 가진다. 전시권은 저작자인 화가, 건축물 설계자, 사진작가에게 인정되므로, 타인이 미술저작물 등을 전시하기 위해서는 저작자의 허락을 얻어야 한다. 다만 전시는 일반인에 대한 공개를 전제로 하는 것이므로, 예컨대 가정 내에서 진열하는 때에는 저작자의 허락이 필요 없다. 또한 저작자는 복제권도 가지기 때문에 타인이 미술저작물 등을 복제하기 위해서는 저작자의 허락을 얻어야 한다. 그런데 저작자가 미술저작물 등을 타인에게 판매하여 소유권을 넘긴 경우에는 저작자의 전시권·복제권과 소유자의 소유권이 충돌하는 문제가 발생한다. 저작권법은 미술저작물 등의 전시·복제와 관련된 문제들을 다음과 같이 해결하고 있다.

첫째, 미술저작물 등의 원본의 소유자나 그의 허락을 얻은 자는 자유로이 미술저작물 등의 원본을 전시할 수 있다. 다만 가로·공원·건축물의 외벽 등 공중에게 개방된 장소에 항시 전시하는 경우에는 저작자의 허락을 얻어야 한다.

둘째, 개방된 장소에 항시 전시되어 있는 미술저작물 등은 제3자가 어떠한 방법으로든지 이를 복제하여 이용할 수 있다. 다만 건축물을 건축물로 복제하는 경우, 조각 또는 회화를 조각 또는 회화로 복제하는 경우, 미술 저작물 등을 판매목적으로 복제하는 경우에는 저작자의 허락을 얻어야 한다.

셋째, 화가 또는 사진작가가 고객으로부터 위탁을 받아 완성한 초상화 또는 사진저작물의 경우, 화가 또는 사진작가는 위탁자의 허락이 있어야 이를 전시·복제할 수 있다.

〈상 황〉

- 화가 甲은 자신이 그린 「군마」라는 이름의 회화를 乙에게 판매하였다.
- 화가 丙은 丁의 위탁을 받아 丁을 모델로 한 초상화를 그려 이를 丁에게 인도하였다.

① 乙이 「군마」를 건축물의 외벽에 잠시 전시하고자 할 때라도 甲의 허락을 얻어야만 한다.
② 乙이 감상하기 위해서 「군마」를 자신의 거실 벽에 걸어 놓을 때는 甲의 허락을 얻어야 한다.
③ A가 공원에 항시 전시되어 있는 「군마」를 회화로 복제하고자 할 때는 乙의 허락을 얻어야 한다.
④ 丙이 丁의 초상화를 복제하여 전시하고자 할 때는 丁의 허락을 얻어야 한다.
⑤ B가 공원에 항시 전시되어 있는 丁의 초상화를 판매목적으로 복제하고자 할 때는 丙의 허락을 얻을 필요가 없다.

03 ○△✕ 　　　　　　　　　　16년 행시(5) 7번

다음 글과 〈상황〉을 근거로 판단할 때, 2016년 정당에 지급할 국고보조금의 총액은?

제00조(국고보조금의 계상) ① 국가는 정당에 대한 보조금으로 최근 실시한 임기만료에 의한 국회의원선거의 선거권자 총수에 보조금 계상단가를 곱한 금액을 매년 예산에 계상하여야 한다.

② 대통령선거, 임기만료에 의한 국회의원선거 또는 동시 지방선거가 있는 연도에는 각 선거(동시지방선거는 하나의 선거로 본다)마다 보조금 계상단가를 추가한 금액을 제1항의 기준에 의하여 예산에 계상하여야 한다.

③ 제1항 및 제2항에 따른 보조금 계상단가는 전년도 보조금 계상단가에 전전년도와 대비한 전년도 전국소비자물가 변동률을 적용하여 산정한 금액을 증감한 금액으로 한다.

④ 중앙선거관리위원회는 제1항의 규정에 의한 보조금(이하 '경상보조금'이라 한다)은 매년 분기별로 균등분할하여 정당에 지급하고, 제2항의 규정에 의한 보조금(이하 '선거보조금'이라 한다)은 당해 선거의 후보자등록마감일 후 2일 이내에 정당에 지급한다.

〈상 황〉

• 2014년 실시된 임기만료에 의한 국회의원선거의 선거권자 총수는 3천만 명이었고, 국회의원 임기는 4년이다.
• 2015년 정당에 지급된 국고보조금의 보조금 계상단가는 1,000원이었다.
• 전국소비자물가 변동률을 적용하여 산정한 보조금 계상단가는 전년 대비 매년 30원씩 증가한다.
• 2016년에는 5월에 대통령선거가 있고 8월에 임기만료에 의한 동시 지방선거가 있다. 각 선거의 한 달 전에 후보자 등록을 마감한다.
• 2017년에는 대통령선거, 임기만료에 의한 국회의원선거 또는 동시 지방선거가 없다.

---

① 309억 원
② 600억 원
③ 618억 원
④ 900억 원
⑤ 927억 원

04 ○△✕ 　　　　　　　　　　15년 행시(인) 27번

다음 글을 근거로 판단할 때 옳은 것은?

제00조 이 법에서 '외국인'이란 다음 각 호의 어느 하나에 해당하는 개인 · 법인 또는 단체를 말한다.

1. 대한민국의 국적을 보유하고 있지 않은 개인
2. 다음 각 목의 어느 하나에 해당하는 법인 또는 단체
   가. 외국 법령에 따라 설립된 법인 또는 단체
   나. 사원 또는 구성원의 2분의 1 이상이 제1호에 해당하는 자인 법인 또는 단체
   다. 임원(업무를 집행하는 사원이나 이사 등)의 2분의 1 이상이 제1호에 해당하는 자인 법인 또는 단체

제00조 ① 외국인이 대한민국 안의 토지를 취득하는 계약(이하 '토지취득계약'이라 한다)을 체결하였을 때에는 계약체결일부터 60일 내에 토지 소재지를 관할하는 시장 · 군수 또는 구청장에게 신고하여야 한다.

② 제1항에도 불구하고 외국인이 취득하려는 토지가 다음 각 호의 어느 하나에 해당하는 구역 · 지역 등에 있으면 토지취득계약을 체결하기 전에 토지 소재지를 관할하는 시장 · 군수 또는 구청장으로부터 토지취득의 허가를 받아야 한다.

1. 군사시설 및 군사시설보호법에 따른 군사기지 및 군사시설 보호구역
2. 문화재보호법에 따른 지정문화재와 이를 위한 보호물 또는 보호구역
3. 자연환경보전법에 따른 생태 · 경관보전지역

③ 제2항을 위반하여 체결한 토지취득계약은 그 효력이 발생하지 아니한다.

제00조 외국인은 상속 · 경매로 대한민국 안의 토지를 취득한 때에는 토지를 취득한 날부터 6개월 내에 토지소재지를 관할하는 시장 · 군수 또는 구청장에게 신고하여야 한다.

제00조 대한민국 안의 토지를 가지고 있는 대한민국 국민이나 대한민국 법령에 따라 설립된 법인 또는 단체가 외국인으로 변경된 경우, 그 외국인이 해당 토지를 계속 보유하려는 경우에는 외국인으로 변경된 날부터 6개월 내에 토지 소재지를 관할하는 시장 · 군수 또는 구청장에게 신고하여야 한다.

---

① 대한민국 국적을 보유하지 않은 甲이 전남 무안군에 소재하는 토지를 취득하는 계약을 체결한 경우, 전라남도지사에게 신고하여야 한다.

② 충북 보은군에 토지를 소유하고 있는 乙이 대한민국 국적을 포기하고 외국국적을 취득한 경우, 그 토지를 계속 보유하려면 외국국적을 취득한 날부터 6개월 내에 보은군수의 허가를 받아야 한다.

③ 사원 50명 중 대한민국 국적을 보유하지 않은 자가 30명인 丙법인이 사옥을 신축하기 위해 서울 금천구에 있는 토지를 경매로 취득한 경우, 경매를 받은 날부터 60일 내에 서울특별시장에게 신고하여야 한다.

④ 외국 법령에 따라 설립된 丁법인이 자연환경보전법에 따른 생태 · 경관보전지역 내의 토지(강원 양양군 소재)를 취득하는 계약을 체결한 경우, 계약체결 전에 양양군수의 허가를 받지 않았다면 그 계약은 무효이다.

⑤ 대한민국 법령에 따라 설립된 戊법인의 임원 8명 중 5명이 2012. 12. 12. 외국인으로 변경된 후, 戊법인이 2013. 3. 3. 경기 군포시에 있는 토지를 취득하는 계약을 체결한 경우, 戊법인은 2013. 9. 3.까지 군포시장에게 신고하여야 한다.

05 ○△✕ | 11년 행시(발) 7번

甲국은 곧 실시될 2011년 지역구국회의원선거에서 다음 규정과 〈상황〉에 근거하여 세 정당(A, B, C)에게 여성추천보조금을 지급하고자 한다. 각 정당이 지급받을 금액으로 옳은 것은?

제00조 ① 국가는 임기만료에 의한 지역구국회의원선거(이하 '국회의원선거'라 한다)에서 여성후보자를 추천하는 정당에 지급하기 위한 보조금(이하 '여성추천보조금'이라 한다)으로 직전 실시한 임기만료에 의한 국회의원선거의 선거권자 총수에 100원을 곱한 금액을 임기만료에 의한 국회의원선거가 있는 연도의 예산에 계상하여야 한다.

② 여성추천보조금은 국회의원선거에서 여성후보자를 추천한 정당에 대하여 다음 각 호의 기준에 따라 배분·지급한다. 이 경우 제1항의 규정에 의하여 당해 연도의 예산에 계상된 여성추천보조금의 100분의 50을 국회의원선거의 여성추천보조금 총액(이하 '총액'이라고 한다)으로 한다.

1. 여성후보자를 전국지역구총수의 100분의 30 이상 추천한 정당이 있는 경우
   총액의 100분의 50은 지급 당시 정당별 국회의석수의 비율만큼, 총액의 100분의 50은 직전 실시한 임기만료에 의한 국회의원선거에서의 득표수의 비율만큼 배분·지급한다.

2. 여성후보자를 전국지역구총수의 100분의 30 이상 추천한 정당이 없는 경우
   가. 여성후보자를 전국지역구총수의 100분의 15 이상 100분의 30 미만을 추천한 정당
      제1호의 기준에 따라 배분·지급한다.
   나. 여성후보자를 전국지역구총수의 100분의 5 이상 100분의 15 미만을 추천한 정당
      총액의 100분의 30은 지급 당시 정당별 국회의석수의 비율만큼, 총액의 100분의 30은 직전 실시한 임기만료에 의한 국회의원선거에서의 득표수의 비율만큼 배분·지급한다. 이 경우 하나의 정당에 배분되는 여성추천보조금은 '가목'에 의하여 각 정당에 배분되는 여성추천보조금 중 최소액을 초과할 수 없다.

〈상 황〉

1. 직전 실시한 임기만료에 의한 지역구국회의원선거의 선거권자 총수는 4,000만 명이다.
2. 2011년 현재 전국지역구총수는 200개이다.
3. 2011년 지역구국회의원선거에서 여성후보자를 A정당은 50명, B정당은 30명, C정당은 20명을 추천했다.
4. 현재 국회의원 의석수의 비율은 A정당 50%, B정당 40%, C정당 10%이다.
5. 직전 실시한 임기만료에 의한 지역구국회의원선거의 득표수 비율은 A정당 40%, B정당 40%, C정당 20%였다.

	A	B	C
①	4억 5천만 원	4억 원	9천만 원
②	5억 4천만 원	4억 4천만 원	1억 6천 8백만 원
③	5억 4천만 원	4억 4천만 원	1억 8천만 원
④	9억 원	8억 원	1억 6천 8백만 원
⑤	9억 원	8억 원	1억 8천만 원

06 ○△✕ | 11년 행시(발) 28번

다음 규정을 근거로 판단할 때 옳은 것을 〈보기〉에서 모두 고르면?

제00조 평온[1]·공연[2]하게 동산을 양수[3]한 자가 선의[4]이며 과실 없이 그 동산을 점유한 경우에는 양도인이 정당한 소유자가 아닌 때에도 즉시 그 동산의 소유권을 취득한다.

제00조 전조(前條)의 경우에 그 동산이 도품(盜品)이나 유실물(遺失物)인 때에는 피해자 또는 유실자는 도난 또는 유실한 날로부터 2년 내에 그 물건의 반환을 청구할 수 있다. 그러나 도품이나 유실물이 금전인 때에는 그러하지 아니하다.

제00조 양수인이 도품 또는 유실물을 경매나 공개시장에서 또는 같은 종류의 물건을 판매하는 상인으로부터 선의로 매수한 때에는 피해자 또는 유실자는 양수인이 지급한 대가를 변상하고 그 물건의 반환을 청구할 수 있다.

제00조 유실물은 법률에 정한 바에 의하여 공고한 후 1년 내에 그 소유자가 권리를 주장하지 않으면 습득자가 그 소유권을 취득한다.

※ 1) 평온(平穩) : 평상시의 상태
  2) 공연(公然) : 불특정 또는 다수의 사람이 알 수 있는 상태
  3) 양수(讓受) : 권리·재산 및 법률상의 지위 등을 남에게서 넘겨받음 ↔ 양도(讓渡)
  4) 선의(善意) : 당해 사실을 모르고 있는 경우

〈보 기〉

ㄱ. A가 밤늦게 길을 가다가 MP3기기를 주웠는데 MP3기기의 소유자를 알 수 없는 경우, 습득자인 A가 공고 없이 MP3기기의 소유권을 취득한다.

ㄴ. A가 한 달 전에 잃어버린 자전거를 B가 평온·공연하게 선의이며 과실 없이 중고 자전거판매점에서 구입하여 타고 다니는 것을 알았을 경우, A는 B가 지급한 대가를 변상하고 자전거의 반환을 청구할 수 있다.

ㄷ. A가 3년 전에 도난당한 시계를 B가 정육점 주인 C로부터 선의취득한 경우, A는 B가 지급한 대가를 변상하고 시계의 반환을 청구할 수 있다.

ㄹ. A가 B소유의 카메라를 빌려 사용하고 있는 C로부터 평온·공연하게 선의이며 과실 없이 그 카메라를 구입하여 사용하고 있는 경우, A는 카메라의 소유자가 된다.

① ㄱ, ㄴ
② ㄱ, ㄷ
③ ㄴ, ㄷ
④ ㄴ, ㄹ
⑤ ㄷ, ㄹ

07 ◻◺✕   09년 행시(극) 11번

갑은 어머니와 임신 8개월인 아내, 다섯 살인 아들과 함께 살고 있었는데 괴한이 집에 침입하여 2,000만 원어치의 금품을 탈취하였고, 이 과정에서 갑과 괴한 사이에 몸싸움이 벌어졌다. 갑은 괴한이 휘두른 흉기에 찔려 사망하였고, 아내는 중장해를 당하였으나 결국 범인은 잡히지 않았다. 다음 제시문을 읽고 옳게 추론한 것은?

제1조 (목적) 이 법은 사람의 생명 또는 신체를 해하는 범죄행위로 인하여 사망한 자의 유족이나 중장해를 당한 자를 구조함을 목적으로 한다.

제2조 (적용범위) 국가는 범죄피해를 받은 자가 가해자의 불명 또는 무자력의 사유로 인하여 피해의 전부 또는 일부를 배상받지 못하거나, 자기 또는 타인의 형사사건의 수사 또는 재판에 있어서 고소, 고발 등 수사단서의 제공, 진술, 증언 또는 자료제출과 관련하여 피해자로 된 때에는 이 법이 정하는 바에 의하여 피해자 또는 유족에게 범죄피해구조금을 지급한다.

제3조 (구조금의 종류 등)
① 구조금은 유족구조금과 장해구조금으로 구분하며, 일시금으로 지급한다.
② 유족구조금은 피해자가 사망한 경우에 제4조의 규정에 의한 제1순위의 유족에게 지급한다. 다만, 동순위의 유족이 2인 이상인 경우에는 이를 균분하여 지급한다.
③ 장해구조금은 당해 피해자에게 지급한다.

제4조 (유족의 범위 및 순위)
① 유족구조금을 지급받을 수 있는 유족은 다음 각 호의 어느 하나에 해당하는 자로 한다.
1. 배우자(사실상 혼인관계를 포함한다), 피해자의 사망 당시 피해자의 수입에 의하여 생계를 유지하고 있던 피해자의 자(子)
2. 피해자의 사망 당시 피해자의 수입에 의하여 생계를 유지하고 있던 피해자의 부모, 손, 조부모, 형제자매
3. 제1호 및 제2호에 해당하지 아니하는 피해자의 자(子), 부모, 손, 조부모, 형제자매
② 태아는 제1항의 규정에 의한 유족의 범위를 적용함에 있어서는 이미 출생한 것으로 본다.
③ 유족구조금을 지급받을 유족의 순위는 제1항 각 호에 열거한 순서로 하고, 동항 제2호 및 제3호에 열거한 자 사이에서는 해당 각 호에 열거한 순서로 하며, 부모의 경우에는 양부모를 선순위로 하고 친생부모를 후순위로 한다.

① 다섯 살 아들은 장해구조금청구권을 가진다.
② 1순위 유족구조금청구권이 인정되는 사람은 모두 2명이다.
③ 아내는 2,000만 원 상당의 재산상 피해에 대하여 범죄피해구조금을 청구할 수 있다.
④ 갑과 그 아내가 모두 사망하였다면 갑의 어머니와 다섯 살 아들에게 1순위 유족구조금청구권이 인정된다.
⑤ 만약 다섯 살 아들도 범죄로 인하여 사망한 경우, 갑의 아내는 아들에 대한 1순위 유족구조금청구권을 가진다.

08 ◻◺✕   09년 행시(극) 31번

A와 B는 공동사업을 하기 위해 각각 1억 원씩 투자하여 갑회사를 설립하였다. A와 B는 갑회사의 사원으로 갑회사의 모든 업무집행을 담당하였는데, 갑회사는 주거래은행인 을은행에 3억 원의 채무를 부담하게 되었다. 현재 갑회사에는 을은행에 예금되어 있는 1억 원 이외에는 어떠한 재산도 없다. 다음 제시문을 근거로 옳게 추론한 것은?(단, 갑회사의 사원은 A와 B로 한정한다)

제○○조 (사원의 책임)
회사의 재산으로 회사의 채무를 완전히 변제할 수 없는 때에는 그 부족액에 대하여 각 사원은 연대하여 변제할 책임이 있다.
제○○조 (사원의 항변)
① 사원이 회사채무에 관하여 변제의 청구를 받은 때에는 회사가 주장할 수 있는 항변으로 그 채권자에게 대항할 수 있다.
② 회사가 그 채권자에 대하여 상계, 취소 또는 해제할 권리가 있는 경우에는 사원은 전항의 청구에 대하여 변제를 거부할 수 있다.
제○○조 (재산을 출연한 채무자의 구상권)
어느 연대채무자가 변제 기타 자기의 재산의 출연으로 공동면책이 된 때에는 다른 연대채무자의 부담부분에 대하여 구상권을 행사할 수 있다.

※ 연대채무 : 연대하여 변제할 책임으로서 동일 내용의 급부에 관하여 여러 명의 채무자가 각자 채무 전부를 변제할 의무를 지고, 채무자 중의 한 사람이 전부 변제하면 다른 채무자의 채무도 모두 소멸되는 채무
※ 항변 : 상대방의 청구권 행사나 주장을 막는 사유
※ 상계 : 채권자와 채무자가 동종의 채권·채무를 가지는 경우, 대등액의 채권·채무를 서로 소멸(상쇄)시키는 행위
※ 구상권 : 남의 채무를 갚아준 사람이 그 사람에게 자신이 갚은 채무액의 반환을 청구할 수 있는 권리

① B는 을은행에 대하여 1억 원에 한하여 변제책임이 있다.
② 갑회사와 A, B는 을은행에 대하여 연대하여 변제할 책임을 부담한다.
③ 을은행이 B에게 2억 원의 변제청구를 한 경우, B는 2억 원에 대한 변제를 거부할 수 있다.
④ B가 을은행에 대하여 1억 원을 변제하였다면, A에 대하여 5천만 원을 청구할 수 있다.
⑤ 을은행이 A에게 3억 원을 청구하는 경우, 상계할 수 있는 1억 원에 대하여는 변제를 거부할 수 있다.

CHAPTER
02 조건적용

1 유형의 이해

조건적용 유형은 주어진 조건을 모두 적용하여 정답을 고르는 유형으로 아이디어를 요하는 문제가 크게 없어, 시간이 충분하다면 어려움 없이 풀 수 있는 문제들이 대부분이다. 조건을 고려하여 가장 적합한 대상을 선정하는 문제가 대표적인 유형이다

2 발문 유형

- 다음 글과 〈상황〉을 근거로 할 때, 〈보기〉에서 옳은 것만을 모두 고르면?
- 다음 〈조건〉을 근거로 판단할 때 〈보기〉에서 옳은 것만을 모두 고르면?

3 접근법

조건적용 유형의 경우 여러 조건을 동시에 고려해야 하기 때문에 실수하기 쉽다. 따라서 '결격사유'나 '우선조건' 등을 별도로 표시해두고, 답을 고른 뒤에는 해당 조건들을 모두 사용하였는지를 재차 검토할 필요가 있다. 또한 조건이 지나치게 복잡하거나 적용할 때 날짜계산이 필요한 문제 등은 많은 시간이 걸릴 수 있기 때문에 적절한 판단 하에 넘기는 것도 요령이 될 수 있다.

4 생각해 볼 부분

결격사유에 해당하거나 가산점 요건에 해당하는 사람은 처음부터 처리하는 것이 좋다. 가령, 결격사유에 해당하는 사람을 먼저 제거한다면 이후의 조건을 고려하지 않고 판단을 끝내버릴 수 있기 때문에 시간 절약에 도움이 된다.

다음 글과 〈상황〉을 근거로 판단할 때, 〈보기〉에서 옳은 것만을 모두 고르면?

> '에너지이용권'은 에너지 취약계층에게 난방에너지 구입을 지원하는 것으로 관련 내용은 다음과 같다.
>
> | 월별
지원금액 | 1인 가구 : 81,000원
2인 가구 : 102,000원
3인 이상 가구 : 114,000원 |
> | --- | --- |
> | 지원형태 | 신청서 제출 시 실물카드와 가상카드 중 선택
• 실물카드 : 에너지원(등유, 연탄, LPG, 전기, 도시가스)을 다양하게 구매 가능함.
 단, 아파트 거주자는 관리비가 통합고지서로 발부되기 때문에 신청할 수 없음
• 가상카드 : 전기 · 도시가스 · 지역난방 중 택일. 매월 요금이 자동 차감됨. 단, 사
 용기간(발급일로부터 1개월) 만료 시 잔액이 발생하면 전기요금 차감 |
> | 신청대상 | 생계급여 또는 의료급여 수급자로서 다음 각 호의 어느 하나에 해당하는 사람을 포
함한 가구의 가구원
1. 1954. 12. 31. 이전 출생자
2. 2002. 1. 1. 이후 출생자
3. 등록된 장애인(1~6급) |
> | 신청방법 | 수급자 본인 또는 가족이 신청
※ 담당공무원이 대리 신청 가능 |
> | 신청서류 | 1. 에너지이용권 발급 신청서
2. 전기, 도시가스 또는 지역난방 요금고지서(영수증), 아파트 거주자의 경우 관리
 비 통합고지서
3. 신청인의 신분증 사본
4. 대리 신청일 경우 신청인 본인의 위임장, 대리인의 신분증 사본 |

─────── 〈상 황〉 ───────

甲~丙은 에너지이용권을 신청하고자 한다.
• 甲 : 3급 장애인, 실업급여 수급자, 1인 가구, 아파트 거주자
• 乙 : 2005. 1. 1. 출생, 의료급여 수급자, 4인 가구, 단독 주택 거주자
• 丙 : 1949. 3. 22. 출생, 생계급여 수급자, 2인 가구, 아파트 거주자

─────── 〈보 기〉 ───────

ㄱ. 甲은 에너지이용권 발급 신청서, 관리비 통합고지서, 본인 신분증 사본을 제출하고, 81,000원
의 에너지이용권을 요금 자동 차감 방식으로 지급받을 수 있다.
ㄴ. 담당공무원인 丁이 乙을 대리하여 신청서류를 모두 제출하고, 乙은 114,000원의 에너지이용권
을 실물카드 형태로 지급받을 수 있다.
ㄷ. 丙은 도시가스를 선택하여 102,000원의 에너지이용권을 가상카드 형태로 지급받을 수 있으며,
이용권 사용기간 만료 시 잔액이 발생한다면 전기요금이 차감될 것이다.

① ㄱ
② ㄴ
③ ㄷ
④ ㄱ, ㄷ
⑤ ㄴ, ㄷ

난도 중

풀이시간 2분

합격생 가이드

'신청대상'을 유의할 필요가 있다. 신청대상의 경우, [(생계급여 ∨ 의료급여) ∧ (1호 ∨ 2호 ∨ 3호)]의 형식을 취하고 있다. 즉 급여요건과 각호 요건 중 하나씩을 동시에 구비하고 있을 것을 요구하고 있으므로 이에 유의하여 풀어야 한다. ㄱ 선지는 이를 이용하여 만든 오답 선지이다.

대표문항으로 선정한 이유

조건을 적용하여 정책의 대상을 선정하는 문항은 조건적용 유형의 대표문항에 속한다. 선정하는 문항의 경우에는 해당 조건들이 모두 충족되어야 하는지, 아니면 조건들 중에 하나만 충족되어도 되는지 여부를 중점으로 오답을 만드는 경향이 있다. 이 문항의 경우도 이러한 경향을 따르고 있어 대표문항으로 선정하게 되었다.

정답해설

ㄴ. 옳은 선지이다. 乙은 4인 가구의 가구원이며 신청대상의 제2호에 해당하므로 114,000원을 받을 수 있다. 또한 담당
공무원의 대리신청이 가능하므로 丁이 丙을 대리하여 신청서류를 구비하여 제출한다면 아파트 거주자가 아닌 乙은
에너지이용권을 실물카드의 형태로 지급받을 수 있다.

ㄷ. 옳은 선지이다. 丙은 2인 가구의 가구원으로 신청대상 제1호에 해당하는 자로서 102,000원을 받을 수 있다. 또한 가
상카드 형태로 발급받아 사용할 경우, 사용기간 만료 시 잔액이 발생하면 전기요금이 차감된다.

오답해설

ㄱ. 옳지 않다. 甲은 실업급여 수급자로서 신청대상인 '생계급여 또는 의료급여 수급자'에 해당하지 않아 지원금을 지급
받을 수 없다.

답 ⑤

01 ○△✕   19년 행시(가) 3번

다음 〈국내 대학(원) 재학생 학자금 대출 조건〉을 근거로 판단할 때, 〈보기〉에서 옳은 것만을 모두 고르면?(단, 甲~丙은 국내 대학(원)의 재학생이다)

〈국내 대학(원) 재학생 학자금 대출 조건〉

구분		X학자금 대출	Y학자금 대출
신청 대상	신청 연령	• 35세 이하	• 55세 이하
	성적 기준	• 직전 학기 12학점 이상 이수 및 평균 C학점 이상(단, 장애인, 졸업학년인 경우 이수학점 기준 면제)	• 직전 학기 12학점 이상 이수 및 평균 C학점 이상(단, 대학원생, 장애인, 졸업학년인 경우 이수학점 기준 면제)
	가구소득 기준	• 소득 1~8분위	• 소득 9, 10분위
	신용 요건	• 제한 없음	• 금융채무불이행자, 저신용자 대출 불가
대출 한도	등록금	• 학기당 소요액 전액	• 학기당 소요액 전액
	생활비	• 학기당 150만 원	• 학기당 100만 원
상환 사항	상환 방식 (졸업 후)	• 기준소득을 초과하는 소득 발생 이전 : 유예 • 기준소득을 초과하는 소득 발생 이후 : 기준소득 초과분의 20%를 원천 징수 ※ 기준소득 : 연 천만 원	• 졸업 직후 매월 상환 • 원금균등분할상환과 원리금균등분할상환 중 선택

─── 〈보 기〉 ───

ㄱ. 34세로 소득 7분위인 대학생 甲이 직전 학기에 14학점을 이수하여 평균 B학점을 받았을 경우 X학자금 대출을 받을 수 있다.

ㄴ. X학자금 대출 대상이 된 乙의 한 학기 등록금이 300만 원일 때, 한 학기당 총 450만 원을 대출받을 수 있다.

ㄷ. 50세로 소득 9분위인 대학원생 丙(장애인)은 신용 요건에 관계없이 Y학자금 대출을 받을 수 있다.

ㄹ. 대출금액이 동일하고 졸업 후 소득이 발생하지 않았다면, X학자금 대출과 Y학자금 대출의 매월 상환금액은 같다.

① ㄱ, ㄴ
② ㄱ, ㄷ
③ ㄷ, ㄹ
④ ㄱ, ㄴ, ㄹ
⑤ ㄴ, ㄷ, ㄹ

02 ○△✕   17년 행시(가) 33번

다음 글과 〈조건〉을 근거로 판단할 때, A 매립지에서 8월에 쓰레기를 매립할 셀은?

A 매립지는 셀 방식으로 쓰레기를 매립하고 있다. 셀 방식은 전체 매립부지를 일정한 넓이의 셀로 나누어서 각 셀마다 쓰레기를 매립한다. 이 방식에 따르면 쓰레기를 매립할 셀을 지정해서 개방한 후, 해당 셀이 포화되면 순차적으로 다른 셀을 개방한다. 이는 쓰레기를 무차별적으로 매립하는 것을 방지하고 매립과정을 쉽게 감시하기 위한 것이다.

─── 〈조 건〉 ───

• A 매립지는 4×4 셀로 구성되어 있다.
• 각 행에는 1, 2, 3, 4 중 서로 다른 숫자 1개가 각 셀에 지정된다.
• A 매립지는 효율적인 관리를 위해 한 개 이상의 셀로 이루어진 구획을 설정하고, 조감도에 두꺼운 테두리로 표현한다.
• 두 개 이상의 셀로 구성되는 구획에는 각 구획을 구성하는 셀에 지정된 숫자들을 모두 곱한 값이 다음 예와 같이 표현되어 있다.

예
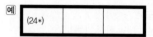

'(24*)'는 구획을 구성하는 셀에 지정된 숫자를 모두 곱하면 24가 된다는 의미이다. 1, 2, 3, 4 중 서로 다른 숫자를 곱하여 24가 되는 3개의 숫자는 2, 3, 4밖에 없으므로 위의 셀 안에는 2, 3, 4가 각각 하나씩 들어가야 한다.

• A 매립지는 하나의 셀이 한 달마다 포화되고, 개방되는 셀은 행의 순서와 셀에 지정된 숫자에 의해 결정된다. 즉 1월에는 1행의 1이 쓰인 셀, 2월에는 2행의 1이 쓰인 셀, 3월에는 3행의 1이 쓰인 셀, 4월에는 4행의 1이 쓰인 셀에 매립이 이루어진다. 5월에는 1행의 2가 쓰인 셀, 6월에는 2행의 2가 쓰인 셀에 쓰레기가 매립되며, 이와 같은 방식으로 12월까지 매립이 이루어지게 된다.

〈A 매립지 조감도〉

(24*)	3	ⓜ	(3*) 1
(4*) ⓔ	1	(12*) 4	3
1	ⓒ	3	(8*) 4
3	(4*) 4	ⓛ	ⓣ

① ⓣ
② ⓛ
③ ⓒ
④ ⓔ
⑤ ⓜ

03 ○△✕

다음 글과 〈상황〉을 근거로 판단할 때, A국 각 지역에 설치될 것으로 예상되는 풍력발전기 모델명을 바르게 짝지은 것은?

풍력발전기는 회전축의 방향에 따라 수평축 풍력발전기와 수직축 풍력발전기로 구분된다. 수평축 풍력발전기는 구조가 간단하고 설치가 용이하며 에너지 변환효율이 우수하다. 하지만 바람의 방향에 영향을 많이 받기 때문에 바람의 방향이 일정한 지역에만 설치가 가능하다. 수직축 풍력발전기는 바람의 방향에 영향을 받지 않아 바람의 방향이 일정하지 않은 지역에도 설치가 가능하며, 이로 인해 사막이나 평원에도 설치가 가능하다. 하지만 부품이 비싸고 수평축 풍력발전기에 비해 에너지 변환효율이 떨어진다는 단점이 있다.

甲사는 현재 4가지 모델의 풍력발전기를 생산하고 있다. 각 풍력발전기는 정격 풍속에서 최대 발전량에 도달하며, 가동이 시작되면 최소 발전량 이상의 전기를 생산한다. 각 풍력발전기의 특성은 아래 〈표〉와 같다.

모델명	U−50	U−57	U−88	U−93
시간당 최대 발전량(kW)	100	100	750	2,000
시간당 최소 발전량(kW)	20	20	150	400
발전기 높이(m)	50	68	80	84.7
회전축 방향	수직	수평	수직	수평

───────── 〈상 황〉 ─────────

A국은 甲사의 풍력발전기를 X, Y, Z지역에 각 1기씩 설치할 계획이다. X지역은 산악지대로 바람의 방향이 일정하며, 최소 150kW 이상의 시간당 발전량이 필요하다. Y지역은 평원지대로 바람의 방향이 일정하지 않으며, 철새 보호를 위해 발전기 높이는 70m 이하가 되어야 한다. Z지역은 사막지대로 바람의 방향이 일정하지 않으며, 주민 편의를 위해 정격 풍속에서 600kW 이상의 시간당 발전량이 필요하다. 복수의 모델이 각 지역의 조건을 충족할 경우, 에너지 변환효율을 높이기 위해 수평축 모델을 설치하기로 한다.

	X지역	Y지역	Z지역
①	U−88	U−50	U−88
②	U−88	U−57	U−88
③	U−93	U−50	U−88
④	U−93	U−50	U−93
⑤	U−93	U−57	U−93

04 ○△✕

다음 글과 〈○○시의 도로명 현황〉을 근거로 판단할 때, ○○시에서 발견될 수 있는 도로명은?

도로명의 구조는 일반적으로 두 개의 부분으로 나누어지는데 앞부분을 전부요소, 뒷부분을 후부요소라고 한다.

전부요소는 대상물의 특성을 반영하여 이름붙인 것이며 다른 곳과 구분하기 위해 명명된 부분이다. 즉, 명명의 배경이 반영되어 성립된 요소로 다양한 어휘가 사용된다. 후부요소로는 '로, 길, 골목'이 많이 쓰인다.

그런데 도로명은 전부요소와 후부요소만 결합한 기본형이 있고, 후부요소에 다른 요소가 첨가된 확장형이 있다. 확장형은 후부요소에 '1, 2, 3, 4…' 등이 첨가된 일련번호형과 '동, 서, 남, 북, 좌, 우, 윗, 아래, 앞, 뒷, 사이, 안, 중앙' 등의 어휘들이 첨가된 방위형이 있다.

───────── 〈○○시의 도로명 현황〉 ─────────

○○시의 도로명을 모두 분류한 결과, 도로명의 전부요소로는 한글 고유어보다 한자어가 더 많이 발견되었고, 기본형보다 확장형이 많이 발견되었다. 확장형의 후부요소로는 일련번호형이 많이 발견되었고, 일련번호는 '로'와만 결합되었다. 그리고 방위형은 '골목'과만 결합되었으며 사용된 어휘는 '동, 서, 남, 북'으로만 한정되었다.

① 행복1가
② 대학2로
③ 국민3길
④ 덕수궁뒷길
⑤ 꽃동네중앙골목

05 ☐△✕

다음은 정부가 지원하는 'ㅇㅇ연구과제'를 수행할 연구자 선정 시의 가점 및 감점 기준이다. 고득점자 순으로 2명을 선정할 때 〈보기〉의 연구과제 신청자 중 선정될 자를 고르면?

> ※ 아래의 각 항목들은 중복 적용이 가능하며, 각자의 사전평가점수에서 가감된다.
> 1. 가점 부여항목(각 10점)
>   가. 최근 2년 이내(이하 선정시점 기준)에 연구과제 최종 결과평가에서 최우수 등급을 받은 자
>   나. 최근 3년 이내에 국내외 과학기술논문색인지수(이하 'SCI'라 함) 논문을 게재한 실적이 있는 자
>   다. 최근 3년 이내에 기술실시계약을 체결하여 받은 기술료 총액이 2천만 원 이상인 자
> 2. 감점 부여항목(각 5점)
>   가. 최근 2년 이내(이하 선정시점 기준)에 연구과제 최종 결과평가에서 최하위 등급을 받은 자
>   나. 최근 3년 이내에, 연구과제 선정 후 협약체결 포기 경력이 있는 자
>   다. 최근 3년 이내에, 연구과제의 연구수행 도중 연구를 포기한 경력이 있는 자

> ─────〈보 기〉─────
> ㄱ. 사전평가점수는 70점으로, 1년 전에 연구과제 최종 결과평가에서 최우수 등급을 부여받은 후, 2건의 기술실시계약을 체결하여 각각 1천 5백만 원을 받았다.
> ㄴ. 사전평가점수는 80점으로, 2년 전에 연구과제를 중도 포기하였으나, 그로부터 1년 후 후속연구를 통해 SCI 논문을 게재하였다.
> ㄷ. 사전평가점수는 75점으로, 1년 전에 연구과제 최종 결과평가에서 최우수 등급을 부여받았으나, 바로 그 해에 선정된 신규 연구과제의 협약체결을 포기하였다.
> ㄹ. 사전평가점수는 90점으로, 3년 전에 연구과제 최종 결과평가에서 최우수 등급을 부여받았으나, 그로부터 1년 후에는 연구과제에 대한 중간평가에서 최하위 등급을 부여받았다.

※ 각 사례에서 시간은 'ㅇㅇ연구과제' 선정시점을 기준으로 함

① ㄱ, ㄴ
② ㄱ, ㄷ
③ ㄱ, ㄹ
④ ㄴ, ㄷ
⑤ ㄴ, ㄹ

01 ○△✕

다음 글과 〈선정 방식〉을 근거로 판단할 때, 〈보기〉에서 옳은 것만을 모두 고르면?

△△기업은 3개 신문사(甲~丙)를 대상으로 광고비를 지급하기 위해 3가지 선정 방식을 논의 중이다. 3개 신문사의 정보는 다음과 같다.

신문사	발행부수(부)	유료부수(부)	발행기간(년)
甲	30,000	9,000	5
乙	30,000	11,500	10
丙	20,000	12,000	12

※ 발행부수＝유료부수＋무료부수

〈선정 방식〉

• 방식 1 : 항목별 점수를 합산하여 고득점 순으로 500만 원, 300만 원, 200만 원을 광고비로 지급하되, 80점 미만인 신문사에는 지급하지 않는다.

평가항목	항목별 점수			
발행부수 (부)	20,000 이상	15,000~ 19,999	10,000~ 14,999	10,000 미만
	50점	40점	30점	20점
유료부수 (부)	15,000 이상	10,000~ 14,999	5,000~ 9,999	5,000 미만
	30점	25점	20점	15점
발행기간 (년)	15 이상	12~14	9~11	6~8
	20점	15점	10점	5점

※ 항목별 점수에 해당하지 않을 경우 해당 항목을 0점으로 처리한다.

• 방식 2 : A등급에 400만 원, B등급에 200만 원, C등급에 100만 원을 광고비로 지급하되, 등급별 조건을 모두 충족하는 경우에만 해당 등급을 부여한다.

등급	발행부수(부)	유료부수(부)	발행기간(년)
A	20,000 이상	10,000 이상	10 이상
B	10,000 이상	5,000 이상	5 이상
C	5,000 이상	2,000 이상	2 이상

※ 하나의 신문사가 복수의 등급에 해당할 경우, 그 신문사에게 가장 유리한 등급을 부여한다.

• 방식 3 : 1,000만 원을 발행부수 비율에 따라 각 신문사에 광고비로 지급한다.

〈보 기〉

ㄱ. 乙은 방식 3이 가장 유리하다.
ㄴ. 丙은 방식 1이 가장 유리하다.
ㄷ. 방식 1로 선정할 경우, 甲은 200만 원의 광고비를 지급받는다.
ㄹ. 방식 2로 선정할 경우, 丙은 甲보다 두 배의 광고비를 지급받는다.

① ㄱ, ㄴ
② ㄱ, ㄷ
③ ㄴ, ㄷ
④ ㄴ, ㄹ
⑤ ㄷ, ㄹ

02 ○△✕

다음 글을 근거로 판단할 때, 甲이 구매하게 될 차량은?

甲은 아내 그리고 자녀 둘과 함께 총 4명이 장거리 이동이 가능하도록 배터리 완전충전 시 주행거리가 200km 이상인 전기자동차 1대를 구매하려고 한다. 구매와 동시에 집 주차장에 배터리 충전기를 설치하려고 하는데, 배터리 충전시간(완속 기준)이 6시간을 초과하지 않으면 완속 충전기를, 6시간을 초과하면 급속 충전기를 설치하려고 한다.

한편 정부는 전기자동차 활성화를 위하여 전기자동차 구매 보조금을 구매와 동시에 지원하고 있는데, 승용차는 2,000만 원, 승합차는 1,000만 원을 지원하고 있다. 승용차 중 경차는 1,000만 원을 추가로 지원한다. 배터리 충전기에 대해서는 완속 충전기에 한하여 구매 및 설치 비용을 구매와 동시에 전액 지원하며, 2,000만 원이 소요되는 급속 충전기의 구매 및 설치 비용은 지원하지 않는다.

이러한 상황을 감안하여 甲은 차량 A~E 중에서 실구매 비용(충전기 구매 및 설치 비용 포함)이 가장 저렴한 차량을 선택하려고 한다. 단, 실구매 비용이 동일할 경우에는 아래의 '점수 계산 방식'에 따라 점수가 가장 높은 차량을 구매하려고 한다.

차량	A	B	C	D	E
최고속도 (km/h)	130	100	120	140	120
완전충전 시 주행거리(km)	250	200	250	300	300
충전시간 (완속 기준)	7시간	5시간	8시간	4시간	5시간
승차 정원	6명	8명	2명	4명	5명
차종	승용	승합	승용 (경차)	승용	승용
가격 (만 원)	5,000	6,000	4,000	8,000	8,000

• 점수 계산 방식
 − 최고속도가 120km/h 미만일 경우에는 120km/h를 기준으로 10km/h가 줄어들 때마다 2점씩 감점
 − 승차 정원이 4명을 초과할 경우에는 초과인원 1명당 1점씩 가점

① A
② B
③ C
④ D
⑤ E

03 ☐○△☒ 16년 행시(5) 28번

다음 글을 근거로 판단할 때, 〈보기〉에서 인증이 가능한 경우만을 모두 고르면?

○○국 친환경농산물의 종류는 3가지로, 인증기준에 부합하는 재배방법은 각각 다음과 같다. 1) 유기농산물의 경우 일정 기간(다년생 작물 3년, 그 외 작물 2년) 이상을 농약과 화학비료를 사용하지 않고 재배한다. 2) 무농약농산물의 경우 농약을 사용하지 않고, 화학비료는 권장량의 2분의 1 이하로 사용하여 재배한다. 3) 저농약농산물의 경우 화학 비료는 권장량의 2분의 1 이하로 사용하고, 농약은 살포 시기를 지켜 살포 최대횟수의 2분의 1 이하로 사용하여 재배한다.

〈농산물별 관련 기준〉

종류	재배기간 내 화학비료 권장량 (kg/ha)	재배기간 내 농약살포 최대횟수	농약 살포시기
사과	100	4	수확 30일 전까지
감귤	80	3	수확 30일 전까지
감	120	4	수확 14일 전까지
복숭아	50	5	수확 14일 전까지

※ 1ha=10,000m², 1t=1,000kg

〈보 기〉

ㄱ. 甲은 5km²의 면적에서 재배기간 동안 농약을 전혀 사용하지 않고 20t의 화학비료를 사용하여 사과를 재배하였으며, 이 사과를 수확하여 무농약농산물 인증신청을 하였다.

ㄴ. 乙은 3ha의 면적에서 재배기간 동안 농약을 1회 살포하고 50kg의 화학비료를 사용하여 복숭아를 재배하였다. 하지만 수확시기가 다가오면서 병충해 피해가 나타나자 농약을 추가로 1회 살포하였고, 열흘 뒤 수확하여 저농약농산물 인증신청을 하였다.

ㄷ. 丙은 지름이 1km인 원 모양의 농장에서 작년부터 농약을 전혀 사용하지 않고 감귤을 재배하였다. 작년에는 5t의 화학비료를 사용하였으나, 올해는 전혀 사용하지 않고 감귤을 수확하여 유기농산물 인증신청을 하였다.

ㄹ. 丁은 가로와 세로가 각각 100m, 500m인 과수원에서 감을 재배하였다. 재배기간 동안 총 2회(올해 4월 말과 8월 초) 화학비료 100kg씩을 뿌리면서 병충해 방지를 위해 농약도 함께 살포하였다. 丁은 추석을 맞아 9월 말에 감을 수확하여 저농약농산물 인증신청을 하였다.

① ㄱ, ㄹ
② ㄴ, ㄷ
③ ㄱ, ㄴ, ㄹ
④ ㄱ, ㄷ, ㄹ
⑤ ㄴ, ㄷ, ㄹ

04 ☐○△☒ 13년 행시(인) 18번

다음 글을 근거로 할 때, 생태계보전협력금의 1회분 분할납부금액으로 가장 적은 것은?(단, 부과금을 균등한 액수로 최대한 분할납부하며, 甲~戊의 사업은 모두 생태계보전협력금 납부대상 사업이다)

〈생태계보전협력금 부과·징수 방법〉

1. 부과·징수 대상
   • 자연환경 또는 생태계에 미치는 영향이 현저하거나 생물다양성의 감소를 초래하는 사업을 하는 사업자
2. 부과금액 산정 방식
   • 생태계보전협력금=생태계훼손면적×단위면적당 부과금액×지역계수
   • 단위면적(1m²)당 부과금액 : 250원
   • 단, 총 부과금액은 10억 원을 초과할 수 없다.
3. 토지용도 및 지역계수
   • 토지의 용도는 생태계보전협력금 부과대상 사업의 인가·허가 또는 승인 등 처분시 토지의 용도(부과대상 사업의 시행을 위하여 토지의 용도를 변경하는 경우에는 변경 전의 용도를 말한다)에 따른다.
   • 지역계수
     가. 주거지역 : 1
     나. 상업지역 : 2
     다. 녹지지역 : 3
     라. 농림지역 : 4
     마. 자연환경보전지역 : 5
4. 분할납부
   • 생태계보전협력금의 부과금액은 3년 이내의 기간을 정하여 분할납부한다.
   • 분할납부의 횟수는 부과금액이 2억 원 이하인 경우 2회, 2억 원을 초과하는 경우 3회로 한다. 다만 국가·지방자치단체 및 공공기관의 분할납부의 횟수는 2회 이하로 한다.

※ 사업대상 전 지역에서 생태계 훼손이 발생하는 것으로 가정한다.

① 상업지역 35만m²에 레저시설을 설치하려는 개인사업자 甲
② 농림지역 20만m²에 골프장 사업을 추진 중인 건설회사 乙
③ 녹지지역 30만m²에 관광단지를 조성하려는 공공기관 丙
④ 주거지역 20만m²와 녹지지역 20만m²를 개발하여 새로운 복합주거상업지구를 조성하려는 지방자치단체 丁
⑤ 주거지역 25만m²와 자연환경보전지역 25만m²를 묶어 염전체험박물관을 건립하려는 개인사업자 戊

05 ○△✕   12년 행시(인) 18번

김 사무관은 소프트웨어(이하 S/W라 표기한다) '수출 중점 대상 국가'를 선정하고자 한다. 다음 〈국가별 현황〉과 〈평가기준〉에 근거할 때, 옳은 것을 〈보기〉에서 모두 고르면?

〈국가별 현황〉

국가명	시장매력도			정보화수준	접근가능성
	S/W시장규모 (백만 불)	S/W성장률 (%)	인구규모 (백만 명)	전자정부 순위	S/W수출액 (백만 원)
A국	550	13.6	232	106	9,103
B국	333	8.7	3	82	2,459
C국	315	8.7	87	91	2,597
D국	1,706	8.2	27	95	2,777
E국	1,068	7.2	64	64	2,158

─────── 〈평가기준〉 ───────

• 국가별 종합점수는 시장매력도(30점 만점), 정보화수준(30점 만점), 접근가능성(40점 만점)의 합계(100점 만점)로 구하며, 종합점수가 높을수록 종합순위도 높다.
• 시장매력도 점수는 시장매력도가 가장 높은 국가에 30점, 가장 낮은 국가에 0점, 그 밖의 모든 국가에 15점을 부여한다. S/W시장규모가 클수록, S/W성장률이 높을수록, 인구규모가 클수록 시장매력도가 높다.
• 정보화수준 점수는 전자정부순위가 가장 높은 국가에 30점, 가장 낮은 국가에 0점, 그 밖의 모든 국가에 15점을 부여한다.
• 접근가능성 점수는 접근가능성이 가장 높은 국가에 40점, 가장 낮은 국가에 0점, 그 밖의 모든 국가에 20점을 부여한다. S/W수출액이 클수록 접근가능성이 높다.

─────── 〈보 기〉 ───────

ㄱ. 정보화수준 점수는 E국이 30점, A국이 0점이고, 다른 국가들은 모두 15점이다.
ㄴ. 접근가능성 점수는 A국이 30점, E국이 0점이고, 다른 국가들은 모두 15점이다.
ㄷ. 시장매력도 점수를 S/W시장규모만을 고려하여 결정할 경우, A국과 D국의 종합점수는 동일하다.
ㄹ. S/W시장규모가 10억 불 이상이면서 동시에 인구가 5천만 명 이상인 국가가 가장 매력적 시장이라는 결론이 났을 경우, E국이 선정된다.

① ㄱ, ㄴ
② ㄱ, ㄷ
③ ㄱ, ㄹ
④ ㄴ, ㄷ
⑤ ㄷ, ㄹ

06 ○△✕   11년 행시(발) 33번

甲사무관은 청사이전 공사를 위해 조달청 입찰시스템에 등록하고자 하는 A~E업체 중 하나를 선택하여 계약을 맺으려 한다. 다음을 근거로 판단할 때 옳지 않은 것을 〈보기〉에서 모두 고르면?

─────── 〈조 건〉 ───────

• 甲사무관은 조달청 입찰시스템에 등록되지 않은 업체와는 계약할 수 없다.
• 甲사무관은 조달청 입찰시스템에 등록하려는 각 업체의 정보(〈표 1〉)는 알 수 있지만 각 업체별 사전평가점수(〈표 2〉)는 모른다.
• 甲사무관은 순편익이 가장 높은 업체를 선택하며, 이 때 순편익은 청사이전 편익에서 공사비용을 뺀 값이다.
• 조달청은 사전평가점수 총점이 60점 이상인 업체만을 입찰시스템에 등록시키고, 평가항목 중 하나에서라도 분류배점의 40% 미만이 나올 경우에는 등록 자체를 허용하지 않는다.
• 공사 착공일은 3월 1일이며, 어떠한 일이 있어도 같은 해 7월 10일까지 공사가 완공되어야 한다.

〈표 1〉 업체의 정보

구분	A업체	B업체	C업체	D업체	E업체
공사소요기간(일)	120	100	140	125	130
공사비용(억 원)	16	10	18	13	11
청사이전 편익 (억 원)	18	12	25	17	16
안전성	上	中	上	中	下

〈표 2〉 입찰시스템에 등록하려는 업체별 사전평가점수

평가항목	분류 배점	A업체	B업체	C업체	D업체	E업체
가격	30	18	26	17	18	25
품질	20	17	16	15	13	12
수요기관 만족도	20	14	7	15	13	11
서비스	30	22	27	18	15	27
총점	100	71	76	65	59	75

─────── 〈보 기〉 ───────

ㄱ. 甲사무관은 E업체와 계약을 맺을 것이다.
ㄴ. 만약 D업체가 친환경인증으로 품질부문에서 가산점 2점을 얻는다면 甲사무관은 D업체와 계약을 맺을 것이다.
ㄷ. 만약 甲사무관이 순편익은 고려하지 않고 공사완공이 빨리 되는 것만 고려한다면 B업체와 계약을 맺을 것이다.
ㄹ. 만약 안전성이 下인 업체를 제외시킨다면 甲사무관은 A업체와 계약을 맺을 것이다.
ㅁ. 안전성이 上일 경우 2억 원의 청사이전 편익이 추가로 발생한다면 甲사무관은 A업체와 계약을 맺을 것이다.

① ㄱ, ㄴ, ㄷ
② ㄱ, ㄹ, ㅁ
③ ㄴ, ㄷ, ㄹ
④ ㄴ, ㄷ, ㅁ
⑤ ㄷ, ㄹ, ㅁ

07 ⃝△✕

다음 제시문을 읽고 〈조건〉에 따라 추론할 때 〈보기〉에서 반드시 옳은 것을 고르면?

부산광역시 행정구역의 하나인 영도구는 2008년 1월 1일부터 신축되는 모든 건물의 주차장에 장애인을 위한 주차구역을 반드시 설치하도록 규정하였다. 또한 부산광역시는 2008년 1월 1일부터 신축되는 모든 건물의 출입구에 장애인을 위한 경사로를 설치할 것을 의무화하였다. 한편 경상남도는 2008년 1월 1일부터 신축되는 모든 건물의 엘리베이터 내에 장애인을 위한 점자 표시를 의무화하였다. 장애인을 위한 이러한 사회적 배려는 법으로 규정되기 이전부터 자율적으로 시행되어 왔다.

――――――― 〈조 건〉 ―――――――

- 하위 행정구역에는 자신이 속해 있는 상위 행정구역의 규정이 적용된다.
- 건물 A는 출입구에 장애인을 위한 경사로가 설치되어 있다.
- 건물 A는 장애인을 위한 주차구역을 구비하고 있지 않다.
- 건물 A는 엘리베이터 내에 장애인을 위한 점자 표시가 되어 있다.
- 규정을 준수하지 않은 건물은 신축될 수 없다.

――――――― 〈보 기〉 ―――――――

ㄱ. 만일 건물 A가 2008년 1월이 되기 전에 세워졌다면 그 건물은 영도구 안에 위치해 있다.

ㄴ. 만일 건물 A가 2008년 1월에 신축되었다면 위의 세 행정구역 중 어디에 위치해 있는지 알 수 없다.

ㄷ. 만일 건물 A가 2008년 3월에 신축되었다면 그 건물은 영도구 안에 위치해 있지 않다.

ㄹ. 영도구에 장애인을 위한 경사로가 설치되어 있는 건물은 2008년 1월 1일 이후에 신축된 것이다.

ㅁ. 영도구에서 2008년 1월 1일 이후에 신축된 모든 건물의 엘리베이터 내에는 점자 표시가 되어 있다.

① ㄱ, ㅁ
② ㄴ, ㄷ
③ ㄴ, ㄹ
④ ㄷ, ㄹ
⑤ ㄷ, ㅁ

01 ◻△✕

다음 글과 〈상황〉에 근거할 때, 〈보기〉에서 옳은 것만을 모두 고르면?

A시에서는 친환경 건축물 인증제도를 시행하고 있다. 이는 건축물의 설계, 시공 등의 건설과정이 쾌적한 거주환경과 자연환경에 미치는 영향을 점수로 평가하여 인증하는 제도로, 건축물에 다음 〈표〉와 같이 인증등급을 부여한다.

〈표〉 평가점수별 인증등급

평가점수	인증등급
80점 이상	최우수
70점~80점 미만	우수
60점~70점 미만	우량
50점~60점 미만	일반

또한 친환경 건축물 최우수, 우수 등급이면서 건축물 에너지효율 1등급 또는 2등급을 추가로 취득한 경우, 다음 〈표〉와 같은 취·등록세액 감면 혜택을 얻게 된다.

〈표〉 취·등록세액 감면 비율

구 분	최우수 등급	우수 등급
에너지효율 1등급	12%	8%
에너지효율 2등급	8%	4%

―――― 〈상 황〉 ――――
- 甲은 A시에 건물을 신축하고 있다. 현재 이 건물의 예상되는 친환경 건축물 평가점수는 63점이고 에너지효율은 3등급이다.
- 친환경 건축물 평가점수를 1점 높이기 위해서는 1,000만 원, 에너지효율 등급을 한 등급 높이기 위해서는 2,000만 원의 추가 투자비용이 든다.
- 甲이 신축하고 있는 건물의 감면 전 취·등록세 예상액은 총 20억 원이다.
- 甲은 경제적 이익을 극대화하고자 한다.

※ 경제적 이익 또는 손실＝취·등록세 감면액－추가 투자액
※ 기타 비용과 이익은 고려하지 않는다.

―――― 〈보 기〉 ――――
ㄱ. 추가 투자함으로써 경제적 이익을 얻을 수 있는 최소 투자금액은 1억 1,000만 원이다.
ㄴ. 친환경 건축물 우수 등급, 에너지효율 1등급을 받기 위해 추가 투자할 경우 경제적 이익이 가장 크다.
ㄷ. 에너지효율 2등급을 받기 위해 추가 투자하는 것이 3등급을 받는 것보다 甲에게 경제적으로 더 이익이다.

① ㄱ
② ㄷ
③ ㄱ, ㄴ
④ ㄴ, ㄷ
⑤ ㄱ, ㄴ, ㄷ

02 ◻△✕

다음 〈조건〉에 따라 판단할 때 옳지 않은 것은?

―――― 〈조 건〉 ――――
- 프로젝트는 A부터 E까지의 작업만으로 구성되며, 모든 작업은 동일 작업장 내에서 행해진다.
- A작업은 4명의 인원과 9일의 기간이 소요된다.
- B작업은 2명의 인원과 18일의 기간이 소요되며, A작업이 완료된 이후에 시작할 수 있다.
- C작업은 4명의 인원과 50일의 기간이 소요된다.
- D작업과 E작업은 각 작업당 2명의 인원과 18일씩의 기간이 소요되며, D작업이 완료된 이후에 E작업을 시작할 수 있다.
- 각 인력은 A부터 E까지 모든 작업에 동원될 수 있으며, 각 작업에 투입된 인력의 생산성은 동일하다.
- 프로젝트에 소요되는 비용은 1인당 1일 10만 원의 인건비와 하루 50만 원의 작업장 사용료로 구성된다.
- 각 작업의 소요인원은 증원 또는 감원될 수 없다.

① 프로젝트 완료에 소요되는 최소인력은 4명이다.
② 프로젝트 완료에 소요되는 최단기간은 50일이다.
③ 프로젝트 완료에 소요되는 최소비용은 6천만 원 이하이다.
④ 프로젝트의 최단기간 완료에 소요되는 최소인력은 10명이다.
⑤ 프로젝트를 최소인력으로 완료하는 데 소요되는 최단기간은 95일이다.

03 ○△✕　　　　　　　　　　07년 행시(무) 25번

아래의 정보만으로 판단할 때 기초생활수급자로 선정할 수 없는 경우는?

> 가. 기초생활수급자 선정기준
> - 부양의무자가 없거나, 부양의무자가 있어도 부양능력이 없거나 또는 부양을 받을 수 없는 자로서 소득인정액이 최저생계비 이하인 자
>   ※ 부양능력 있는 부양의무자가 있어도 부양을 받을 수 없는 경우란, 부양의무자가 교도소 등에 수용되거나 병역법에 의해 징집·소집되어 실질적으로 부양을 할 수 없는 경우와 가족관계 단절 등을 이유로 부양을 거부하거나 기피하는 경우 등을 가리킨다.
> 나. 매월 소득인정액 기준
> - 소득인정액＝소득평가액＋재산의 소득환산액
> - 소득평가액＝실제소득－가구특성별 지출비용
>   1) 실제소득 : 근로소득, 사업소득, 재산소득
>   2) 가구특성별 지출비용 : 경로연금, 장애수당, 양육비, 의료비, 중·고교생 입학금 및 수업료
> 다. 가구별 매월 최저생계비
>
> (단위 : 만 원)
>
> | 1인 | 2인 | 3인 | 4인 | 5인 | 6인 |
> |----|----|----|----|----|----|
> | 42 | 70 | 94 | 117 | 135 | 154 |
>
> 라. 부양의무자의 범위
> - 수급권자의 배우자, 수급권자의 1촌의 직계혈족 및 그 배우자, 수급권자와 생계를 같이 하는 2촌 이내의 혈족

① 유치원생 아들 둘과 함께 사는 A는 재산의 소득환산액이 12만 원이고, 구멍가게에서 월 100만 원의 수입을 얻고 있으며, 양육비로 월 20만 원씩 지출하고 있다.

② 부양능력이 있는 근로소득 월 60만 원의 조카와 살고 있는 B는 실제소득 없이 재산의 소득환산액이 36만 원이며, 의료비로 월 30만 원을 지출한다.

③ 중학생이 된 두 딸을 혼자 키우고 있는 C는 재산의 소득환산액이 24만 원이며, 근로소득으로 월 80만 원이 있지만, 두 딸의 수업료로 각각 월 11만 원씩 지출하고 있다.

④ 외아들을 잃은 D는 어린 손자 두 명과 부양능력이 있는 며느리와 함께 살고 있다. D는 근로소득이 월 80만 원, 재산의 소득환산액이 48만 원이며, 의료비로 월 15만 원을 지출하고 있다.

⑤ 군대 간 아들 둘과 함께 사는 고등학생 딸을 둔 E는 재산의 소득환산액이 36만 원이며, 월 평균 60만 원의 근로소득을 얻고 있지만, 딸의 수업료로 월 30만 원을 지출하고 있다.

CHAPTER
03 정보확인 · 추론

1 유형의 이해

정보확인 · 추론 유형은 크게 ① 정보확인형, ② 정보추론형으로 구분된다. ① 정보확인형의 경우 제시문을 읽고 선지의 정오를 판단하는 비교적 평이한 난도의 문제가 주로 출제된다. ② 정보추론형의 경우 제시문을 읽고 숨은 의미를 파악하거나, 내용을 조합하여 제공되지 않은 정보를 유추 · 추론해야 하는 문제가 주로 출제되기 때문에 난도가 있는 편이다. 정보확인과 추론 유형이 각기 다른 유형으로 구분되기보다는 한 문제에서 정보확인을 요하는 선지와 정보추론을 요하는 선지가 복합적으로 제시된다.

2 발문 유형

- 다음 글을 근거로 판단할 때 옳지 않은 것은?
- 다음 글을 근거로 추론할 때 옳은 것은?
- 다음 글을 근거로 추론할 때, 〈보기〉에서 옳은 것만을 모두 고르면?

3 접근법

정보확인 · 추론 유형이 언어논리의 일치 · 부합 유형과 가장 크게 구분되는 것은 발췌독이 가능하다는 점이다. 따라서 시간이 부족할 경우 선지를 먼저 읽고 제시문에서 해당 정보가 서술된 부분을 찾아 정오 판정이 가능하다. 하지만 선지의 일부는 옳은 내용이지만 일부를 틀린 내용으로 구성하여 옳지 않은 선지가 되는 경우가 많으므로 섣불리 판단하지 않고 선지를 꼼꼼히 읽는 습관이 필요하다.

4 생각해 볼 부분

제시문과 선지의 정보를 정확하게 비교하고, 선지의 내용이 제시문을 통해 추론할 수 있는 내용인지 판단하는 능력이 필요하다. 언어논리의 일치 · 부합 유형처럼 글을 읽고 요구하는 정보를 확인하면 문제가 해결되는 경우도 있으나, 간단한 계산이나 수식을 통해 해결해야 하는 선지가 출제되는 것이 상황판단에서 정보확인 · 추론 유형의 특징이다. 따라서 필요한 정보를 정확하게 찾거나 추론하고, 계산에서 실수하지 않아야 한다.

다음 글을 근거로 판단할 때 옳은 것은?

판옥선은 조선 수군의 주력 군선(軍船)으로 왜구를 제압하기 위해 1555년(명종 10년) 새로 개발된 것이다. 종전의 군선은 갑판이 1층뿐인 평선인 데 비하여 판옥선은 선체의 상부에 상장(上粧)을 가설하여 2층 구조로 만든 배이다. 이 같은 구조로 되어 있기 때문에, 노를 젓는 요원인 격군(格軍)은 1층 갑판에서 안전하게 노를 저을 수 있고, 전투 요원들은 2층 갑판에서 적을 내려다보면서 유리하게 전투를 수행할 수 있었다.

전근대 해전에서는 상대방 군선으로 건너가 마치 지상에서처럼 칼과 창으로 싸우는 경우가 흔했다. 조선 수군은 기본적으로 활과 화약무기 같은 원거리 무기를 능숙하게 사용했지만, 칼과 창 같은 단병무기를 운용하는 데는 상대적으로 서툴렀다. 이 같은 약점을 극복하고 조선 수군이 해전에서 승리하기 위해서는, 적이 승선하여 전투를 벌이는 전술을 막으면서 조선 수군의 장기인 활과 대구경(大口徑) 화약무기로 전투를 수행할 수 있도록 선체가 높은 군선이 필요했다.

선체 길이가 20~30m 정도였던 판옥선은 임진왜란 해전에 참전한 조선·명·일본의 군선 중 크기가 큰 편에 속한데다가 선체도 높았기 때문에 일본군이 그들의 장기인 승선전투전술을 활용하기 어렵게 하는 효과도 있었다. 이 때문에 임진왜란 당시 도승지였던 이항복은 "판옥선은 마치 성곽과 같다"라고 그 성능을 격찬했다. 판옥선은 1592년 발발한 임진왜란에서 일본의 수군을 격파하여 조선 수군이 완승할 수 있는 원동력이 되었다. 옥포해전·당포해전·한산해전 등 주요 해전에 동원된 군선 중에서 3척의 거북선을 제외하고는 모두가 판옥선이었다.

판옥선의 승선인원은 시대와 크기에 따라 달랐던 것으로 보인다. 『명종실록』에는 50여 명이 탑승했다고 기록되어 있는 반면에, 『선조실록』에 따르면 거북선 운용에 필요한 사수(射手)와 격군을 합친 숫자가 판옥선의 125명보다 많다고 되어 있어 판옥선의 규모가 이전보다 커진 것을 알 수 있다.

① 판옥선은 갑판 구조가 단층인 군선으로, 선체의 높이가 20~30m에 달하였다.
② 판옥선의 구조는 적군의 승선전투전술 활용을 어렵게 하여 조선 수군이 전투를 수행하는 데 유리하였을 것이다.
③ 『선조실록』에 따르면 판옥선의 격군은 최소 125명 이상이었다.
④ 판옥선은 임진왜란 때 일본의 수군을 격파하기 위해 처음 개발되었다.
⑤ 판옥선은 임진왜란의 각 해전에서 주력 군선인 거북선으로 대체되었다.

정답해설
② 옳다. 선체가 높은 판옥선의 2층 구조는 일본군의 승선전투전술 활용을 어렵게 하여 조선 수군 승리의 원동력이 되었다는 정보가 제시되어 있다.

오답해설
① 옳지 않다. 판옥선은 갑판 구조가 2층 구조이며, 선체의 길이가 20~30m에 달한다.
③ 옳지 않다. 판옥선의 사수와 격군을 합친 수가 최소 125명이다.
④ 옳지 않다. 판옥선은 왜구를 제압하기 위해 개발된 것이지 일본의 수군을 격파하기 위해 임진왜란 때 최초로 개발되었다고는 볼 수 없다.
⑤ 옳지 않다. 판옥선이 거북선으로 대체되었다는 정보는 나타나 있지 않다.

答 ②

01 ◻△✕

다음 글을 근거로 판단할 때 옳은 것은?

보름달 중에 가장 크게 보이는 보름달을 슈퍼문이라고 한다. 크게 보이는 이유는 달이 평소보다 지구에 가까이 있기 때문이다. 슈퍼문이 되려면 보름달이 되는 시점과 달이 지구에 가장 가까워지는 시점이 일치하여야 한다. 달의 공전 궤도가 완벽한 원이라면 지구에서 달까지의 거리가 항상 똑같을 것이다. 하지만 실제로는 타원 궤도여서 달이 지구에 가까워지거나 멀어지는 현상이 생긴다. 유독 달만 그런 것은 아니고 태양계의 모든 행성이 태양을 중심으로 타원 궤도로 돈다. 이것이 바로 그 유명한 케플러의 행성운동 제1법칙이다.

지구와 달의 평균 거리는 약 38만km인 반면 슈퍼문일 때는 그 거리가 35만 7,000km 정도로 가까워진다. 달의 반지름은 약 1,737km이므로, 지구와 달의 거리가 평균 정도일 때 지구에서 보름달을 바라보는 시각도는 0.52도 정도인 반면, 슈퍼문일 때는 시각도가 0.56도로 커진다. 반대로 보름달이 가장 작게 보일 때, 다시 말해 보름달이 지구에서 제일 멀 때는 그 거리가 약 40만km여서 보름달을 보는 시각도가 0.49도로 작아진다.

밀물과 썰물이 생기는 원인은 지구에 작용하는 달과 태양의 중력 때문인데, 달이 태양보다는 지구에 훨씬 더 가깝기 때문에 더 큰 영향을 미친다. 달이 지구에 가까워지면 평소 달이 지구를 당기는 힘보다 더 강하게 지구를 당긴다. 그리고 달의 중력이 더 강하게 작용하면, 달을 향한 쪽의 해수면은 평상시보다 더 높아진다. 실제 우리나라에서도 슈퍼문일 때 제주도 등 해안가에 바닷물이 평소보다 더 높게 밀려 들어와서 일부 지역이 침수 피해를 겪기도 했다.

한편 달의 중력 때문에 높아진 해수면이 지구와 함께 자전을 하다보면 지구의 자전을 방해하게 된다. 일종의 브레이크가 걸리는 셈이다. 이 때문에 지구의 자전 속도가 느려지게 되고 그 결과 하루의 길이에 미세하게 차이가 생긴다. 실제 연구 결과에 따르면 100만 년에 17초 정도씩 길어지는 효과가 생긴다고 한다.

※ 시각도 : 물체의 양끝에서 눈의 결합점을 향하여 그은 두 선이 이루는 각을 의미한다.

① 지구에서 태양까지의 거리는 1년 동안 항상 일정하다.
② 해수면의 높이는 지구와 달의 거리와 관계가 없다.
③ 달이 지구에서 멀어지면 궤도에서 벗어나지 않기 위해 평소보다 더 강하게 지구를 잡아당긴다.
④ 지구와 달의 거리가 36만km 정도인 경우, 지구에서 보름달을 바라보는 시각도는 0.49도보다 크다.
⑤ 지구가 자전하는 속도는 점점 빨라지고 있다.

02 ◻△✕

다음 글을 근거로 판단할 때, 〈보기〉에서 옳은 것만을 모두 고르면?

하와이 원주민들이 사용하던 토속어는 1898년 하와이가 미국에 병합된 후 미국이 하와이 학생들에게 사용을 금지하면서 급격히 소멸되었다. 그러나 하와이 원주민들이 소멸한 토속어를 부활시키기 위해 1983년 '아하푸나나 레오'라는 기구를 설립하여 취학 전 아동부터 중학생까지의 원주민들을 대상으로 집중적으로 토속어를 교육한 결과 언어 복원에 성공했다.

이러한 언어의 다양성을 지키려는 노력뿐만 아니라 언어의 통일성을 추구하려는 노력도 있었다. 안과의사였던 자멘호프는 유태인, 폴란드인, 독일인, 러시아인들이 서로 다른 언어를 사용함으로써 갈등과 불화가 생긴다고 판단하고 예외와 불규칙이 없는 문법과 알기 쉬운 어휘에 기초해 국제공통어 에스페란토를 만들어 1887년 발표했다. 그의 구상은 '1민족 2언어주의'에 입각하여 같은 민족끼리는 모국어를, 다른 민족과는 중립적이고 배우기 쉬운 에스페란토를 사용하자는 것이었다.

에스페란토의 문자는 영어 알파벳 26개 문자에서 Q, X, W, Y의 4개 문자를 빼고 영어 알파벳에는 없는 Ĉ, Ĝ, Ĥ, Ĵ, Ŝ, Ŭ의 6개 문자를 추가하여 만들어졌다. 문법의 경우 가급적 불규칙 변화를 없애고 각 어간에 품사 고유의 어미를 붙여 명사는 −o, 형용사는 −a, 부사는 −e, 동사원형는 −i로 끝난다. 예를 들어 '사랑'은 amo, '사랑의'는 ama, '사랑으로'는 ame, '사랑하다'는 ami이다. 시제의 경우 어간에 과거형은 −is, 현재형은 −as, 미래형은 −os를 붙여 표현한다.

또한 1자 1음의 원칙에 따라 하나의 문자는 하나의 소리만 내고, 소리 나지 않는 문자도 없으며, 단어의 강세는 항상 뒤에서 두 번째 모음에 있기 때문에 사전 없이도 쉽게 읽을 수 있다. 특정한 의미를 갖는 접두사와 접미사를 활용하여 많은 단어를 파생시켜 사용하므로 단어 암기를 위한 노력이 크게 줄어드는 것도 중요한 특징이다. 아버지는 patro, 어머니는 patrino, 장인은 bopatro, 장모는 bopatrino인 것이 그 예이다.

※ 에스페란토에서 모음은 A, E, I, O, U이며 반모음은 Ŭ이다.

─── 〈보 기〉 ───

ㄱ. 에스페란토의 문자는 모두 28개로 만들어졌다.
ㄴ. 미래형인 '사랑할 것이다'는 에스페란토로 amios이다.
ㄷ. '어머니'와 '장모'를 에스페란토로 말할 때 강세가 있는 모음은 같다.
ㄹ. 자멘호프의 구상에 따르면 동일한 언어를 사용하는 하와이 원주민끼리도 에스페란토만을 써야 한다.

① ㄱ, ㄷ
② ㄱ, ㄹ
③ ㄴ, ㄹ
④ ㄱ, ㄴ, ㄷ
⑤ ㄴ, ㄷ, ㄹ

03 ☐△✕

다음 글을 근거로 판단할 때 옳지 <u>않은</u> 것은?

유엔 식량농업기구(FAO)에 따르면 곤충의 종류는 2,013종인데, 그 중 일부가 현재 식재료로 사용되고 있다. 곤충은 병균을 옮기는 더러운 것으로 알려져 있지만 깨끗한 환경에서 사육된 곤충은 식용에 문제가 없다.

식용으로 귀뚜라미를 사육할 경우 전통적인 육류 단백질 공급원보다 생산에 필요한 자원을 절감할 수 있다. 귀뚜라미가 다른 전통적인 단백질 공급원보다 뛰어난 점은 다음과 같다. 첫째, 쇠고기 0.45kg을 생산하기 위해 필요한 자원으로 식용 귀뚜라미 11.33kg을 생산할 수 있다. 이것이 가능한 가장 큰 이유는 귀뚜라미가 냉혈동물이라 돼지나 소와 같이 체내 온도 유지를 위해 먹이를 많이 소비하지 않기 때문이다. 둘째, 식용 귀뚜라미 0.45kg을 생산하는 데 필요한 물은 감자나 당근을 생산하는 데 필요한 수준인 3.8ℓ 이지만, 닭고기 0.45kg을 생산하려면 1,900ℓ 의 물이 필요하며, 쇠고기는 닭고기의 경우보다 4배 이상의 물이 필요하다. 셋째, 귀뚜라미를 사육할 때 발생하는 온실가스의 양은 가축을 사육할 때 발생하는 온실가스 양의 20%에 불과하다.

현재 곤충 사육은 많은 지역에서 이루어지고 있지만, 식용 곤충의 공급이 제한적이고 사람들에게 곤충도 식량이 될 수 있다는 점을 이해시키는 데 어려움이 있다. 따라서 새로운 식용 곤충 생산과 공급방법을 확충하고 곤충 섭취에 대한 사람들의 거부감을 줄이는 방안이 필요하다.

현재 식용 귀뚜라미는 주로 분말 형태로 100g당 10달러에 판매된다. 이는 같은 양의 닭고기나 쇠고기의 가격과 큰 차이가 없다. 그러나 인구가 현재보다 20억 명 더 늘어날 것으로 예상되는 2050년에는 귀뚜라미 등 곤충이 저렴하게 저녁식사 재료로 공급될 것이다.

① 쇠고기 생산보다 식용 귀뚜라미 생산에 자원이 덜 드는 이유 중 하나는 귀뚜라미가 냉혈동물이라는 점이다.

② 현재 곤충 사육은 많은 지역에서 이루어지고 있지만, 식용으로 사용되는 곤충의 종류는 일부에 불과하다.

③ 식용 귀뚜라미와 동일한 양의 쇠고기를 생산하려면, 귀뚜라미 생산에 필요한 물보다 500배의 물이 필요하다.

④ 식용 귀뚜라미 생산에는 쇠고기 생산보다 자원이 적게 들지만, 현재 이 둘의 100g당 판매 가격은 큰 차이가 없다.

⑤ 가축을 사육할 때 발생하는 온실가스의 양은 귀뚜라미를 사육할 때의 5배이다.

04 ☐△✕

다음 글을 근거로 판단할 때 옳지 <u>않은</u> 것은?

여러분이 컴퓨터 키보드의 @ 키를 하루에 몇 번이나 누르는 지 한 번 생각해 보라. 아마도 이메일 덕분에 사용 빈도가 매우 높을 것이다. 이탈리아에서는 '달팽이', 네덜란드에서는 '원숭이 꼬리'라 부르고 한국에서는 '골뱅이'라 불리는 이 '앳(at)' 키는 한때 수동 타자기와 함께 영영 잊혀질 위기에 처하기도 하였다.

6세기에 @은 라틴어 전치사인 'ad'를 한 획에 쓰기 위한 합자(合字)였다. 그리고 시간이 흐르면서 @은 베니스, 스페인, 포르투갈 상인들 사이에 측정 단위를 나타내는 기호로 사용되었다. 베니스 상인들은 @을 부피의 단위인 암포라(amphora)를 나타내는 기호로 사용하였으며, 스페인과 포르투갈의 상인들은 질량의 단위인 아로바(arroba)를 나타내는 기호로 사용하였다. 스페인에서의 1아로바는 현재의 9.5kg에 해당하며, 포르투갈에서의 1아로바는 현재의 12kg에 해당한다. 이후에 @은 단가를 뜻하는 기호로 변화하였다. 예컨대 '복숭아 12개@1.5달러'로 표기한 경우 복숭아 12개의 가격이 18달러라는 것을 의미했다.

@ 키는 1885년 미국에서 언더우드 타자기에 등장하였고 20세기까지 자판에서 자리를 지키고 있었지만 사용 빈도는 점차 줄어들었다. 그런데 1971년 미국의 한 프로그래머가 잊혀지다시피 하였던 @ 키를 살려낸다. 연구개발 업체에서 인터넷상의 컴퓨터 간 메시지 송신기술 개발을 담당했던 그는 @ 키를 이메일 기호로 활용했던 것이다.

※ *ad* : 현대 영어의 'at' 또는 'to'에 해당하는 전치사

① 1960년대 말 @ 키는 타자기 자판에서 사라지면서 사용빈도가 점차 줄어들었다.

② @이 사용되기 시작한 지 1,000년이 넘었다.

③ @이 단가를 뜻하는 기호로 쓰였을 때, '토마토 15개@3달러'라면 토마토 15개의 가격은 45달러였을 것이다.

④ @은 전치사, 측정 단위, 단가, 이메일 기호 등 다양한 의미로 활용되어 왔다.

⑤ 스페인 상인과 포르투갈 상인이 측정 단위로 사용했던 1@는 그 질량이 동일하지 않았을 것이다.

05 ◻◯△✕   16년 행시(5) 21번

다음 글을 근거로 판단할 때 옳은 것은?

조선시대 신문고(申聞鼓)가 처음으로 등장한 것은 태종 1년인 1401년의 일이다. 태종과 신하들은 신문고가 백성들의 생각을 국왕에게 전달할 수 있는 통로로서 기능할 것으로 기대하였다. 그리고 신문고를 설치한 구체적인 이유로 2가지를 제시하였다. 하나는 억울한 일을 당한 백성들이 국왕에게 호소할 수 있는 길을 열어주는 것이었다. 다른 하나는 백성들이 신문고로 국왕에게 직접 호소할 수 있다는 점을 수령들이 두려워하여 마음을 다해 상세히 백성들의 호소를 살피도록 하기 위함이었다.

백성들이 신문고를 치는 이유는 무엇보다도 원통함과 억울함 때문이었다. 국왕이 신문고를 설치하면서 제시한 이유도 원통함과 억울함을 풀어주는 데 있었다. 『조선왕조실록』에 기록된 사례를 보면 자신이 소유한 노비를 위세 있는 사람에게 빼앗겼다고 신문고를 쳐서 호소하기도 하고, 노비 소유와 관련된 소송에서 관원이 잘못된 판결을 내렸다고 신문고를 두드리기도 하였다.

재상 하륜(河崙)은 신문고를 운영하는 몇 가지 원칙을 제시하였다. 그는 백성들의 호소가 '사실이면 들어주고, 거짓이면 벌을 내린다'는 점을 강조하였다. 그리고 신문고를 치려면 일정한 단계를 거쳐야 하는데 이를 건너뛰어도 벌을 주어야 한다고 하였다.

신문고를 치기 위한 단계는 다음과 같다. 우선, 한성부에 살고 있는 자는 한성부의 주무관청에 호소하고, 지방에 살고 있는 자는 수령에게 호소하는 단계를 거쳐야 했다. 그렇게 하여도 원통하고 억울함이 있으면 사헌부(司憲府)에 고소하고, 그래도 또 원통하고 억울함이 있으면 신문고를 칠 수 있었다. 신문고를 친 사람이 호소한 내용은 의금부의 당직 관리가 잘 정리하여 국왕에게 보고하였다. 그러나 역모를 꾀하여 장차 종묘사직(宗廟社稷)을 위태롭게 하거나 종친 등을 모해(謀害)하여 화란(禍亂)을 일으키려는 자를 고발하는 것이라면, 곧바로 신문고를 치는 것이 가능하였다.

① 노비 소유와 관련된 사적 분쟁 문제도 신문고를 통해 호소할 수 있었다.
② 한성부에 살고 있는 甲은 신문고를 치기 전까지 최소 3번의 단계를 거쳐야 했다.
③ 종묘사직의 안위에 대한 문제를 고발할 때에는 더욱 엄격한 단계를 거쳐야만 신문고를 칠 수 있었다.
④ 백성이 수령에게 억울함을 직접 호소할 수 있는 길을 열어주기 위해 태종 때 신문고가 모든 관아에 설치되었다.
⑤ 하륜은 백성들이 신문고를 적극 활용할 수 있도록 억울함을 호소하는 내용이 거짓이더라도 불이익을 주지 않아야 한다고 강조하였다.

06 ◻◯△✕   16년 행시(5) 1번

다음 글을 근거로 판단할 때, 〈보기〉에서 옳은 것만을 모두 고르면?

무릇 오곡이란 백성들이 생존의 양식으로 의존하는 것이기에 군주는 식량 증산에 힘쓰지 않을 수 없고, 재물을 쓰는 데 절약하지 않을 수 없다.

오곡 가운데 한 가지 곡식이 제대로 수확되지 않으면 이것을 근(饉)이라 하고, 두 가지 곡식이 제대로 수확되지 않으면 이것을 한(旱)이라고 한다. 세 가지 곡식이 제대로 수확되지 않으면 이것을 흉(凶)이라고 한다. 또 네 가지 곡식이 제대로 수확되지 않으면 이것을 궤(饋)라고 하고, 다섯 가지 곡식 모두 제대로 수확되지 않으면 이것을 기(饑)라고 한다. 근이 든 해에는 대부(大夫) 이하 벼슬하는 사람들은 모두 봉록의 5분의 1을 감봉한다. 한이 든 해에는 5분의 2를 감봉하고, 흉이 든 해에는 5분의 3을 감봉하고, 궤가 든 해에는 5분의 4를 감봉하며, 기가 든 해에는 아예 봉록을 주지 않고 약간의 식량만을 지급할 뿐이다.

곡식이 제대로 수확되지 않으면 군주는 먹던 요리의 5분의 3을 줄이고, 대부들은 음악을 듣지 않으며, 선비들은 농사에 힘쓸 뿐 배우러 다니지 않는다. 군주는 조회할 때 입는 예복이 낡아도 고쳐 입지 않고, 사방 이웃 나라의 사신들에게도 식사만을 대접할 뿐 성대한 잔치를 베풀지 않는다. 또 군주가 행차할 때 수레를 끄는 말의 수도 반으로 줄여 두 마리만으로 수레를 끌게 한다. 길을 보수하지 않고, 말에게 곡식을 먹이지 않으며, 궁녀들은 비단옷을 입지 않는다. 이것은 식량이 부족함을 백성들에게 인식시키고자 함이다.

— 〈보 기〉 —
ㄱ. 대부 이하 벼슬하는 사람이 근(饉)이 들었을 때 받을 수 있는 봉록은 궤(饋)가 들었을 때 받을 수 있는 봉록의 4배일 것이다.
ㄴ. 오곡 모두 제대로 수확되지 않으면 대부 이하 벼슬하는 사람들은 봉록과 식량을 전혀 지급받지 못했을 것이다.
ㄷ. 곡식이 제대로 수확되지 않으면 군주가 행차할 때 탄 수레는 곡식을 먹인 말 두 마리가 끌었을 것이다.
ㄹ. 곡식이 제대로 수확되지 않으면 군주는 먹던 요리를 5분의 4로 줄였을 것이다.

① ㄱ
② ㄷ
③ ㄱ, ㄴ
④ ㄴ, ㄹ
⑤ ㄱ, ㄷ, ㄹ

07 ○△✕

다음 글을 근거로 추론할 때, 〈보기〉에서 옳은 것만을 모두 고르면?

유럽인이 아프리카인을 포획하여 노예화한 것은 1441년 포르투갈인들이 모리타니아 해안에서 10명의 주민을 잡아간 때부터이다. 1519~1867년 기간 중 약 950만 명의 아프리카인이 노예무역을 통해 아메리카로 강제이주되었고, 이동 중 평균 사망률이 15%였음을 감안하면 강제로 아프리카를 떠난 노예의 수는 더 많았을 것이다. 이 기간 중 아프리카에서 노예포획이 가장 많이 이루어진 지역은 현재의 세네갈에서 카메룬에 이르는 해안 지역이고, 이렇게 포획된 노예는 브라질(21.4%), 자메이카(11.2%) 등으로 보내졌다.

브라질로 많은 노예가 보내진 이유는 16세기 후반 많은 노동력을 필요로 하는 사탕수수 농장이 이 지역에서 확대되었기 때문이다. 그 외 금광, 커피·담배·면화 재배농장에서도 아프리카 노예가 많이 활용되었다.

포획된 노예를 송출한 국가를 규모 순서로 나열하면 포르투갈, 영국, 프랑스, 에스파냐, 네덜란드순이다. 노예무역은 영국의 왕립 아프리카 회사, 네덜란드의 서인도 회사, 프랑스의 기네아 회사 등 개인 사업자가 민간자본을 모아서 운영하는 방식이었지만 국가의 지원을 절실히 필요로 하였다.

─── 〈보 기〉 ───

ㄱ. 1519~1867년 기간 동안 노예무역으로 자의에 반하여 아프리카를 떠난 노예는 1,100만 명 이상일 것이다.
ㄴ. 유럽에서 노예무역은 국가 독점 사업이었을 것이다.
ㄷ. 17세기 유럽 국가는 대부분의 노예를 자메이카로 보냈을 것이다.
ㄹ. 담배 재배 농업이 활발한 지역에서도 노예수요가 많았을 것이다.

① ㄱ
② ㄴ
③ ㄱ, ㄹ
④ ㄴ, ㄹ
⑤ ㄱ, ㄷ, ㄹ

08 ○△✕

다음 글을 근거로 판단할 때, 〈보기〉에서 옳은 것만을 모두 고르면?

조선시대 궁녀가 받는 보수에는 의전, 선반, 삭료 세 가지가 있었다. 『실록』에서 "봄, 가을에 궁녀에게 포화(布貨)를 내려주니, 이를 의전이라고 한다."라고 한 것처럼 '의전'은 1년에 두 차례 지급하는 옷값이다. '선반'은 궁중에서 근무하는 사람들에게 제공하는 식사를 의미한다. '삭료'는 매달 주는 봉급으로 곡식과 반찬거리 등의 현물이 지급되었다. 궁녀들에게 삭료 이외에 의전과 선반도 주었다는 것은 월급 이외에도 옷값과 함께 근무 중의 식사까지 제공했다는 것으로, 지금의 개념으로 본다면 일종의 복리후생비까지 지급한 셈이다.

삭료는 쌀, 콩, 북어 세 가지 모두 지급되었는데 그 항목은 공상과 방자로 나뉘어 있었다. 공상은 궁녀들에게 지급되는 월급 가운데 기본급에 해당하는 것이다. 공상은 모든 궁녀에게 지급되었으나 직급과 근무연수에 따라 온공상, 반공상, 반반공상 세 가지로 나뉘어 차등 지급되었다. 공상 중 온공상은 쌀 7두 5승, 콩 6두 5승, 북어 2태 10미였다. 반공상은 쌀 5두 5승, 콩 3두 3승, 북어 1태 5미였고, 반반공상은 쌀 4두, 콩 1두 5승, 북어 13미였다.

방자는 궁녀들의 하녀 격인 무수리를 쓸 수 있는 비용이었으며, 기본급 이외에 별도로 지급되었다. 방자는 모두에게 지급된 것이 아니라 직급이나 직무에 따라 일부에게만 지급되었으므로, 일종의 직급수당 또는 직무수당인 셈이다. 방자는 온방자와 반방자 두 가지만 있었는데, 온방자는 매달 쌀 6두와 북어 1태였고 반방자는 온방자의 절반인 쌀 3두와 북어 10미였다.

─── 〈보 기〉 ───

ㄱ. 조선시대 궁녀에게는 현물과 포화가 지급되었다.
ㄴ. 삭료로 지급되는 현물의 양은 온공상이 반공상의 2배, 반공상이 반반공상의 2배였다.
ㄷ. 반공상과 온방자를 삭료로 받는 궁녀가 매달 받는 북어는 45미였다.
ㄹ. 매달 궁녀가 받을 수 있는 가장 적은 삭료는 쌀 4두, 콩 1두 5승, 북어 13미였다.

① ㄱ, ㄴ
② ㄱ, ㄹ
③ ㄴ, ㄷ
④ ㄱ, ㄷ, ㄹ
⑤ ㄴ, ㄷ, ㄹ

09 ○△✕

다음 글을 근거로 추론할 때, 〈보기〉에서 옳지 않은 것만을 모두 고르면?

봉수대 위에서 생활하면서 근무하는 요원으로 봉군(烽軍)과 오장(伍長)이 있었다. 봉군은 주야(晝夜)로 후망(堠望)을 게을리 해서는 안 되는 고역을 직접 담당하였고, 오장은 대상(臺上)에서 근무하면서 봉군을 감시하는 임무를 맡았다.

경봉수는 전국의 모든 봉수가 집결하는 중앙봉수로서 서울에 위치하였고, 연변봉수는 해륙변경(海陸邊境)의 제1선에 설치한 것으로 그 임무수행이 가장 힘들었다. 내지봉수는 연변봉수와 경봉수를 연결하는 중간봉수로 수적으로 대다수였다.

『경국대전』에 따르면 연변봉수와 내지봉수의 봉군 정원은 매소(每所) 6인이었다. 오장의 정원은 연변봉수 · 내지봉수 · 경봉수 모두 매소 2인이었다. 봉군은 신량역천(身良役賤), 즉 신분상으로는 양인(良人)이나 국역담당에 있어서는 천인(賤人)이었다.

『대동지지』에 수록된 파발(擺撥)의 조직망을 보면, 서발은 의주에서 한성까지 1,050리의 직로(直路)에 기마통신(騎馬通信)인 기발로 41참(站)을 두었고, 북발은 경흥에서 한성까지 2,300리의 직로에 도보통신인 보발로 64참을 설치하였다. 남발은 동래에서 한성까지 920리의 직로에 보발로 31참을 설치하였다. 발군(撥軍)은 양인(良人)인 기보병(騎步兵)으로만 편성되었다. 파발은 긴급을 요하기 때문에 주야로 달렸다. 기발의 속도가 1주야(24시간)에 약 300리 정도로 중국의 400~500리보다 늦은 것은 산악이 많은 지형 때문이었다.

봉수는 경비가 덜 들고 신속하게 전달할 수 있는 장점이 있으나 적의 동태를 오직 봉수의 개수로만 전하기 때문에 그 내용을 자세히 전달할 수 없고 또한 비와 구름 · 안개로 인하여 판단이 곤란하고 중도에 단절되는 결점이 있었다. 반면에 파발은 경비가 많이 소요되고 봉수보다는 전달속도가 늦은 결점이 있으나 문서로 전달되기 때문에 보안유지는 물론 적의 병력수 · 장비 · 이동상황 그리고 아군의 피해상황 등을 상세하게 전달할 수 있는 장점이 있었다.

〈보 기〉

ㄱ. 『경국대전』에 따를 때 연변봉수의 근무자 정원은 총 6명이었을 것이다.
ㄴ. 발군의 신분은 봉군의 신분보다 낮았을 것이다.
ㄷ. 파발을 위한 모든 직로에 설치된 참과 참 사이의 거리는 동일했을 것이다.
ㄹ. 의주에서 한성까지 기발로 문서를 전달하는 데 통상 2주야가 걸렸을 것이다.

① ㄱ
② ㄴ, ㄷ
③ ㄱ, ㄴ, ㄹ
④ ㄴ, ㄷ, ㄹ
⑤ ㄱ, ㄴ, ㄷ, ㄹ

10 ○△✕

다음 글을 근거로 판단할 때 옳은 것은?

꿀벌은 나무 둥지나 벌통에서 군집생활을 한다. 암컷인 일벌과 여왕벌은 침이 있으나 수컷인 수벌은 침이 없다. 여왕벌과 일벌은 모두 산란하지만 여왕벌의 알만이 수벌의 정자와 수정되어 암컷인 일벌과 여왕벌로 발달하고, 일벌이 낳은 알은 미수정란이므로 수벌이 된다. 여왕벌의 수정란은 3일 만에 부화하여 유충이 되는데 로열젤리를 먹는 기간의 정도에 따라서 일벌과 여왕벌로 성장한다.

꿀벌 집단에서 일어나는 모든 생태 활동은 매우 복잡하기 때문에 이를 이해하는 관점도 다르게 형성되었다. 꿀벌 집단을 하나로 모으는 힘이 일벌을 지배하는 전지적인 여왕벌에서 비롯된다는 믿음은 아리스토텔레스 시대부터 시작되어 오늘에 이르고 있다. 이러한 믿음은 여왕벌이 다수의 수벌을 거느리고 결혼비행을 하며 공중에서 교미를 한 후에 산란을 하는 모습에 연원을 두고 있다. 꿀벌 집단의 노동력을 유지하기 위하여 매일 수천여 개의 알을 낳거나, 다른 여왕벌을 키우지 못하도록 억제하는 것도 이러한 믿음을 강화시켰다. 또한 새로운 여왕벌의 출현으로 여왕벌들의 싸움이 일어나서 여왕벌을 중심으로 한 곳에 있던 벌떼가 다른 곳으로 옮겨가서 새로운 사회를 이루는 과정도 이러한 믿음을 갖게 하였다.

그러나 꿀벌의 모든 생태 활동이 이러한 견해를 뒷받침하는 것은 아니다. 요컨대 벌집의 실질적인 운영은 일벌에 의하여 집단적으로 이루어진다. 일벌은 꽃가루와 꿀 그리고 입에서 나오는 로열젤리를 유충에게 먹여서 키운다. 일벌은 꽃가루를 모으고, 파수병의 역할을 하며, 벌집을 새로 만들거나 청소하는 등 다양한 역할을 수행한다. 일벌은 또한 새로운 여왕벌의 출현을 최대한 억제하는 역할도 수행한다. 여왕벌에서 '여왕 물질'이라는 선분비물이 나오고 여왕벌과 접촉하는 일벌은 이 물질을 더듬이에 묻혀 벌집 곳곳에 퍼뜨린다. 이 물질의 전달을 통해서 여왕벌의 건재함이 알려져서 새로운 여왕벌을 키울 필요가 없다는 사실이 집단에게 알려지는 것이다.

① 사람이 꿀벌에 쏘였다면 그는 일벌이나 수벌에 쏘였을 것이다.
② 일벌은 암컷과 수컷으로 나누어지고 성별에 따라 역할이 나누어진다.
③ 수벌은 꿀벌 집단을 다른 집단으로부터 보호하는 파수병 역할을 한다.
④ 일벌이 낳은 알에서 부화된 유충이 로열젤리를 계속해서 먹으면 여왕벌이 된다.
⑤ 여왕 물질이라는 선분비물을 통하여 새로운 여왕벌의 출현이 억제된다.

11 ○△✕ 13년 행시(인) 22번

다음 글을 근거로 추론할 때, 〈보기〉에서 옳은 것을 모두 고르면?

물은 공기와 더불어 생명을 유지하는 데 필요한 가장 기본적인 요소로서 성인의 경우 체중의 약 60%를 차지하고 있다. 체내에서 물은 여러 가지 생리기능을 담당하는 용매로서 영양소를 운반하고, 체온조절을 하는 등 여러 기능을 수행한다.

사람은 물이 일정 비율 이상 부족하면 생명을 유지할 수 없다. 사람은 체내에 수분이 2%가 부족하면 심한 갈증을 느끼고, 5%가 부족하면 혼수상태에 빠지며, 12%가 부족하면 사망하게 된다. 따라서 우리의 몸은 항상 일정한 양의 수분을 보유하기 위해 수분배출량과 섭취량이 균형을 이루어야 한다. 성인의 경우, 1일 기준으로 700ml를 호흡으로, 200ml를 땀으로, 1,500ml를 소변으로, 100ml를 대변으로 수분을 배출하므로 우리는 그만큼의 수분을 매일 섭취하여야 한다.

일반적으로 1일 수분섭취량의 약 30%는 음식을 통해 공급받는다. 우리가 매일 섭취하는 음식은 종류에 따라 수분함량이 다르다. 예를 들어 상추는 수분함량이 96%나 되지만 감자는 80%, 쌀밥은 66%, 버터는 20%이며 김은 10%에 불과하다.

※ 단, 물 1,000ml의 무게는 1,000g이다.

── 〈보 기〉 ──

ㄱ. 60kg 성인의 경우, 체내에서 차지하는 수분의 무게는 약 36kg이다.

ㄴ. 80kg 성인의 경우, 체내에서 약 4,760ml의 수분이 부족하면 사망하게 된다.

ㄷ. 70kg 성인의 경우, 성인 1일 기준 수분배출량만큼의 수분이 부족하면 혼수상태에 빠질 수 있다.

ㄹ. 성인 1일 기준 수분배출량의 30%를 상추와 쌀밥만으로 섭취한다고 할 때, 상추 400g과 쌀밥 300g이면 충분하다.

① ㄱ, ㄴ
② ㄱ, ㄷ
③ ㄴ, ㄷ
④ ㄴ, ㄹ
⑤ ㄱ, ㄷ, ㄹ

12 ○△✕ 12년 행시(인) 2번

다음 글에 근거할 때, 옳게 추론한 것을 〈보기〉에서 모두 고르면?

클래식 음악에는 보통 'Op.'로 시작하는 작품번호가 붙는다. 이는 '작품'을 의미하는 라틴어 Opus의 약자에서 비롯되었다. 한편 몇몇 작곡가들의 작품에는 다른 약자로 시작하는 작품 번호가 붙기도 한다. 예를 들면 하이든의 작품에는 통상적으로 'Hob.'로 시작하는 작품번호가 붙는다. 이는 네덜란드의 안토니 판 호보켄이 1957년과 1971년 하이든의 음악을 정리하여 낸 두 권의 카탈로그에서 유래한 것이다.

'RV.'는 Ryom−Verzeichnis(리옹번호를 뜻하는 독일어)의 약자이다. 이는 1977년 프랑스의 피터 리옹이 비발디의 방대한 작품들을 번호순으로 정리하여 출판한 목록에서 비롯되었다. 비발디의 작품에 대해서는 그전에도 마르크 핀케를(P.)이나 안토니오 파나(F.)에 의한 번호목록이 출판되었으나, 리옹의 작품번호가 가장 포괄적이며 많이 쓰인다.

바흐 역시 작품마다 고유의 작품번호가 붙어 있는데 이것은 바흐의 작품을 구분하여 정리한 볼프강 슈미더에 의한 것이다. 'BWV'는 Bach−Werke−Verzeichnis (바흐의 작품번호를 뜻하는 독일어)의 첫 글자를 따온 것으로, 정리한 순서대로 아라비아 숫자가 붙어서 바흐의 작품번호가 되었다. 'BWV'는 총 1,080개의 바흐의 작품에 붙어 있다.

모차르트의 작품에 가장 빈번히 사용되는 'K.'는 오스트리아의 모차르트 연구가 루드비히 폰 쾨헬의 이니셜을 딴 것이다. 그는 총 626곡의 모차르트 작품에 번호를 매겼다. 'K.'는 종종 '쾨헬번호'라는 의미의 Köchel−Verzeichnis의 약자인 'KV.'로 표기되기도 한다.

'D.'로 시작하는 작품번호는 슈베르트에 관한 권위자인 오토 에리히 도이치의 이름을 따서 붙여진 것이다. 오스트리아의 음악 문헌학자이며 전기작가인 도이치는 연대순으로 총 998개의 슈베르트 작품에 번호를 매겼다.

── 〈보 기〉 ──

ㄱ. 작품번호만 보아도 누구의 곡인지 알 수 있는 경우가 있다.

ㄴ. 비발디의 작품번호를 최초로 정리하여 출판한 사람은 피터 리옹이다.

ㄷ. 몇몇 작곡가들의 작품번호는 작품들을 정리한 사람 이름의 이니셜을 사용하기도 한다.

ㄹ. BWV293과 D.759라는 작품이 있다면 그것은 각각 바흐와 슈베르트의 작품일 것이다.

① ㄱ, ㄴ
② ㄱ, ㄹ
③ ㄴ, ㄷ
④ ㄱ, ㄷ, ㄹ
⑤ ㄴ, ㄷ, ㄹ

13 ○△✕ | 12년 행시(인) 23번

다음 글에 근거할 때, 옳은 것을 〈보기〉에서 모두 고르면?

종묘(宗廟)는 조선시대 역대 왕과 왕비, 그리고 추존(追尊)된 왕과 왕비의 신주(神主)를 봉안하고 제사를 지내는 왕실의 사당이다. 신주는 사람이 죽은 후 하늘로 돌아간 신혼(神魂)이 의지하는 것으로, 왕과 왕비의 사후에도 그 신혼이 의지할 수 있도록 신주를 제작하여 종묘에 봉안했다.

조선 왕실의 신주는 우주(虞主)와 연주(練主) 두 종류가 있는데, 이 두 신주는 모양은 같지만 쓰는 방식이 달랐다. 먼저 우주는 묘호(廟號), 상시(上諡), 대왕(大王)의 순서로 붙여서 썼다. 여기에서 묘호와 상시는 임금이 승하한 후에 신위(神位)를 종묘에 봉안할 때 올리는 것으로서, 묘호는 '태종', '세종', '문종' 등과 같은 추존칭호이고 상시는 8글자의 시호로 조선의 신하들이 정해 올렸다.

한편 연주는 유명증시(有明贈諡), 사시(賜諡), 묘호, 상시, 대왕의 순서로 붙여서 썼다. 사시란 중국이 조선의 승하한 국왕에게 내려준 시호였고, 유명증시는 '명나라 왕실이 시호를 내린다'는 의미로 사시 앞에 붙여 썼던 것이었다. 하지만 중국 왕조가 명나라에서 청나라로 바뀐 이후에는 연주의 표기 방식이 바뀌었는데, 종래의 표기 순서 중에서 유명증시와 사시를 빼고 표기하게 되었다. 유명증시를 뺀 것은 더 이상 시호를 내려줄 명나라가 존재하지 않았기 때문이었고, 사시를 뺀 것은 청나라가 시호를 보냈음에도 불구하고 조선이 청나라를 오랑캐의 나라로 치부하여 그것을 신주에 반영하지 않았기 때문이었다.

〈조선 왕조와 중국의 명·청 시대 구분표〉

조선	태조(太祖)	정종(定宗)	태종(太宗)	…	인조(仁祖)	…	숙종(肅宗)	…
중국	명(明)				청(淸)			

〈보 기〉

ㄱ. 중국이 태종에게 내린 시호가 '공정(恭定)'이고 태종의 상시가 '성덕신공문무광효(聖德神功文武光孝)'라면, 태종의 연주에는 '유명증시공정태종성덕신공문무광효대왕(有明贈諡恭定太宗聖德神功文武光孝大王)'이라고 쓰여 있을 것이다.

ㄴ. 중국이 태종에게 내린 시호가 '공정(恭定)'이고 태종의 상시가 '성덕신공문무광효(聖德神功文武光孝)'라면, 태종의 우주에는 '태종성덕신공문무광효대왕(太宗聖德神功文武光孝大王)'이라고 쓰여 있을 것이다.

ㄷ. 중국이 인조에게 내린 시호가 '송창(松窓)'이고 인조의 상시가 '헌문열무명숙순효(憲文烈武明肅純孝)'라면, 인조의 연주에는 '송창인조헌문열무명숙순효대왕(松窓仁祖憲文烈武明肅純孝大王)'이라고 쓰여 있을 것이다.

ㄹ. 숙종의 우주와 연주는 다르게 표기되어 있을 것이다.

① ㄱ, ㄴ
② ㄴ, ㄹ
③ ㄷ, ㄹ
④ ㄱ, ㄴ, ㄷ
⑤ ㄱ, ㄷ, ㄹ

14 ○△✕ | 11년 행시(발) 1번

다음 글을 읽고 옳게 추론한 것을 〈보기〉에서 모두 고르면?

기후변화란 자연적인 요인과 인위적인 요인에 의해 기후계가 점차 변화하는 것을 의미한다. IPCC[*]는 최근의 기후변화가 인간 활동에 의한 지구온난화 때문에 발생했을 가능성이 90%이며, 그 주요 원인은 화석연료의 과도한 사용으로 인한 온실가스 농도의 증가라고 밝히고 있다. 지구온난화에 가장 큰 영향을 미치는 6대 온실가스로는 이산화탄소(CO_2), 메탄(CH_4), 아산화질소(N_2O), 과불화탄소(PFC_S), 수불화탄소(HFC_S), 육불화황(SF_6)이 있다. 이 중 이산화탄소의 평균 농도는 산업혁명 전에는 약 280ppm이었으나, 2005년에는 379ppm으로 약 35.4%가 증가하였다.

한편 인공위성 관측자료(1979~2005년)에 의하면, 남극해 및 남극대륙 일부를 제외하고 전 지표면에서 온난화가 나타나고 있으며, 지난 20년 동안 육지의 온난화가 해양보다 빠르게 진행되어 왔다. 특히 온난화의 진행 정도는 북반구가 남반구에 비하여 훨씬 심하며, 북극지방의 평균온도 증가율은 지구 평균온도 증가율의 약 2배에 이르고 있다. 지난 43년 간(1961~2003년) 해수면은 연평균 0.17±0.05m, 해수온은 약 0.1℃ 상승한 것으로 관측되었다. 해수면 상승의 주요 원인으로는 해수 열팽창과 빙하 해빙을 들 수 있다. 강수의 경우 눈보다는 비가 많으며 폭우가 전 지역에서 증가하였고, 가뭄과 홍수 발생지역도 증가하는 추세이다

※ IPCC(Intergovernmental Panel on Climate Change : 기후변화에 관한 정부간협의체)는 1988년 설립된 UN 산하 국제기구로 지구적인 환경문제에 대처하기 위해 세계 각국 3,000여명의 전문가로 구성된 모임이다.

〈보 기〉

ㄱ. 현재와 같은 온난화 추세가 지속되는 한, 북반구의 평균온도변화는 남반구의 평균온도변화보다 더 클 수 있다.

ㄴ. 기후변화로 인한 육지의 생태계 변화는 해양의 생태계 변화보다 심하지 않을 것이다.

ㄷ. 산업혁명 이후 6대 온실가스 중에서 이산화탄소 농도의 증가율이 가장 크다.

ㄹ. 남극해의 평균온도 증가율은 지구 평균온도 증가율의 약 2배에 이르고 있다.

① ㄱ
② ㄱ, ㄷ
③ ㄴ, ㄹ
④ ㄷ, ㄹ
⑤ ㄱ, ㄴ, ㄹ

15 ○△✕

다음 글에 부합하는 설명을 〈보기〉에서 모두 고르면?

통제영 귀선(龜船)은 뱃머리에 거북머리를 설치하였는데, 길이는 4자 3치, 너비는 3자이고 그 속에서 유황·염초를 태워 벌어진 입으로 연기를 안개같이 토하여 적을 혼미케 하였다. 좌우의 노는 각각 10개씩이고 좌우 방패판에는 각각 22개씩의 포구멍을 뚫었으며 12개의 문을 설치하였다. 거북머리 위에도 2개의 포구멍을 뚫었고 아래에 2개의 문을 설치했으며 그 옆에는 각각 포구멍을 1개씩 내었다. 좌우 복판(覆板)에도 또한 각각 12개의 포구멍을 뚫었으며 귀(龜)자가 쓰여진 기를 꽂았다. 좌우 포판(鋪板) 아래 방이 각각 12간인데, 2간은 철물을 차곡차곡 쌓았고 3간은 화포·궁시·창검을 갈라두며 19간은 군사들이 쉬는 곳으로 사용했다. 왼쪽 포판 위의 방 한 간은 선장이 쓰고 오른쪽 포판 위의 방 한 간은 장령들이 거처하였다. 군사들이 쉴 때에는 포판 아래에 있고 싸울 때에는 포판 위로 올라와 모든 포구멍에 포를 걸어 놓고 쉴 새 없이 쏘아댔다.

전라좌수영 귀선의 치수, 길이, 너비 등은 통제영 귀선과 거의 같다. 다만 거북머리 아래에 또 귀두(鬼頭)를 붙였고 복판 위에 거북무늬를 그렸으며 좌우에 각각 2개씩의 문을 두었다. 거북머리 아래에 2개의 포구멍을 내었고 현판 좌우에 각각 10개씩의 포구멍을 내었다. 복판 좌우에 각각 6개씩의 포구멍을 내었고 좌우에 노는 각각 8개씩 두었다.

― 〈 보 기 〉 ―

ㄱ. 통제영 귀선의 포구멍은 총 72개이며 전라좌수영 귀선의 포구멍은 총 34개이다.
ㄴ. 통제영 귀선은 포판 아래 총 24간의 방을 두어 그 중 한 간을 선장이 사용하였다.
ㄷ. 두 귀선 모두 포판 위에는 쇠못을 박아두어 적군의 귀선 접근을 막았다.
ㄹ. 포를 쏘는 용머리는 두 귀선의 공통점으로 귀선만의 자랑이다.
ㅁ. 1인당 하나의 노를 담당할 경우 통제영 귀선은 20명, 전라좌수영 귀선은 16명의 노 담당 군사를 필요로 한다.

① ㄱ, ㄷ
② ㄱ, ㅁ
③ ㄷ, ㅁ
④ ㄱ, ㄴ, ㅁ
⑤ ㄴ, ㄷ, ㄹ

16 ○△✕

다음 글과 〈보기〉의 내용이 부합하는 것만을 모두 고르면?

해양환경보호를 위한 전문가 그룹의 최근 보고서에 의하면 전 세계 해양오염의 발생원인은 육상기인(起因) 77%, 해상기인 12%, 육상폐기물의 해양투기 10% 등이다. 육상기인의 약 60%는 육상으로부터의 직접유입이고, 약 40%는 대기를 통한 유입이다. 육상폐기물 해양투기의 대부분은 항로 확보 및 수심유지를 위한 준설물질이 차지하고 있다. 반면에 우리나라의 경우에는 하수오니(오염물질을 포함한 진흙), 축산분뇨 등 유기물질의 해양투기량이 준설물질의 투기량을 훨씬 능가하고 있는 실정이다.

국제사회는 1970년대부터 이미 육상폐기물 해양투기규제협약과 선박으로부터의 해양오염방지협약 등 국제협약을 발효하여 해양오염에 대한 문제의식을 고취시켰다. 또한 1990년대에 접어들면서 육상기인 오염에 대하여 그 중요성을 인식하고 '육상활동으로부터 해양환경보호를 위한 범지구적 실천기구'를 발족하여 육상기인 오염에 대한 관리를 강화하고 있다.

우리나라에서는 1977년 해양오염방지법을 제정하여 주로 선박 및 해양시설로부터의 해양오염을 규제해 왔으며, 1995년 씨프린스 호 사고 이후로는 선박기름 유출사고 등에 대비한 방제능력을 강화해 왔다. 1996년 해양수산부 설치 이후에는 보다 적극적인 해양환경보호활동에 나섰다. 또한 해양환경관리법을 제정하여 해양환경의 종합적 관리기반을 구축할 수 있도록 입법체계 정비를 추진하였으며, 오염된 해역에 대한 오염총량관리제의 도입도 추진하였다.

― 〈 보 기 〉 ―

ㄱ. 우리나라의 육상폐기물 해양투기 중 항로 확보 등을 위한 준설물질의 해양투기 비율이 높으므로 이에 대한 대책 마련이 우선적으로 필요하다.
ㄴ. 세계적으로 해양오염을 야기하는 오염원을 보면, 대기를 통해 해양으로 유입되는 육상기인의 비율이 육상폐기물 해양투기의 비율보다 크다.
ㄷ. 우리나라에서는 해양수산부 설치 이전에는 관련법이 없었으므로 선박으로부터의 해양오염방지협약 등 국제협약을 직접 적용하여 해양환경을 관리했다.
ㄹ. 우리나라에서는 육상기인 해양오염이 유류오염사고로 인한 해양오염보다 심하다.

① ㄱ
② ㄴ
③ ㄱ, ㄴ
④ ㄴ, ㄹ
⑤ ㄷ, ㄹ

17 ☐△✕   09년 행시(극) 23번

다음 제시문에 근거하여 판단할 때 〈보기〉에서 옳은 것을 모두 고르면?

> 중위값(median)은 관찰값을 크기 순서로 나열했을 경우 가장 중앙에 위치하게 되는 값을 말하며, 평균(mean)은 관찰값의 합을 관찰값의 개수로 나눈 값을 말한다. 만일 관찰값의 분포가 좌우대칭의 종 모양인 경우 중위값과 평균은 일치한다. 그러나 분포가 좌 또는 우로 치우쳐 있는 경우에는 평균이 극단값에 민감하게 영향을 받기 때문에 중위값과 평균은 일치하지 않는다.
>
> 경제 관련 자료의 경우 분포가 대칭인 것보다는 비대칭인 경우가 대부분을 차지하고 있다. 대표적 예로서 소득분포의 경우에는, 어느 나라에서나 분포의 봉우리가 가운데보다 왼쪽(소득이 적은 쪽)에 치우치게 되어 평균소득이 중위소득보다 크게 된다. 이 경우 다수의 인구(또는 가구)가 평균소득에 훨씬 못 미치는 소득수준에 머무르게 되기 때문에 이 평균소득을 근거로 한 국가의 후생수준을 평가하는 것은 문제가 있다. 이 같은 이유로 미국에서는 오래 전부터 지역주민들의 경제적 능력을 대표하는 수치로 평균소득이 아닌 중위소득을 공개하였다.
>
> 통계학적으로 중위값과 평균을 구하는 데는 동일한 양의 정보가 필요하기 때문에 지금까지 정부통계로 평균을 발표하던 것을 중위값으로 대체하거나 또는 중위값을 추가로 공개하더라도 추가적인 노력이나 비용이 필요없다. 그러나 정부가 정책을 입안할 때 어느 수치를 기준으로 하느냐에 따라 정책효과나 정책으로 인해 영향을 받게 되는 지역이나 주민은 달라질 가능성이 매우 크다. 해당 변수의 분포가 비대칭일수록 그 영향은 당연히 더욱 커지게 된다.

〈보 기〉

ㄱ. 정부는 신뢰성 있는 정보의 전달을 위해 추가비용이 들겠지만 평균과 중위값 정보를 동시에 제공해야 한다.

ㄴ. 각 국가별 무역수지를 조사하고 정책을 결정할 경우 중위값을 사용하더라도 평균값을 사용하는 경우와 같이 극단값의 영향을 크게 받는다.

ㄷ. 전국 주택가격의 가격 분포가 대칭적이라면 굳이 중위값을 사용할 필요가 없다.

ㄹ. 평균소득과 중위소득의 차이가 클 경우 평균소득으로 후생수준을 판단하는 것은 적정한 방법이라 할 수 없다.

ㅁ. 특정 경제변수의 분포가 우측(경제변수의 크기가 큰 쪽)으로 치우친 경우 중위값이 평균보다 좌측에 있다.

① ㄱ, ㄴ
② ㄴ, ㄹ
③ ㄷ, ㄹ
④ ㄱ, ㄴ, ㅁ
⑤ ㄷ, ㄹ, ㅁ

18 ☐△✕   08년 행시(조) 1번

다음 제시문의 내용과 일치하는 것을 〈보기〉에서 모두 고른 것은?

> 육조는 조선시대에 국가의 정무를 나누어 맡아보던 이조, 호조, 예조, 병조, 형조, 공조에 대한 총칭이다. 별칭으로 육부 또는 육관으로 불리었다. 육조의 기능을 보면 이조는 주로 인사를 담당하였으며, 호조는 재정·경제와 호적 관리를, 예조는 과거 관리 및 일반 의례를 담당했고, 병조는 군제와 군사를, 형조는 형벌 및 재판과 노비문제를, 공조는 도로, 교량, 도량형 등을 관리했다.
>
> 육조는 각 조마다 정2품의 판서 1인, 종2품의 참판 1인, 정3품의 참의 1인, 정5품의 정랑이 2인에서 4인, 정6품의 좌랑이 2인에서 4인 등으로 구성되었다. 사무운영에서 일상적 업무처리는 정랑·좌랑이, 중대사 및 돌발적인 업무는 판서·참판·참의 등 당상관(정3품 이상)이 중심이 되어 처리했다.
>
> 육조의 서열은 1418년까지는 이, 병, 호, 예, 형, 공조의 순서였고, 이후에는 이, 호, 예, 병, 형, 공조의 순서가 되었다. 즉 조선 세종 이후 병조가 약화되고 재무를 다루던 호조와 의례를 다루던 예조가 강화되었다.
>
> 육조는 왕권 및 통치 구조와 연관되면서 수시로 그 세력이 조절되었지만, 법제적으로는 국정의 가장 중심이 되는 기관이었다. 육조의 정랑·좌랑은 임기를 마치면 승진되는 특혜를 받았으며, 이, 예, 병조의 정랑·좌랑은 문관만 재직할 수 있도록 되어 있었다.

〈보 기〉

ㄱ. 조선시대에는 관료의 채용관련 업무와 관료의 승진·평가업무를 한 부서에서 전담하지 않았다.

ㄴ. 조선시대 군제와 군사를 담당하는 병조는 무관의 고유 업무 영역이었다.

ㄷ. 조선시대 육조에는 18명의 당상관이 있었으며, 육관의 서열이 정해져 있었다.

ㄹ. 조선초기에 비해 조선후기에는 실학사상의 영향으로 호조의 역할이 강화되었다.

ㅁ. 조선시대 당상관의 경우에는 임기제로 운영되고 있었다.

① ㄱ, ㄴ
② ㄱ, ㄷ
③ ㄴ, ㄷ
④ ㄴ, ㄹ
⑤ ㄹ, ㅁ

19 ⊙△✕   07년 행시(무) 22번

다음은 퇴계와 율곡의 사단칠정론에 관한 논문의 일부분이다. 이 논문의 주장에 부합하는 것을 모두 고르면?

사단칠정론(四端七情論)은 이기론(理氣論)의 틀 속에서 '모든 인간이 선천적으로 윤리적 행위의 능력을 지닌다는 신념(성선설)'을 논리적으로 규명하려는 노력이었다. 인성(人性)에 대해 논하면서 인간이 어떤 경우에나 도덕성을 발현할 수 있다고 주장할 뿐, 인간의 정신현상을 합리적으로 설명하지 않는다면, 그 주장은 단순한 규범윤리의 조목에 그칠 뿐이다. 한편, 인간의 정신현상이 어떻게 드러나는지를 그럴 듯하게 해명하면서도 인간이 지니는 도덕능력의 근거를 충분히 밝히지 못한다면, 그것은 성리학의 기본이념을 망각한 논리의 맹목적인 추구에 불과할 것이다. 그렇기 때문에 율곡은 정신현상의 발현과정에 대한 논리적 설명에 주안점을 두면서도, 구체적인 현상의 근저는 어디까지나 도덕적인 소당연(所當然)의 원리[理]에 있음을 강조하였고, 퇴계는 선천적 도덕능력의 근거가 되는 이(理)의 자발성을 견지하는 가운데 그것의 발현에는 항상 기(氣)의 작용이 수반한다고 설명하였다.

퇴계와 율곡의 사단칠정론에서 드러나는 이와 같은 특징을 종합해 보면, 사단칠정론이란 결국 심리현상의 발출 과정을 합리적으로 설명하고자 하는 심리철학적 연구와, 성선설의 본지를 계승하여 인간의 도덕적 존엄성을 천명하고자 하는 윤리적 신념을 하나의 이론체계로 융화시킨 것이라고 할 수 있다. 하지만 그러한 융화는 퇴계와 율곡 어느 쪽에서도 완전한 모습을 이루지 못한 채 각각 이론과 당위의 한 측면에서 미비점을 남기고 말았다.

〈보 기〉

ㄱ. 사단칠정론은 이기론을 논리적으로 규명하고자 하는 노력이었다.
ㄴ. 퇴계는 이(理)의 자발성을 견지하여 그것 자체가 완결성을 가질 수 있다고 했다.
ㄷ. 율곡은 정신현상의 발현과정에 대한 논리적 설명에 주안점을 두기보다는 그 근저인 도덕적 소당연의 원리를 강조하였다.
ㄹ. 사단칠정론은 도덕능력의 근거와 정신현상의 발현과정을 함께 규명하려 하였다.
ㅁ. 사단칠정론의 최대 쟁점은 인간의 선천적인 윤리적 행위능력에 근거한 도덕적 존엄성의 유무였다.

---

① ㄹ
② ㅁ
③ ㄱ, ㄹ
④ ㄹ, ㅁ
⑤ ㄴ, ㄷ, ㅁ

20 ⊙△✕   06년 행시(제) 6번

다음 제시문을 읽고 유추할 수 있는 결과로서 적절한 것을 〈보기〉에서 모두 고르면?

통계청에 따르면, 2005년 2월 말 기준으로 청년(15~29세) 실업자 수는 425,000명에 이르러 전체실업자 925,000명의 45.9%이고, 청년 실업률 또한 8.6%로 전체실업률 4.0%의 2배 이상 수준이다. 이와 같이 청년 실업이 심각한 사회·경제적 이슈로 부각되고 있는 상황에서 NEET족 문제가 부각되고 있다. NEET(Not in Education, Employment or Training)족이란 학교에도 다니지 않고, 고용되어 있지도 않으며, 직업훈련에도 참가하고 있지 않은 15~34세의 미혼상태인 무직자를 지칭한다. 민간연구소 K는 통계청 자료를 이용하여 우리나라의 NEET족이 2003년 174,600명에 달했으며, 2015년에는 800,000명을 돌파할 것이라고 추정하였다. 2015년 추정치는 2015년 전체 추계 인구의 1.71%, 추정 경제 활동 참가자의 2.8% 수준일 것으로 예측된다. 참고로 영국의 NEET족은 1999년 기준으로 161,000명, 일본은 2002년 기준 847,000명, 스웨덴은 전체 인구의 3.0%라고 한다.

〈보 기〉

ㄱ. NEET족은 장기적으로 복지수혜대상자가 될 가능성이 높아 정부의 복지 지출을 증대시킬 수 있는 원인이 된다.
ㄴ. 직업훈련기관의 증설은 NEET족 취업에 도움이 된다.
ㄷ. NEET족의 증가는 생산활동에 참가할 노동투입량을 줄여 경제성장률을 하락시킬 수 있는 요인이 된다.
ㄹ. NEET족의 증가는 반드시 청년실업률을 증가시킨다.

---

① ㄱ, ㄴ
② ㄱ, ㄷ
③ ㄱ, ㄹ
④ ㄴ, ㄹ
⑤ ㄷ, ㄹ

01 ⊙△✕

다음 글을 근거로 판단할 때, 〈보기〉에서 옳은 것만을 모두 고르면?

보다 많은 고객을 끌어들일 수 있는 이상적인 점포 입지를 결정하기 위한 상권분석이론에는 'X가설'과 'Y가설'이 있다. X가설에 의하면, 소비자는 유사한 제품을 판매하는 점포들 중 한 점포를 선택할 때 가장 가까운 점포를 선택한다. 그러나 이동거리가 점포 선택에 큰 영향을 미치기는 하지만, 소비자가 항상 가장 가까운 점포를 찾는다는 X가설이 적용되기 어려운 상황들이 있다. 가령, 소비자들은 먼 거리에 위치한 점포가 보다 나은 구매기회를 제공함으로써 이동에 따른 추가 노력을 보상한다면 기꺼이 먼 곳까지 찾아간다.

한편 Y가설은 다른 조건이 동일하다면 두 도시 사이에 위치하는 어떤 지역에 대한 각 도시의 상거래 흡인력은 각 도시의 인구에 비례하고, 각 도시로부터의 거리 제곱에 반비례한다고 본다. 즉, 인구가 많은 도시일수록 더 많은 구매기회를 제공할 가능성이 높으므로 소비자를 끌어당기는 힘이 크다고 본 것이다.

예를 들어, 일직선상에 A, B, C 세 도시가 있고, C시는 A시와 B시 사이에 위치하며, C시는 A시로부터 5km, B시로부터 10km 떨어져 있다. 그리고 A시 인구는 50만 명, B시의 인구는 400만 명, C시의 인구는 9만 명이다. 만약 A시와 B시가 서로 영향을 주지 않고, C시의 모든 인구가 A시와 B시에서만 구매한다고 가정하면, Y가설에 따라 A시와 B시로 구매활동에 유인되는 C시의 인구 규모를 계산할 수 있다. A시의 흡인력은 20,000(=50만÷25), B시의 흡인력은 40,000(=400만÷100)이다. 따라서 9만 명인 C시의 인구 중 1/3인 3만 명은 A시로, 2/3인 6만 명은 B시로 흡인된다.

—————— 〈보 기〉 ——————

ㄱ. X가설에 따르면, 소비자가 유사한 제품을 판매하는 점포들 중 한 점포를 선택할 때 소비자는 더 싼 가격의 상품을 구매하기 위해 더 먼 거리에 있는 점포에 간다.

ㄴ. Y가설에 따르면, 인구 및 다른 조건이 동일할 때 거리가 가까운 도시일수록 이상적인 점포 입지가 된다.

ㄷ. Y가설에 따르면, C시로부터 A시와 B시가 떨어진 거리가 5km로 같다고 가정할 때 C시의 인구 중 8만 명이 B시로 흡인된다.

① ㄱ
② ㄴ
③ ㄱ, ㄷ
④ ㄴ, ㄷ
⑤ ㄱ, ㄴ, ㄷ

02 ⊙△✕

다음 글을 근거로 판단할 때, 〈보기〉에서 옳은 것만을 모두 고르면?

A4(210mm×297mm)를 비롯한 국제표준 용지 규격은 독일 물리학자 게오르크 리히텐베르크에 의해 1786년에 처음으로 언급되었다. 이른바 A시리즈 용지들의 면적은 한 등급 올라갈 때마다 두 배로 커진다. 한 등급의 가로는 그 위 등급의 세로의 절반이고, 세로는 그 위 등급의 가로와 같으며, 모든 등급들의 가로 대 세로 비율은 동일하기 때문이다. 용지들의 가로를 W, 세로를 L이라고 하면, 한 등급의 가로 대 세로 비율과 그 위 등급의 가로 대 세로의 비율이 같아야 한다는 것은 등식 $W/L=L/2W$이 성립해야 한다는 것과 같다. 다시 말해 $L^2=2W^2$이 성립해야 하므로 가로 대 세로 비율은 1대 $\sqrt{2}$가 되어야 한다. 요컨대 세로가 가로의 $\sqrt{2}$배여야 한다. $\sqrt{2}$는 대략 1.4이다.

이 비율 덕분에 우리는 A3 한 장을 축소복사하여 A4 한 장에 꼭 맞게 출력할 수 있다. A3를 A4로 축소할 때의 비율은 복사기의 제어판에 70%로 표시된다. 왜냐하면 그 비율은 길이를 축소하는 비율을 의미하고, $1/\sqrt{2}$은 대략 0.7이기 때문이다. 이 비율로 가로와 세로를 축소하면 면적은 1/2로 줄어든다.

반면 미국과 캐나다에서 쓰이는 미국표준협회 규격용지들은 가로와 세로가 인치 단위로 정해져 있으며, 레터용지(8.5인치×11.0인치), 리걸용지(11인치×17인치), 이그제큐티브용지(17인치×22인치), D레저용지(22인치×34인치), E레저용지(34인치×44인치)가 있다. 미국표준협회 규격 용지의 경우, 한 용지와 그보다 두 등급 위의 용지는 가로 대 세로 비율이 같다.

—————— 〈보 기〉 ——————

ㄱ. 국제표준 용지 중 A2 용지의 크기는 420mm×594mm이다.

ㄴ. A시리즈 용지의 경우, 가장 높은 등급의 용지를 잘라서 바로 아래 등급의 용지 두 장을 만들 수 있다.

ㄷ. A시리즈 용지의 경우, 한 등급 위의 용지로 확대복사할 때 복사기의 제어판에 표시되는 비율은 130%이다.

ㄹ. 미국표준협회 규격 용지의 경우, 세로를 가로로 나눈 값은 $\sqrt{2}$이다.

① ㄱ
② ㄱ, ㄴ
③ ㄴ, ㄹ
④ ㄱ, ㄴ, ㄷ
⑤ ㄱ, ㄷ, ㄹ

01 ○△×

다음 글에 근거하여 5행(行)−5수(數)−5상(常)−4신(神)을 바르게 짝지은 것은?

가. 음양오행론(陰陽五行論)은 상생(相生)과 상극(相克)의 두 작용을 통해 생명이 창출된다고 본다. 오행은 5상(常)[인(仁)·의(義)·예(禮)·지(智)·신(信)]과 5수(數)[5·6·7·8·9]로 연결되어 해석된다.

나. 상생은 물(水)이 나무를 낳고, 나무(木)가 불을 낳고, 불(火)이 흙을 낳고, 흙(土)이 금을 낳고, 금(金)이 물을 낳는다는 원리이다. 신라, 고려, 조선의 순서로 왕조가 교체된 것은 상생원리로 해석할 수 있다. 정감록에 따르면 조선 다음에는 불의 기운을 가진 정씨가 새로운 세상을 연다고 한다. 불의 숫자는 7이다.

다. 신라, 고려, 조선은 오행에 대응하는 5수를 선호하여 그에 따른 특징을 가지고 있었다. 그래서 조선은 전국을 8도로 나누었고, 고려는 6구역(5도＋양계)으로 나누었으며, 신라는 9층탑을 세우고 전국을 9주로 나누었다.

라. 5상과 방위를 연결하여 4대문[돈의문(敦義門), 소지문(炤智門), 숭례문(崇禮門), 흥인문(興仁門)]과 중앙에 보신각(普信閣)이 건립되었다. 흥인문과 돈의문, 숭례문과 소지문이 서로 마주 보고 있다. 이는 4신(神 : 청룡, 백호, 주작, 현무)과도 연결된다. 고구려 고분 벽화의 사신도에는 청룡 맞은편에 백호, 주작 맞은편에 현무가 4방(方)에 각각 위치해 그려져 있다. 이 중 주작은 붉은[火] 봉황을 의미하며, 숭례문과 연결된다. 흥인문은 청룡을 뜻하고 인(仁)은 목(木)과 연결된다.

마. 4대문과 4신의 배치에는 상극의 원리를 적용하여, 물(水)이 불(火)을, 금(金)이 나무(木)를 마주 보게 하였다.

	5행	5수	5상	4신
①	수	6	지	현무
②	화	7	의	주작
③	목	9	인	청룡
④	금	8	예	백호
⑤	토	5	신	백호

CHAPTER
04 단순계산

1 유형의 이해

이 유형은 제시된 조건들을 기계적으로 적용하여 계산하면 답이 도출된다. 매년 2~4문제 정도 출제되는데, 크게 ① 금액, 점수 등 최종적인 값을 계산하는 유형, ② 여러 대안들의 값을 비교하는 유형, ③ 조건을 충족하는 선지만 가려내는 유형이 출제된다. 빈출되는 것은 대표문항과 같은 ② 유형이며, 계산과정을 단순화하여 시간을 절약하기에 가장 쉬운 유형이기도 하다.

2 발문 유형

- 다음 글을 근거로 판단할 때 옳은 것은?
- 다음 〈상황〉을 근거로 판단할 때, 甲이 지불할 가격은?
- 다음 글과 〈표〉를 근거로 판단할 때, 甲이 선택할 상품으로 옳은 것은?

3 접근법

문항 형태 자체가 단순하고, 숨겨진 장치가 없는 경우가 많기 때문에 식을 쓰고 침착하게 계산하면 대부분 2분 안에 풀 수 있다. ① 유형은 계산을 줄일 여지는 많지 않으나, 계산과정 자체가 복잡하지 않게 나오는 경우가 많다. ② 유형은 식을 쓴 다음 겹치는 계산은 소거해서 계산하면 편하다. ③ 유형은 선지를 적극적으로 활용하여 풀이에 반드시 필요한 계산과정만 거치는 것이 핵심이다. 자료해석에서 사용되는 다양한 테크닉을 활용하여 풀이하면 점수를 올리는 데 크게 도움이 된다.

4 생각해 볼 부분

단순계산형 문항의 경우 풀이를 하는 데는 어려움이 없는 경우가 많으나, 시간이 오래 걸리거나 계산 실수를 하여 어려움을 느끼는 수험생이 많다. 상황판단에서는 퀴즈형 문항들을 넘기고 다른 유형에서 점수를 최대한 따는 것이 수험생 대부분의 전략이기 때문에 반드시 점수를 얻어야 하는 유형이다. 따라서 실수를 줄이는 것이 최우선이 된다. 우선, 계산 실수를 줄이기 위해 계산 과정을 적어가면서 풀이하는 것을 추천한다. 이때 조건별로 계산식을 분리해서 적으면 헷갈릴 여지를 줄일 수 있다. 다만 계산과정을 적는데 걸리는 시간을 줄일 필요가 있으므로 숫자의 특성을 파악하여 생략할 수 있는 계산과정을 생략하며 문제를 풀이하면 된다.

다음 글을 근거로 판단할 때, 甲이 지불할 관광비용은?

- 甲은 경복궁에서 시작하여 서울시립미술관, 서울타워 전망대, 국립중앙박물관까지 관광하려 한다. '경복궁 → 서울시립미술관'은 도보로, '서울시립미술관 → 서울타워 전망대' 및 '서울타워 전망대 → 국립중앙박물관'은 각각 지하철로 이동해야 한다.
- 입장료 및 지하철 요금

경복궁	서울시립 미술관	서울타워 전망대	국립중앙 박물관	지하철
1,000원	5,000원	10,000원	1,000원	1,000원

※ 지하철 요금은 거리에 관계없이 탑승할 때마다 일정하게 지불하며, 도보 이동 시에는 별도 비용 없음

- 관광비용은 입장료, 지하철 요금, 상품가격의 합산액이다.
- 甲은 관광비용을 최소화하고자 하며, 甲이 선택할 수 있는 상품은 다음 세 가지 중 하나이다.

상품	가격	혜택				
		경복궁	서울 시립 미술관	서울타워 전망대	국립중앙 박물관	지하철
스마트 교통 카드	1,000원	–	–	50% 할인	–	당일 무료
시티 투어A	3,000원	30% 할인	30% 할인	30% 할인	30% 할인	당일 무료
시티 투어B	5,000원	무료	–	무료	무료	–

① 11,000원
② 12,000원
③ 13,000원
④ 14,900원
⑤ 19,000원

난도 중

풀이시간 2분

합격생 가이드

공통비용인 입장료와 지하철 비용, 상품가격과 상품 혜택을 분리해서 풀이하는 것이 편하다. 공통비용이 19,000원이 나오므로, 각 상품을 통해 아낄 수 있는 최대의 금액을 구해야 한다. 이때 가장 큰 비용이 드는 서울타워전망대 비용을 최대한 줄일 수 있는 상품에 주목한다. 서울타워전망대 비용을 없애주는 시티투어B 상품과 다른 상품들을 비교하면 쉽게 문제를 풀이할 수 있다. 특히 시티투어A의 30% 혜택을 계산하는 과정이 귀찮을 수 있는데, 서울타워전망대 요금의 70%인 7,000원의 혜택을 받으면 다른 나머지 장소들의 입장료를 전액 면제받은 것과 동일하므로, 시티투어A보다 시티투어B가 우월할 것임을 예상할 수 있다. 계산 실수가 잦은 사람이라면 다음과 같이 정리해서 풀이하는 습관을 들이면 계산 실수를 줄일 수 있다.

상품	입장료 및 지하철 요금	상품 가격	상품 혜택
스마트 교통 카드	1,000+ 5,000+ 10,000+ 1,000+ 2,000	1,000	−5,000 −2,000
시티 투어A		3,000	−0.3× 17,000 −2,000
시티 투어B		5,000	−1,000 −10,000 −1,000

대표문항으로 선정한 이유

단순계산 유형의 핵심은 식의 구조를 파악하고 불필요한 계산을 줄이는 것이다. 이 유형을 처음 접하는 수험생이라면 각 상품별로 식을 구성해서 푸는 연습을 해야 한다. 단순계산 유형에 익숙해진 수험생이라면 식을 구성하면서 불필요한 계산을 소거해서 가장 적은 비용이 드는 상품이 무엇인지 더 빠르게 판단하는 연습을 하면 된다. 곱셈과 덧셈이 적절하게 배합된 문제이기 때문에 단순계산 유형의 핵심이 무엇인지 알아볼 수 있는 좋은 문항이다. 1분 30초까지 풀이 시간을 줄일 수 있다면 좋다.

01 ○△✕　　　　　　　　　　　　　　　　19년 행시(가) 8번

다음 글을 근거로 판단할 때, 甲이 구매해야 할 재료와 그 양으로 옳은 것은?

甲은 아내, 아들과 함께 짬뽕을 만들어 먹기로 했다. 짬뽕요리에 필요한 재료를 사기 위해 근처 전통시장에 들른 甲은 아래 〈조건〉을 만족하도록 재료를 모두 구매한다. 다만 짬뽕요리에 필요한 각 재료의 절반 이상이 냉장고에 있으면 그 재료는 구매하지 않는다.

〈조건〉
• 甲과 아내는 각각 성인 1인분, 아들은 성인 0.5인분을 먹는다.
• 매운 음식을 잘 먹지 못하는 아내를 고려하여 '고추'라는 단어가 들어간 재료는 모두 절반만 넣는다.
• 아들은 성인 1인분의 새우를 먹는다.

〈냉장고에 있는 재료〉
면 200g, 오징어 240g, 돼지고기 100g, 양파 100g, 청양고추 15g, 고추기름 100ml, 대파 10cm, 간장 80ml, 마늘 5g

〈짬뽕요리 재료(성인 1인분 기준)〉
면 200g, 해삼 40g, 소라 30g, 오징어 60g, 돼지고기 90g, 새우 40g, 양파 60g, 양송이버섯 50g, 죽순 40g, 고추기름 20ml, 건고추 8g, 청양고추 10g, 대파 10cm, 마늘 10g, 청주 15ml

① 면 200g
② 양파 50g
③ 새우 100g
④ 건고추 7g
⑤ 돼지고기 125g

02 ○△✕　　　　　　　　　　　　　　　　17년 행시(가) 30번

다음 글과 〈설립위치 선정 기준〉을 근거로 판단할 때, A사가 서비스센터를 설립하는 방식과 위치로 옳은 것은?

• 휴대폰 제조사 A는 B국에 고객서비스를 제공하기 위해 1개의 서비스센터 설립을 추진하려고 한다.
• 설립방식에는 (가)방식과 (나)방식이 있다.
• A사는 {(고객만족도 효과의 현재가치) − (비용의 현재가치)}의 값이 큰 방식을 선택한다.
• 비용에는 규제비용과 로열티비용이 있다.

구분		(가)방식	(나)방식
고객만족도 효과의 현재가치		5억 원	4.5억 원
비용의 현재가치	규제비용	3억 원(설립 당해년도만 발생)	없음
	로열티비용	없음	− 3년간 로열티비용을 지불함 − 로열티비용의 현재가치 환산액 : 설립 당해년도는 2억 원, 그 다음 해부터는 직전년도 로열티비용의 1/2씩 감액한 금액

※ 고객만족도 효과의 현재가치는 설립 당해년도를 기준으로 산정된 결과이다.

〈설립위치 선정 기준〉
• 설립위치로 B국의 甲, 乙, 丙 3곳을 검토 중이며, 각 위치의 특성은 다음과 같다.

위치	유동인구(만 명)	20~30대 비율(%)	교통혼잡성
甲	80	75	3
乙	100	50	1
丙	75	60	2

• A사는 {(유동인구)×(20~30대 비율)/(교통혼잡성)} 값이 큰 곳을 선정한다. 다만 A사는 제품의 특성을 고려하여 20~30대 비율이 50% 이하인 지역은 선정대상에서 제외한다.

	설립방식	설립위치
①	(가)	甲
②	(가)	丙
③	(나)	甲
④	(나)	乙
⑤	(나)	丙

03 ○△✕

다음 글을 근거로 판단할 때, A시가 '창의 테마파크'에서 운영할 프로그램은?

A시는 학생들의 창의력을 증진시키기 위해 '창의 테마파크'를 운영하고자 한다. 이를 위해 다음과 같은 프로그램을 후보로 정했다.

분야	프로그램명	전문가 점수	학생 점수
미술	내 손으로 만드는 동물	26	32
인문	세상을 바꾼 생각들	31	18
무용	스스로 창작	37	25
인문	역사랑 놀자	36	28
음악	연주하는 교실	34	34
연극	연출노트	32	30
미술	창의 예술학교	40	25
진로	항공체험 캠프	30	35

• 전문가와 학생은 후보로 선정된 프로그램을 각각 40점 만점제로 우선 평가하였다.
• 전문가 점수와 학생 점수의 반영 비율을 3:2로 적용하여 합산한 후, 하나밖에 없는 분야에 속한 프로그램에는 취득점수의 30%를 가산점으로 부여한다.
• A시는 가장 높은 점수를 받은 프로그램을 최종 선정하여 운영한다.

① 연주하는 교실
② 항공체험 캠프
③ 스스로 창작
④ 연출노트
⑤ 창의 예술학교

04 ○△✕

다음 글을 근거로 판단할 때, [㉠]에 해당하는 값은?(단, 소수점 이하 반올림함)

한 남자가 도심 거리에서 강도를 당했다. 그는 그 강도가 흑인이라고 주장했다. 그러나 사건을 담당한 재판부가 당시와 유사한 조건을 갖추고 현장을 재연했을 때, 피해자가 강도의 인종을 정확하게 인식한 비율이 80% 정도밖에 되지 않았다. 강도가 정말로 흑인일 확률은 얼마일까?

물론 많은 사람들이 그 확률은 80%라고 말할 것이다. 그러나 실제 확률은 이보다 상당히 낮을 수 있다. 인구가 1,000명인 도시를 예로 들어 생각해보자. 이 도시 인구의 90%는 백인이고 10%만이 흑인이다. 또한 강도짓을 할 가능성은 두 인종 모두 10%로 동일하며, 피해자가 백인을 흑인으로 잘못 보거나 흑인을 백인으로 잘못 볼 가능성은 20%로 똑같다고 가정한다. 이 같은 전제가 주어졌을 때, 실제 흑인강도 10명 가운데 ( )명만 정확히 흑인으로 인식될 수 있으며, 실제 백인강도 90명 중 ( )명은 흑인으로 오인된다. 따라서 흑인으로 인식된 ( )명 가운데 ( )명만이 흑인이므로, 피해자가 범인이 흑인이라는 진술을 했을 때 그가 실제로 흑인에게 강도를 당했을 확률은 겨우 ( )분의 ( ), 즉 약 [㉠]%에 불과하다.

① 18
② 21
③ 26
④ 31
⑤ 36

05 ○△✕

A시 소재 회사에 근무하는 갑은 B시에서 오후 3시에 개최되는 회의에 참석하고자 한다. 〈표 1〉과 〈표 2〉의 조건이 주어졌을 때, 오전 11시에 회사에서 출발하여 회의시간에 늦지 않게 도착하기 위한 방법 중 최저운임으로 갈 수 있는 방법과 최단시간에 도착할 수 있는 방법은?

〈표 1〉 교통수단별 소요시간과 운임(도시 내)

A시 출발지	도착지	교통수단	소요시간(분)	운임(원)	B시 출발지	도착지	교통수단	소요시간(분)	운임(원)
회사	공항	a	40	1,500	공항	회의장	a	35	1,500
		b	30	6,000			b	25	5,000
		c	30	1,500			c	35	2,000
	고속버스터미널	a	25	1,000	고속버스터미널		a	50	2,000
		b	15	3,000			b	30	6,000
		c	20	1,000			c	30	1,500
	역	a	30	1,000	역		a	30	1,000
		b	20	4,000			b	20	4,000
		c	15	1,000			c	35	2,000

〈표 2〉 교통수단별 소요시간과 운임(도시 간)

구간	교통수단	소요시간(분)	운임(원)	비고
A시 → B시	비행기	90	60,000	탑승수속시간 35분 추가 소요
	고속버스	210	40,000	
	기차	140	50,000	

	최저운임 도착방법	최단시간 도착방법
①	c → 기차 → a	c → 기차 → b
②	a → 고속버스 → c	c → 기차 → b
③	a → 비행기 → c	b → 비행기 → c
④	a → 기차 → a	c → 비행기 → b
⑤	c → 고속버스 → c	b → 비행기 → b

01 ⬜△✕　　　　　　　　　　18년 행시(나) 8번

다음 글을 근거로 판단할 때, 평가대상기관(A~D) 중 최종순위 최상위기관과 최하위기관을 고르면?

〈공공시설물 내진보강대책 추진실적 평가기준〉

- 평가요소 및 점수부여

  - 내진성능평가지수 $= \dfrac{\text{내진보강공사실적건수}}{\text{내진보강대상건수}} \times 100$

  - 내진보강공사지수 $= \dfrac{\text{내진성능평가실적건수}}{\text{내진보강대상건수}} \times 100$

  - 산출된 지수 값에 따른 점수는 아래 표와 같이 부여한다.

구분	지수 값 최상위 1개 기관	지수 값 중위 2개 기관	지수 값 최하위 1개 기관
내진성능 평가점수	5점	3점	1점
내진보강 공사점수	5점	3점	1점

- 최종순위 결정
  - 내진성능평가점수와 내진보강공사점수의 합이 큰 기관에 높은 순위를 부여한다.
  - 합산 점수가 동점인 경우에는 내진보강대상건수가 많은 기관을 높은 순위로 한다.

〈평가대상기관의 실적〉

(단위 : 건)

구분	A	B	C	D
내진성능 평가실적	82	72	72	83
내진보강 공사실적	91	76	81	96
내진보강 대상	100	80	90	100

	최상위기관	최하위기관
①	A	B
②	B	C
③	B	D
④	C	D
⑤	D	C

02 ⬜△✕　　　　　　　　　　17년 행시(가) 8번

다음 〈지원계획〉과 〈연구모임 현황 및 평가결과〉를 근거로 판단할 때, 연구모임 A~E 중 두 번째로 많은 총지원금을 받는 모임은?

〈지원계획〉

- 지원을 받기 위해서는 한 모임당 6명 이상 9명 미만으로 구성되어야 한다.
- 기본지원금
  한 모임당 1,500천 원을 기본으로 지원한다. 단, 상품개발을 위한 모임의 경우는 2,000천 원을 지원한다.
- 추가지원금
  연구 계획 사전평가결과에 따라,
  '상' 등급을 받은 모임에는 구성원 1인당 120천 원을,
  '중' 등급을 받은 모임에는 구성원 1인당 100천 원을,
  '하' 등급을 받은 모임에는 구성원 1인당 70천 원을 추가로 지원한다.
- 협업 장려를 위해 협업이 인정되는 모임에는 위의 두 지원금을 합한 금액의 30%를 별도로 지원한다.

〈연구모임 현황 및 평가결과〉

모임	상품개발 여부	구성원 수	연구 계획 사전평가결과	협업 인정 여부
A	○	5	상	○
B	✕	6	중	✕
C	✕	8	상	○
D	○	7	중	✕
E	✕	9	하	✕

① A
② B
③ C
④ D
⑤ E

03 ○△✕

〈여성권익사업 보조금 지급 기준〉과 〈여성폭력피해자 보호시설 현황〉을 근거로 판단할 때, 지급받을 수 있는 보조금의 총액이 큰 시설부터 작은 시설 순으로 바르게 나열된 것은?(단, 4개 보호시설의 종사자에는 각 1명의 시설장(長)이 포함되어 있다)

〈여성권익사업 보조금 지급 기준〉

1. 여성폭력피해자 보호시설 운영비
   - 종사자 1~2인 시설 : 240백만 원
   - 종사자 3~4인 시설 : 320백만 원
   - 종사자 5인 이상 시설 : 400백만 원
   ※ 단, 평가등급이 1등급인 보호시설에는 해당 지급액의 100%를 지급하지만, 2등급인 보호시설에는 80%, 3등급인 보호시설에는 60%를 지급한다.
2. 여성폭력피해자 보호시설 사업비
   - 종사자 1~3인 시설 : 60백만 원
   - 종사자 4인 이상 시설 : 80백만 원
3. 여성폭력피해자 보호시설 종사자 장려수당
   - 종사자 1인당 50백만 원
   ※ 단, 종사자가 5인 이상인 보호시설의 경우 시설장에게는 장려수당을 지급하지 않는다.
4. 여성폭력피해자 보호시설 입소자 간식비
   - 입소자 1인당 1백만 원

〈여성폭력피해자 보호시설 현황〉

보호시설	종사자 수(인)	입소자 수(인)	평가등급
A	4	7	1
B	2	8	1
C	4	10	2
D	5	12	3

① A – C – D – B
② A – D – C – B
③ C – A – B – D
④ D – A – C – B
⑤ D – C – A – B

04 ○△✕

〈품목별 가격과 칼로리〉와 〈오늘의 행사〉에 따라 물건을 구입하려고 한다. 10,000원의 예산 내에서 구입하려고 할 때, 다음 중 칼로리의 합이 가장 높은 조합은?

〈품목별 가격과 칼로리〉

품목	피자	돈가스	도넛	콜라	아이스크림
가격(원/개)	2,500	4,000	1,000	500	2,000
칼로리(kcal/개)	600	650	250	150	350

〈오늘의 행사〉

1. 피자 두 개 한 묶음을 사면 콜라 한 캔이 덤으로!
2. 돈가스 두 개 한 묶음을 사면 돈가스 하나가 덤으로!
3. 아이스크림 두 개 한 묶음을 사면 아이스크림 하나가 덤으로!
단, 물량 제한으로 1~3의 행사는 한 품목당 한 묶음까지만 적용됩니다.

---

① 피자 2개, 아이스크림 2개, 도넛 1개
② 돈가스 2개, 피자 1개, 콜라 1개
③ 아이스크림 2개, 도넛 6개
④ 돈가스 2개, 도넛 2개
⑤ 피자 4개

05 ○△✕

녹색성장 추진의 일환으로 자전거 타기가 활성화되면서 자전거의 운동효과를 조사하였다. 다음의 〈조건〉을 근거로 판단할 때 〈보기〉에 제시된 5명의 운전자 중 운동량이 많은 순서대로 나열한 것은?

〈조 건〉

자전거 종류	바퀴 수	보조바퀴 여부
일반 자전거	2개	없음
연습용 자전거	2개	있음
외발 자전거	1개	없음

- 운동량은 자전거 주행 거리에 비례한다.
- 같은 거리를 주행하여도 자전거에 운전자 외에 한 명이 더 타면 운전자의 운동량은 두 배가 된다.
- 보조바퀴가 달린 자전거를 타면 같은 거리를 주행하여도 운동량이 일반 자전거의 80%밖에 되지 않는다.
- 바퀴가 1개인 자전거를 타면 같은 거리를 주행하여도 운동량이 일반 자전거보다 50% 더 많다.
- 이외의 다른 조건은 모두 같다고 본다.

〈보 기〉

甲 : 1.4km의 거리를 뒷자리에 한 명을 태우고 일반 자전거로 주행하였다.
乙 : 1.2km의 거리를 뒷자리에 한 명을 태우고 연습용 자전거로 주행하였다.
丙 : 2km의 거리를 혼자 외발 자전거로 주행하였다.
丁 : 2km의 거리를 혼자 연습용 자전거로 주행한 후에 이어서 1km의 거리를 혼자 외발 자전거로 주행하였다.
戊 : 0.8km의 거리를 뒷자리에 한 명을 태우고 연습용 자전거로 주행한 후에 이어서 1.2km의 거리를 혼자 일반 자전거로 주행하였다.

① 丙 > 丁 > 甲 > 戊 > 乙
② 丙 > 丁 > 甲 > 乙 > 戊
③ 丁 > 丙 > 戊 > 甲 > 乙
④ 丁 > 甲 > 丙 > 乙 > 戊
⑤ 丁 > 丙 > 甲 > 戊 > 乙

06 ○△✕

다음 조건에서 2010년 5월 중에 스킨과 로션을 1병씩 살 때, 총 비용이 가장 적게 드는 경우는?(다만 2010년 5월 1일 현재 스킨과 로션은 남아있으며, 다 썼다는 말이 없으면 그 화장품은 남아있다고 가정한다)

- 화장품 정가는 스킨 1만 원, 로션 2만 원이다.
- 화장품 가게에서는 매달 15일에 전 품목 20% 할인 행사를 한다.
- 화장품 가게에서는 달과 날짜가 같은 날(1월 1일, 2월 2일 등)에 A사 카드를 사용하면 정가의 10%를 할인해 준다.
- 총 비용이란 화장품 구매 가격과 체감 비용(화장품을 다 써서 느끼는 불편)을 합한 것이다.
- 체감 비용은 스킨과 로션 모두 하루에 500원씩이다.
- 체감 비용을 계산할 때, 화장품을 다 쓴 당일은 포함하고 구매한 날은 포함하지 않는다.
- 화장품을 다 쓴 당일에 구매하면 체감 비용은 없으며, 화장품이 남은 상태에서 새 제품을 구입할 때도 체감 비용은 없다.

① 3일에 스킨만 다 써서, 5일에 A사 카드로 스킨과 로션을 살 경우
② 13일에 로션만 다 써서 당일 로션을 사고, 15일에 스킨을 살 경우
③ 10일에 스킨과 로션을 다 써서 15일에 스킨과 로션을 같이 살 경우
④ 3일에 스킨만 다 써서 당일 스킨을 사고, 13일에 로션을 다 써서, 15일에 로션만 살 경우
⑤ 3일에 스킨을 다 써서 5일에 B사 카드로 스킨을 사고, 14일에 로션을 다 써서 이튿날 로션을 살 경우

07 ◻△✕   09년 행시(극) 30번

사무관은 오후 2시 회의에 참석하기 위해 대중교통을 이용하여 총 10km를 이동해야 한다. 다음 〈조건〉을 고려했을 때, 비용이 두 번째로 적게 드는 방법은?

── 〈조 건〉 ──
1) 회의에 지각해서는 안 되며, 오후 1시 40분에 대중교통을 이용하기 시작한다.
2) 회의가 시작되기 전에 먼저 도착하여 대기하는 시간을 비용으로 환산하면 1분당 200원이다.
3) 이용가능한 대중교통은 버스, 지하철, 택시만 있고, 출발지에서 목적지까지는 모두 직선노선이다.
4) 택시의 기본요금은 2,000원이고 2km마다 100원씩 증가하며, 2km를 1분에 간다.
5) 택시의 기본요금으로 갈 수 있는 거리는 2km이다.
6) 지하철은 2km를 2분에 가고 버스는 2km를 3분에 간다. 버스와 지하철은 2km마다 정거장이 있고, 동일노선을 운행한다.
7) 버스와 지하철 요금은 1,000원이며 무료환승이 가능하다.
8) 환승은 버스와 지하철, 버스와 택시 간에만 가능하고, 환승할 경우 소요시간은 2분이며 반드시 버스로 4정거장을 가야만 한다.
9) 환승할 때 느끼는 번거로움 등을 비용으로 환산하면 1분당 450원이다.

① 택시만 이용해서 이동한다.
② 버스만 이용해서 이동한다.
③ 지하철만 이용해서 이동한다.
④ 버스와 택시를 환승하여 이동한다.
⑤ 버스와 지하철을 환승하여 이동한다.

08 ◻△✕   08년 행시(조) 29번

다음은 X공기업의 팀별 성과급 지급 기준이다. Y팀의 성과평가결과가 〈보기〉와 같다면 지급되는 성과급의 1년 총액은?

[성과급 지급 방법]
가. 성과급 지급은 성과평가 결과와 연계함
나. 성과평가는 유용성, 안전성, 서비스 만족도의 총합으로 평가함. 단, 유용성, 안전성, 서비스 만족도의 가중치를 각각 0.4, 0.4, 0.2로 부여함
다. 성과평가 결과를 활용한 성과급 지급 기준

성과평가 점수	성과평가 등급	분기별 성과급 지급액	비고
9.0 이상	A	100만 원	성과평가 등급이 A이면 직전 분기 차감액의 50%를 가산하여 지급
8.0 이상 9.0 미만	B	90만 원(10만 원 차감)	
7.0 이상 8.0 미만	C	80만 원(20만 원 차감)	
7.0 미만	D	40만 원(60만 원 차감)	

── 〈보 기〉 ──

구분	1/4 분기	2/4 분기	3/4 분기	4/4 분기
유용성	8	8	10	8
안전성	8	6	8	8
서비스 만족도	6	8	10	8

① 350만 원
② 360만 원
③ 370만 원
④ 380만 원
⑤ 390만 원

01 ○△× 　　　　　　　　　　　　　　　18년 행시(나) 32번

다음 〈상황〉을 근거로 판단할 때, 〈대안〉의 월 소요 예산 규모를 비교한 것으로 옳은 것은?

〈상 황〉

- 甲사무관은 빈곤과 저출산 문제를 해결하기 위한 대안을 분석 중이다.
- 전체 1,500가구는 자녀 수에 따라 네 가지 유형으로 구분할 수 있는데, 그 구성은 무자녀 가구 300가구, 한 자녀 가구 600가구, 두 자녀 가구 500가구, 세 자녀 이상 가구 100가구이다.
- 전체 가구의 월 평균 소득은 200만 원이다.
- 각 가구 유형의 30%는 맞벌이 가구이다.
- 각 가구 유형의 20%는 빈곤 가구이다.

〈대 안〉

A안 : 모든 빈곤 가구에게 전체 가구 월 평균 소득의 25%에 해당하는 금액을 가구당 매월 지급한다.

B안 : 한 자녀 가구에는 10만 원, 두 자녀 가구에는 20만 원, 세 자녀 이상 가구에는 30만 원을 가구당 매월 지급한다.

C안 : 자녀가 있는 모든 맞벌이 가구에 자녀 1명당 30만 원을 매월 지급한다. 다만, 세 자녀 이상의 맞벌이 가구에는 일률적으로 가구당 100만 원을 매월 지급한다.

① A < B < C

② A < C < B

③ B < A < C

④ B < C < A

⑤ C < A < B

02 ○△× 　　　　　　　　　　　　　　　13년 행시(인) 16번

다음 글과 〈표〉에 근거할 때, 〈보기〉에서 옳게 추론한 것을 모두 고르면?

- 한 국가의 선거제도를 평가함에 있어 '비례성'이라는 개념이 있다. 대의기관인 의회를 구성하는 데 있어 선거제도가 유권자의 의사를 잘 반영할수록 그 제도의 비례성은 높다고 할 수 있다.
- 학자 X는 한 정당이 획득한 득표율과 그 정당의 의회 내 의석률이 근접하도록 하는 선거제도는 비례성이 높다고 주장했다. 즉, 각 정당들의 득표율과 의석률 차이의 절대값의 합인 x지수가 작다면, 그 선거제도의 비례성이 높다고 평가할 수 있다는 것이다. 반면 x지수가 크다면 그 선거제도의 비례성은 낮을 것이라고 한다.

$$x지수 = \Sigma | 득표율 - 의석률 |$$

- 학자 Y는 의회 내에서의 정당 수와 정당 크기에 기초하여 의회 내 유효 정당 수를 측정하는 y지수를 개발했으며, 그 공식은 다음과 같다.

$$y지수 = \frac{1}{\text{의회 내 각 정당의 의석률을 제곱한 값의 합}}$$

그에 따르면 y지수가 큰 국가일수록 비례성이 높은 선거제도를 운용하고 있을 가능성이 높고, 반면 y지수가 작은 국가일수록 비례성이 낮은 선거제도를 운용하고 있을 가능성이 높다.

〈표〉 각 국 의회 내 정당의 득표율(%)과 의석률(%)

구분	A 정당		B 정당		C 정당		D 정당	
	득표율	의석률	득표율	의석률	득표율	의석률	득표율	의석률
甲국	30	30	30	25	20	25	20	20
乙국	20	10	25	10	15	20	40	60
丙국	40	50	20	10	20	20	20	20
丁국	30	40	30	40	20	10	20	10

※ 甲, 乙, 丙, 丁국의 각 정당명은 A~D로 동일하다고 가정한다.

〈보 기〉

ㄱ. x지수에 의하면 丙국보다 丁국 선거제도의 비례성 정도가 낮을 것이다.

ㄴ. y지수에 의하면 甲국보다 丙국 선거제도의 비례성 정도가 높을 것이다.

ㄷ. 甲국은 x, y지수 모두에서 선거제도의 비례성 정도가 4개국 중 가장 높을 것이다.

ㄹ. 乙국은 x, y지수 모두에서 선거제도의 비례성 정도가 4개국 중 가장 낮을 것이다.

① ㄱ, ㄴ　　　　　　　　　　② ㄱ, ㄹ

③ ㄴ, ㄷ　　　　　　　　　　④ ㄱ, ㄷ, ㄹ

⑤ ㄴ, ㄷ, ㄹ

03 ○△×

A대학 B학과에 5명(甲~戊)이 지원하였다. B학과는 〈수능최저학력기준〉을 통과한 지원자 중에서 학교생활기록부 전학년평균등급 최상위자 1명을 선발할 예정이다. 학교생활기록부 반영교과는 국어, 영어, 수학이다. 다음 〈자료〉에 근거할 때, B학과에 합격할 수 있는 지원자는?

전학년 평균등급 $= \dfrac{\Sigma[\text{교과별 평균등급} \times \text{교과별 보정계수}]}{\text{반영교과의 수}}$

※ 보정계수 : 해당 교과의 과목을 많이 이수하면 유리하도록 교과별 평균등급에 곱하는 계수

〈보정계수 산출방법〉

반영 교과의 보정계수 $= 1.2 - \left(0.6 \times \dfrac{N_{\text{교과}}}{60}\right)$

(단, $N_{\text{교과}} \geq 60$이면 보정계수는 0.6)

※ $N_{\text{교과}} =$ 해당 교과의 이수단위 합

〈수능최저학력기준〉

언어, 외국어, 수리, 사회탐구 중 상위 3개 영역 수능등급의 평균이 2등급 이내

〈자 료〉

| 구분 | 학교생활기록부 | | | | | | 수능등급 | | | |
| | 국어 | | 영어 | | 수학 | | 언어 | 외국어 | 수리 | 사회탐구 |
	평균등급	이수단위합	평균등급	이수단위합	평균등급	이수단위합				
甲	1	30	2	40	2	40	1	4	2	5
乙	1.2	40	1	60	2	30	3	1	1	4
丙	2	30	1.5	20	1	50	1	2	4	4
丁	2	30	1.5	40	1.2	60	1	1	1	3
戊	2	80	1	50	1.5	20	1	2	3	4

① 甲

② 乙

③ 丙

④ 丁

⑤ 戊

CHAPTER
05

수리퀴즈(계산)

1 유형의 이해

이 유형은 주어진 조건들을 모두 적용하여 문제를 해결하는 능력을 평가한다. 수리퀴즈(추론)형과 달리, 선지별로 주어진 문제 상황을 일일이 따져보는 것이 아니라 하나의 주어진 목표로 나아가면 되는 형태이다. 매년 2~3문제씩 출제되는데, 난도는 천차만별이기 때문에 지나치게 어려운 문제라면 풀지 않는 것이 낫다. 주어진 조건들이 지나치게 복잡한 경우, 혹은 최종적인 값을 계산하기 위해 지나치게 다양한 경우의 수를 따져봐야 하는 경우에는 다른 문제들을 우선 푼 다음 마지막에 건드리도록 한다.

2 발문 유형

- 다음 글을 근거로 판단할 때, 옳은 것은?
- 다음 글을 근거로 판단할 때, 가능한 경우를 옳게 짝지은 것은?
- 다음 글을 근거로 판단할 때, 얻을 수 있는 최대 금액은?

3 접근법

문제의 주어진 조건에 맞게 식을 구성한 다음 풀면 된다. 대부분의 경우 미지수를 설정해서 식을 구성해야 한다. 따라서 난도가 낮은 문제가 아니라면 2분 내에 풀기에는 어려움이 있다. 조건에 맞게 식을 구성할 때, 경우의 수를 가장 많이 줄일 수 있는 조건부터 우선 적용해서 식을 구성한다. 또한 선지를 적극적으로 활용해서 주어진 조건과 모순이 되는 선지를 소거하는 방식도 활용하면 좋다. 다양한 경우의 수를 모두 따져보기보다는 문항의 풀이에 핵심이 되는 조건을 중심으로 문제의 상황을 단순화한다면 중간 난도 문항을 기준으로 2분 내에 풀이하기에는 어려움이 없다. 시간을 더 단축하고자 한다면 구체적인 계산과정에서 곱셈 비교, 차이값 비교 등 자료해석에서 사용되는 계산 방식들을 활용해볼 수 있다.

4 생각해 볼 부분

풀이의 핵심은 조건 간 관계를 활용하여 문제 속 숨겨진 장치를 포착하는 것이다. 숨겨진 장치는 주어진 숫자 간 관계를 따져보면 파악할 수 있다. 주로 홀수와 짝수, 제곱수, 소수 등의 특성이 활용된다. 문항별 테마는 다르더라도 결국 가장 큰 값이나 가장 작은 값을 도출하는 것이 목표인 경우가 많아 대표문항 풀이에서 볼 수 있는 방식을 유사하게 적용하는 것이 가능하다.

**다음 글을 근거로 판단할 때, 甲이 얻을 수 있는 최대 이윤과 이때 채굴한 원석의 개수로 옳게 짝지은 것은?
(단, 원석은 정수 단위로 채굴한다)**

> 보석 가공업자인 甲은 원석을 채굴하여 목걸이용 보석과 반지용 보석으로 1차 가공한다. 원석 1개를 1차 가공하면 목걸이용 보석 60개와 반지용 보석 40개가 생산된다.
> 이렇게 생산된 보석들은 1차 가공 직후 판매할 수 있지만, 2차 가공을 거쳐서 판매할 수도 있다. 목걸이용 보석 1개는 2차 가공을 통해 목걸이 1개로, 반지용 보석 1개는 2차 가공을 통해 반지 1개로 생산된다. 甲은 보석 용도별로 2차 가공 여부를 판단하는데, 2차 가공하여 판매할 때의 이윤이 2차 가공을 하지 않고 판매할 때의 이윤보다 큰 경우에만 2차 가공하여 판매한다.
>
> **〈생산단계별 비용 및 판매가격〉**
> • 원석 채굴 : 최초에 원석 1개를 채굴할 때에는 300만 원의 비용이 들고, 두 번째 채굴 이후부터는 원석 1개당 채굴 비용이 100만 원씩 증가한다. 즉, 두 번째 원석의 채굴 비용은 400만 원이 되어 원석 2개의 총 채굴 비용은 700만 원이다.
> • 1차 가공 : 원석의 1차 가공 비용은 개당 250만 원이며, 목걸이용 보석은 개당 7만 원에, 반지용 보석은 개당 5만 원에 판매된다.
> • 2차 가공 : 목걸이용 보석의 2차 가공 비용은 개당 40만 원이며, 목걸이는 개당 50만 원에 판매된다. 반지용 보석의 2차 가공 비용은 개당 20만 원이며, 반지는 개당 15만 원에 판매된다.

	최대 이윤	원석의 개수
①	400만 원	2개
②	400만 원	3개
③	450만 원	3개
④	450만 원	4개
⑤	500만 원	4개

01 ○△✕

다음 글을 근거로 판단할 때 참말을 한 사람은?

A동아리 5명의 학생 각각은 B동아리 학생들과 30회씩 가위바위보 게임을 했다. 각 게임에서 이길 경우 5점, 비길 경우 1점, 질 경우 −1 점을 받는다. 게임이 모두 끝나자 A동아리 5명의 학생들은 자신이 얻은 합산 점수를 다음과 같이 말했다.

태우 : 내 점수는 148점이야.
시윤 : 내 점수는 145점이야.
성헌 : 내 점수는 143점이야.
빛나 : 내 점수는 140점이야.
은지 : 내 점수는 139점이야.

이들 중 한 명만이 참말을 하고 있다.

① 태우 ② 시윤
③ 성헌 ④ 빛나
⑤ 은지

02 ○△✕

다음 글과 〈조건〉을 근거로 판단할 때, 처리공정 1회 가동 후 바로 생산된 물에는 A균과 B균이 리터(L)당 각각 몇 마리인가?(단, 다른 조건은 고려하지 않는다)

보란이와 예슬이는 주스를 제조하는 공장을 운영하고 있으며, 甲회사의 물과 乙회사의 물을 정화한 후 섞어서 사용한다. 甲회사의 물에는 A균이, 乙회사의 물에는 B균이 리터(L)당 1,000마리씩 균일하게 존재한다. A균은 70℃ 이상에서 10분간 가열하면 90%가 죽지만, B균은 40℃ 이상이 되면 즉시 10% 증식한다. 필터를 이용해 10분간 거르면 A균은 30%, B균은 80%가 걸러진다. 또한 자외선을 이용해 물을 10분간 살균하면 A균은 90%, B균은 80%가 죽는다.

〈물 처리공정〉
공정 (1)   甲회사의 물과 乙회사의 물을 각각 자외선을 이용하여 10분간 살균한다.
공정 (2-1) 甲회사의 물을 100℃ 이상에서 10분간 가열한다.
공정 (2-2) 乙회사의 물을 10분간 필터로 거른다.
공정 (3)   甲회사의 물과 乙회사의 물을 1:1의 비율로 배합한다.

〈조 건〉
• 물 처리공정 1회 가동 시 (1)~(3)의 공정이 20분 동안 연속으로 이루어진다.
• 각각의 공정은 독립적이며, 서로 영향을 미치지 않는다.
• 공정 (2-1)과 공정 (2-2)는 동시에 이루어진다.
• 공정 (3)을 거친 물의 온도는 60℃이다.
• 모든 공정에서 물의 양은 줄어들지 않는다.
• 모든 공정에 소요되는 시간은 물의 양과는 상관관계가 없다.

	A균	B균
①	10	44
②	10	40
③	5	44
④	5	22
⑤	5	20

03 ○△☒ 13년 행시(인) 28번

다음 〈상황〉에 근거하여 〈점수표〉의 빈칸을 채울 때, 민경과 혜명의 최종 점수가 될 수 있는 것은?

─── 〈상 황〉 ───

민경과 혜명은 0점, 3점, 5점이 그려진 과녁에 화살을 쏘아 과녁 맞히기를 하고 있다. 둘은 각각 10개의 화살을 쐈는데, 0점을 맞힌 화살 의 개수만 〈점수표〉에 기록을 했다. 최종점수는 각 화살이 맞힌 점수 의 합으로 한다. 둘이 쏜 화살 중 과녁 밖으로 날아간 화살은 하나도 없다. 이때 민경과 혜명이 5점을 맞힌 화살의 개수는 동일하다.

〈점수표〉

점수	민경의 화살 수	혜명의 화살 수
0점	3	2
3점		
5점		

	민경의 최종점수	혜명의 최종점수
①	25	29
②	26	29
③	27	30
④	28	31
⑤	29	31

04 ○△☒ 12년 행시(인) 13번

다음 글에 근거할 때, 옳은 것을 〈보기〉에서 모두 고르면?

• 숫자판은 아래와 같이 6개의 전구를 켜거나 끌 수 있게 되어 있다.

〈숫자판〉

32	16	8	4	2	1
○	○	○	○	○	○

• 숫자판은 전구가 켜진 칸에 있는 숫자를 더하여 결과값을 표현한다. 예를 들어 아래의 숫자판은 결과값 '19'를 표현한다.

32	16	8	4	2	1
○	☼	○	○	☼	☼

(☼ : 불이 켜진 전구, ○ : 불이 꺼진 전구)

• 전구는 6개까지 동시에 켜질 수 있으며, 하나도 켜지지 않을 수도 있다.

─── 〈보 기〉 ───

ㄱ. 이 숫자판을 사용하면 1부터 63까지의 모든 자연수를 결과값으로 표현할 수 있다.

ㄴ. 숫자판에 한 개의 전구를 켜서 표현한 결과값은 두 개 이상의 전구 를 켜서도 표현할 수 있다.

ㄷ. 숫자 1의 전구가 고장 나서 안 켜질 때 표현할 수 있는 결과값의 갯수가 숫자 32의 전구가 고장 나서 안 켜질 때 표현할 수 있는 결 과값의 갯수보다 많다.

ㄹ. 숫자판에서 하나의 전구가 켜진 경우의 결과값은, 숫자판에서 그 외 다섯 개의 전구가 모두 켜진 경우의 결과값보다 클 수 있다.

① ㄱ, ㄷ
② ㄱ, ㄹ
③ ㄴ, ㄷ
④ ㄱ, ㄴ, ㄹ
⑤ ㄴ, ㄷ, ㄹ

05 ○△☒ 11년 행시(발) 32번

다음을 근거로 판단할 때 甲이 최종적으로 지불해야 하는 금액은?

甲은 프로젝트를 도와준 동료들의 취향에 맞추어 음료를 대접하고 자 한다. 동료들의 취향은 다음과 같다.

A : 녹차 큰 잔
B : 노른자를 추가한 쌍화차 작은 잔
C : 식혜 작은 잔
D : 수정과 큰 잔

〈차림표〉

	작은 잔(원)	큰 잔(원)
녹차	2,500	2,800
식혜	3,500	3,800
수정과	3,800	4,200
쌍화차	3,000	3,500
유자차	3,500	3,800

추가	금액(원)
꿀	500
대추와 잣	600
노른자	800

○ 오늘의 차 : 유자차 (균일가 3,000원)
○ 찻집 2주년 기념행사 : 총 금액 20,000원 초과 시 5% 할인

※ 회원특전
• 10,000원 이상 결제 시 회원카드를 제시하면 총 결제금액에서 1,000원 할인
• 적립금이 2,000점 이상인 경우, 현금처럼 사용가능 (1점당 1원, 100원 단위로만 사용가능하며, 타 할인혜택 적용 후 최종금액의 5 %까지만 사용가능)

※ 할인혜택은 중복적용 가능

甲은 유자차 작은 잔을 마실 예정이며, 자신의 회원카드를 제시하려 고 한다.

甲의 회원카드 적립금은 3,800점이며, 적립금을 최대한 사용할 예 정이다.

① 14,000원
② 14,500원
③ 15,000원
④ 15,500원
⑤ 16,000원

01 ◯△✕

다음 글을 근거로 판단할 때, 〈보기〉에서 옳은 것만을 모두 고르면?

- 甲국의 1일 통관 물량은 1,000건이며, 모조품은 1일 통관 물량 중 1%의 확률로 존재한다.
- 검수율은 전체 통관 물량 중 검수대상을 무작위로 선정해 실제로 조사하는 비율을 뜻하는데, 현재 검수율은 10%로 전문 조사 인력은 매일 10명을 투입한다.
- 검수율을 추가로 10%p 상승시킬 때마다 전문 조사인력은 1일당 20명이 추가로 필요하다.
- 인건비는 1인당 1일 기준 30만 원이다.
- 모조품 적발 시 부과되는 벌금은 건당 1,000만 원이며, 이 중 인건비를 차감한 나머지를 세관의 '수입'으로 한다.

※ 검수대상에 포함된 모조품은 모두 적발되고, 부과된 벌금은 모두 징수된다.

─────〈 보 기 〉─────

ㄱ. 1일 평균 수입은 700만 원이다.
ㄴ. 모든 통관 물량에 대해 전수조사를 한다면 수입보다 인건비가 더 클 것이다.
ㄷ. 검수율이 40%면 1일 평균 수입은 현재의 4배 이상일 것이다.
ㄹ. 검수율을 30%로 하는 방안과 검수율을 10%로 유지한 채 벌금을 2배로 인상하는 방안을 비교하면 벌금을 인상하는 방안의 1일 평균 수입이 더 많을 것이다.

① ㄱ, ㄴ
② ㄴ, ㄷ
③ ㄱ, ㄴ, ㄹ
④ ㄱ, ㄷ, ㄹ
⑤ ㄴ, ㄷ, ㄹ

02 ◯△✕

다음 글을 근거로 판단할 때, 甲금속회사가 생산한 제품 A, B를 모두 판매하여 얻을 수 있는 최대 금액은?

- 甲금속회사는 특수구리합금 제품 A와 B를 생산 및 판매한다.
- 특수구리합금 제품 A, B는 10kg 단위로만 생산된다.
- 제품 A의 1kg당 가격은 300원이고, 제품 B의 1kg당 가격은 200원이다.
- 甲금속회사는 보유하고 있던 구리 710kg, 철 15kg, 주석 33kg, 아연 155kg, 망간 30kg 중 일부를 활용하여 아래 표의 질량 배합 비율에 따라 제품 A를 300kg 생산한 상태이다(단, 개별 금속의 추가 구입은 불가능하다).
- 합금 제품별 질량 배합 비율은 아래와 같으며 배합비율을 만족하는 경우에만 제품이 될 수 있다.

(단위 : %)

구분	구리	철	주석	아연	망간
A	60	5	0	25	10
B	80	0	5	15	0

※ 배합된 개별 금속 질량의 합은 생산된 합금 제품의 질량과 같다.

① 195,000원
② 196,000원
③ 197,000원
④ 198,000원
⑤ 199,000원

03 ◯△✕　　　　　　　　　　　　　15년 행시(인) 11번

다음 글과 〈상황〉을 근거로 판단할 때, A가 지급하여야 하는 총액은?

　　중세 초기 아일랜드 법체계에는 자유의 몸인 사람을 모욕할 경우 모욕한 사람이 모욕당한 사람에게 지급해야 하는 배상금인 '명예가격'이 존재했고, 액수도 천차만별이었다. 예를 들어 영주의 명예가격은 5쿠말이었다. 이는 주교의 명예가격과 동일했다. 주교를 모욕했을 경우 젖소 10마리나 은 20온스를 지급해야 했다. 부유한 농민의 명예가격은 젖소 2.5마리에 그 사람에게 딸린 하인 한 사람 당 젖소 0.5마리를 더한 것이었다.

　　명예가격은 사람 목숨에 대한 배상금과 별도로 지급했다. 만일 누군가 사람을 죽였다면, 그 범죄자는 살해에 대한 배상인 10쿠말 외에 명예가격을 따로 얹어 지급해야 했다. 그를 죽임으로써 그의 존엄을 짓밟았기 때문이다. 부상에 대한 배상도 마찬가지였다. 다른 사람에게 어떤 종류이든 상처나 부상을 입히면 그 상해에 대한 가격에 명예가격까지 지급해야 했다. 왕이나 영주 또는 주교에게 상해를 가했을 경우 2쿠말, 부유한 농민의 경우는 젖소 2마리, 소작농이나 다른 남자의 경우는 젖소 1마리, 그리고 여성이나 아이의 경우는 은 1온스를 상해에 대한 배상으로 지급해야 했다. 이와 비슷하게 어떤 사람이 다른 사람의 재물을 훔치거나 손해를 끼쳤을 경우, 훔치거나 손해를 끼친 재산가치의 세 배의 배상액에 소유자의 명예가격을 더하여 지급해야 했다.

　　영주의 보호를 받는 소작농이나 영주의 아내 또는 딸을 다치게 하거나 죽이는 행위는 피해자의 명예를 훼손한 것이 아니라 그 피해자를 보호하는 사람의 명예를 훼손하는 것이었다. 따라서 이러한 살해, 부상 또는 손해 등에 대한 영주의 명예가격도 해당 사안 각각에 따로 청구되었다.

――――――〈상 황〉――――――

　　A는 자신이 살고 있는 지역의 주교를 죽이고, 영주의 얼굴에 상처를 입히고, 영주의 아내의 다리를 부러뜨리고, 각각 하인을 10명씩 거느리고 있는 부유한 농민 2명을 죽이는 큰 사고를 냈다.

① 은 209온스
② 은 219온스
③ 은 229온스
④ 은 239온스
⑤ 은 249온스

04 ◯△✕　　　　　　　　　　　　　15년 행시(인) 33번

다음 글과 〈상황〉을 근거로 판단할 때 옳은 것은?

• 춘향이와 몽룡이는 첫 만남을 가졌다.
• 첫 만남 이후 헤어질 당시, 춘향이가 몽룡이에 대해 느끼는 호감도는 70, 몽룡이가 춘향이에 대해 느끼는 호감도는 60이다.
• 헤어진 후 시간이 지날수록 만남의 여운이 옅어져, 헤어진 지 10분 이후부터는 1분이 지날 때마다 서로에 대한 호감도가 1씩 하락한다.
• 헤어진 지 10분 안에 문자메시지를 받게 되면, 참을성이 없어 보여 문자메시지를 먼저 보낸 사람에 대한 호감도가 10 하락한다.
• 문자메시지를 받은 사람은 먼저 문자메시지를 보낸 사람에 대한 호감도가 20 상승한다.
• 문자메시지 내용이 다음 만남을 제안하는 내용이거나, 하트 기호(♡)를 포함할 경우 호감도가 두 사람 모두 10 상승한다.
• 최종 호감도는 문자메시지를 받은 시점을 기준으로 한다.

※ 위의 각 조건은 해당 사항이 있을 경우 중복 적용된다.

――――――〈상 황〉――――――

A : 헤어지고 15분 뒤, "다음 주말에 우리 함께 영화 볼래요?"라는 몽룡이의 문자메시지를 춘향이가 받음
B : 헤어지고 5분 뒤, "오늘 정말 즐거웠어요♡"라는 춘향이의 문자메시지를 몽룡이가 받음
C : 헤어지고 20분 뒤, "몽룡씨는 저와 참 잘 맞는 사람인 것 같아요"라는 춘향이의 문자메시지를 몽룡이가 받음

① 몽룡이가 춘향이에게 느끼는 최종 호감도는 상황 C가 가장 높다.
② 춘향이가 몽룡이에게 느끼는 최종 호감도는 상황 B가 가장 높다.
③ 몽룡이가 춘향이에게 느끼는 최종 호감도는 상황 B가 상황 C보다 15 높다.
④ 몽룡이가 춘향이에게 느끼는 최종 호감도는 상황 C가 상황 A보다 5 높다.
⑤ 상황 B의 경우 몽룡이가 춘향이에게 느끼는 최종 호감도가 춘향이가 몽룡이에게 느끼는 최종 호감도보다 높다.

05 ⃝△✕

A부처에서 갑, 을, 병, 정 4명의 직원으로부터 국외연수 신청을 받아 선발 가능성이 가장 높은 한 명을 추천하려는 가운데, 정부가 선발 기준 개정안을 내놓았다. 현행 기준과 개정안 기준을 적용할 때, 각각 선발 가능성이 가장 높은 사람은?

〈선발 기준안 비교〉

구분	현행	개정안
외국어 성적	30점	50점
근무 경력	40점	20점
근무 성적	20점	10점
포상	10점	20점
계	100점	100점

※ 근무 경력은 15년 이상이 만점 대비 100%, 10년 이상~15년 미만 70%, 10년 미만 50%이다. 다만 근무경력이 최소 5년 이상인 자만 선발 자격이 있다.
※ 포상은 3회 이상이 만점 대비 100 %, 1~2회 50%, 0회 0%이다.

<A부처의 국외연수 신청자 현황>

구분	갑	을	병	정
근무 경력	30년	20년	10년	3년
포상	2회	4회	0회	5회

※ 외국어 성적은 갑과 을이 만점 대비 50%이고, 병이 80%, 정이 100%이다.
※ 근무 성적은 을만 만점이고, 갑·병·정 셋은 서로 동점이라는 사실만 알려져 있다.

	현행	개정안
①	갑	을
②	갑	병
③	을	갑
④	을	을
⑤	을	정

06 ⃝△✕

가~바 여섯 사람이 〈표〉와 같이 주어진 용량의 눈금 없는 비커 3개를 이용하여 각자의 목표량을 정확하게 계량하는 실험을 하였다. 네 사람은 방식Ⅰ, 나머지 두 사람은 방식Ⅱ를 사용하였을 때, 동일한 방식을 사용한 사람끼리 바르게 묶은 것은?(단, 각 비커는 최대 4회까지만 사용 가능하고, 주어진 모든 비커를 사용할 필요는 없다)

〈표〉 각 실험자의 비커 용량 및 목표량

(단위 : cc)

실험자	비커 1	비커 2	비커 3	목표량
가	42	254	6	200
나	29	72	17	12
다	27	126	18	63
라	18	43	10	5
마	35	105	17	18
바	18	59	5	31

	방식Ⅰ	방식Ⅱ
①	가, 나, 다, 마	라, 바
②	가, 다, 마, 바	나, 라
③	가, 다, 라, 바	나, 마
④	나, 다, 라, 마	가, 바
⑤	나, 라, 마, 바	가, 다

07 ○△✕   08년 행시(조) 18번

다음 〈그림〉은 데이터의 흐름도이다. 주어진 〈조건〉을 바탕으로 A에서 1이 입력되었을 때 F에서의 결과가 가장 크게 되는 값은?

── 〈그 림〉 ──

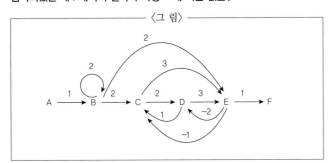

── 〈조 건〉 ──

- 데이터는 화살표 방향으로만 이동할 수 있으며, 같은 경로를 여러 번 반복해서 이동할 수 있다.
- 화살표 위의 숫자는 그 경로를 통해 데이터가 1회 이동할 때마다 데이터에 곱해지는 수치를 의미한다.
- 각 경로를 따라 데이터가 이동할 때, 1회 이동 시간은 1시간이며, 데이터의 총 이동시간은 10시간을 초과할 수 없다.
- 데이터의 대소 관계는 [음수 < 0 < 양수]의 원칙에 따른다.

① 256
② 384
③ 432
④ 864
⑤ 1296

08 ○△✕   07년 행시(무) 14번

A는 잊어버린 네 자리 숫자의 비밀번호를 기억해 내려고 한다. 비밀번호에 대해서 가지고 있는 단서가 다음의 〈조건〉과 같을 때 사실이 아닌 것은?

── 〈조 건〉 ──

- 비밀번호를 구성하고 있는 어떤 숫자도 소수가 아니다.
- 6과 8 중에 단 하나만 비밀번호에 들어가는 숫자다.
- 비밀번호는 짝수로 시작한다.
- 골라 낸 네 개의 숫자를 큰 수부터 차례로 나열해서 비밀번호를 만들었다.
- 같은 숫자는 두 번 이상 들어가지 않는다.

① 비밀번호는 짝수이다.
② 비밀번호의 앞에서 두 번째 숫자는 4이다.
③ 위의 〈조건〉을 모두 만족시키는 번호는 모두 세 개가 있다.
④ 비밀번호는 1을 포함하지만 9는 포함하지 않는다.
⑤ 위의 〈조건〉을 모두 만족시키는 번호 중 가장 작은 수는 6410이다.

01 ○△✕　　　　　　　　　　　19년 행시(가) 16번

다음 글을 근거로 판단할 때 옳지 <u>않은</u> 것은?

A구와 B구로 이루어진 신도시 甲시에는 어린이집과 복지회관이 없다. 이에 甲시는 60억 원의 건축 예산을 사용하여 아래 〈건축비와 만족도〉와 〈조건〉 하에서 시민 만족도가 가장 높도록 어린이집과 복지회관을 신축하려고 한다.

〈건축비와 만족도〉

지역	시설 종류	건축비(억 원)	만족도
A구	어린이집	20	35
	복지회관	15	30
B구	어린이집	15	40
	복지회관	20	50

〈조건〉

1) 예산 범위 내에서 시설을 신축한다.
2) 시민 만족도는 각 시설에 대한 만족도의 합으로 계산한다.
3) 각 구에는 최소 1개의 시설을 신축해야 한다.
4) 하나의 구에 동일 종류의 시설을 3개 이상 신축할 수 없다.
5) 하나의 구에 동일 종류의 시설을 2개 신축할 경우, 그 시설 중 한 시설에 대한 만족도는 20% 하락한다.

---

① 예산은 모두 사용될 것이다.
② A구에는 어린이집이 신축될 것이다.
③ B구에는 2개의 시설이 신축될 것이다.
④ 甲시에 신축되는 시설의 수는 4개일 것이다.
⑤ 〈조건〉 5)가 없더라도 신축되는 시설의 수는 달라지지 않을 것이다.

02 ○△✕　　　　　　　　　　　12년 행시(인) 32번

甲은 2월 15일(일요일)부터 4일간 A도시의 관광명소를 관람하려고 한다. A도시는 주요 관광명소를 관람할 수 있는 자유이용권인 시티 투어 패스(City Tour Pass)를 판매하고 있다. 다음 〈관광정보〉와 〈조건〉에 근거할 때, 甲이 아래 7곳의 관광명소(a~g)를 모두 관람하는 데 필요한 최소 금액은?

〈관광 정보〉

구분		관람료(€)	휴관	패스 사용 가능 여부
a 박물관		9	화요일	가능
b 미술관		8	월요일	가능
c 박물관		9	없음	불가능
d 미술관		8	없음	가능
e 타워		7	일요일	불가능
f 타워		8	없음	가능
g 궁전	본궁	13	없음	가능(단, 정원에는 사용불가)
	정원	8		
	별궁	10		

〈시티 투어 패스 가격〉

구분	가격(€)/매
2일 패스	32
4일 패스	48
6일 패스	64

〈조 건〉

• 하루에 2곳의 관광명소까지만 관람할 수 있다.
• g 궁전 관람에는 1일이 소요되며 궁전의 일부만 관람하는 경우에도 소요시간은 동일하다.
• 시티 투어 패스는 개시일로부터 연속적으로 사용해야 한다.
• g 궁전의 경우 본궁 · 정원 · 별궁 모두 관람해야 하며, 세 곳 모두 관람이 가능한 1일권을 판매하고 있다(월~금 : 21€, 토~일 : 25€).

---

① 64
② 69
③ 70
④ 72
⑤ 73

03 ○△✕ 10년 행시(발) 10번

甲사무관은 최근에 사무실을 옮겼는데, 1번부터 82번까지 연이어 번호가 붙은 82개의 사물함 중 어느 것이 그의 것인지 몰랐다. 다른 정보가 없는 상태에서 甲은 그 사물함 번호를 아는 乙사무관에게 다음 〈질문〉을 이용하여 자신의 사물함 번호를 정확히 알아내었다. 이 때 사물함 번호를 정확히 알아냈던 질문의 조합이 될 수 있는 것은?

─────〈질 문〉─────
ㄱ. 내 사물함 번호가 41번보다 낮은 번호인가?
ㄴ. 내 사물함 번호가 4의 배수인가?
ㄷ. 내 사물함 번호가 정수의 제곱근을 갖는 숫자인가?
ㄹ. 내 사물함 번호가 홀수인가?

① ㄱ, ㄴ
② ㄱ, ㄷ
③ ㄱ, ㄴ, ㄷ
④ ㄱ, ㄴ, ㄹ
⑤ ㄴ, ㄷ, ㄹ

04 ○△✕ 06년 행시(제) 31번

부서 체육대회를 준비하는 김 사무관은 서로 비슷한 실력을 가진 네 개의 농구팀을 만들려고 한다. 김 사무관은 20명을 초급 실력인 1점에서부터 선수급 실력인 5점까지 평가했다. 5점의 실력을 가진 사람은 두 명, 4점의 실력을 가진 사람은 세 명, 그리고 3점, 2점, 1점의 실력을 가진 사람은 각각 다섯 명이었다. 김 사무관은 한 팀에 동일한 실력을 가진 사람들이 최대 1쌍까지만 포함되도록 하며, 총점으로 볼 때는 같은 점수를 지닌 네 팀을 만들었다. 특히 두 팀은 구성원의 개별점수가 완전히 똑같았다. 김 사무관이 만들어 낸 농구팀의 특성으로 잘못된 것은?

① 어떤 팀은 2점 선수가 두 명이다.
② 어떤 팀은 3점 선수를 한 명도 가지지 않는다.
③ 모든 팀들은 적어도 한 명의 1점 선수를 가진다.
④ 어떤 팀은 5점 선수 한 명과 4점 선수 한 명씩을 가진다.
⑤ 팀 내에 같은 실력을 가진 선수들이 있는 경우는 세 팀이다.

CHAPTER
06 수리퀴즈(추론)

1 유형의 이해

수리퀴즈(추론)형은 문제에서 주어진 상황이나 조건, 규칙, 예시 등을 활용하여 계산을 통해 문제를 해결하는 유형이다. 이 유형이 단순계산형이나 수리퀴즈(계산)형과 가장 크게 구별되는 점은 문제에서 요구하는 계산을 해나가면 하나의 답으로 귀결되는 것이 아니라 여러 가능성이 열려 있는 상황에 이른다는 점이다. 따라서 결과로 가능한 다양한 경우의 수를 모두 추론해야 한다. 특히 보기나 선지에서 여러 문제 상황이 주어지고 이를 수험생이 일일이 따져보도록 만드는 형태의 문제가 자주 출제되므로 시간이 많이 소요되는 경우가 많다.

2 발문 유형

- 다음 글을 근거로 판단할 때 옳은 것은?
- 다음 〈조건〉과 〈상황〉을 근거로 판단할 때 옳지 않은 것은?
- 다음 글을 근거로 판단할 때, 〈보기〉에서 옳은 것만을 모두 고르면?

3 접근법

이 유형은 문제에서 주어진 상황 이후에 도출해야 하는 결과의 모든 가능성을 고려하여 가능한 모든 상황을 추론하는 것이 핵심이다. 즉, 보기나 선지에서 제시하는 결과가 가능한지 불가능한지를 경우의 수와 확률을 통해 잘 따져보아야 한다. 기본적으로 계산이 요구되기 때문에 계산에서 실수하지 않는 것이 중요하며 곱셈 비교, 차이값 비교 등 자료해석에서 사용되는 계산 방식들을 활용하는 것이 도움이 된다. 또한 경우의 수를 빠뜨리지 않는 것이 중요하므로 표나 그림 등을 활용하여 자신만의 방식으로 문제 상황을 정리하는 것이 도움이 될 것이다.

4 생각해 볼 부분

수리퀴즈(추론)형의 경우 계산이 쉽게 되지 않거나, 여러 경우의 계산을 요하는 경우가 많아 시간이 오래 소요되는 경우가 많다. 특히 계산에 실수가 있는 경우 답이 나오지 않아 문제에 매몰될 가능성이 존재한다. 따라서 쉽게 답이 나오지 않는다면 우선 넘기는 것이 전략이다.

다음 글을 근거로 판단할 때 옳은 것은?

> □□학과는 지망자 5명(A~E) 중 한 명을 교환학생으로 추천하기 위하여 각각 5회의 평가를 실시하고, 그 결과에 바탕을 둔 추첨을 하기로 했다. 평가 및 추첨 방식과 현재까지 진행된 평가 결과는 아래와 같다.
>
> • 매 회 100점 만점으로 10점 단위의 점수를 매기며, 100점을 얻은 지망자에게는 5장의 카드, 90점을 얻은 지망자에게는 2장의 카드, 80점을 얻은 지망자에게는 1장의 카드를 부여한다. 70점 이하를 얻은 지망자에게는 카드를 부여하지 않는다.
> • 5회차 평가 이후 각 지망자는 자신이 받은 모든 카드에 본인의 이름을 적고, 추첨함에 넣는다. 다만 5번의 평가의 총점이 400점 미만인 지망자는 본인의 카드를 추첨함에 넣지 못한다.
> • □□학과장은 추첨함에서 한 장의 카드를 무작위로 뽑아 카드에 이름이 적힌 지망자를 □□학과의 교환학생으로 추천한다.

<평가 결과>

(단위 : 점)

구분	1회	2회	3회	4회	5회
A	90	90	90	90	
B	80	80	70	70	
C	90	70	90	70	
D	70	70	70	70	
E	80	80	90	80	

① A가 5회차 평가에서 80점을 얻더라도 다른 지망자의 점수에 관계없이 추천될 확률이 가장 높다.
② B가 5회차 평가에서 90점을 얻는다면 적어도 D보다는 추천될 확률이 높다.
③ C가 5회차 평가에서 카드를 받지 못하더라도 B보다는 추천될 확률이 높다.
④ D가 5회차 평가에서 100점을 받고 다른 지망자가 모두 80점을 받는다면 D가 추천될 확률은 세 번째로 높다.
⑤ E가 5회차 평가에서 카드를 받지 못하더라도 E는 추첨 대상에 포함될 수 있다.

난도 상

풀이시간 2분 30초

합격생 가이드

우선 <평과 결과>를 보고 현재 4회차까지의 카드 개수와 총점을 구하여 '정답해설'처럼 표로 정리한다. 이때 평가 및 추첨 방식을 꼼꼼히 읽되 평가의 총점이 400점 미만인 지망자는 카드를 추첨함에 넣을 수 없다는 단서를 염두에 두어야 한다. 따라서 D의 경우 5회차에서 100점을 얻더라도 카드를 넣을 수 없으므로 ④번 선지를 우선적으로 소거할 수 있다. 마찬가지로 B의 경우도 100점이 아니라면 카드를 넣을 수 없으므로 ②번 선지도 소거한다. 또한 C의 경우도 카드를 받지 못하면 400점 미만이 되므로 ③번 선지도 소거한다. 이후 나머지 선지를 읽고 5회차에서 발생할 수 있는 여러 경우의 수를 고려하여 상황과 확률을 계산하고 선지의 정오를 판단한다. 이때 ①번 선지에서 다른 지망자의 점수로 가능한 경우, ⑤번 선지에서 E가 카드를 받지 못하는 어떤 경우가 있는지를 추론하는 것이 중요하다.

대표문항으로 선정한 이유

단순 계산이 아니라 문제에서 주어진 상황 이후에 도출해야 하는 결과의 모든 가능성을 고려하여 가능한 모든 상황을 추론하는 유형으로 수리퀴즈(추론)의 대표적인 형태이다. 4회차까지의 카드 개수의 합과 4회차까지의 총점을 고려하고 조합하여 A~E의 5회차로 가능한 경우를 추론해야 한다.

정답해설

	4회차까지의 카드 개수의 합	4회차까지의 총점
A	8	360
B	2	300
C	4	320
D	0	280
E	5	330

⑤ 옳다. E가 5회차 평가에서 70점을 얻어 카드를 받지 못하더라도 총점이 400점이 되므로 카드를 추첨함에 넣을 수 있다.

오답해설

① 옳지 않다. A가 5회차 평가에서 80점을 얻더라도 E가 100점을 얻는다면 E가 추천될 확률이 가장 높다.
② 옳지 않다. B가 5회차 평가에서 90점을 얻는다면 총점이 400점 미만이 되어 카드를 추첨함에 넣을 수 없기 때문에 B와 D는 모두 추천될 확률이 없다.
③ 옳지 않다. C가 5회차 평가에서 카드를 받지 못한다면 총점이 400점 미만이 되어 추천될 확률이 없다. 따라서 B보다 추천될 확률이 높다는 것은 틀린 진술이다.
④ 옳지 않다. D는 5회차 평가에서 100점을 받더라도 총점이 400점 미만이 되어 본인의 카드를 추첨함에 넣을 수 없다. 따라서 D가 추천될 확률은 없다.

目 ⑤

01 ○△× 19년 행시(가) 32번

다음 글을 근거로 판단할 때 옳은 것은?

○○기업은 5명(甲~戊)을 대상으로 면접시험을 실시하였다. 면접시험의 평가기준은 가치관, 열정, 표현력, 잠재력, 논증력 5가지 항목이며 각 항목 점수는 3점 만점이다. 이에 따라 5명은 항목별로 다음과 같은 점수를 받았다.

〈면접시험 결과〉

(단위 : 점)

구분	甲	乙	丙	丁	戊
가치관	3	2	3	2	2
열정	2	3	2	2	2
표현력	2	3	2	2	3
잠재력	3	2	2	3	3
논증력	2	2	3	3	2

종합점수는 각 항목별 점수에 항목가중치를 곱하여 합산하며, 종합점수가 높은 순으로 등수를 결정했다. 결과는 다음과 같다.

〈등수〉

1등	乙
2등	戊
3등	甲
4등	丁
5등	丙

① 잠재력은 열정보다 항목가중치가 높다.
② 논증력은 열정보다 항목가중치가 높다.
③ 잠재력은 가치관보다 항목가중치가 높다.
④ 가치관은 표현력보다 항목가중치가 높다.
⑤ 논증력은 잠재력보다 항목가중치가 높다.

02 ○△× 18년 행시(나) 17번

다음 글을 근거로 판단할 때, 〈보기〉에서 옳은 것만을 모두 고르면?

• 甲회사는 A기차역에 도착한 전체 관객을 B공연장까지 버스로 수송해야 한다.
• 이때 甲회사는 아래 표와 같이 콘서트 시작 4시간 전부터 1시간 단위로 전체 관객 대비 A기차역에 도착하는 관객의 비율을 예측하여 버스를 운행하고자 한다. 단, 콘서트 시작 시간까지 관객을 모두 수송해야 한다.

시각	전체 관객 대비 비율(%)
콘서트 시작 4시간 전	a
콘서트 시작 3시간 전	b
콘서트 시작 2시간 전	c
콘서트 시작 1시간 전	d
계	100

• 전체 관객 수는 40,000명이다.
• 버스는 한 번에 대당 최대 40명의 관객을 수송한다.
• 버스가 A기차역과 B공연장 사이를 왕복하는 데 걸리는 시간은 6분이다.

※ 관객의 버스 승·하차 및 공연장 입·퇴장에 소요되는 시간은 고려하지 않는다.

〈보 기〉

ㄱ. a=b=c=d=25라면, 甲회사가 전체 관객을 A기차역에서 B공연장으로 수송하는 데 필요한 버스는 최소 20대이다.
ㄴ. a=10, b=20, c=30, d=40이라면, 甲회사가 전체 관객을 A기차역에서 B공연장으로 수송하는 데 필요한 버스는 최소 40대이다.
ㄷ. 만일 콘서트가 끝난 후 2시간 이내에 전체 관객을 B공연장에서 A기차역까지 버스로 수송해야 한다면, 이때 甲회사에게 필요한 버스는 최소 50대이다.

① ㄱ
② ㄴ
③ ㄱ, ㄴ
④ ㄱ, ㄷ
⑤ ㄴ, ㄷ

03 ○△✕   15년 행시(인) 32번

다음 글과 〈2014년 아동안전지도 제작 사업 현황〉을 근거로 판단할 때, 〈보기〉에서 옳은 것만을 모두 고르면?

가. 아동안전지도 제작은 학교 주변의 위험·안전환경 요인을 초등학생들이 직접 조사하여 지도화하는 체험교육과정이다. 관할행정청은 각 시·도 관내 초등학교의 30% 이상이 아동안전지도를 제작하도록 권장하는 사업을 실시하고 있다.

나. 각 초등학교는 1개의 아동안전지도를 제작하며, 이 지도를 활용하여 학교 주변의 위험환경을 개선한 경우 '환경개선학교'로 등록된다.

다. 1년 동안의 아동안전지도 제작 사업을 평가하기 위한 평가점수 산식은 다음과 같다.

$$평가점수 = 학교참가도 \times 0.6 + 환경개선도 \times 0.4$$

- 학교참가도 $= \dfrac{제작학교 \; 수}{관내 \; 초등학교 \; 수 \times 0.3} \times 100$

  ※ 단, 학교참가도가 100을 초과하는 경우 100으로 간주

- 환경개선도 $= \dfrac{환경개선학교 \; 수}{제작학교 \; 수} \times 100$

〈2014년 아동안전지도 제작 사업 현황〉

(단위 : 개)

시	관내 초등학교 수	제작학교 수	환경개선학교 수
A	50	12	9
B	70	21	21
C	60	20	15

─── 〈보 기〉 ───

ㄱ. A시와 C시의 환경개선도는 같다.

ㄴ. 아동안전지도 제작 사업 평가점수가 가장 높은 시는 C시이다.

ㄷ. 2014년에 A시 관내 3개 초등학교가 추가로 아동안전지도를 제작했다면, A시와 C시의 학교참가도는 동일했을 것이다.

① ㄱ
② ㄴ
③ ㄷ
④ ㄱ, ㄴ
⑤ ㄱ, ㄷ

04 ○△✕   14년 행시(A) 13번

A회사는 甲, 乙, 丙 중 총점이 가장 높은 업체를 협력업체로 선정하고자 한다. 〈업체 평가기준〉과 〈지원업체 정보〉를 근거로 판단할 때, 〈보기〉에서 옳은 것만을 모두 고르면?

〈업체 평가기준〉

〈평가항목과 배점비율〉

평가항목	품질	가격	직원규모	계
배점비율	50%	40%	10%	100%

〈가격 점수〉

가격 (만 원)	500 미만	500~ 549	550~ 599	600~ 649	650~ 699	700 이상
점 수	100	98	96	94	92	90

〈직원규모 점수〉

직원 규모(명)	100 초과	100~ 91	90~81	80~71	70~61	60 이하
점 수	100	97	94	91	88	85

〈지원업체 정보〉

업체	품질 점수	가격(만 원)	직원규모(명)
甲	88	575	93
乙	85	450	95
丙	87	580	85

※ 품질 점수의 만점은 100점으로 한다.

─── 〈보 기〉 ───

ㄱ. 총점이 가장 높은 업체는 乙이며 가장 낮은 업체는 丙이다.

ㄴ. 甲이 현재보다 가격을 30만 원 더 낮게 제시한다면, 乙보다 더 높은 총점을 얻을 수 있을 것이다.

ㄷ. 丙이 현재보다 직원규모를 10명 더 늘린다면, 甲보다 더 높은 총점을 얻을 수 있을 것이다.

ㄹ. 丙이 현재보다 가격을 100만 원 더 낮춘다면, A회사는 丙을 협력업체로 선정할 것이다.

① ㄱ, ㄴ
② ㄱ, ㄹ
③ ㄴ, ㄷ
④ ㄷ, ㄹ
⑤ ㄱ, ㄴ, ㄹ

05 ◻△✕   11년 행시(발) 18번

가로 3,000mm, 세로 3,400mm인 직사각형 방에 가구를 배치하려고 한다. 다음 중 가능한 가구 배치는?

- 방문을 여닫는데 1,000mm의 간격이 필요함
- 서랍장의 서랍(●로 표시하며 가로면 전체에 위치)을 열려면 400mm의 간격이 필요(침대, 테이블, 화장대는 서랍 없음)하며 반드시 여닫을 수 있어야 함
- 붙박이 장롱 문을 열려면 앞면 전체에 550mm의 간격이 필요하며 반드시 여닫을 수 있어야 함
- 가구들은 쌓을 수 없음
- 각각의 가구는 방에 넣을 수 있는 것으로 가정함
  - 침대 (가로)1,500mm×(세로)2,110mm
  - 테이블 (가로)450mm×(세로)450mm
  - 서랍장 (가로)1,100mm×(세로)500mm
  - 화장대 (가로)1,000mm×(세로)300mm
  - 붙박이 장롱은 벽 한 면 전체를 남김없이 차지한다. 깊이 650mm

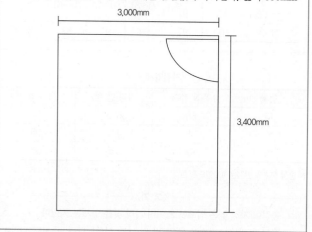

①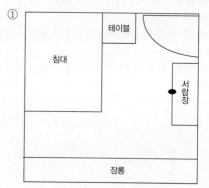

②

③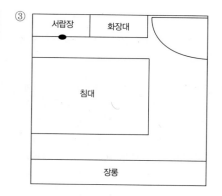

④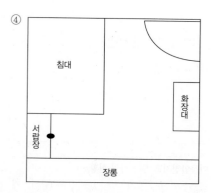

⑤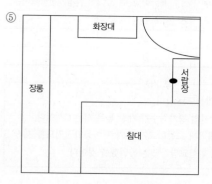

06 ○△✕   13년 행시(인) 32번

K부서는 승진후보자 3인을 대상으로 한 승진시험의 채점 방식에 대해 고민 중이다. 다음 〈자료〉와 〈채점 방식〉에 근거할 때 옳지 <u>않은</u> 것은?

─────────────〈자 료〉─────────────
- K부서에는 甲, 乙, 丙 세 명의 승진후보자가 있으며 상식은 20문제, 영어는 10문제가 출제되었다.
- 채점 방식에 따라 점수를 계산한 후 상식과 영어의 점수를 합산하여 고득점 순으로 전체 등수를 결정한다.
- 각 후보자들이 정답을 맞힌 문항의 개수는 다음과 같고, 그 이외의 문항은 모두 틀린 것이다.

구분	상식	영어
甲	14	7
乙	10	9
丙	18	4

─────────────〈채점 방식〉─────────────
- A 방식 : 각 과목을 100점 만점으로 하되 상식은 정답을 맞힌 개수 당 5점씩을, 영어는 정답을 맞힌 개수당 10점씩을 부여함
- B 방식 : 각 과목을 100점 만점으로 하되 상식은 정답을 맞힌 개수 당 5점씩, 틀린 개수 당 −3점씩을 부여하고, 영어의 경우 정답을 맞힌 개수 당 10점씩, 틀린 개수 당 −5점씩을 부여함
- C 방식 : 모든 과목에 정답을 맞힌 개수 당 10점씩을 부여함

① A 방식으로 채점하면, 甲과 乙은 동점이 된다.
② B 방식으로 채점하면, 乙이 1등을 하게 된다.
③ C 방식으로 채점하면, 丙이 1등을 하게 된다.
④ C 방식은 다른 방식에 비해 상식 과목에 더 큰 가중치를 부여하는 방식이다.
⑤ B 방식에서 상식의 틀린 개수당 점수를 −5, 영어의 틀린 개수당 점수를 −10으로 한다면, 甲과 乙의 등수는 A 방식으로 계산한 것과 동일할 것이다.

07 ○△✕   09년 행시(극) 16번

다음 제시문을 읽고 <u>잘못</u> 추론한 것은?

─────────────────────────────
축구에서 승부차기는 반드시 승자를 가려야 하는 상황에서 승부를 가리지 못했을 때 사용하는 방법이다. 승부차기 한 공의 골라인 도달 시간이 골키퍼(goal keeper)의 반응시간보다 짧기 때문에, 골키퍼의 입장에서는 키커(kicker)가 공을 찬 이후에 그 방향을 보고 움직여서는 공을 막는 것이 불가능하다. 따라서 골키퍼는 키커가 공을 차기 전에 미리 공의 방향을 예측하고 움직이게 된다. 실제 승부차기에서 키커는 공을 왼쪽, 가운데, 오른쪽 중의 한 방향으로 차게 되며, 골키퍼는 한쪽을 포기하고 다른 쪽 방향으로만 미리 움직여 공을 막거나 경우에 따라서는 움직이지 않고 가운데 부근으로 오는 공을 막기도 한다.

이 상황에서 키커가 왼쪽, 가운데, 오른쪽으로 공을 찰 확률이 각각 40%, 20%, 40%라고 가정한다. 그리고 골키퍼가 미리 움직여 키커의 슛을 방어할 확률은 공의 방향을 왼쪽이나 오른쪽으로 정확하게 예측했을 경우에는 80%이지만, 예측과 달리 공의 방향이 가운데일 경우에는 40%이고 예측과 반대방향일 경우에는 20%로 떨어진다고 가정한다. 또한, 골키퍼가 움직이지 않고 가운데를 지키고 있을 경우 키커가 공을 왼쪽이나 오른쪽으로 찼을 때 막을 확률은 30%이지만 가운데로 찼을 때 막을 확률은 90%라고 가정한다.
─────────────────────────────

※ 골키퍼의 방어에는 키커가 공을 골대에 맞추거나 골대 밖으로 차는 것까지 포함된다.

① 골키퍼가 왼쪽이나 오른쪽으로 움직일 때 키커가 찬 공을 방어할 확률은 동일하다.
② 골키퍼가 어떠한 선택을 하든 키커가 찬 공을 방어할 확률은 50%를 넘지 못한다.
③ 골키퍼가 어떠한 선택을 하든 키커가 승부차기에 실패할 확률은 40%를 넘는다.
④ 골키퍼의 선택에 따라서 키커의 승부차기가 성공할 확률은 최대 6% 포인트 차이가 난다.
⑤ 골키퍼가 움직이지 않고 가운데를 지킬 경우 키커가 찬 공을 방어할 확률이 가장 높다.

01 ○△✕

다음 〈감독의 말〉과 〈상황〉을 근거로 판단할 때, 甲~戊 중 드라마에 캐스팅되는 배우는?

―――― 〈감독의 말〉 ――――

안녕하세요 여러분. '열혈 군의관, 조선시대로 가다!' 드라마 오디션에 지원해 주셔서 감사합니다. 잠시 후 오디션을 시작할 텐데요. 이번 오디션에서 캐스팅하려는 역은 20대 후반의 군의관입니다. 오디션 실시 후 오디션 점수를 기본 점수로 하고, 다음 채점 기준의 해당 점수를 기본 점수에 가감하여 최종 점수를 산출하며, 이 최종 점수가 가장 높은 사람을 캐스팅합니다.

첫째, 28세를 기준으로 나이가 많거나 적은 사람은 1세 차이당 2점씩 감점하겠습니다. 둘째, 이전에 군의관 역할을 연기해 본 경험이 있는 사람은 5점을 감점하겠습니다. 시청자들이 식상해 할 수 있을 것 같아서요. 셋째, 저희 드라마가 퓨전 사극이기 때문에, 사극에 출연해 본 경험이 있는 사람에게는 10점의 가점을 드리겠습니다. 넷째, 최종 점수가 가장 높은 사람이 여럿인 경우, 그중 기본 점수가 가장 높은 한 사람을 캐스팅하도록 하겠습니다.

―――― 〈상 황〉 ――――

- 오디션 지원자는 총 5명이다.
- 오디션 점수는 甲이 76점, 乙이 78점, 丙이 80점, 丁이 82점, 戊가 85점이다.
- 각 배우의 오디션 점수에 각자의 나이를 더한 값은 모두 같다.
- 오디션 점수가 세 번째로 높은 사람만 군의관 역할을 연기해 본 경험이 있다.
- 나이가 가장 많은 배우만 사극에 출연한 경험이 있다.
- 나이가 가장 적은 배우는 23세이다.

① 甲
② 乙
③ 丙
④ 丁
⑤ 戊

02 ○△✕

다음 〈상황〉을 근거로 판단할 때, 〈보기〉에서 옳은 것만을 모두 고르면?

―――― 〈상 황〉 ――――

- 체육대회에서 8개의 종목을 구성해 각 종목에서 우승 시 얻는 승점을 합하여 각 팀의 최종 순위를 매기고자 한다.
- 각 종목은 순서대로 진행하고, 3번째 종목부터는 각 종목 우승 시 받는 승점이 그 이전 종목들의 승점을 모두 합한 점수보다 10점 더 많도록 구성하였다.

※ 승점은 각 종목의 우승 시에만 얻을 수 있으며, 모든 종목의 승점은 자연수이다.

―――― 〈보 기〉 ――――

ㄱ. 1번째 종목과 2번째 종목의 승점이 각각 10점, 20점이라면 8번째 종목의 승점은 1,000점을 넘게 된다.
ㄴ. 1번째 종목과 2번째 종목의 승점이 각각 100점, 200점이라면 8번째 종목의 승점은 10,000점을 넘게 된다.
ㄷ. 1번째 종목과 2번째 종목의 승점에 상관없이 8번째 종목의 승점은 6번째 종목 승점의 네 배이다.
ㄹ. 만약 3번째 종목부터 각 종목 우승 시 받는 승점이 그 이전 종목들의 승점을 모두 합한 점수보다 10점 더 적도록 구성한다면, 1번째 종목과 2번째 종목의 승점에 상관없이 8번째 종목의 승점은 6번째 종목 승점의 네 배보다 적다.

① ㄱ, ㄷ
② ㄱ, ㄹ
③ ㄴ, ㄷ
④ ㄱ, ㄴ, ㄹ
⑤ ㄴ, ㄷ, ㄹ

03 ○△✕　　　　　　　　　　　　　　　　　17년 행시(가) 35번

다음 글과 〈반 편성 기준〉을 근거로 판단할 때, 〈보기〉에서 옳은 것만을 모두 고르면?

- 학생 6명(A~F)의 외국어반 편성을 위해 쓰기, 읽기, 듣기, 말하기 등 4개 영역에 대해 시험을 실시한다.
- 영역별 점수는 시험 결과에 따라 1점 이상 10점 이하로 부여한다.
- 다음 〈반 편성 기준〉에 따라 등수를 매겨 상위 3명은 심화반에, 하위 3명은 기초반에 편성한다.
- 동점자가 발생할 경우, 듣기 점수가 더 높은 학생을 상위 등수로 간주하고, 듣기 점수도 같은 경우에는 말하기 점수, 말하기 점수도 같은 경우에는 읽기 점수, 읽기 점수도 같은 경우에는 쓰기 점수가 더 높은 학생을 상위 등수로 간주한다.
- A~F의 영역별 점수는 다음과 같고, F의 쓰기와 말하기 영역은 채점 중이다.

(단위 : 점)

학생	쓰기	읽기	듣기	말하기
A	10	10	6	3
B	7	8	7	8
C	5	4	4	3
D	5	4	4	6
E	8	7	6	5
F	?	6	5	?

───── 〈반 편성 기준〉 ─────

아래 두 가지 기준 중 하나를 채택하여 반을 편성한다.
- (기준1) 종합적 외국어능력을 반영하기 위해 4개 영역의 점수를 합산한 총점을 기준으로 편성한다.
- (기준2) 수업 중 원어민 교사와의 원활한 소통을 위해 듣기와 말하기 점수의 합을 기준으로 편성한다.

───── 〈보 기〉 ─────

ㄱ. B와 D는 어떤 경우에도 같은 반이 될 수 없다.
ㄴ. 채점 결과 F의 말하기 점수가 5점 이하라면, 어떤 기준에 따라 반을 편성하더라도 F는 기초반에 편성된다.
ㄷ. 채점 결과 F의 말하기 점수가 6점 이상이라면, 어떤 기준에 따라 반을 편성하더라도 C와 D는 같은 반에 편성된다.

① ㄱ
② ㄷ
③ ㄱ, ㄴ
④ ㄱ, ㄷ
⑤ ㄴ, ㄷ

04 ○△✕　　　　　　　　　　　　　　　　　16년 행시(5) 9번

다음 글을 근거로 판단할 때, 〈보기〉에서 옳은 것만을 모두 고르면?

'올해의 체육인상' 후보에 총 5명(甲~戊)이 올랐다. 수상자는 120명의 기자단 투표에 의해 결정되며 투표 규칙은 다음과 같다.
- 투표권자는 한 명당 한 장의 투표용지를 받고, 그 투표용지에 1순위와 2순위 각 한 명의 후보자를 적어야 한다.
- 투표권자는 1순위와 2순위로 동일한 후보자를 적을 수 없다.
- 투표용지에 1순위로 적힌 후보자에게는 5점이, 2순위로 적힌 후보자에게는 3점이 부여된다.
- '올해의 체육인상'은 개표 완료 후, 총 점수가 가장 높은 후보자가 수상하게 된다.
- 기권표와 무효표는 없다.

현재 투표까지의 중간집계 점수는 아래와 같다.

〈중간집계〉

후보자	점수
甲	360점
乙	15점
丙	170점
丁	70점
戊	25점

───── 〈보 기〉 ─────

ㄱ. 현재 투표한 인원은 총 투표인원의 64%를 넘는다.
ㄴ. 중간집계 결과로 볼 때, '올해의 체육인상'을 받을 수 있는 사람은 甲뿐이다.
ㄷ. 중간집계 결과로 볼 때, 8명이 丁을 1순위로 적었다면 최대 60명이 甲을 1순위로 적었을 것이다.

① ㄱ
② ㄱ, ㄴ
③ ㄱ, ㄷ
④ ㄴ, ㄷ
⑤ ㄱ, ㄴ, ㄷ

05 ○△✕

다음 글과 〈결과〉를 근거로 판단할 때, 〈보기〉에서 옳은 것만을 모두 고르면?

- △△콩쿠르 결선 진출자 7명에게는 결선 순위에 따라 상금이 주어진다. 단, 공동 순위는 없다.
- 특별상은 순위와는 상관없이 결선 진출자 중에서 부문별로 한 명씩만 선정된다. 단, 수상자가 선정되지 않거나 한 명이 여러 부문에 선정될 수 있다.
- 결선 순위별 상금과 특별상 부문별 상금은 다음과 같다.

〈결선 순위별 상금〉
(단위 : 천 원)

순위	상금
1위	30,000
2위	25,000
3위	20,000
4위	15,000
5위	10,000
6위	7,000
7위	7,000

〈특별상 부문별 상금〉
(단위 : 천 원)

부문	상금
인기상	3,000
기교상	3,000
감동상	5,000
창의상	10,000

─── 〈결 과〉 ───

결선 진출자들의 개인별 총 상금(내림차순)은 다음과 같다. C와 D가 받은 총 상금은 아래 목록에서 누락되었고, 이번 콩쿠르에서 7명의 결선 진출자에게 지급된 총 상금은 132,000천 원이다.

〈결선 진출자별 총 상금〉
(단위 : 천 원)

결선 진출자	총 상금
A	35,000
B	33,000
C	?
D	?
E	10,000
F	7,000
G	7,000

─── 〈보 기〉 ───

ㄱ. B가 기교상을 받았다면, 인기상 수상자는 없다.
ㄴ. 감동상을 받은 사람이 다른 특별상을 중복하여 수상한 경우는 없다.
ㄷ. C가 결선에서 4위를 했을 가능성은 없다.
ㄹ. 결선 2위는 A 또는 C 중에서 결정되었다.

① ㄱ, ㄴ   ② ㄱ, ㄹ
③ ㄴ, ㄷ   ④ ㄴ, ㄹ
⑤ ㄱ, ㄷ, ㄹ

06 ○△✕

다음 〈숫자를 만드는 규칙〉과 〈놀이규칙〉에 따라 놀이를 할 때, 〈보기〉에서 가장 높은 점수를 받게 되는 경우부터 순서대로 나열한 것은?

─── 〈숫자를 만드는 규칙〉 ───

- 막대를 활용해 숫자를 만든다.
- 각 숫자를 만들 때는 아래 정해진 형태로만 만들어야 하며 정해진 개수만큼의 막대를 사용해야 한다.

1234567890

- 각 숫자를 만드는 데 필요한 막대의 개수는 아래의 〈표〉와 같다.

숫자	1	2	3	4	5	6	7	8	9	0
필요한 막대 개수	2	5	5	4	5	6	4	7	6	6

─── 〈놀이규칙〉 ───

공식 : □□ − □□ = ?
(두 자리수 빼기 두 자리수의 값)

- 주어진 개수의 막대를 사용하여 □ 안에 들어갈 4개의 숫자를 만든다.
- 주어진 개수의 막대를 모두 활용하여야 하며 막대를 남기거나 더 사용하면 안 된다.
- 각 □ 안에는 하나의 숫자만 들어가야 하며 각 숫자는 1회만 사용해야 한다.
- 두 자리수를 만들어야 하므로 각 숫자의 앞자리에는 0이 들어갈 수 없다.
- 공식에 의하여 나온 가장 높은 값을 점수로 매긴다.

─── 〈보 기〉 ───

ㄱ. 18개의 막대 사용
ㄴ. 19개의 막대 사용
ㄷ. 20개의 막대 사용
ㄹ. 21개의 막대 사용

① ㄱ > ㄴ > ㄷ > ㄹ
② ㄱ > ㄹ > ㄴ > ㄷ
③ ㄹ > ㄱ > ㄴ > ㄷ
④ ㄹ > ㄱ > ㄷ > ㄴ
⑤ ㄹ > ㄷ > ㄴ > ㄱ

07 ○△×   12년 행시(인) 33번

4명의 참가자(A~D)가 음악경연을 한다. 다음 〈조건〉에 근거할 때, 옳지 않은 것은?

<조 건>

- 탈락자는 〈심사위원 점수〉와 〈국민참여 문자투표 득표수〉를 반영하여 선정된다.
- 심사위원 점수의 합산점수와 국민참여 문자투표의 점유율(%)의 수치를 점수로 간주한 값(환산점수)을 더하여 참가자들 각각의 총점을 산출한다.
- 총점이 가장 낮은 참가자가 탈락되며, 이 때 그 수가 2인 이상인 경우 그들 모두를 탈락자로 한다.
- 甲, 乙, 丙 총 3명의 〈심사위원 점수〉와 10만 명이 문자 투표한 〈국민참여 문자투표 득표수〉는 아래와 같다.

〈심사위원 점수〉

(100점 만점)

심사위원 \ 참가자	A	B	C	D
甲	90점	85점	88점	89점
乙	88점	85점	88점	86점
丙	85점	?	90점	90점

〈국민참여 문자투표 득표수〉

구분	A	B	C	D
득표수	25,000표	?	17,500표	?
환산점수	25점	?	17.5점	?

① A는 탈락하지 않을 것이다.
② D가 C보다 국민참여 문자투표를 1,500표 더 받았다면 탈락하지 않는다.
③ D가 국민참여 문자투표에서 42,500표를 받았다면 B가 탈락했을 것이다.
④ B와 D의 국민참여 문자투표 득표수가 같다면 B와 C 중에서 탈락자가 결정된다.
⑤ 공동 탈락자가 생길 수 있다.

08 ○△×   10년 행시(발) 11번

다음 글을 읽고 추론한 것으로 옳지 않은 것은?

甲, 乙, 丙은 같은 과목을 수강하고 있다. 이 과목의 성적은 과제 점수와 기말시험 점수를 합산하여 평가한다. 과제에 대한 평가방법은 다음과 같다. 강의에 참여하는 학생은 5명으로 구성된 팀을 이루어 과제를 발표해야 한다. 교수는 과제 발표의 수준에 따라 팀점수를 정한 후, 이 점수를 과제 수행에 대한 기여도에 따라 참여한 학생들에게 나누어 준다. 이때 5명의 학생에게 모두 서로 다른 점수를 부여하되, 각 학생 간에는 2.5점의 차이를 둔다. 기말시험의 성적은 60점이 만점이고, 과제 점수는 40점이 만점이다.

과제 점수와 기말시험 점수를 합산하여 총점 95점 이상을 받은 학생은 A+등급을 받게 되고, 90점 이상 95점 미만은 A 등급을 받는다. 마이너스(-) 등급은 없으며, 매 5점을 기준으로 등급은 한 단계씩 떨어진다. 예컨대 85점 이상 90점 미만은 B+, 80점 이상 85점 미만은 B 등급이 되는 것이다.

甲, 乙, 丙은 다른 2명의 학생과 함께 팀을 이루어 발표를 했는데, 팀점수로 150점을 받았다. 그리고 기말고사에서 甲은 53점, 乙은 50점, 丙은 46점을 받았다.

① 甲은 최고 B+에서 최저 C+등급까지의 성적을 받을 수 있다.
② 乙은 최고 B에서 최저 C 등급까지의 성적을 받을 수 있다.
③ 丙은 최고 B에서 최저 C 등급까지의 성적을 받을 수 있다.
④ 乙의 기여도가 최상위일 경우 甲과 丙은 같은 등급의 성적을 받을 수 있다.
⑤ 甲의 기여도가 최상위일 경우 乙과 丙은 같은 등급의 성적을 받을 수 있다.

01 ⃝△✕

다음 글을 근거로 판단할 때, 색칠된 사물함에 들어 있는 돈의 총액으로 가능한 것은?

- 아래와 같이 생긴 25개의 사물함 각각에는 200원이 들어 있거나 300원이 들어 있거나 돈이 아예 들어 있지 않다.
- 그림의 우측과 아래에 쓰인 숫자는 그 줄의 사물함에 든 돈의 액수를 모두 합한 금액이다. 예를 들어, 1번, 2번, 3번, 4번, 5번 사물함에 든 돈의 액수를 모두 합하면 900원이다.
- 11번 사물함에는 200원이 들어 있고, 25번 사물함에는 300원이 들어 있으며, 전체 사물함 중 200원이 든 사물함은 4개뿐이다.

1	2	3	4	5	900
6	7	8	9	10	700
11	12	13	14	15	500
16	17	18	19	20	300
21	22	23	24	25	500
500	400	900	600	500	

① 600원
② 900원
③ 1,000원
④ 1,200원
⑤ 1,400원

02 ⃝△✕

다음 글과 〈3년간 인증대학 현황〉을 근거로 판단할 때, 〈보기〉에서 옳은 것만을 모두 고르면?(단, 다른 조건은 고려하지 않는다)

- 대학의 외국인 유학생 관리·지원 체계 및 실적 등을 평가하여 인증을 부여하는 제도가 2013년에 처음 시행되었다.
- 신규 인증을 신청한 대학이 1단계 핵심지표평가 및 2단계 현장평가 결과 일정 기준을 충족할 경우, 신규 인증대학으로 선정되고 인증의 유효기간은 3년이다.
- 매년 2월 인증대학을 선정하며 인증은 당해 연도 3월 1일부터 유효하다.
- 기존 인증대학에 대해서는 매년 2월 핵심지표평가만을 실시하고, 기준을 충족하지 못하는 경우 당해 연도 3월 1일부터 인증이 취소된다.
- 인증이 취소된 대학은 그 다음 해부터 신규 인증을 신청하여 신규 인증대학으로 다시 선정될 수 있다.

〈3년간 인증대학 현황〉

구분	2013년 3월	2014년 3월	2015년 3월
신규 인증대학	12	18	21
기존 인증대학	–	10	25
합계	12	28	46

――――― 〈보 기〉 ―――――

ㄱ. 2013년에 신규 인증대학으로 선정된 A대학이 2016년에 핵심지표평가만을 받는 경우는 없다.
ㄴ. 2015년 3월까지 인증대학으로 1번 이상 선정된 대학은 최대 51개이다.
ㄷ. 2015년 3월까지 인증대학으로 1번 이상 선정된 대학은 최소 46개이다.
ㄹ. 2016년 2월 현재 23개월 이상 인증을 유지하고 있는 대학은 25개이다.

① ㄱ, ㄷ
② ㄴ, ㄷ
③ ㄴ, ㄹ
④ ㄱ, ㄴ, ㄹ
⑤ ㄴ, ㄷ, ㄹ

CHAPTER 07 게임 · 규칙

1 유형의 이해

게임규칙 유형은 제시된 게임의 규칙에 따라 게임을 전개하여 문제에서 요구하는 중간과정과 결과를 도출할 수 있는지 평가한다. 이 유형은 게임의 규칙 및 종류에 따라 여러 유형으로 구분되므로 유형에 따라 다른 접근법을 취해야 한다. 매년 1문제 이상은 반드시 출제되는 단골 유형으로 여러 유형의 문제를 풀어보면서 감을 익히는 것이 중요하다. 게임을 규칙에 따라 전개하기만 하면 특별한 아이디어나 새로운 접근법이 없이도 풀 수 있는 문제가 많아 시도는 해보는 것이 좋다.

2 발문 유형

• 다음 글을 근거로 판단할 때, 〈보기〉에서 옳은 것만을 모두 고르면?

3 접근법

① 규칙이 명확히 제시되는 게임이라면 규칙의 예외나 단서를 놓치지 않고 규칙을 정확히 파악하여 문제를 해결하는 것이 중요하다. 이 경우 규칙이 시키는 대로만 꼼꼼하게 게임을 전개하면 생각보다 간단히 문제를 해결할 수 있다.

② 규칙이 명확히 제시되지 않거나 숨어있는 게임이라면 제시된 사례를 통해 규칙을 직접 도출하고 문제에 적용하는 것이 중요하다. 규칙을 스스로 세워야 하므로 단순히 규칙을 적용하는 유형보다는 난도가 있는 편이다.

③ 게임의 결과가 여러 가지로 도출되는 게임이라면 그 결과로 가능한 모든 경우의 수를 빠뜨리지 않고 나열해야 한다. 이때 게임을 시행해보면서 게임의 결과가 하나로 한정지어지지 않고 다른 경우가 가능한지를 먼저 찾는 것이 핵심이다.

④ 게임을 많은 횟수 반복 시행한 결과를 묻는다면 게임의 결과에서 반복되는 패턴을 통해 규칙성을 파악하여 이를 이후 시행에 적용할 수 있어야 한다.

4 생각해 볼 부분

규칙성을 파악하는 것이 핵심이지만 문제를 빨리 풀겠다는 강박에 사로잡혀 억지로 규칙을 도출하려다 시간을 허비하는 경우도 잦다. 따라서 규칙성이 눈에 바로 들어오지 않는다면 일단은 게임을 규칙에 따라 몇 회 정도는 전개해 보는 시도가 중요하다. 만약 게임의 결과로 여러 경우의 수가 나온다면 내가 무엇을 빠뜨리지 않았는지 게임의 단서를 다시 체크하는 것이 실수를 방지할 수 있는 방법이다.

난도 중

풀이시간 2분 30초

다음 글과 〈라운드별 음식값〉을 근거로 판단할 때, 음식값을 가장 많이 낸 사람과 그가 낸 음식값을 고르면?

- 甲, 乙, 丙이 가위바위보를 하여 음식값 내기를 하고 있다.
- 라운드당 한 번씩 가위바위보를 하여 음식값을 낼 사람을 정하며 총 5라운드를 겨룬다.
- 가위바위보에서 승패가 가려진 경우 패자는 해당 라운드의 음식값을 낸다.
- 비긴 경우에는 세 사람이 모두 음식값을 낸다. 단, 직전 라운드 가위바위보의 승자는 음식값을 내지 않는다.
- 음식값을 낼 사람이 2명 이상인 라운드에서는 음식값을 낼 사람들이 동일한 비율로 음식값을 나누어 낸다.
- 甲은 가위-바위-보-가위-바위를 순서대로 낸다.
- 乙은 1라운드에서 바위를 낸 후 2라운드부터는 직전 라운드 가위바위보에서 이긴 경우 가위를, 비긴 경우 바위를, 진 경우 보를 낸다. 단, 乙이 직전 라운드에서 음식값을 낸 경우에는 가위를 낸다.
- 丙은 1라운드에서 바위를 낸 후 2라운드부터는 직전 라운드 가위바위보에서 이긴 경우 보를, 비긴 경우 바위를, 진 경우 가위를 낸다.

※ 주어진 조건 외에는 고려하지 않는다.

〈라운드별 음식값〉

라운드	1	2	3	4	5
음식값(원)	12,000	15,000	18,000	25,000	30,000

	음식값을 가장 많이 낸 사람	음식값
①	甲	57,000원
②	乙	44,000원
③	乙	51,500원
④	丙	44,000원
⑤	丙	51,500원

합격생 가이드

이 문제는 문제 접근법에 따르면 ①번 유형에 해당한다. 따라서 라운드마다 甲, 乙, 丙이 내는 가위바위보의 규칙을 이해하고 전 라운드의 승패에 따라 다음 단계를 실수하지 않고 전개하는 것이 핵심이다. 이때 유의해야 할 점은 규칙의 단서이다. ① 비긴 경우 음식값을 나누어 내지만 직전 라운드의 승자는 음식값을 내지 않는 점. ② 乙의 경우 직전 라운드에서 음식값을 낸 경우 항상 가위를 내는 점을 항상 염두에 두고 게임을 전개한다. 이때 실수하지 않기 위해서는 아래의 정답해설처럼 표를 만들어서 게임을 기록하고, 라운드별 승패에 따른 음식값을 바로 정리하는 것이 가장 좋은 방법이다. 마지막 라운드에서 30,000원을 낸 乙이 가장 많은 음식값을 지불한 것이 자명하고 금액의 마지막 단위가 500원으로 떨어지므로 ③번을 정답으로 고른다면 계산 시간을 절약할 수 있을 것이다.

대표문항으로 선정한 이유

가위바위보 게임을 새로운 규칙에 따라 전개하고, 게임의 결과에 따른 계산을 요하고 있다는 점에서 대표적인 게임·규칙 유형의 문제로 볼 수 있다.

정답해설

라운드		1	2	3	4	5
	甲	가위	바위	보	가위	바위
	乙	바위	가위	바위	가위	가위
	丙	바위	보	바위	가위	바위

음식값		1	2	3	4	5	합계
	甲	12,000	15,000		×		27,000
	乙		×	9,000	12,500	30,000	51,500
	丙		×	9,000	12,500		21,500

우선 甲, 乙, 丙이 가위바위보를 내는 규칙을 게임의 승패에 따라 배열한다. 규칙에 따르면 첫 번째 라운드의 승자는 乙과 丙이다. 두 번째 라운드의 경우 비겼으나 乙과 丙이 직전 라운드의 승자이므로 음식값을 내지 않는다. 이후 세 번째 라운드의 경우 乙과 丙이 패배하였으므로 음식값을 나누어내고, 乙의 경우 다음 라운드에서 가위를 내게 된다. 네 번째 라운드의 경우 비겼으나 직전 라운드의 승자인 甲은 음식값을 내지 않으므로 乙과 丙이 음식값을 나누어낸다. 乙은 음식값을 지불하였으므로 다음 라운드에서 가위를 내고 다섯 번째 라운드에서 음식값을 낸다. 이때 라운드별 각자가 지불한 음식값을 모두 더하면 甲 : 27,000, 丙 : 21,500 乙 : 51,500으로 乙이 음식값을 가장 많이 낸 사람이 된다.

目 ③

01 ○△✕ 11년 행시(발) 35번

다음 〈경기 규칙〉에 따라 다섯 사람이 경기를 한 결과, 여섯 번째 순서인 甲이 벌칙을 받았다. 그런데 경기 기록지가 손상되어 〈기록지〉의 검정색으로 칠해진 곳은 알 수 없다. 〈보기〉에서 옳은 것을 모두 고르면?

〈경기 규칙〉

- 경기를 시작하면 첫 번째 사람은 손가락으로 1~5까지의 숫자 중 하나를 표현하고, 동시에 입으로도 1~5까지의 숫자 중 하나를 말한다. 단, 손가락으로 표현하는 숫자와 입으로 말하는 숫자는 달라야 한다.
- 두 번째 사람부터는 바로 전의 사람이 입으로 말한 숫자를 손가락으로 표현하고, 동시에 입으로는 손가락으로 표현하지 않은 숫자 중 하나를 골라 말해야 한다. 그 이후로도 같은 방법으로 진행한다.
- 위에서 말한 경기 규칙을 어기는 사람이 생기면 그 사람이 벌칙을 받는 것으로 경기가 종료된다.
- 경기는 甲 → 乙 → 丙 → 丁 → 戊 → 甲 → …의 순서로 진행된다.

〈기록지〉

순번	1번	2번	3번	4번	5번	6번
사람	甲	乙	丙	丁	戊	甲
입		넷			둘	둘
손가락	✌(3)	✌			🖐	✌

〈보 기〉

ㄱ. 여섯 번째 순서인 甲이 한 것처럼, 바로 앞의 사람이 입으로 말한 숫자와 같은 숫자를 입으로 말하면 예외 없이 벌칙을 받는다.
ㄴ. 경기를 시작하고 甲이 처음으로 입으로 말한 숫자와 丙이 손가락으로 표현한 숫자를 합하면 6이다.
ㄷ. 丙이 입으로 말한 숫자는 '다섯'이다.
ㄹ. 丙이 입으로 말한 숫자가 '셋'이라면, 손가락으로 표현한 '1'은 이 경기에서 한 번도 나오지 않았다.

① ㄱ, ㄴ, ㄷ
② ㄱ, ㄴ, ㄹ
③ ㄱ, ㄷ, ㄹ
④ ㄴ, ㄷ, ㄹ
⑤ ㄱ, ㄴ, ㄷ, ㄹ

02 ○△✕ 10년 행시(발) 36번

다음 〈조건〉에 따라 시뮬레이션을 할 때 최초 탈락팀, 최종 승리팀, 최종 승리팀의 승수는?

〈조 건〉

- 대회에는 네 개의 팀(A, B, C, D)이 출전한다.
- 게임은 두 개의 팀이 겨룬다.
- 네 팀의 역대 전적 순위는 다음과 같았다.

  A > B > C > D

- 상대 전적에 따르면, A팀은 C팀에 약했고, B팀은 D팀에 약했다.
- 첫 번째 게임은 A 대 C, B 대 D로 진행한다.
- 두 번째 게임은 승자 대 승자, 패자 대 패자로 진행한다. 이후의 게임도 같은 방식으로 진행한다.
- 게임의 상대자가 없을 경우 부전승을 거둔다.
- 누적해서 두 번 패하면 대회에서 탈락한다.
- 최후에 남은 한 팀을 최종 승리팀으로 한다.

※ 이 시뮬레이션에서는 상대 전적과 역대 전적에 따라 게임의 승패를 결정하되, 상대 전적을 역대 전적보다 우선 적용한다.
※ 최종 승리팀이 결정되면 시뮬레이션을 종료한다.

	최초 탈락팀	최종 승리팀	최종 승리팀의 승수
①	A	B	3
②	B	C	3
③	B	C	4
④	D	A	3
⑤	D	A	4

03 ○△× 09년 행시(극) 40번

다음 제시문의 〈그림〉에서 문자를 4회 이동한 후의 모습으로 가능하지 **않은** 것은?

> 다음 문자의 배치에서 각 문자는 상하좌우에 빈칸이 있는 경우 그곳으로 이동할 수 있다. 문자가 이동하면 그 문자의 이동하기 전 위치가 빈칸이 된다. 예를 들어 B는 아래쪽으로 이동할 수 있고 B가 있던 칸은 빈칸이 된다.(단, 대각선 방향의 이동은 허용되지 않는다)

〈그림〉

A	B	C
D		E
F	G	H

①

A	C	B
D	E	H
F	G	

②

A	C	E
D	B	H
F	G	

③

	A	B
D	E	C
F	G	H

④

D	A	C
B		E
F	G	H

⑤

D	A	C
F	B	E
	G	H

04 ○△× 10년 행시(발) 38번

다음 〈보기〉와 같이 하나의 주사위를 던져 나온 수에 따라 꽃 위를 이동한다. 주사위를 7번 던진 결과 최종 도착지의 숫자가 가장 큰 것은?

─── 〈보기〉 ───

- 출발은 0에서 시작
  앞으로 이동시 0 → 1 → 2 순
  뒤로 이동시 0 → 9 → 8 순
- 주사위 숫자별 이동방법

  ⚀ , ⚄ : 뒤로 2칸 이동

  ⚄ : 뒤로 1칸 이동

  ⚁ : 앞으로 1칸 이동

  ⚄ , ⚅ : 앞으로 2칸 이동

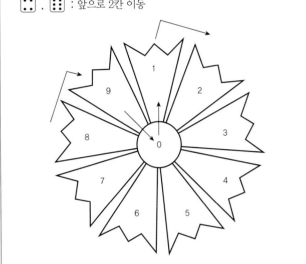

※ 그림의 화살표는 앞으로 이동하는 경우의 예이다.

① ⚀ – ⚄ – ⚄ – ⚄ – ⚁ – ⚁ – ⚅

② ⚄ – ⚁ – ⚁ – ⚁ – ⚄ – ⚄ – ⚄

③ ⚄ – ⚄ – ⚁ – ⚄ – ⚄ – ⚄ – ⚁

④ ⚄ – ⚁ – ⚄ – ⚄ – ⚄ – ⚁ – ⚅

⑤ ⚅ – ⚄ – ⚁ – ⚀ – ⚄ – ⚄ – ⚄

01 ⊙△✕

다음 글을 근거로 판단할 때, 〈보기〉에서 옳은 것만을 모두 고르면?

- 甲과 乙은 책의 쪽 번호를 이용한 점수 게임을 한다.
- 책을 임의로 펼쳐서 왼쪽 면 쪽 번호의 각 자리 숫자를 모두 더하거나 모두 곱해서 나오는 결과와 오른쪽 면 쪽 번호의 각 자리 숫자를 모두 더하거나 모두 곱해서 나오는 결과 중에 가장 큰 수를 본인의 점수로 한다.
- 점수가 더 높은 사람이 승리하고, 같은 점수가 나올 경우 무승부가 된다.
- 甲과 乙이 가진 책의 시작 면은 1쪽이고, 마지막 면은 378쪽이다. 책을 펼쳤을 때 왼쪽 면이 짝수, 오른쪽 면이 홀수 번호이다.
- 시작 면이나 마지막 면이 나오게 책을 펼치지는 않는다.

※ 쪽 번호가 없는 면은 존재하지 않는다.
※ 두 사람은 항상 서로 다른 면을 펼친다.

〈보 기〉

ㄱ. 甲이 98쪽과 99쪽을 펼치고, 乙은 198쪽과 199쪽을 펼치면 乙이 승리한다.
ㄴ. 甲이 120쪽과 121쪽을 펼치고, 乙은 210쪽과 211쪽을 펼치면 무승부이다.
ㄷ. 甲이 369쪽을 펼치면 반드시 승리한다.
ㄹ. 乙이 100쪽을 펼치면 승리할 수 없다.

① ㄱ, ㄴ
② ㄱ, ㄷ
③ ㄱ, ㄹ
④ ㄴ, ㄷ
⑤ ㄴ, ㄹ

02 ⊙△✕

다음 글을 근거로 판단할 때, 〈보기〉에서 옳은 것만을 모두 고르면?

- 甲과 乙은 다음 그림과 같이 번호가 매겨진 9개의 구역을 점령하는 게임을 한다.

1	2	3
4	5	6
7	8	9

- 게임 시작 전 제비뽑기를 통해 甲은 1구역, 乙은 8구역으로 최초 점령 구역이 정해졌다.
- 甲과 乙은 가위바위보를 해서 이길 때마다, 자신이 이미 점령한 구역에 상하좌우로 변이 접한 구역 중 점령되지 않은 구역 1개를 추가로 점령하여 자신의 구역으로 만든다.
- 만약 가위바위보에서 이겨도 더 이상 자신이 점령할 수 있는 구역이 없으면 이후의 가위바위보는 모두 진 것으로 한다.
- 게임은 모든 구역이 점령될 때까지 계속되며, 더 많은 구역을 점령한 사람이 게임에서 승리한다.
- 甲과 乙은 게임에서 승리하기 위하여 최선의 선택을 한다.

〈보 기〉

ㄱ. 乙이 첫 번째, 두 번째 가위바위보에서 모두 이기면 게임에서 승리한다.
ㄴ. 甲이 첫 번째, 두 번째 가위바위보를 이겨서 2구역과 5구역을 점령하고, 乙이 세 번째 가위바위보를 이겨서 9구역을 점령하면, 네 번째 가위바위보를 이긴 사람이 게임에서 승리한다.
ㄷ. 甲이 첫 번째, 세 번째 가위바위보를 이겨서 2구역과 4구역을 점령하고, 乙이 두 번째 가위바위보를 이겨서 5구역을 점령하면, 게임의 승자를 결정하기 위해서는 최소 2번 이상의 가위바위보를 해야 한다.

① ㄴ
② ㄷ
③ ㄱ, ㄴ
④ ㄱ, ㄷ
⑤ ㄴ, ㄷ

03 ○△✕   12년 행시(인) 10번

다음 〈조건〉에 따라 A팀과 B팀이 왼손 팔씨름 시합을 한다. 첫 번째 경기 시작 전에 B팀에서는 A팀이 첫 번째 경기에 장사를 출전시킨다는 확실한 정보를 입수했다고 할 때, 옳은 것을 〈보기〉에서 모두 고르면?

〈조 건〉

- A팀과 B팀은 각각 장사 1명, 왼손잡이 1명, 오른손잡이 2명(총 4명)으로 구성되어 있다.
- 한 사람당 한 경기에만 출전할 수 있으며, 총 네 번의 경기를 치러 승점의 합이 많은 팀이 우승을 차지한다. 이때 이길 경우 3점, 비길 경우 1점, 질 경우는 0점의 승점이 주어진다.
- 양 팀은 첫 번째 경기 시작 전에 각 경기별 출전선수명단을 심판에게 제출해야 하며, 제출한 선수명단은 바꿀 수 없다.
- 각 팀에 속하는 팀원의 특징은 아래와 같다.
  - 장사 : 왼손잡이, 오른손잡이 모두에게 이긴다.
  - 왼손잡이 : 장사에게는 지고 오른손잡이에게는 이긴다.
  - 오른손잡이 : 장사, 왼손잡이 모두에게 진다.
- 누구든 같은 특징의 상대를 만나면 비긴다.

〈보 기〉

ㄱ. B팀도 첫 번째 경기에 장사를 출전시키면 최대 승점 5점을 얻을 수 있다.

ㄴ. B팀이 첫 번째 경기에 왼손잡이를 출전시키면 최대 승점 4점을 얻을 수 있다.

ㄷ. B팀이 첫 번째 경기에 오른손잡이를 출전시키면 최대 승점 7점을 얻을 수 있다.

ㄹ. A팀이 첫 번째 경기에 장사를 출전시키고 두 번째 경기에 왼손잡이를 출전시킨다는 확실한 정보를 B팀이 입수한다면, B팀은 우승할 수 있으며 이때의 승점은 7점이다.

① ㄱ, ㄷ
② ㄴ, ㄷ
③ ㄴ, ㄹ
④ ㄱ, ㄴ, ㄹ
⑤ ㄱ, ㄷ, ㄹ

04 ○△✕   08년 행시(조) 12번

甲과 乙이 아래와 같이 끝말잇기 놀이를 하였다. 다음 〈조건〉을 보고 A, B의 물음에 대한 답으로 옳게 짝지은 것은?

A. 甲이 사용한 어휘 중, 빈칸에 들어갈 글자를 왼쪽부터 차례로 나열한다면?

B. 게임에서 이긴 사람은 누구이며, 이길 때 제시한 단어는 무엇인가?

〈조 건〉

ㄱ. 甲이 '자동차'라는 단어를 제시하면서 놀이를 시작하였다.

ㄴ. 甲은 자신의 어휘 중, '지도'라는 어휘를 다섯 번째에 사용하였다.

ㄷ. 아래 어휘 중 사용되지 않은 것은 없으며, 모두 단 한 번씩만 사용되었다.

ㄹ. 甲, 乙이 사용한 모든 어휘는 첫 자가 서로 다르다.

〈甲이 사용한 어휘〉

선□, 지도, □날, 시험, 금은방, 자동차, 담배, 기□, 개천절

〈乙이 사용한 어휘〉

험담, 차림새, 절취선, 방사선, 심지, □시, 대금, □개, 배기

	A	B
①	심, 새, 대	을, 방사선
②	험, 새, 방	갑, 금은방
③	험, 장, 대	을, 방사선
④	심, 새, 방	갑, 금은방
⑤	험, 새, 선	을, 절취선

05 ☐△✕

甲과 乙이 가위바위보 경기를 했다. 다음 〈규칙〉과 〈상황〉을 근거로 판단할 때, 〈보기〉에서 옳은 것만을 모두 고르면?

─── 〈규 칙〉 ───

- A규칙은 일반적인 가위바위보 규칙과 같다.
- B규칙은 가위, 바위, 보를 숫자에 대응시켜 더 큰 숫자 쪽이 이기며, 숫자가 같으면 비긴다. 이때 가위는 2, 바위는 0, 보는 5를 나타낸다.
- C규칙은 가위, 바위, 보를 숫자에 대응시켜 더 작은 숫자 쪽이 이기며, 숫자가 같으면 비긴다. 이때 가위는 2, 바위는 0, 보는 5를 나타낸다.

─── 〈상 황〉 ───

- 甲과 乙은 총 3번 경기를 하였고, 3번의 경기가 모두 끝날 때까지는 각 경기에 어떤 규칙이 적용되었는지 알 수 없었다.
- 모든 경기가 종료된 후에 각 규칙이 한 번씩 적용되었음을 알 수 있었다.
- 甲은 보를 3번 냈으며, 乙은 가위-바위-보를 순서대로 냈다.

─── 〈보 기〉 ───

ㄱ. 甲이 1승 1무 1패를 한 경우, 첫 번째 경기에 A규칙 또는 C규칙이 적용되었다.
ㄴ. 甲이 2승 1무를 한 경우, 두 번째 경기에 A규칙이 적용되었다.
ㄷ. 甲은 3번의 경기 중 최소한 1승은 할 수 있다.
ㄹ. 만약 乙이 세 번째 경기에서 보가 아닌 가위나 바위를 낸다고 해도 甲은 3승을 할 수 없다.

① ㄱ, ㄷ
② ㄴ, ㄷ
③ ㄴ, ㄹ
④ ㄱ, ㄴ, ㄹ
⑤ ㄱ, ㄷ, ㄹ

06 ☐△✕

甲, 乙, 丙이 다음 〈조건〉에 따라 게임을 할 때, 〈보기〉에서 옳은 것만을 모두 고르면?

─── 〈조 건〉 ───

- 게임은 1부터 7까지의 숫자가 각각 적힌 7장의 카드 3벌(21장)을 섞어서 3명이 7장씩 나누어 가지고 시작한다.
- 게임은 甲부터 시작하여 甲 → 乙 → 丙 → 甲 → 乙 → 丙 → …의 차례로 진행된다.
- 차례에 따라 손에 든 카드를 1장씩 내며, 이때 바로 전 사람이 낸 카드의 숫자와 같거나 더 큰 숫자의 카드만 낼 수 있다.
- 이미 낸 카드는 다시 가져올 수 없다.
- 자신의 차례에 낼 카드가 손에 없으면 게임에서 빠지며, 남은 사람은 계속 이어서 게임을 진행하고, 가장 늦게까지 게임에 남아 있는 사람이 우승자가 된다.
- 甲, 乙, 丙은 우승하기 위해 최선을 다한다.
- 甲이 받은 카드는 ①①③⑤⑥⑥⑦이다.

─── 〈보 기〉 ───

ㄱ. 누구든 ⑦ 카드를 2장 갖고 있으면 반드시 우승할 수 있다.
ㄴ. 甲이 게임 시작과 동시에 ⑦ 카드를 냈을 때 우승할 확률은 약 33%이다.
ㄷ. 甲이 게임 시작과 동시에 ⑥ 카드를 냈을 때 우승할 확률은 약 33%이다.

① ㄱ
② ㄴ
③ ㄱ, ㄴ
④ ㄴ, ㄷ
⑤ ㄱ, ㄴ, ㄷ

07 ⊙△✕ 13년 행시(인) 15번

다음 〈규칙〉에 근거할 때, 〈보기〉에서 옳은 것을 모두 고르면?

─── 〈규 칙〉 ───

- 9장의 카드에는 1부터 9까지의 숫자 중 각각 다른 하나의 숫자가 적혀 있다.
- 9장의 카드 중 4장을 동시에 사용하여 네 자리 수를 만든다.
- 천의 자리에 있는 숫자와 백의 자리에 있는 숫자를 곱한 값이 십의 자리 숫자와 일의 자리 숫자가 된다. 예를 들어 '7856'은 가능하지만 '7865'는 불가능하다.

─── 〈보 기〉 ───

ㄱ. 만들 수 있는 가장 큰 수에서 가장 작은 수를 뺀 값은 7158이다.

ㄴ. 천의 자리가 5이거나 일의 자리가 5인 네 자리 수는 만들 수 없다.

ㄷ. 천의 자리에 9를 넣을 때 만들 수 있는 네 자리 수의 개수는 천의 자리에 다른 어떤 수를 넣을 때 보다 많다.

ㄹ. 숫자 1이 적힌 카드가 한 장 추가되어도 만들 수 있는 네 자리 수의 총 개수에는 변화가 없다.

ㅁ. 숫자 9가 적힌 카드가 한 장 추가되어도 만들 수 있는 네 자리 수의 총 개수에는 변화가 없다.

① ㄱ, ㄴ, ㄷ

② ㄱ, ㄴ, ㄹ

③ ㄱ, ㄷ, ㅁ

④ ㄱ, ㄹ, ㅁ

⑤ ㄴ, ㄷ, ㅁ

08 ⊙△✕ 17년 행시(가) 34번

다음 글을 근거로 판단할 때, 〈보기〉에서 옳은 것만을 모두 고르면?

- 甲~丁은 다음 그림과 같은 과녁에 각자 보유한 화살을 쏜다. 과녁은 빨간색, 노란색, 초록색, 파란색의 칸으로 4등분이 되어 있다. 화살은 반드시 4개의 칸 중 하나의 칸에 명중하며, 하나의 칸에 여러 개의 화살이 명중할 수 있다.

- 화살을 쏜 사람은 그 화살이 명중한 칸에 쓰인 점수를 받는다.
- 화살의 색깔과 화살이 명중한 칸의 색깔이 일치하면 칸에 쓰인 점수보다 1점을 더 받는다.
- 노란색 화살이 파란색 칸에 명중하는 경우에만 칸에 쓰인 점수보다 1점을 덜 받는다.
- 甲~丁이 보유한 화살은 다음과 같으며, 각자가 보유한 화살을 전부 쏘아 얻은 점수를 합하여 최종 점수를 계산한다. 단, 각 화살은 한 번씩만 쏜다.

사람	보유 화살
甲	빨간색 화살 1개, 노란색 화살 1개
乙	초록색 화살 2개
丙	노란색 화살 1개, 초록색 화살 1개
丁	초록색 화살 1개, 파란색 화살 1개

─── 〈보 기〉 ───

ㄱ. 乙의 최종 점수의 최댓값과 丁의 최종 점수의 최댓값은 같다.

ㄴ. 甲과 丙의 최종 점수가 10점으로 같았다면, 노란색 화살들은 모두 초록색 칸에 명중한 것이다.

ㄷ. 乙의 최종 점수의 최솟값은 甲의 최종 점수와는 다를 것이다.

ㄹ. 丙과 丁의 화살 4개가 모두 같은 칸에 명중했고 최종 점수가 같았다면, 그 칸은 파란색일 수 있다.

① ㄱ, ㄷ

② ㄴ, ㄷ

③ ㄴ, ㄹ

④ ㄱ, ㄴ, ㄹ

⑤ ㄱ, ㄷ, ㄹ

01 ☐△✕

5명(A~E)이 순서대로 퀴즈게임을 해서 벌칙 받을 사람 1명을 선정하고자 한다. 위의 〈게임 규칙과 결과〉에 근거할 때, 항상 옳은 것을 〈보기〉에서 모두 고르면?

―――― 〈게임 규칙과 결과〉 ――――

〈규칙〉

• A → B → C → D → E 순서대로 퀴즈를 1개씩 풀고, 모두 한 번씩 퀴즈를 풀고 나면 한 라운드가 끝난다.

• 퀴즈 2개를 맞힌 사람은 벌칙에서 제외되고, 다음 라운드부터는 게임에 참여하지 않는다.

• 라운드를 반복하여 맨 마지막까지 남는 한 사람이 벌칙을 받는다.

• 벌칙을 받을 사람이 결정되면 라운드 중이라도 더 이상 퀴즈를 출제하지 않는다.

• 게임 중 동일한 문제는 출제되지 않는다.

〈결과〉

3라운드에서 A는 참가자 중 처음으로 벌칙에서 제외되었고, 4라운드에서는 오직 B만 벌칙에서 제외되었으며, 벌칙을 받을 사람은 5라운드에서 결정되었다.

―――――――― 〈보 기〉 ――――――――

ㄱ. 5라운드까지 참가자들이 정답을 맞힌 퀴즈는 총 9개이다.

ㄴ. 게임이 종료될 때까지 총 22개의 퀴즈가 출제되었다면, E는 5라운드에서 퀴즈의 정답을 맞혔다.

ㄷ. 게임이 종료될 때까지 총 21개의 퀴즈가 출제되었다면, 퀴즈를 푸는 순서가 벌칙을 받을 사람 선정에 영향을 미친 것으로 볼 수 있다.

① ㄱ
② ㄴ
③ ㄱ, ㄷ
④ ㄴ, ㄷ
⑤ ㄱ, ㄴ, ㄷ

02 ☐△✕

다음 글을 근거로 판단할 때, 〈보기〉에서 옳은 것만을 모두 고르면?

A부족과 B부족은 한쪽 손의 손모양으로 손가락 셈법(지산법)을 사용하여 셈을 한다.

• A부족의 손가락 셈법에 따르면, 손모양을 보아 손바닥이 보이면 펴져 있는 손가락 개수만큼 더하고, 손등이 보이면 펴져 있는 손가락 개수만큼을 뺀다.

• B부족의 손가락 셈법에 따르면, 손모양을 보아 엄지가 펴져 있으면 엄지를 제외하고 펴져 있는 손가락 개수만큼 더하고, 엄지가 접혀 있으면 펴져 있는 손가락 개수만큼 뺀다.

―――――――― 〈보 기〉 ――――――――

ㄱ. 손바닥이 보이는 채로, 손가락 다섯 개가 세 번 모두 펴져 있으면, 셈의 합은 A부족이 15이고 B부족은 12일 것이다.

ㄴ. B부족의 셈법에 따르면, 세 번 다 엄지만 펴져 있는 것의 셈의 합과 세 번 다 주먹이 쥐어져 있는 것의 셈의 합은 동일하다.

ㄷ. 손바닥이 보이는 채로, 첫 번째는 엄지·검지·중지만이 펴져 있고, 두 번째는 엄지가 접혀 있고 검지·중지만 펴져 있고, 세 번째는 다른 손가락은 접혀 있고 엄지만 펴져 있다. 이 경우 셈의 합은 A부족이 6이고 B부족이 3일 것이다.

ㄹ. 세 번 동안 손가락이 몇 개씩 펴져 있는지는 알 수 없으나 세 번 내내 엄지는 꼭 펴져 있었다. 이를 A부족, B부족 각각의 셈법에 따라 셈을 하였을 때, 셈의 합이 똑같이 9가 나올 수 있다.

① ㄱ, ㄴ
② ㄴ, ㄷ
③ ㄷ, ㄹ
④ ㄱ, ㄴ, ㄹ
⑤ ㄱ, ㄷ, ㄹ

03 ○△×   18년 행시(나) 36번

다음 글을 근거로 판단할 때, 〈보기〉에서 옳은 것만을 모두 고르면?

- 甲, 乙, 丙은 12장의 카드로 게임을 하고 있다.
- 12장의 카드 중에는 봄, 여름, 가을, 겨울 4가지 종류의 계절 카드가 각각 3장씩 있는데, 카드 뒷면만 보고는 어느 계절 카드인지 알 수 없다.
- 참가자들은 게임을 시작할 때 무작위로 4장씩 카드를 나누어 갖는다.
- 참가자들은 자신의 카드를 확인한 후 1대 1로 카드를 각자 2장씩 맞바꿀 수 있다. 맞바꿀 카드는 상대방의 카드 뒷면만 보고 무작위로 동시에 선택한다.
- 가장 먼저 봄, 여름, 가을, 겨울 카드를 모두 갖게 된 사람이 우승한다.
- 게임을 시작하여 4장의 카드를 나누어 가진 직후에 참가자들은 자신들이 가진 카드에 대해 아래와 같이 사실을 말했다.

  甲 : 겨울 카드는 내가 모두 갖고 있다.

  乙 : 나는 봄과 여름 2가지 종류의 계절 카드만 갖고 있다.

  丙 : 나는 여름 카드가 없다.

──── 〈보 기〉 ────

ㄱ. 게임 시작 시 3가지 종류의 계절 카드를 받은 사람은 1명이다.

ㄴ. 게임 시작 시 참가자 모두 봄 카드를 받았다면, 가을 카드는 모두 丙이 갖고 있다.

ㄷ. 첫 번째 맞바꾸기에서 甲과 乙이 카드를 맞바꿔서 甲이 바로 우승했다면, 게임 시작 시 丙은 봄 카드를 2장 받았다.

① ㄱ

② ㄴ

③ ㄱ, ㄴ

④ ㄱ, ㄷ

⑤ ㄴ, ㄷ

04 ○△×   16년 행시(5) 34번

다음 글을 근거로 판단할 때, 〈보기〉에서 옳은 것만을 모두 고르면?

- 9명의 참가자는 1번부터 9번까지의 번호 중 하나를 부여받고, 동시에 제비를 뽑아 3명은 범인, 6명은 시민이 된다.
- '1번의 오른쪽은 2번, 2번의 오른쪽은 3번, …, 8번의 오른쪽은 9번, 9번의 오른쪽은 1번'과 같이 번호 순서대로 동그랗게 앉는다.
- 참가자는 본인과 바로 양 옆에 앉은 사람이 범인인지 시민인지 알 수 있다.
- "옆에 범인이 있다"라는 말은 바로 양 옆에 앉은 2명 중 1명 혹은 2명이 범인이라는 뜻이다.
- "옆에 범인이 없다"라는 말은 바로 양 옆에 앉은 2명 모두 범인이 아니라는 뜻이다.
- 범인은 거짓말만하고, 시민은 참말만 한다.

──── 〈보 기〉 ────

ㄱ. 1, 4, 6, 7, 8번의 진술이 "옆에 범인이 있다"이고, 2, 3, 5, 9번의 진술이 "옆에 범인이 없다"일 때, 8번이 시민임을 알면 범인들을 모두 찾아낼 수 있다.

ㄴ. 만약 모두가 "옆에 범인이 있다"라고 진술한 경우, 범인이 부여받은 번호의 조합은 (1, 4, 7)/(2, 5, 8)/(3, 6, 9) 3가지이다.

ㄷ. 한 명만이 "옆에 범인이 없다"라고 진술할 경우는 없다.

① ㄴ

② ㄷ

③ ㄱ, ㄴ

④ ㄱ, ㄷ

⑤ ㄱ, ㄴ, ㄷ

CHAPTER
08 논리퀴즈

1 유형의 이해

이 유형은 크게 ① 매칭형, ② 조건 조합형, ③ 숨겨진 장치를 파악하는 유형으로 나뉜다. 매년 4~6개의 문항이 나오는 것이 일반적이며, 각 유형이 골고루 나오는 편이다. ① 매칭형은 4~5명의 사람이 각각 무엇을 선택했는지 주어진 조건들을 통해 파악하는 문제인데, 각 사람들을 하나의 속성으로 연결시키는 단일 매칭형과 다양한 속성들로 각각 연결시키는 복수 매칭형으로 나뉜다. 단일 매칭형은 2013년 인책형 33번과 같은 형태로 출제되고, 복수 매칭형은 2014년 A책형 15번이 전형적인 형태이다. ② 조건 조합형은 주어진 조건들을 하나하나 대입해서 최종적인 결론으로 나아가는 형태로, 모든 조건들을 사용해야 답이 도출되기 때문에 시간 단축이 가장 어려운 유형이다. ③ 숨겨진 장치를 파악하는 유형은 문항의 핵심 장치를 파악하면 1분 내로도 풀 수 있지만, 장치를 파악하지 못하면 풀이에 지나치게 오랜 시간이 걸리기도 하는 유형이다.

2 발문 유형

- 다음 글을 근거로 판단할 때, 〈보기〉에서 옳은 것만을 모두 고르면?
- 다음 글을 근거로 판단할 때, 포함될 수 없는 것은?
- 다음 글을 근거로 판단할 때, 함께 갈 수 있는 조합으로 가능한 것은?

3 접근법

① 매칭형의 경우 정형화된 풀이방법에 숙달되면 쉽게 풀 수 있다. 단일 매칭형은 ox 매칭표를 그려 간단하게 풀면 된다. 반면 복수 매칭형은 주어진 조건들을 통해 속성별로 최대한 매칭을 시킨 이후에 각 사람과 매칭시키면 된다. ② 조건 조합형은 조건들을 활용하여 가능한 경우의 수를 최대한 간추려 따져보되, 선지를 적극적으로 활용하여 확인해봐야 할 경우들만 확인하는 것이 핵심이다. 대표문항이 포함되는 ③ 숨겨진 장치를 파악하는 유형은 조건들을 읽어나가면서 문제의 가장 핵심이 되는 장치를 파악해야 한다. 장치를 파악할 경우 문제를 쉽게 풀 수 있지만, 파악하지 못하는 경우 일일이 따져봐야 한다.

4 생각해 볼 부분

세 유형 모두 기출문제를 활용한 지속적인 연습을 통해 점수를 올려야 한다. 특히 ① 매칭형의 경우 문제 유형이 정형화되어 숙달되면 풀이가 어렵지 않다. ② 조건 조합형은 선지를 소거하며 풀면 시간을 단축할 수 있다. ③ 숨겨진 장치를 파악하는 유형의 경우 장치를 파악하는 것이 핵심이지만 문제를 보자마자 장치를 파악하기가 쉽지 않다. 이때, 조건들을 구조화하는 연습이 도움이 된다.
논리퀴즈형 문제는 난도가 높아 시간이 오래 걸리는 경우가 많다. 이러한 문제들의 경우, 실전에서는 풀지 않는 것이 가장 유효한 전략이다. 따라서 논리퀴즈형 문항의 난도를 5초 내에 판별하는 연습도 점수 향상에 큰 도움이 된다.

다음 글과 〈표〉를 근거로 판단할 때, 〈보기〉에서 세 사람 사이의 관계가 '모호'한 것만을 모두 고르면?

- 임의의 두 사람 사이의 관계는 '동갑'과 '위아래' 두 가지 경우로 나뉜다.
  - 두 사람이 태어난 연도가 같은 경우 초등학교 입학년도에 상관없이 '동갑' 관계가 된다.
  - 두 사람이 태어난 연도가 다른 경우 '위아래' 관계가 된다. 이때 생년이 더 빠른 사람이 '윗사람', 더 늦은 사람이 '아랫사람'이 된다.
  - 두 사람이 태어난 연도가 다르더라도 초등학교 입학년도가 같고 생년월일의 차이가 1년 미만이라면 '동갑' 관계가 된다.
- 두 사람 사이의 관계를 바탕으로 임의의 세 사람(A~C) 사이의 관계는 '명확'과 '모호' 두 가지 경우로 나뉜다.
  - A와 B, A와 C가 '동갑' 관계이고 B와 C 또한 '동갑' 관계인 경우 세 사람 사이의 관계는 '명확'하다.
  - A와 B가 '동갑' 관계이고 A가 C의 '윗사람', B가 C의 '윗사람'인 경우 세 사람 사이의 관계는 '명확'하다.
  - A와 B, A와 C가 '동갑' 관계이고 B와 C가 '위아래' 관계인 경우 세 사람 사이의 관계는 '모호'하다.

〈표〉

이름	생년월일	초등학교 입학년도
甲	1992. 4. 11.	1998
乙	1991. 10. 3.	1998
丙	1991. 3. 1.	1998
丁	1992. 2. 14.	1998
戊	1993. 1. 7.	1999

〈보기〉

ㄱ. 甲, 乙, 丙
ㄴ. 甲, 乙, 丁
ㄷ. 甲, 丙, 丁
ㄹ. 乙, 丁, 戊

① ㄱ, ㄴ
② ㄱ, ㄷ
③ ㄴ, ㄹ
④ ㄱ, ㄷ, ㄹ
⑤ ㄴ, ㄷ, ㄹ

난도 중

풀이시간 2분

합격생 가이드

모호한 관계가 되기 위해서는 세 사람 간의 관계가 동갑, 동갑, 위아래 관계로 구성되어야 한다. 이때, 戊는 태어난 연도도 가장 늦고 초등학교 입학년도도 다르므로 모호한 관계의 구성원이 될 수 없다. 따라서 ㄹ은 답이 될 수 없음을 알 수 있다. 만약 풀이시간이 부족하여 찍어야한다면 여기까지만 파악하고 ①, ② 중에 찍는 것도 방법이다.

모호한 관계 구성의 핵심은 甲과 丙이다. 甲, 乙, 丙, 丁간의 관계는 甲과 丙을 제외하고는 모두 동갑 관계이다. 따라서 甲과 丙이 포함된 〈보기〉만 고르면 일일이 따져보지 않고서도 답을 고를 수 있다.

대표문항으로 선정한 이유

논리퀴즈 유형에서 점수를 올리기 위해서는 숨겨진 장치를 파악하는 연습을 통해 풀이시간을 단축해야 한다. '모호한 관계'의 핵심이 동갑, 동갑, 위아래 관계라는 점을 파악한다면 1분 30초 내로도 풀 수 있는 문제이지만, 이 장치를 파악하지 못한다면 선지를 하나하나 따져보아야 한다. 장치의 난도 자체가 높지 않기 때문에 숨겨진 장치 파악이 논리퀴즈 유형에서 가지는 중요성을 알아보기 좋은 문항이다.

정답해설

태어난 연도가 같으면 '동갑' 관계이므로, 甲과 丁, 乙과 丙은 동갑이다. 초등학교 입학년도가 같고 생년월일의 차이가 1년 미만이라면 '동갑' 관계이므로, 甲과 乙, 乙과 丁, 丙과 丁은 동갑이다. 나머지 경우는 모두 '위아래' 관계가 된다.
ㄱ. 甲과 乙, 乙과 丙은 동갑 관계이나 甲과 丙은 위아래 관계이므로 세 사람의 관계는 모호하다.
ㄷ. 甲과 丁, 丙과 丁은 동갑 관계이나 甲과 丙은 위아래 관계이므로 세 사람의 관계는 모호하다.

오답해설

ㄴ. 甲과 乙, 甲과 丁, 乙과 丁은 모두 동갑 관계이므로 세 사람의 관계는 명확하다.
ㄹ. 乙과 丁은 동갑 관계이고 乙이 戊의 윗사람, 丁이 戊의 윗사람이므로 세 사람의 관계는 명확하다.

답 ②

01 ○△×　　　　　　　　　　　16년 행시(5) 32번

다음 글을 근거로 판단할 때, 도형의 모양으로 옳게 짝지은 것은?

> 5명의 학생은 5개 도형 A~E의 모양을 맞히는 게임을 하고 있다. 5개의 도형은 모두 서로 다른 모양을 가지며 각각 삼각형, 사각형, 오각형, 육각형, 원 중 하나의 모양으로 이루어진다. 학생들에게 아주 짧은 시간 동안 5개의 도형을 보여준 후 도형의 모양을 2개씩 진술하게 하였다. 학생들이 진술한 도형의 모양은 다음과 같고, 모두 하나씩만 정확하게 맞혔다.
>
> 　지영 : C=삼각형, D=사각형
> 　종형 : B=오각형, E=사각형
> 　미석 : C=원, 　　 D=오각형
> 　길원 : A=육각형, E=사각형
> 　수연 : A=육각형, B=삼각형

① A=육각형, D=사각형
② B=오각형, C=삼각형
③ A=삼각형, E=사각형
④ C=오각형, D=원
⑤ D=오각형, E=육각형

02 ○△×　　　　　　　　　　　15년 행시(인) 34번

다음 글과 〈조건〉을 근거로 판단할 때, A부에서 3인 4각 선수로 참가해야 하는 사람만을 모두 고르면?

> 甲사에서는 부서 대항 체육대회를 개최한다. 甲사의 A부는 종목별로 아래 인원이 참가하기로 했다.

오래달리기	팔씨름	3인 4각	공굴리기
1명	4명	3명	4명

> A부는 종목별 선수 명단을 확정하려고 한다. 선수 후보는 가영, 나리, 다솜, 라임, 마야, 바다, 사랑이며, 개인별 참가 가능 종목은 아래와 같다.

선수 후보 종목	가영	나리	다솜	라임	마야	바다	사랑
오래달리기	○	×	○	×	×	×	×
팔씨름	○	×	○	○	○	×	×
3인 4각	×	○	○	○	○	×	○
공굴리기	○	×	○	×	○	○	○

※ ○ : 참가 가능, × : 참가 불가능
※ 어떤 종목도 동시에 진행되지 않는다.

> ───── 〈조 건〉 ─────
> • 한 사람이 두 종목까지 참가할 수 있다.
> • 모든 사람이 한 종목 이상 참가해야 한다.

① 가영, 나리, 바다
② 나리, 다솜, 마야
③ 나리, 다솜, 사랑
④ 나리, 라임, 사랑
⑤ 다솜, 마야, 사랑

03 ◻△☒　　　　　　10년 행시(발) 37번

이사무관은 지금까지 담당해 온 업무를 7개의 영역(A, B, C, D, E, F, G)으로 나누어 정리하였다. 7개 영역의 관계가 다음과 같을 때, 〈보기〉에서 옳은 진술만을 모두 고르면?

─── 〈7개 업무영역의 관계〉 ───

• A와 B는 업무내용이 중복되지 않는다.
• A, B, D의 업무내용은 모두 C의 업무내용이다.
• B와 D는 업무내용의 일부가 중복된다.
• C와 F의 업무내용은 중복되지 않는다.
• E의 업무내용은 모두 F의 업무내용이다.
• G의 업무내용 가운데 일부가 A의 업무내용 일부와 중복된다.
• G의 업무내용은 B와 D의 업무내용과 중복되지 않는다.

─── 〈보 기〉 ───

ㄱ. C의 업무내용은 모두 G의 업무내용일 수 있다.
ㄴ. G의 업무내용은 모두 C의 업무내용일 수 있다.
ㄷ. E의 업무내용 모두가 G의 업무내용일 수 있다.
ㄹ. F의 업무내용은 G의 업무내용과 중복될 수 있다.
ㅁ. G의 업무내용 모두가 F의 업무내용일 수 있다.

① ㄱ, ㄴ
② ㄱ, ㅁ
③ ㄴ, ㄷ, ㄹ
④ ㄷ, ㄹ, ㅁ
⑤ ㄴ, ㄷ, ㄹ, ㅁ

04 ◻△☒　　　　　　10년 행시(발) 16번

각 과의 요구를 모두 충족시켜 신규직원을 배치할 때, 〈보기〉에서 옳은 것을 모두 고르면?

─── 〈신규직원 배치에 대한 각 과의 요구〉 ───

• '甲'과 : 7급이 1명 배정되어야 함
• '乙'과 : 7급이 1명 배정되거나 9급이 2명 배정되어야 함
• '丙'과 : B가 배정되거나 A와 E가 함께 배정되어야 함
• '丁'과 : E와 F 중 1명이 배정되고, C와 D 중 1명이 배정되어야 함

〈신규직원〉

• 7급 2명 (A, B)
• 9급 4명 (C, D, E, F)

─── 〈보 기〉 ───

ㄱ. '丙'과에 2명이 배정될 수 있다.
ㄴ. A는 언제나 '甲'과에 배정된다.
ㄷ. 만약 '丁'과의 요구가 'E와 F가 함께 배정되어야 함'으로 바뀐다면, '乙'과에는 C와 D가 배정된다.

① ㄱ
② ㄴ
③ ㄱ, ㄴ
④ ㄱ, ㄷ
⑤ ㄴ, ㄷ

05 ◻△☒　　　　　　13년 행시(인) 33번

다음 〈상황〉에 근거할 때, 약사 甲이 4명의 환자에게 조제한 약을 옳게 짝지은 것은?

─── 〈상 황〉 ───

　오늘 아침 甲의 약국에 희경, 은정, 소미, 정선 4명의 손님이 방문하였다. 甲은 이들로부터 처방전을 받아 A~D 네 봉지의 약을 조제하였는데, 약을 조제한 후 처방전을 분실하여 누구의 약인지 알지 못한다. 다만 甲은 다음과 같은 몇 개의 정보만 기억하고 있다.

• 오늘 아침 방문한 환자들의 병명은 몸살, 배탈, 치통, 피부병이었다.
• 은정의 처방전은 B에 해당하는 것이었고, 그녀는 몸살이나 배탈 환자가 아니었다.
• A는 배탈 환자에 사용되는 약이 아니다.
• D는 연고를 포함하고 있는데, 이 연고는 피부병에만 사용된다.
• 희경은 임산부이고, A와 D에는 임산부가 먹어서는 안 되는 약품이 사용되었다.
• 소미는 몸살 환자가 아니었다.

	A	B	C	D
①	정선	은정	희경	소미
②	정선	은정	소미	희경
③	소미	은정	희경	정선
④	희경	은정	소미	정선
⑤	희경	은정	정선	소미

01 ○△✕   19년 행시(가) 13번

다음 글을 근거로 판단할 때, 〈보기〉에서 철수가 구매한 과일바구니를 확실히 맞힐 수 있는 사람만을 모두 고르면?

- 철수는 아래 과일바구니(A~E) 중 하나를 구매하였다.
- 甲, 乙, 丙, 丁은 각자 철수에게 두 가지 질문을 하여 대답을 듣고 철수가 구매한 과일바구니를 맞히려 한다.
- 모든 사람은 〈과일바구니 종류〉와 〈과일의 무게 및 색깔〉을 정확히 알고 있으며, 철수는 거짓말을 하지 않는다.

〈과일바구니 종류〉

종류	바구니 색깔	바구니 구성
A	빨강	사과 1개, 참외 2개, 메론 1개
B	노랑	사과 1개, 참외 1개, 귤 2개, 오렌지 1개
C	초록	사과 2개, 참외 2개, 귤 1개
D	주황	참외 1개, 귤 2개
E	보라	사과 1개, 참외 1개, 귤 1개, 오렌지 1개

〈과일의 무게 및 색깔〉

구분	사과	참외	메론	귤	오렌지
무게	200g	300g	1,000g	100g	150g
색깔	빨강	노랑	초록	주황	주황

〈보 기〉

甲 : 바구니에 들어 있는 과일이 모두 몇 개니? 바구니에 들어 있는 과일의 무게를 모두 합치면 1kg 이상이니?

乙 : 바구니의 색깔과 같은 색깔의 과일이 포함되어 있니? 바구니에 들어 있는 과일이 모두 몇 개니?

丙 : 바구니에 들어 있는 과일이 모두 몇 개니? 바구니에 들어 있는 과일의 종류가 모두 다르니?

丁 : 바구니에 들어 있는 과일의 종류가 모두 다르니? 바구니에 들어 있는 과일의 무게를 모두 합치면 1kg 이상이니?

① 甲, 乙
② 甲, 丁
③ 乙, 丙
④ 甲, 乙, 丁
⑤ 乙, 丙, 丁

02 ○△✕   17년 행시(가) 12번

다음 글을 근거로 판단할 때, 〈보기〉에서 옳은 것만을 모두 고르면?(단, 주어진 조건 외에 다른 조건은 고려하지 않는다)

A회사의 모든 직원이 매일 아침 회사에서 요일별로 제공되는 빵을 먹었다. 직원 가운데 甲, 乙, 丙, 丁 네 사람은 빵에 포함된 특정 재료로 인해 당일 알레르기 증상이 나타났다. A회사는 요일별로 제공된 빵의 재료와 甲, 乙, 丙, 丁에게 알레르기 증상이 나타난 요일을 아래와 같이 표로 정리했으나, 화요일에 제공된 빵에 포함된 두 가지 재료가 확인되지 않았다. 甲, 乙, 丙, 丁은 각각 한 가지 재료에 대해서만 알레르기 증상을 보였다.

구분	월	화	수	목	금
재료	밀가루, 우유	밀가루, ?, ?	옥수수가루, 아몬드, 달걀	밀가루, 우유, 달걀	밀가루, 우유, 달걀, 식용유
알레르기 증상 발생자	甲	丁	乙, 丁	甲, 丁	甲, 丙, 丁

※ 알레르기 증상은 발생한 당일 내에 사라진다.

〈보 기〉

ㄱ. 甲이 알레르기 증상을 보인 것은 밀가루 때문이다.

ㄴ. 甲, 乙, 丙은 서로 다른 재료에 대하여 알레르기 증상을 보였다.

ㄷ. 화요일에 제공된 빵의 확인되지 않은 재료 중 한 가지는 달걀이다.

ㄹ. 만약 화요일에 제공된 빵에 포함된 재료 중 한 가지가 아몬드였다면, 乙의 알레르기 증상은 옥수수가루 때문이다.

① ㄱ, ㄷ
② ㄴ, ㄹ
③ ㄷ, ㄹ
④ ㄱ, ㄴ, ㄹ
⑤ ㄴ, ㄷ, ㄹ

03 ○△✕   17년 행시(가) 38번

다음 글과 〈대회 종료 후 대화〉를 근거로 판단할 때, 비긴 카드 게임의 총 수는?

> 다섯 명의 선수(甲~戊)가 카드 게임 대회에 참가했다. 각 선수는 대회에 참가한 다른 모든 선수들과 일대일로 한 번씩 카드 게임을 했다. 각 게임의 승자는 점수 2점을 받고, 비긴 선수는 점수 1점을 받고, 패자는 점수를 받지 못한다.
> 이 카드 게임 대회에서 각 선수가 얻은 점수의 총합이 큰 순으로 매긴 순위는 甲, 乙, 丙, 丁, 戊 순이다. (단, 동점은 존재하지 않는다)

──── 〈대회 종료 후 대화〉 ────
- 乙 : 난 한 게임도 안 진 유일한 사람이야.
- 戊 : 난 한 게임도 못 이긴 유일한 사람이야.

① 2번   ② 3번
③ 4번   ④ 5번
⑤ 6번

04 ○△✕   16년 행시(5) 16번

다음 〈상황〉을 근거로 판단할 때, 36개의 로봇 중 가장 빠른 로봇 1, 2위를 선발하기 위해 필요한 최소 경기 수는?

──── 〈상 황〉 ────
- 전국 로봇달리기 대회에 36개의 로봇이 참가한다.
- 경주 레인은 총 6개이고, 경기당 각 레인에 하나의 로봇만 배정할 수 있으나, 한 경기에 모든 레인을 사용할 필요는 없다.
- 배정된 레인 내에서 결승점을 먼저 통과하는 순서대로 순위를 정한다.
- 속력과 시간의 측정은 불가능하고, 오직 경기 결과에 의해서만 순위를 결정한다.
- 로봇별 속력은 모두 다르고 각 로봇의 속력은 항상 일정하다.
- 로봇의 고장과 같은 다른 요인은 경기 결과에 영향을 미치지 않는다.

① 7
② 8
③ 9
④ 10
⑤ 11

05 ○△✕   15년 행시(인) 16번

다음 글을 근거로 〈점심식단〉의 빈칸을 채워 넣을 때 옳지 않은 것은?

- 한 끼의 식사는 밥, 국, 김치, 기타 반찬, 후식 각 종류 별로 하나의 음식을 포함하며, 요일마다 다양한 색의 음식으로 이번 주의 점심식단을 짜고자 한다.
- 밥은 4가지, 국은 5가지, 김치는 2가지, 기타 반찬은 5가지, 후식은 4가지가 준비되어 있다.

색 \ 종류	흰색	붉은색	노란색	검은색
밥	백미밥	–	잡곡밥	흑미밥, 짜장덮밥
국	북엇국	김칫국, 육개장	된장국	미역국
김치	–	배추김치, 깍두기	–	–
기타 반찬	–	김치전	계란찜, 호박전, 잡채	돈육장조림
후식	승늉, 식혜	수정과	단호박 샐러드	–

- 점심식단을 짜는 조건은 아래와 같다.
  - 총 20가지의 음식은 이번 주 점심식단에 적어도 1번씩은 오른다.
  - 붉은색과 흰색 음식은 각각 적어도 1가지씩 매일 식단에 오른다.
  - 하루에 붉은색 음식이 3가지 이상 오를 시에는 흰색 음식 2가지가 함께 나온다.
  - 목요일에만 검은색 음식이 없다.
  - 금요일에는 노란색 음식이 2가지 나온다.
  - 일주일 동안 2번 나오는 후식은 식혜뿐이다.
  - 후식에서 같은 음식이 이틀 연속 나올 수 없다.

〈점심식단〉

요일 \ 종류	월요일	화요일	수요일	목요일	금요일
밥	잡곡밥	백미밥			짜장덮밥
국		된장국	김칫국	육개장	
김치	배추김치	배추김치	깍두기		
기타 반찬			호박전	김치전	잡채
후식		수정과			

① 월요일의 후식은 승늉이다.
② 화요일의 기타 반찬은 돈육장조림이다.
③ 수요일의 밥은 흑미밥이다.
④ 목요일의 밥은 백미밥이다.
⑤ 금요일의 국은 북엇국이다.

06 ⦾△☒ 　　　　　　　　　　　　　14년 행시(A) 16번

다음 글과 〈조건〉을 근거로 판단할 때, 甲이 두 번째로 전화를 걸 대상은?

○○국은 자문위원 간담회를 열 계획이다. 담당자 甲은 〈자문위원 명단〉을 보고 모든 자문위원에게 직접 전화를 걸어 참석여부를 확인하려 한다.

〈자문위원 명단〉

성명	소속	분야	참석경험 유무
A	가 대학	세계경제	○
B	나 기업	세계경제	×
C	다 연구소	경제원조	×
D	다 연구소	경제협력	○
E	라 협회	통상	×
F	가 대학	경제협력	×

─── 〈조 건〉 ───
• 같은 소속이면 참석경험이 있는 자문위원에게 먼저 전화를 건다.
• 같은 분야면 참석경험이 있는 자문위원에게 먼저 전화를 건다.
• 같은 소속의 자문위원에게 연이어 전화를 걸 수 없다.
• 같은 분야의 자문위원에게 연이어 전화를 걸 수 없다.
• 참석경험이 있는 자문위원에게 연이어 전화를 걸 수 없다.
• 명단에 있는 모든 자문위원에게 1회만 전화를 건다.

① A
② B
③ C
④ D
⑤ E

07 ⦾△☒ 　　　　　　　　　　　　　14년 행시(A) 35번

다음 〈조건〉과 〈정보〉를 근거로 판단할 때, 곶감의 위치와 착한 호랑이, 나쁜 호랑이의 조합으로 가능한 것은?

─── 〈조 건〉 ───
• 착한 호랑이는 2마리이고, 나쁜 호랑이는 3마리로 총 5마리의 호랑이(甲~戊)가 있다.
• 착한 호랑이는 참말만 하고, 나쁜 호랑이는 거짓말만 한다.
• 곶감은 꿀단지, 아궁이, 소쿠리 중 한 곳에만 있다.

─── 〈정 보〉 ───
甲 : 곶감은 아궁이에 있지.
乙 : 여기서 나만 곶감의 위치를 알아.
丙 : 甲은 나쁜 호랑이야.
丁 : 나는 곶감이 어디 있는지 알지.
戊 : 곶감은 꿀단지에 있어.

	곶감의 위치	착한 호랑이	나쁜 호랑이
①	꿀단지	戊	丙
②	소쿠리	丁	乙
③	소쿠리	乙	丙
④	아궁이	丙	戊
⑤	아궁이	甲	丁

08 ⦾△☒ 　　　　　　　　　　　　　13년 행시(인) 34번

7명의 여행자(A~G)가 5인승 승용차 3대에 나눠 타고 여행을 떠난다. 다음 〈여행자 특성〉과 〈원칙〉을 선택적으로 적용할 때 옳지 않은 것은?

〈여행자 특성〉

구분	나이	성별	면허보유 기간	운전기간	키
A	33	남	4년	4년	큼
B	32	남	7년	7년	큼
C	30	남	5년	0년	작음
D	28	남	3년	3년	작음
E	26	여	5년	2년	큼
F	31	여	8년	3년	큼
G	25	남	1년	1년	작음

─── 〈원 칙〉 ───
ㄱ. 운전자는 운전기간이 긴 사람을 우선으로 선택한다.
ㄴ. 모든 차량의 앞쪽 좌석에는 키 큰 사람이 1명 이상 승차한다.
ㄷ. 다른 성별끼리 같은 차량에 타지 않는다.
ㄹ. 여성이 운전하는 차량이 1대 이상이 되도록 한다.
ㅁ. 운전자는 면허보유기간이 긴 사람을 우선으로 선택한다.
ㅂ. 운전자만 승차하는 차량이 존재한다.
ㅅ. 여성이 탄 차량에는 반드시 남성 두 명이 타도록 한다.
ㅇ. 앞쪽 좌석에는 운전자만 승차한다.

① ㄱ → ㄹ → ㄷ → ㅂ의 순서로 원칙을 적용하는 경우 C, D, G는 같은 차량에 승차한다.
② ㄱ → ㄷ의 순서로 원칙을 적용하는 경우 F가 운전하게 된다.
③ ㄹ → ㅅ → ㅂ의 순서로 원칙을 적용하는 경우 남성 운전자 혼자 타는 차량이 존재한다.
④ ㄷ 원칙을 우선 적용하면, ㄱ과 ㅁ 중 어떤 원칙이 적용되어도 F가 운전하는 차량이 존재한다.
⑤ ㅁ → ㅇ → ㄴ → ㅅ의 순서로 원칙을 적용하는 경우 F의 차량에는 4명이 승차한다.

09 ⊙△✕   12년 행시(인) 17번

다음 〈조건〉과 같이 토핑(피자 위에 얹는 재료)을 올린 피자 10조각이 있다. 이때 5명(甲~戊)의 식성에 따라 각각 2조각씩 나누어 먹을 수 있는 방법은 총 몇 가지인가?

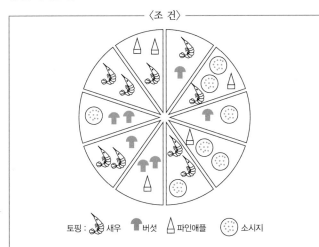

── 〈조 건〉 ──

토핑 : 새우   버섯   파인애플   소시지

- 甲 : 해산물을 먹지 않는다.
- 乙 : 소시지가 들어간 피자만 먹는다.
- 丙 : 소시지가 들어있는 피자는 먹지 않지만, 소시지가 새우와 함께 들어있으면 먹는다.
- 丁 : 파인애플이 들어간 피자만 먹지만, 버섯이 함께 들어간 피자는 먹지 않는다.
- 戊 : 똑같은 토핑이 2개 들어간 것은 먹지 않는다.

① 0가지
② 1가지
③ 2가지
④ 3가지
⑤ 4가지

10 ⊙△✕   07년 행시(무) 13번

원형테이블에 번호 순서대로 앉아 있는 다섯 명의 여자 1, 2, 3, 4, 5 사이에 다섯 명의 남자 A, B, C, D, E가 한 명씩 앉아야 한다. 다음 〈조건〉을 따르면서 자리를 배치할 때 적절하지 않은 것은?

── 〈조 건〉 ──

- A는 짝수번호의 여자 옆에 앉아야 하고 5의 옆에는 앉을 수 없다.
- B는 짝수번호의 여자 옆에 앉을 수 없다.
- C가 3 옆에 앉으면 D는 1 옆에 앉는다.
- E는 3 옆에 앉을 수 없다.

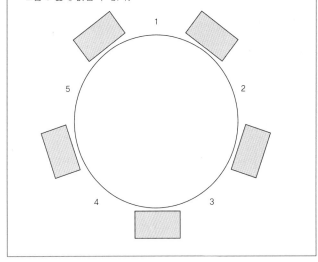

① A는 1과 2 사이에 앉을 수 없다.
② D는 4와 5 사이에 앉을 수 없다.
③ C가 2와 3 사이에 앉으면 A는 반드시 3과 4 사이에 앉는다.
④ E가 1과 2 사이에 앉으면 C는 반드시 4와 5 사이에 앉는다.
⑤ E가 4와 5 사이에 앉으면 A는 반드시 2와 3 사이에 앉는다.

01 ☐△✕　　　　　　　　　　19년 행시(가) 33번

다음 글과 〈자기소개〉를 근거로 판단할 때, 대학생, 성별, 학과, 가면을 모두 옳게 짝지은 것은?

대학생 5명(A~E)이 모여 주말에 가면파티를 하기로 했다.
- 남학생이 3명이고 여학생이 2명이다.
- 5명은 각각 행정학과, 경제학과, 식품영양학과, 정치외교학과, 전자공학과 재학생이다.
- 5명은 각각 늑대인간, 유령, 처녀귀신, 좀비, 드라큘라 가면을 쓸 것이다.
- 본인의 성별, 학과, 가면에 대해 한 명은 모두 거짓만을 말하고 있고 나머지는 모두 진실만을 말하고 있다.

〈자기소개〉

A : 식품영양학과와 경제학과에 다니지 않는 남학생인데 드라큘라 가면을 안 쓸 거야.
B : 행정학과에 다니는 남학생인데 늑대인간 가면을 쓸 거야.
C : 식품영양학과에 다니는 남학생인데 처녀귀신 가면을 쓸 거야.
D : 정치외교학과에 다니는 여학생인데 좀비 가면을 쓸 거야.
E : 전자공학과에 다니는 남학생인데 드라큘라 가면을 쓸 거야.

	대학생	성별	학과	가면
①	A	여	행정학과	늑대인간
②	B	여	경제학과	유령
③	C	남	식품영양학과	좀비
④	D	여	정치외교학과	드라큘라
⑤	E	남	전자공학과	처녀귀신

02 ☐△✕　　　　　　　　　　18년 행시(나) 13번

다음 글을 근거로 판단할 때, 사과 사탕 1개와 딸기 사탕 1개를 함께 먹은 사람과 戊가 먹은 사탕을 옳게 짝지은 것은?

사과 사탕, 포도 사탕, 딸기 사탕이 각각 2개씩 있다. 다섯 명의 사람(甲~戊) 중 한 명이 사과 사탕 1개와 딸기 사탕 1개를 함께 먹고, 다른 네 명이 남은 사탕을 각각 1개씩 먹었다. 이 사실만을 알고 甲~戊는 차례대로 다음과 같이 말했으며, 모두 진실을 말하였다.

甲 : 나는 포도 사탕을 먹지 않았어.
乙 : 나는 사과 사탕만을 먹었어.
丙 : 나는 사과 사탕을 먹지 않았어.
丁 : 나는 사탕을 한 종류만 먹었어.
戊 : 너희 말을 다 듣고 아무리 생각해봐도 나는 딸기 사탕을 먹은 사람 두 명 다 알 수는 없어.

① 甲, 포도 사탕 1개
② 甲, 딸기 사탕 1개
③ 丙, 포도 사탕 1개
④ 丙, 딸기 사탕 1개
⑤ 戊, 사과 사탕 1개와 딸기 사탕 1개

03 ㅇ△✕

다음 글을 근거로 판단할 때, 하이디와 페터가 키우는 양의 총 마리 수와 ㉠~㉣ 중 옳게 기록된 것만을 짝지은 것은?

- 하이디와 페터는 알프스의 목장에서 양을 키우는데, 목장은 4개의 구역(A~D)으로 이루어져 있다. 양들은 자유롭게 다른 구역을 넘나들 수 있지만 목장을 벗어나지 않는다.
- 하이디와 페터는 양을 잘 관리하기 위해 구역별 양의 수를 파악하고 있어야 하는데, 양들이 계속 구역을 넘나들기 때문에 양의 수를 정확히 헤아리는 데 어려움을 겪고 있다. 고민 끝에 하이디와 페터는 시간별로 양의 수를 기록하되, 하이디는 특정 시간 특정 구역의 양의 수만을 기록하고, 페터는 양이 구역을 넘나들 때마다 그 시간과 그때 이동한 양의 수를 기록하기로 하였다.
- 하이디와 페터가 같은 날 오전 9시부터 오전 10시 15분까지 작성한 기록표는 다음과 같으며, ㉠~㉣을 제외한 모든 기록은 정확하다.

하이디의 기록표			페터의 기록표		
시간	구역	마리 수	시간	구역 이동	마리 수
09:10	A	17마리	09:08	B→A	3마리
09:22	D	21마리	09:15	B→D	2마리
09:30	B	8마리	09:18	C→A	5마리
09:45	C	11마리	09:32	D→C	1마리
09:58	D	㉠21마리	09:48	A→C	4마리
10:04	A	㉡18마리	09:50	D→B	1마리
10:10	B	㉢12마리	09:52	C→D	3마리
10:15	C	㉣10마리	10:05	C→B	2마리

※ 구역 이동 외의 양의 수 변화는 고려하지 않는다.

① 59마리, ㉡, ㉣
② 59마리, ㉢, ㉣
③ 60마리, ㉠, ㉢
④ 61마리, ㉠, ㉡
⑤ 61마리, ㉡, ㉣

04 ㅇ△✕

다음 글과 〈조건〉을 근거로 판단할 때, 가장 많은 품삯을 받은 일꾼은?(단, 1전은 10푼이다)

『화성성역의궤』는 정조시대 수원 화성(華城) 축조에 관한 경위와 제도, 의식 등을 수록한 책이다. 이 책에는 화성 축조에 참여한 일꾼의 이름과 직업, 품삯 등이 상세히 기록되어 있다.

───── 〈조 건〉 ─────

- 일꾼 다섯 명의 이름은 좀쇠, 작은놈, 어인놈, 상득, 정월쇠이다.
- 다섯 일꾼 중 김씨가 2명, 이씨가 1명, 박씨가 1명, 윤씨가 1명이다.
- 이들의 직업은 각각 목수, 단청공, 벽돌공, 대장장이, 미장공이다.
- 일당으로 목수와 미장공은 4전 2푼을 받고, 단청공과 벽돌공, 대장장이는 2전 5푼을 받는다.
- 윤씨는 4일, 박씨는 6일, 김씨 두 명은 각각 4일, 이씨는 3일 동안 동원되었다. 동원되었지만 일을 하지 못한 날에는 보통의 일당 대신 1전을 받는다.
- 박씨와 윤씨는 동원된 날 중 각각 하루씩은 배가 아파 일을 하지 못했다.
- 목수는 이씨이다.
- 좀쇠는 박씨도 이씨도 아니다.
- 어인놈은 단청공이다.
- 대장장이와 미장공은 김씨가 아니다.
- 정월쇠의 일당은 2전 5푼이다.
- 상득은 김씨이다.
- 윤씨는 대장장이가 아니다.

① 좀쇠
② 작은놈
③ 어인놈
④ 상득
⑤ 정월쇠

05 ○△× 　　　　　　　　　　12년 행시(인) 15번

甲은 6층 회사건물을 각 층마다 모두 순찰한 후에 퇴근한다. 다음 〈조건〉에 따라 1층에서 출발하여 순찰을 완료하고 1층으로 돌아오기까지 소요되는 최소 시간은?(단, 〈조건〉외의 다른 요인은 고려하지 않는다)

────────── 〈조 건〉 ──────────
- 층간 이동은 엘리베이터로만 해야 하며 엘리베이터가 한 개 층을 이동하는 데는 3분이 소요된다.
- 엘리베이터는 한 번에 최대 세 개 층(예 1층 → 4층)을 이동할 수 있다.
- 엘리베이터는 한 번 위로 올라갔으면, 그 다음에는 아래 방향으로 내려오고, 그 다음에는 다시 위 방향으로 올라가야 한다.
- 하나의 층을 순찰하는 데는 5분이 소요된다.
────────────────────────────

① 1시간
② 1시간 12분
③ 1시간 18분
④ 1시간 24분
⑤ 1시간 30분

06 ○△× 　　　　　　　　　　12년 행시(인) 37번

다음 글을 읽고 〈조건〉에 따라 추론할 때, 하나의 조건을 추가하면 조선왕조의궤가 세계기록유산으로 지정된 연도를 알 수 있다고 한다. 다음 중 이 하나의 조건이 될 수 있는 것은?

────────────────────────────
　　UNESCO(국제연합교육과학문화기구)는 세계 여러 나라의 기록물들 가운데 미적·사회적·문화적 가치가 높은 자료들을 선정하여 세계기록유산으로 지정해 왔다. 2010년 현재 UNESCO가 지정한 대한민국의 세계기록유산은 총 7개로 동의보감, 승정원일기, 조선왕조실록, 조선왕조의궤, 직지심체요절, 팔만대장경판, 훈민정음이다. UNESCO는 1997년에 2개, 2001년에 2개, 2007년에 2개, 2009년에 1개를 세계기록유산으로 지정하였다.
────────────────────────────

────────── 〈조 건〉 ──────────
- 조선왕조실록은 승정원일기와 팔만대장경판보다 먼저 지정되었다.
- 훈민정음은 단독으로 지정되지 않았다.
- 직지심체요절은 단독으로 지정되지 않았다.
- 동의보감은 조선왕조의궤보다 먼저 지정되지 않았다.
- 2002년 한·일 월드컵은 승정원일기가 지정된 이후에 개최되었다.
- 직전의 지정이 있은 때로부터 직지심체요절이 지정되기까지의 시간 간격은 가장 긴 간격이 아니었다.
────────────────────────────

※ 동일 연도에 세계기록유산으로 지정된 기록물들은 같이 지정된 것으로 본다.

① 훈민정음은 2002년 이전에 지정되었다.
② 동의보감은 2002년 이후에 지정되었다.
③ 직지심체요절은 2002년 이전에 지정되었다.
④ 팔만대장경판은 2002년 이후에 지정되었다.
⑤ 팔만대장경판은 동의보감보다 먼저 지정되었다.

07 ◎△✕

A, B, C, D 4개의 밭이 나란히 있다. 첫 해에 A에는 장미, B에는 진달래, C에는 튤립을 심었고, D에는 아무 것도 심지 않았다. 그리고 2년차에는 C에 아무 것도 심지 않기로 하였다. 이 경우 다음 〈조건〉에 따를 때 3년차에 가능한 것은?

─── 〈조 건〉 ───

- 한 밭에는 한 가지 꽃만 심는다.
- 심을 수 있는 꽃은 장미, 튤립, 진달래, 백합, 나팔꽃이다.
- 한 가지 꽃을 두 군데 이상 심으면 안 된다.
- 장미와 튤립을 인접해서 심으면 안 된다.
- 전 해에 장미를 심었던 밭에는 아무 것도 심지 않거나 진달래를 심고, 진달래를 심었던 밭에는 아무 것도 심지 않거나 장미를 심어야 한다(단, 아무 것도 심지 않았던 밭에는 그 전 해에 장미를 심었으면 진달래를, 진달래를 심었으면 장미를 심어야 한다).
- 매년 한 군데 밭에만 아무 것도 심지 않아야 한다.
- 각각의 밭은 4년에 한 번만 아무 것도 심지 않아야 한다.
- 전 해에 심지 않은 꽃 중 적어도 한 가지는 심어야 한다.
- 튤립은 2년에 1번씩 심어야 한다.

	A	B	C	D
①	장미	진달래	튤립	심지 않음
②	심지 않음	진달래	나팔꽃	백합
③	장미	심지 않음	나팔꽃	튤립
④	심지 않음	진달래	백합	나팔꽃
⑤	장미	진달래	심지 않음	튤립

08 ◎△✕

다음 제시문을 읽고 제정신이 아닌 사람 또는 동물을 모두 고르면?(단, 공작부인과 앨리스는 제정신이다)

"제가 보니 많은 것들이 좀 미친 것처럼 보이던데요." 앨리스가 말했다. 그러자 공작부인이 말했다.

"내가 미쳤다고 말했을 때는, 그들이 완전히 돌았다는 것을 의미하는 거야! 다시 말해서 그들의 믿음들이 단지 어떤 정도가 아니라 모두 거짓이라는 거지. 그들이 참이라고 믿는 모든 것은 거짓이며 그들이 거짓이라고 믿는 모든 것은 참이 된다는 말이야."

"그러면 여기에는 제정신을 가진 사람이 얼마나 있다는 말이에요?" 앨리스가 갑자기 공작부인의 말을 가로채며 말했다. "제가 보건대 이곳에 있는 그들 대다수의 믿음들은 옳은 것 같고 그 중 몇몇만 그른 것처럼 보이던데요."

"아니, 절대로 그렇지 않단다." 공작부인이 아주 힘을 주면서 말했다. "네가 사는 곳에서는 그럴지 모르겠지만, 여기서는 절대로 그렇지 않아! 여기에 사는 제정신의 사람은 백 퍼센트 정확한 믿음을 가지고 있단 말이다. 즉 그들이 참이라고 아는 모든 것은 참이고, 그들이 거짓이라고 아는 모든 것은 거짓이란 말이다."

"그러면 여기에서는 누가 제정신이고 누가 미친 거예요?" 앨리스가 물었다. "저는 항상 3월의 토끼, 모자장수 그리고 겨울잠 쥐에 대해 궁금한 게 많았어요." 앨리스가 말했다. "모자장수는 미친 모자장수라고 불리던데, 그가 정말로 미쳤나요? 그리고 3월의 토끼와 겨울잠 쥐는 정말로 미쳤나요?"

그러자 공작부인이 말했다. "아무튼, 그 모자장수가 언젠가 3월의 토끼는 그들 셋이 모두 제정신이라는 것을 믿지 않는다고 말한 적이 있었지. 또한 겨울잠 쥐는 3월의 토끼가 제정신이라고 믿고 있었어."

① 3월의 토끼
② 겨울잠 쥐
③ 모자장수, 겨울잠 쥐
④ 3월의 토끼, 겨울잠 쥐
⑤ 3월의 토끼, 모자장수, 겨울잠 쥐

CHAPTER 09 시간·공간

1 유형의 이해

시간, 공간을 다루는 문제에 어려움을 느끼는 수험생들이 많아 해당 유형을 별도로 편제하였다. 매년 1~2문제씩 출제되지만 난도가 높아 풀이 시간이 오래 소요되는 유형이다. 시간 유형의 경우 ① 시차, 시간을 계산하는 유형과 ② 날짜, 요일을 계산하는 유형으로 나뉜다. 공간 유형은 자주 출제되지 않아 유형을 다시 분류하기에는 어려움이 있다. 대부분 난도가 높지 않고, 시각적 자료가 주어지기 때문에 기출문제 분석을 통해서 쉽게 점수를 끌어올릴 수 있다.

2 발문 유형

- 다음 글을 근거로 판단할 때, 빈칸에 들어갈 일시는?
- 다음 글을 근거로 판단할 때, 가장 멀리 떨어진 장소는?

3 접근법

시간 유형 중 ① 시차, 시간을 계산하는 유형은 수험생들이 시차 체계에 익숙하지 않기 때문에 주어진 조건에 따라 계산할 수 있도록 출제된다. 이때 시간을 더해야 하는지 빼야 하는지 헷갈리지 않고 주어진 조건에 맞춰 계산하면 된다. ② 날짜, 요일을 계산하는 유형은 몇 년이 지난 후의 해당 날짜가 무슨 요일인지 계산하는 문항이 전형적인 형태인데, 요일 체계가 7일로 구성되어있기 때문에 해당 날짜까지의 기간을 7로 나누어 요일을 계산한다.

공간 유형 역시 주어진 조건에 맞춰 계산하면 된다. 시험지 지면의 남는 공간에 주어진 조건에 맞춰 그림을 그려가면서 풀면 된다.

4 생각해 볼 부분

① 유형의 경우, 그리니치 표준시(GMT)와 동경, 서경, 지구의 자전 등의 개념에 익숙해지면 도움이 된다. 시각을 24시 체계로 바꾸어 계산해보는 연습 역시 도움이 된다.

② 유형은 날짜 계산 체계를 외우고 있으면 도움이 된다. 일주일은 7일로 구성되므로, 30일이 지나면 +2요일이 되고, 31일이 지나면 +3요일이 된다. 마찬가지로, 365일이 지나면 +1요일이 되고, 366일이 지나면 +2요일이 된다. 한편, 연도가 4의 배수이면 윤년이다. 단, 100의 배수인 해는 평년이고, 400의 배수인 해는 다시 윤년이 된다.

28일	2월(단, 윤년은 29일)
30일	4, 6, 9, 11월
31일	1, 3, 5, 7, 8, 10, 12월

대표문항이 속하는 공간 유형의 경우, 시각적으로 도식화하여 푸는 것이 가장 간편하다. 최대한 경우의 수를 간추린 후, 각 경우의 수를 간단하게 그려보는 것이다. 〈보기〉에 예시를 주는 경우도 있는데, 그 경우에는 예시를 최대한 활용하여 선지를 판별하는 것도 방법이다.

다음 글을 근거로 판단할 때, A에서 가장 멀리 떨어진 도시는?

- 甲지역에는 7개의 도시(A~G)가 있다.
- E, F, G는 정남북 방향으로 일직선상에 위치하며, B는 C로부터 정동쪽으로 250km 떨어져 있다.
- C는 A로부터 정남쪽으로 150km 떨어져 있다.
- D는 B의 정북쪽에 있으며, B와 D 간의 거리는 A와 C 간의 거리보다 짧다.
- E와 F 간의 거리는 C와 D 간의 직선거리와 같다.
- G는 D로부터 정동쪽으로 350km 거리에 위치해 있으며, A의 정동쪽에 위치한 도시는 F가 유일하다.

※ 모든 도시는 동일 평면상에 있으며, 도시의 크기는 고려하지 않는다.

① B ② D
③ E ④ F
⑤ G

난도 중

풀이시간 2분

합격생 가이드

주어진 조건들을 활용해서 시각적 도식화 없이도 정답을 유추해볼 수도 있다. A와 C, B와 D 그리고 E, F, G는 각각 동일한 세로선 상에 있다. 이때, A와 C가 가장 서쪽에 있고, E, F, G가 가장 동쪽에 있으므로 E, F, G 중 하나가 정답일 것이다. 그런데 F는 A의 정동쪽에 있으므로 E와 G 중 하나가 정답일 것임을 알 수 있다.

E가 F의 정북쪽에 있든, 정남쪽에 있든 답은 하나여야 한다. 그런데 E가 F의 정남쪽에 있다면 F와의 거리가 G보다 더 멀어진다. 따라서 A로부터 가장 거리가 먼 도시는 E임을 유추할 수 있다.

이러한 풀이에 익숙해진다면 그림을 그리지 않고도 문제를 풀 수 있지만, 실수하기 쉽기 때문에 그림을 그려 푸는 방법을 추천한다.

대표문항으로 선정한 이유

문항의 난도 자체가 높지 않아 공간 유형을 풀 때 어떻게 시각적 도식화를 해야 하는지 알 수 있는 좋은 문항이다. [합격생 가이드] 내용을 참고해서 그림으로 그려야 하는 내용들을 최대한 단순화하여 풀이 시간을 줄일 수도 있는데, 이 방식은 문항을 반복해서 풀어보면서 공간 유형에 익숙해져야 실수를 없앨 수 있기 때문에 여러 번 풀어보면서 공간 유형의 풀이에 익숙해지면 좋다.

정답해설

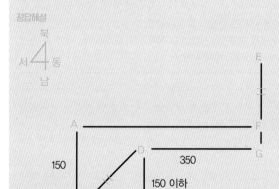

또는

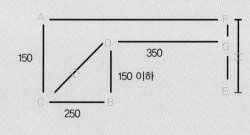

답 ③

01 ◯△✕

다음 글을 근거로 판단할 때, 〈보기〉에서 옳은 것만을 모두 고르면?

甲은 정육면체의 각 면에 점을 새겨 게임 도구를 만들려고 한다. 게임 도구는 다음의 규칙에 따라 만든다.
- 정육면체의 모든 면에는 반드시 점을 1개 이상 새겨야 한다.
- 한 면에 새기는 점의 수가 6개를 넘어서는 안 된다.
- 각 면에 새기는 점의 수가 반드시 달라야 할 필요는 없다.

― 〈보 기〉 ―

ㄱ. 정육면체에 새긴 점의 총 수가 10개라면 점 6개를 새긴 면은 없다.
ㄴ. 정육면체에 새긴 점의 총 수가 21개인 방법은 1가지 밖에 없다.
ㄷ. 정육면체에 새긴 점의 총 수가 24개라면 각 면에 새긴 점의 수는 모두 다르다.
ㄹ. 정육면체에 새긴 점의 총 수가 20개라면 3개 이하의 점을 새긴 면이 4개 이상이어야 한다.

① ㄱ
② ㄱ, ㄴ
③ ㄴ, ㄷ
④ ㄷ, ㄹ
⑤ ㄱ, ㄷ, ㄹ

02 ◯△✕

다음은 공간도형의 위치관계에 대한 정의이다. 이를 참조하여 〈보기〉에서 옳은 것만을 모두 고르면?(α, β, γ는 각각 임의의 평면을 뜻하며 x, y, z는 각각 임의의 직선을 뜻한다)

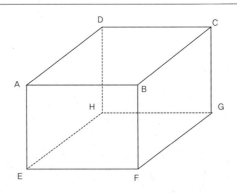

- 평행 : 위쪽의 직육면체에서 두 직선 AB와 EF는 평면 ABFE 위의 직선으로 서로 만나지 않는다. 이와 같이 한 평면 위의 두 직선이 서로 만나지 않을 때, 두 직선을 평행하다고 한다.
직선 DC는 평면 ABFE에 포함되지 않는다. 이와 같이 직선이 평면과 만나지 않는 경우 평면과 직선은 평행하다고 한다. 평면 ABFE와 평면 DCGH와 같이 두 평면이 만나지 않을 때, 두 평면은 평행하다고 한다.
- 꼬인 위치 : 두 직선 AB와 CG는 만나지 않지만 한 평면 위의 직선이 아니다. 이와 같이 만나지 않는 두 직선이 한 평면 위에 있지 않을 때, 서로 꼬인 위치에 있다고 한다.
- 교선 : 평면 ABFE와 평면 BCGF와 같이 두 평면이 만날 때 직선 BF는 두 평면의 교선이라 한다.

― 〈보 기〉 ―

ㄱ. 평면 γ가 서로 평행한 두 평면 α, β와 만날 때 생기는 두 교선은 평행하다.
ㄴ. 직선 x와 평면 α가 평행할 때, x를 포함하는 평면 β와 평면 α의 교선 y는 x와 꼬인 위치에 있다.
ㄷ. 두 직선 x, y가 평행할 때, y를 포함하고 x를 포함하지 않는 평면 α는 x와 평행하다.
ㄹ. 세 직선 x, y, z가 동일 평면에 있지 않을 때, x와 y가 평행하고, y와 z가 평행한 경우에도 x와 z는 꼬인 위치에 있을 수 있다.

① ㄱ, ㄴ
② ㄱ, ㄷ
③ ㄴ, ㄹ
④ ㄱ, ㄷ, ㄹ
⑤ ㄴ, ㄷ, ㄹ

03 ▢△✕   16년 행시(5) 11번

다음 글과 〈자료〉를 근거로 판단할 때, 甲이 여행을 다녀온 시기로 가능한 것은?

- 甲은 선박으로 '포항 → 울릉도 → 독도 → 울릉도 → 포항' 순으로 여행을 다녀왔다.
- '포항 → 울릉도' 선박은 매일 오전 10시, '울릉도 → 포항' 선박은 매일 오후 3시에 출발하며, 편도 운항에 3시간이 소요된다.
- 울릉도에서 출발해 독도를 돌아보는 선박은 매주 화요일과 목요일 오전 8시에 출발하여 당일 오전 11시에 돌아온다.
- 최대 파고가 3m 이상인 날은 모든 노선의 선박이 운항되지 않는다.
- 甲은 매주 금요일에 술을 마시는데, 술을 마신 다음 날은 멀미가 심해 선박을 탈 수 없다.
- 이번 여행 중 甲은 울릉도에서 호박엿 만들기 체험을 했는데, 호박엿 만들기 체험은 매주 월·금요일 오후 6시에만 할 수 있다.

〈자료〉

㉠ : 최대 파고(단위 : m)

일	월	화	수	목	금	토
16 ㉠ 1.0	17 ㉠ 1.4	18 ㉠ 3.2	19 ㉠ 2.7	20 ㉠ 2.8	21 ㉠ 3.7	22 ㉠ 2.0
23 ㉠ 0.7	24 ㉠ 3.3	25 ㉠ 2.8	26 ㉠ 2.7	27 ㉠ 0.5	28 ㉠ 3.7	29 ㉠ 3.3

① 16일(일)~19일(수)
② 19일(수)~22일(토)
③ 20일(목)~23일(일)
④ 23일(일)~26일(수)
⑤ 25일(화)~28일(금)

04 ▢△✕   08년 행시(조) 34번

다음 그림과 같이 각 층에 1인 1실의 방이 4개 있는 3층 호텔에 A~I 총 9명이 투숙해 있다. 주어진 〈조건〉하에서 반드시 옳은 것은?

	301호	302호	303호	304호	
좌	201호	202호	203호	204호	우
	101호	102호	103호	104호	

〈조건〉

- 각 층에는 3명씩 투숙해 있다.
- A의 바로 위에는 C가 투숙해 있으며, A의 바로 오른쪽 방에는 아무도 투숙해 있지 않다.
- B의 바로 위의 방에는 아무도 투숙해 있지 않다.
- C의 바로 왼쪽에 있는 방에는 아무도 투숙해 있지 않으며, C는 D와 같은 층에 인접해 있다.
- D는 E의 바로 아래의 방에 투숙해 있다.
- E, F, G는 같은 층에 투숙해 있다.
- G의 옆방에는 아무도 투숙해 있지 않다.
- I는 H보다 위층에 투숙해 있다.

① B는 101호에 투숙해 있다.
② D는 204호에 투숙해 있다.
③ F는 304호에 투숙해 있다.
④ G는 301호에 투숙해 있다.
⑤ A, C, F는 같은 열에 투숙해 있다.

05 ▢△✕   14년 행시(A) 37번

다음 〈상황〉과 〈조건〉을 근거로 판단할 때 옳은 것은?

〈상황〉

A대학교 보건소에서는 4월 1일(월)부터 한 달 동안 재학생을 대상으로 금연교육 4회, 금주교육 3회, 성교육 2회를 실시하려는 계획을 가지고 있다.

〈조건〉

- 금연교육은 정해진 같은 요일에만 주 1회 실시하고, 화, 수, 목요일 중에 해야 한다.
- 금주교육은 월요일과 금요일을 제외한 다른 요일에 시행하며, 주 2회 이상은 실시하지 않는다.
- 성교육은 4월 10일 이전, 같은 주에 이틀 연속으로 실시한다.
- 4월 22일부터 26일까지 중간고사 기간이고, 이 기간에 보건소는 어떠한 교육도 실시할 수 없다.
- 보건소의 교육은 하루에 하나만 실시할 수 있고, 토요일과 일요일에는 교육을 실시할 수 없다.
- 보건소는 계획한 모든 교육을 반드시 4월에 완료하여야 한다.

① 금연교육이 가능한 요일은 화요일과 수요일이다.
② 금주교육은 같은 요일에 실시되어야 한다.
③ 금주교육은 4월 마지막 주에도 실시된다.
④ 성교육이 가능한 일정 조합은 두 가지 이상이다.
⑤ 4월 30일에도 교육이 있다.

01 ○△× 　　　　　　　　　　　　　　　　13년 행시(인) 14번

'홀로섬'에 사는 석봉이는 매일 삼치, 꽁치, 고등어 중 한 가지 생선을 먹는다. 다음 1월 달력과 〈조건〉에 근거할 때, 〈보기〉에서 옳은 것을 모두 고르면?

1월						
일	월	화	수	목	금	토
			1	2	3	4
5	6	7	8	9	10	11
12	13	14	15	16	17	18
19	20	21	22	23	24	25
26	27	28	29	30	31	

──── 〈조 건〉 ────
- 같은 생선을 연속해서 이틀 이상 먹을 수 없다.
- 매주 화요일은 삼치를 먹을 수 없다.
- 1월 17일은 꽁치를 먹어야 한다.
- 석봉이는 하루에 1마리의 생선만 먹는다.

──── 〈보 기〉 ────
ㄱ. 석봉이가 1월 한 달 동안 먹을 수 있는 꽁치는 최대 15마리이다.
ㄴ. 석봉이가 1월 한 달 동안 먹을 수 있는 삼치는 최대 14마리이다.
ㄷ. 석봉이가 1월 한 달 동안 먹을 수 있는 고등어는 최대 14마리이다.
ㄹ. 석봉이가 1월 6일에 꽁치를 먹어야 한다는 조건을 포함하면, 석봉이는 1월 한 달 동안 삼치, 꽁치, 고등어를 1마리 이상씩 먹는다.

① ㄱ, ㄴ
② ㄱ, ㄷ
③ ㄴ, ㄷ
④ ㄴ, ㄹ
⑤ ㄷ, ㄹ

02 ○△× 　　　　　　　　　　　　　　　　13년 행시(인) 2번

다음 글과 〈상황〉을 근거로 추론할 때 옳지 않은 것은?(단, 월·일은 양력 기준이다)

절기(節氣)는 태양의 주기에 기초해서 1개월에 2개씩 지정되는 것으로 1년에 총 24개의 절기가 있다. 24절기는 12절기와 12중기로 이루어져 있는데, 각 달의 첫 번째는 절기, 두 번째는 중기라 한다. 절기를 정하는 방법으로 정기법이 있다. 정기법은 황도상의 해당 지점인 태양황경을 기준으로 태양이 동쪽으로 15도 간격으로 이동할 때마다, 즉 15도씩 증가할 때마다 절기와 중기를 매겨 나가는 방법이다. 황경은 지구에서 태양을 보았을 때, 태양이 1년 동안 하늘을 한 바퀴 도는 길인 황도를 지나가는 각도이다. 춘분은 황경의 기점이 되며, 황경이 0도일 때이다.

양력	절기	중기	양력	절기	중기
1월	소한	대한	7월	소서	대서
2월	입춘	우수	8월	입추	처서
3월	경칩	춘분	9월	백로	추분
4월	청명	곡우	10월	한로	상강
5월	입하	소만	11월	입동	소설
6월	망종	하지	12월	대설	동지

계절은 3개월마다 바뀌고, 각 계절마다 6개의 절기가 있다. 입춘, 입하, 입추, 입동은 봄, 여름, 가을, 겨울이 시작되는 첫날이다. 절기 사이에는 15일의 간격이 있다. 그런데 일부 절기 사이의 간격은 하루가 늘거나 줄기도 한다.

──── 〈상 황〉 ────
- 올해는 입하, 망종, 하지, 대서, 입추, 백로, 한로가 앞 절기와 16일 간격이고, 대한과 대설은 앞 절기와 14일 간격이다.
- 올해 춘분은 3월 21일이다.
- 올해 2월은 28일까지 있다.

① 올해 여름의 첫날은 5월 5일이다.
② 절기의 양력 날짜는 매년 고정적인 것은 아니다.
③ 올해 태양황경이 60도가 되는 날은 5월 중기인 소만이다.
④ 올해 7월 24일은 태양황경이 120도에서 135도 사이에 있는 날이다.
⑤ 올해 입춘부터 곡우까지의 날짜 간격은 한로부터 동지까지의 날짜 간격보다 길다.

03 ○△✕   17년 행시(가) 37번

다음 〈관람 위치 배정방식〉과 〈상황〉을 근거로 판단할 때 옳은 것은?

───── 〈관람 위치 배정방식〉 ─────

• 공연장의 좌석은 총 22개이며 좌측 6개석, 중앙 10개석, 우측 6개석으로 구성된다.

무대										

	좌								우	
앞줄				계단			A	계단		
뒷줄										B

• 입장은 공연일 정오에 마감되며, 해당 시점까지 공연장에 도착한 관람객을 대상으로 관람 위치를 배정한다.

• 좌석배정은 선착순으로 이루어지며, 가장 먼저 온 관람객부터 무대에 가까운 앞줄의 맨 좌측 좌석부터 맨 우측 좌석까지, 그 후 뒷줄의 맨 우측 좌석부터 맨 좌측 좌석까지 순서대로 이루어진다.

• 관람객이 22명을 초과할 경우, 초과인원 중 먼저 도착한 절반은 좌측 계단에, 나머지 절반은 우측 계단에 순서대로 앉힌다.

───── 〈상 황〉 ─────

• 공연장에 가장 먼저 온 관람객은 오전 2:10에 도착하였다.

• 오전 4:30까지는 20분 간격으로 관람객이 공연장에 도착하였다.

• 오전 4:30부터 오전 6:00까지는 10분 간격으로 관람객이 공연장에 도착하였다.

• 오전 6:00 이후에는 30분 간격으로 관람객이 공연장에 도착하였다.

• 공연장에 가장 마지막으로 온 관람객은 오전 11:30에 도착하였다.

• 관람객은 공연장에 한 명씩 도착하였다.

※ 위 상황은 모두 공연일 하루 동안 발생한 것이다.

① 우측 계단에 앉은 관람객이 중앙 좌석에 앉기 위해서는 지금보다 적어도 3시간, 최대 4시간은 일찍 도착해야 한다.

② 공연일 오전 9:00부터 공연일 오전 10:00까지 도착한 관람객은 모두 좌측 계단에 앉는다.

③ A에 앉은 관람객과 B에 앉은 관람객의 도착시간은 50분 차이가 난다.

④ 공연일 오전 6:00에 도착한 관람객은 앞줄 좌석에 앉는다.

⑤ 총 30명의 관람객이 공연장에 도착하였다.

04 ○△✕   09년 행시(극) 10번

다음 제시문을 읽고 주어진 〈조건〉을 바탕으로 하여 팔만대장경을 제작하는 경우, 소요되는 최단 기간은?

해인사에 소장되어 있는 팔만대장경은 정확하게 81,258장의 경판으로 구성되어 있으며, 경판의 크기는 가로 약 73cm, 세로 약 26cm, 두께는 약 3.5cm이다. 경판 1장에 새겨져 있는 글자 수는 1면에 300여 자씩, 양면에 600여 자이므로 총 5천만 자가 넘는데 오탈자가 거의 없다. 경판을 만드는 데 사용된 나무는 한반도 전역에 자생하는 산벚나무이며, 채집한 원목을 갯벌에 3년 간 묻어 두었다가 꺼내 경판을 제작한 뒤 글을 새겼다.

───── 〈조 건〉 ─────

• 경판의 수는 8만 장, 총 글자 수는 5천만 자로 가정하며, 각 경판의 글자 수는 동일한 것으로 한다.

• 제작공정은 원목채집, 경판제작(원목을 가공하여 경판을 만드는 일), 필사(종이에 글을 쓰는 일), 판각(경판에 글을 새기는 일) 등 네 가지로 구성된다.

• 원목채집은 1월 1일에 시작하며, 채집된 원목은 그 다음해 1월 1일부터 3년 간 갯벌에 묻어둔다.

• 갯벌에서 꺼낸 원목으로 경판을 제작하는데, 원목 1개로 경판 100장을 만든다.

• 판각은 경판 1만 장이 제작된 후에 시작한다.

• 1인이 1년 간 작업할 수 있는 양은 원목채집의 경우 원목 10개, 경판제작의 경우 경판 100장, 필사의 경우 25만 자, 판각의 경우 1만 자이다.

• 공정별로 매년 동원할 수 있는 최대 인력은 원목채집 10명, 경판제작 100명, 필사 40명, 판각 500명이다.

① 14년

② 15년

③ 16년

④ 23년

⑤ 25년

05 ☐○△✕ 　　　　　　　　　　　　　　　　　11년 행시(발) 17번

甲은 어제 A, B 휴게실을 갖춘 도서관에 갔다. 다음을 근거로 판단할 때 거짓말을 한 사람은?

― 〈조 건〉 ―

1. 甲은 오전 10시부터 같은 날 오후 5시까지 도서관을 이용하였다.
2. 각 휴게실은 오전 10시부터 음악리스트의 첫 번째 곡부터 순서대로 틀기 시작한다.
3. 음악리스트의 마지막 곡이 끝나면 첫 번째 곡부터 다시 시작되며 이 과정은 도서관 운영 종료 시까지 계속 반복된다.
4. 도서관 이용자는 A, B 휴게실을 둘 다 갈 수 있으며 드나드는 횟수에 제한은 없다.
5. 甲은 음악리스트의 곡들 중 베토벤의 곡만 들으며 휴게실과 열람실 사이를 이동하는데 소요되는 시간은 고려하지 않는다.
6. 甲은 베토벤의 곡이 나올 때는 반드시 휴게실에서 음악을 들으며, 베토벤의 곡이 나오지 않을 때는 반드시 열람실에서 공부한다.
7. 甲은 음악리스트를 사전에 파악하고 있으며 원하는 곡이 언제 나오는지 정확히 파악하고 있다.
8. 모든 곡은 길이가 2분이며 곡과 곡 사이의 시간은 고려하지 않는다.
9. 甲은 도서관을 이용하는 시간 동안 A, B 휴게실 혹은 열람실에 반드시 머문다.

〈A휴게실의 음악리스트〉

• 전체 곡의 수는 22곡
• 베토벤의 곡은 1곡이며 음악리스트의 12번째에 위치해 있다.

〈B휴게실의 음악리스트〉

• 전체 곡의 수는 31곡
• 베토벤의 곡은 4곡이며 음악리스트의 1번째, 10번째, 12번째, 24번째에 위치해 있다.

① 수민 : 전 어제 오전 11시 7분에 甲이 A휴게실에서 음악을 듣는 것을 보았습니다.
② 태연 : 전 어제 오전 11시 30분에 甲이 열람실에 있는 것을 보았습니다.
③ 지영 : 전 어제 오전 11시 21분에 B휴게실에서 甲과 함께 음악을 들었습니다.
④ 성환 : 전 어제 낮 12시 30분에 甲이 열람실에 있는 것을 보았습니다.
⑤ 정혁 : 전 어제 낮 12시 27분에 甲이 열람실에 있는 것을 보았습니다.

06 ☐○△✕ 　　　　　　　　　　　　　　　　　19년 행시(가) 17번

다음 글을 근거로 판단할 때, ○○백화점이 한 해 캐롤 음원이용료로 지불해야 하는 최대 금액은?

○○백화점에서는 매년 크리스마스 트리 점등식(11월 네 번째 목요일) 이후 돌아오는 첫 월요일부터 크리스마스(12월 25일)까지 백화점 내에서 캐롤을 틀어 놓는다(단, 휴점일 제외). 이 기간 동안 캐롤을 틀기 위해서는 하루에 2만 원의 음원이용료를 지불해야 한다. ○○백화점 휴점일은 매월 네 번째 수요일이지만, 크리스마스와 겹칠 경우에는 정상영업을 한다.

① 48만 원
② 52만 원
③ 58만 원
④ 60만 원
⑤ 66만 원

07 ☐○△✕ 　　　　　　　　　　　　　　　　　18년 행시(나) 38번

다음 글을 근거로 판단할 때, ㉠에 들어갈 일시는?

• 서울에 있는 甲사무관, 런던에 있는 乙사무관, 시애틀에 있는 丙사무관은 같은 프로젝트를 진행하면서 다음과 같이 영상업무회의를 진행하였다.
• 회의 시각은 런던을 기준으로 11월 1일 오전 9시였다.
• 런던은 GMT+0, 서울은 GMT+9, 시애틀은 GMT−7을 표준시로 사용한다(즉, 런던이 오전 9시일 때, 서울은 같은 날 오후 6시이며 시애틀은 같은 날 오전 2시이다).

甲 : 제가 프로젝트에서 맡은 업무는 오늘 오후 10시면 마칠 수 있습니다. 런던에서 받아서 1차 수정을 부탁드립니다.
乙 : 네, 저는 甲사무관님께서 제시간에 끝내 주시면 다음날 오후 3시면 마칠 수 있습니다. 시애틀에서 받아서 마지막 수정을 부탁드립니다.
丙 : 알겠습니다. 저는 앞선 두 분이 제시간에 끝내 주신다면 서울을 기준으로 모레 오전 10시면 마칠 수 있습니다. 제가 업무를 마치면 프로젝트가 최종 마무리 되겠군요.
甲 : 잠깐, 다들 말씀하신 시각의 기준이 다른 것 같은데요? 저는 처음부터 런던을 기준으로 이해하고 말씀드렸습니다.
乙 : 저는 처음부터 시애틀을 기준으로 이해하고 말씀드렸는데요?
丙 : 저는 처음부터 서울을 기준으로 이해하고 말씀드렸습니다. 그렇다면 계획대로 진행될 때 서울을 기준으로 (㉠)에 프로젝트를 최종 마무리할 수 있겠네요.
甲, 乙 : 네, 맞습니다.

① 11월 2일 오후 3시
② 11월 2일 오후 11시
③ 11월 3일 오전 10시
④ 11월 3일 오후 3시
⑤ 11월 3일 오후 7시

08 ○△✕   16년 행시(5) 14번

다음 글을 근거로 판단할 때, 2015년 9월 15일이 화요일이라면 2020년 이후 A국 ○○축제가 처음으로 18일 동안 개최되는 해는?(단, 모든 날짜는 양력 기준이다)

1년의 개념은 지구가 태양을 한 바퀴 도는 데에 걸리는 시간으로, 그 시간은 정확히 365일이 아니다. 실제 그 시간은 365보다 조금 긴 약 365.2422일이다. 따라서 다음과 같은 규칙을 순서대로 적용하여 1년이 366일인 윤년을 정한다.

규칙1 : 연도가 4로 나누어 떨어지는 해는 윤년으로 한다.
(2004년, 2008년,…)
규칙2 : '규칙1'의 연도 중에서 100으로 나누어 떨어지는 해는 평년으로 한다.
(2100년, 2200년, 2300년,…)
규칙3 : '규칙2'의 연도 중에서 400으로 나누어 떨어지는 해는 윤년으로 한다.
(1600년, 2000년, 2400년,…)

※ 평년 : 윤년이 아닌, 1년이 365일인 해

A국 ○○축제는 매년 9월 15일이 지나고 돌아오는 첫 번째 토요일에 시작하여 10월 첫 번째 일요일에 끝나는 일정으로 개최한다. 다만 10월 1일 또는 2일이 일요일인 경우, 축제를 A국 국경일인 10월 3일까지 연장한다. 따라서 축제는 최단 16일에서 최장 18일 동안 열린다.

① 2021년
② 2022년
③ 2023년
④ 2025년
⑤ 2026년

09 ○△✕   12년 행시(인) 11번

다음 〈지도〉와 〈조건〉에 근거할 때, 옳은 것은?

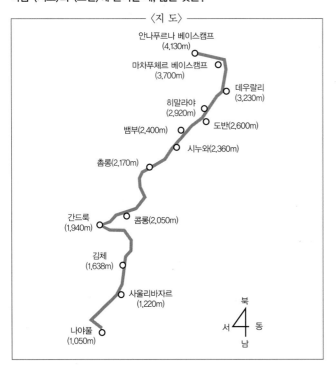

── 〈지 도〉 ──

※ 괄호 안의 수치는 해발고도를 나타낸다.

── 〈조건1〉 ──
〈구간별 트래킹 소요시간(h : 시간)〉

• 올라가는 경우
 － 나야풀 → 사울리바자르 : 3h
 － 사울리바자르 → 김체 : 2h
 － 김체 → 간드룩 : 2h
 － 간드룩 → 콤롱 : 2h
 － 콤롱 → 촘롱 : 3h
 － 촘롱 → 시누와 : 2h
 － 시누와 → 뱀부 : 1h
 － 뱀부 → 도반 : 3h
 － 도반 → 히말라야 : 2h
 － 히말라야 → 데우랄리 : 2h
 － 데우랄리 → 마차푸체르 베이스캠프 : 2h
 － 마차푸체르 베이스캠프 → 안나푸르나 베이스캠프 : 2h
• 내려오는 경우, 구간별 트래킹 소요시간은 50% 단축된다.

── 〈조건2〉 ──
• 트래킹은 도보로만 이루어지며, 트래킹 코스는 나야풀에서 시작하여 안나푸르나 베이스캠프에 도달한 다음 나야풀로 돌아오는 것이다.
• 하루에 가능한 트래킹의 최대시간은 6시간이며, 모든 트래킹 일정을 최대한 빨리 완료해야 한다.
• 하루 트래킹이 끝나면 반드시 숙박을 해야 하고, 숙박은 지도에 ○ 표시가 된 지역에서만 가능하다.
• 해발 2,500m 이상에서는 고산병의 위험 때문에 당일 수면고도를 전날 수면고도에 비해 600m 이상 높일 수 없다.

※ 수면고도는 취침하는 지역의 해발고도를 의미한다.

① 1일차에는 간드룩에서 숙박을 한다.
② 반드시 마차푸체르 베이스캠프에서 숙박을 해야 한다.
③ 5일차에는 안나푸르나 베이스캠프에서 숙박 가능하다.
④ 하루 6시간을 걷는 경우는 총 이틀이다.
⑤ 트래킹은 8일차에 완료된다.

10 ▢△☓　　　　　　　　　　　　　　　12년 행시(인) 34번

△△년 5월 10일 A시의 일출 시각은 A시의 시각으로 05 : 30이다. 다음 〈조건〉을 근거로 판단할 때, △△년 5월 12일 B시의 일출 시각은 B시의 시각으로 몇 시인가?(단, 〈조건〉외의 다른 요인은 고려하지 않는다)

――――――――〈조 건〉――――――――

- 지구는 매 시간마다 15도씩 서에서 동으로 자전한다.
- A시는 동경 125도에 위치하고, 동경 135도의 표준시※를 사용한다. (동경 125도 : 지구의 본초 자오선을 기준으로 동쪽으로 125도인 선)
- B시는 동경 115도에 위치하고, 동경 105도의 표준시를 사용한다.
- △△년 5월 A시와 B시의 일출 시각은 매일 2분씩 빨라진다.

※ 표준시 : 경도를 달리하는 각지 사이의 시차를 통일하려고 일정한 지점의 시각을 그 근처에 있는 일정한 구역 안의 표준으로 하는 시각

① 04 : 06
② 04 : 10
③ 05 : 06
④ 07 : 26
⑤ 07 : 34

11 ▢△☓　　　　　　　　　　　　　　　11년 행시(발) 31번

아래 그림은 사막에 위치한 우물(◯) 현황을 표시한 것이다. 마을은 바로 인접한 하나의 우물로부터 식수를 반드시 공급받아야 하고, 대각선 방향에 있는 우물은 사용할 수 없다. 우물 하나는 하나의 마을에만 식수를 공급할 수 있으며, 두 개의 마을은 인접해서 위치하지 않고 대각선으로도 놓여있지 않다. 그림 밖의 숫자가 가로, 세로 줄에 위치한 마을 수를 가리킬 때, 다음 ⓐ~ⓔ 중에서 어떠한 경우에도 마을이 위치할 수 없는 곳은 모두 몇 군데인가?

① 1
② 2
③ 3
④ 4
⑤ 5

12 ▢△☓　　　　　　　　　　　　　　　08년 행시(조) 36번

다음 〈보기〉는 용수철로 묶여 있어서 앞뒤로 자유롭게 넘길 수 있는 ㅇㅇㅇㅇ년도 우리나라의 달력이다. 이 달력은 해당 연도의 12개월분이 있었는데, 그 중 여러 장이 찢겨나가 있었고, 이전 사용자가 의도적으로 ◯과 같은 구멍을 뚫어 놓아서 그 다음 장 혹은 그 이후의 장에 있는 숫자가 보이게 되어 있었다. 다음 중 이 달력과 관련하여 판단한 것으로 옳지 <u>않은</u> 것은?

――――――――〈보 기〉――――――――

- 첫 장은 일요일에 해당되는 날과 15일(국경일)이 빨간색으로 표시되어 있었다.
- 공휴일인 국경일은 삼일절, 광복절, 개천절뿐이다.
- 달력의 해당 연도는 윤년이 아니고 홀수 달은 모두 찢겨나가 있었다.

일	월	화	수	목	금	토
			③	2	①	4
5	6	7	8	9	10	11
12	13	14	15	16	17	18
19	20	21	㉕	23	24	25
26	27	28	29	30	31	

① 첫 장은 해당 연도의 12월이 아니다.
② ㉕가 원래 속해 있는 달은 10월이 아니다.
③ ③이 원래 속해 있는 달은 첫 장 달의 2개월 후이다.
④ ①이 원래 속해 있는 달은 첫 장 달과 4개월의 차이가 있다.
⑤ ③이 원래 속해 있는 달과 ㉕가 원래 속해 있는 달은 6개월의 차이가 있다.

CHAPTER

10 종합

1 유형의 이해

종합형은 한 지문을 읽고 두 문제를 풀어야 하는 유형이다. 일반적으로는 한 문제는 정보확인 · 추론의 형태로, 한 문제는 조건적용이나 수리계산의 형태로 출제된다. 한 문제는 보통 평이한 난도로 출제되나 한 문제는 계산, 추론에 시간이 소요되는 경우가 많다. 하지만 최근 이런 종합형 문제가 다양한 방식으로 출제되고 있다. 2019년의 경우 종합형 문제의 지문이 법조문 형식으로 출제되었으며, 2018년의 경우 종합형 문제의 두 문제가 모두 지문에서 제시하는 조건을 선지나 보기의 사례에 적용하는 조건적용 유형으로 출제되기도 하였다. 따라서 대부분의 경우 정보확인 · 추론 유형, 조건적용, 수리계산 유형에 대한 문제 접근법을 활용하면 된다.

2 발문 유형

- 다음 글을 읽고 물음에 답하시오. [문 19.~문 20.]
- 다음 글을 읽고 물음에 답하시오. [문 39.~문 40.]

3 접근법

정보확인 · 추론 유형이 출제된다면 발췌독하는 것이 효율적인 경우가 많다. 따라서 시간이 부족할 경우 선지를 먼저 읽고 제시문에서 해당 정보가 서술되는 부분을 찾아 정오 판정하는 것이 가능하다. 글에서 숫자와 수식을 설명하는 문단이 있으면 계산 문제가 출제될 것이라고 예측하고 해당 문제를 찾아 먼저 풀고 넘어간다. 이렇게 접근한다면 문제를 읽고 다시 수식이 있는 문단을 찾는 수고를 덜 수 있다. 계산 실수를 줄이기 위해 계산 과정을 적어가면서 풀이하는 것을 추천한다. 조건적용 유형의 문제의 경우 조건을 적용하는 과정에서 실수하지 않도록 유의한다.

4 생각해 볼 부분

한 지문을 읽고 두 문제를 해결할 수 있기 때문에 수험생들은 종합형에서 시간을 절약하는 전략을 택하는 경우가 많다. 하지만 두 문제를 모두 풀어야 한다는 강박에 사로잡히면 생각보다 많은 시간을 허비하게 되는 경우도 있다. 따라서 문제의 난도를 잘 판단하여 까다로운 문제의 경우 넘겨야 한다는 점을 항상 염두에 두어야 한다.

※ 다음을 읽고 물음에 답하시오.

예로부터 웬만큼 글자를 아는 사람은 본명 외에 자(字)를 가지고 있었다. 자는 본명 대신 부르던 것으로 이름을 소중히 여겨 함부로 부르지 않았던 관습 때문에 생겼다. 우리나라에서 자를 처음 쓰기 시작한 것은 삼국시대로 추정되는데, 설총이 총지라는 자를 썼던 것에서 알 수 있다. 하지만 이때부터 자가 보편적으로 쓰인 것은 아니며 이후에 유학자를 중심으로 많이 쓰였다.

자는 성인이 되었음을 인정하는 예식인 관례(冠禮) 때 부모나 집안 어른이 지어주었다. 이황은 경호, 이이는 숙헌, 이순신은 여해, 정도전은 종지, 정도전의 스승인 이색은 영숙을 자로 썼다. 공자의 자는 중니(仲尼)였는데 니(尼)는 그의 부모가 이산(尼山)에 기도를 드려 낳은 아들인 것에서 유래하였다고 한다.

『예기』에 따르면 남자의 자는 흔히 본명과 의미상 관련이 있는 한 글자에 각각 첫째, 둘째, 셋째, 넷째를 나타내는 백(伯), 중(仲), 숙(叔), 계(季)의 글자를 앞에 붙여 지었다. 이때 형제가 4명을 넘게 되면 막내에게는 유(幼)를 앞에 붙여 썼다. 또한 백(伯) 대신 맹(孟)을 쓰기도 했는데 손책과 조조의 자는 백부(伯符)와 맹덕(孟德)으로 이들이 첫째 아들임을 알 수 있다.

대개 형제들의 자에는 같은 글자를 돌림자처럼 써서 형제임을 나타내기도 했다. 그리고 돌림자 앞에는 백, 중, 숙, 계, 유 등을 써서 형제의 순서를 표시했다. 사마팔달(司馬八達), 마가오상(馬家五常), 순씨팔룡(荀氏八龍) 등으로 널리 알려진 형제들도 이런 방법에 따라 자를 지었다. 사마팔달은 사마랑부터 막내인 사마민까지 8형제를 일컫는 말로, 이 가운데 자가 중달(仲達)인 사마의가 가장 유명하다. 사마의의 둘째 동생인 사마욱부터 사마민까지는 지금은 덜 알려져 있지만 당시에는 명망이 있었다. 이들 8형제는 순서대로 백달(伯達), 중달(仲達), 숙달(叔達), 계달(季達), 현달(顯達), 혜달(惠達), 아달(雅達), 유달(幼達)을 자로 썼다. 순숙의 여덟 아들인 순씨팔룡(荀氏八龍)도 사마팔달과 같은 방법으로 만든 자를 사용했다. 첫째 순검부터 차례로 순곤, 순정, 순도, 순황, 순상, 순숙과 막내인 순전까지 모두 자(慈)를 돌림자로 쓰고 앞에는 순서를 나타내는 백, 중 등을 사용했다. 마가오상(馬家五常)으로 알려진 마속의 5형제도 같은 방법으로 만든 자를 사용했다. 상(常)을 돌림자처럼 썼는데 백미(白眉)로 잘 알려진 마량은 마속의 형으로 자가 계상(季常)이었다.

자는 어떤 사이에서나 쓸 수 있는 것은 아니었으며 일정한 사용방식이 있었다. 사람을 부를 때 같은 나이 또래나 그 아랫사람에게는 자를 썼다. 그러나 부모나 스승이 아들이나 제자를 부를 때는 본명을 사용했으며, 윗사람에게 자신을 칭할 때도 본명을 말했다.

윗글을 근거로 추론할 때, 〈보기〉에서 옳은 것만을 모두 고르면?

──────〈보 기〉──────
ㄱ. 자를 사용하는 방식대로라면 이색은 정도전을 종지라고 불렀을 것이다.
ㄴ. 자를 가지고 있다는 것은 그 사람이 성인으로 인정받았음을 의미할 것이다.
ㄷ. 공자의 자가 예기에서 언급한 방식대로 지은 것이라면 공자는 둘째 아들이었을 것이다.
ㄹ. 자를 사용하는 방식대로라면 조카가 숙부에게 자신을 칭할 때에는 자를 쓰지 않았을 것이다.

① ㄱ, ㄴ
② ㄴ, ㄷ
③ ㄱ, ㄷ, ㄹ
④ ㄴ, ㄷ, ㄹ
⑤ ㄱ, ㄴ, ㄷ, ㄹ

난도 하

풀이시간 1분 30초

합격생 가이드

선지의 구성을 보고 어떤 보기를 먼저 판단할지 정한다. 보기 ㄱ과 ㄹ은 모두 자를 사용하는 방식을 적용해서 풀어야하는 문제이므로 동시에 판단이 가능하다. 따라서 지문에서 해당 부분을 찾아 우선적으로 판단한다. 자를 사용하는 방식대로라면 스승이 제자를 부를 때는 본명을, 윗사람에게 자신을 칭할 때도 본명을 사용하므로 ㄱ은 틀린 보기, ㄹ은 옳은 보기이다. 따라서 ㄴ, ㄷ 보기를 판단하지 않더라도 ④번이 정답임을 도출할 수 있다.

대표문항으로 선정한 이유

상황판단 종합형에서 주로 출제되는 정보확인 유형의 대표적인 문제이다.

정답해설
ㄴ. 옳다. 자는 성인이 되었음을 인정하는 예식인 관례 때 가지게 된다.
ㄷ. 옳다. 공자의 자는 중니(仲尼)이고, 예기에 따르면 중(仲)의 글자는 둘째를 나타내는 의미를 가진다.
ㄹ. 옳다. 윗사람에게 자신을 칭할 때는 본명을 말한다.

오답해설
ㄱ. 옳지 않다. 이색은 정도전의 스승이며 스승이 제자를 부를 때는 본명을 사용했다.

답 ④

※ 다음을 읽고 물음에 답하시오.

예로부터 웬만큼 글자를 아는 사람은 본명 외에 자(字)를 가지고 있었다. 자는 본명 대신 부르던 것으로 이름을 소중히 여겨 함부로 부르지 않았던 관습 때문에 생겼다. 우리나라에서 자를 처음 쓰기 시작한 것은 삼국시대로 추정되는데, 설총이 총지라는 자를 썼던 것에서 알 수 있다. 하지만 이때부터 자가 보편적으로 쓰인 것은 아니며 이후에 유학자를 중심으로 많이 쓰였다.

자는 성인이 되었음을 인정하는 예식인 관례(冠禮) 때 부모나 집안 어른이 지어주었다. 이황은 경호, 이이는 숙헌, 이순신은 여해, 정도전은 종지, 정도전의 스승인 이색은 영숙을 자로 썼다. 공자의 자는 중니(仲尼)였는데 니(尼)는 그의 부모가 이산(尼山)에 기도를 드려 낳은 아들인 것에서 유래하였다고 한다.

『예기』에 따르면 남자의 자는 흔히 본명과 의미상 관련이 있는 한 글자에 각각 첫째, 둘째, 셋째, 넷째를 나타내는 백(伯), 중(仲), 숙(叔), 계(季)의 글자를 앞에 붙여 지었다. 이때 형제가 4명을 넘게 되면 막내에게는 유(幼)를 앞에 붙여 썼다. 또한 백(伯) 대신 맹(孟)을 쓰기도 했는데 손책과 조조의 자는 백부(伯符)와 맹덕(孟德)으로 이들이 첫째 아들임을 알 수 있다.

대개 형제들의 자에는 같은 글자를 돌림자처럼 써서 형제임을 나타내기도 했다. 그리고 돌림자 앞에는 백, 중, 숙, 계, 유 등을 써서 형제의 순서를 표시했다. 사마팔달(司馬八達), 마가오상(馬家五常), 순씨팔룡(荀氏八龍) 등으로 널리 알려진 형제들도 이런 방법에 따라 자를 지었다. 사마팔달은 사마랑부터 막내인 사마민까지 8형제를 일컫는 말로, 이 가운데 자가 중달(仲達)인 사마의가 가장 유명하다. 사마의의 둘째 동생인 사마욱부터 사마민까지는 지금은 덜 알려져 있지만 당시에는 명망이 있었다. 이들 8형제는 순서대로 백달(伯達), 중달(仲達), 숙달(叔達), 계달(季達), 현달(顯達), 혜달(惠達), 아달(雅達), 유달(幼達)을 자로 썼다. 순숙의 여덟 아들인 순씨팔룡(荀氏八龍)도 사마팔달과 같은 방법으로 만든 자를 사용했다. 첫째 순검부터 차례로 순곤, 순정, 순도, 순황, 순상, 순숙과 막내인 순전까지 모두 자(慈)를 돌림자로 쓰고 앞에는 순서를 나타내는 백, 중 등을 사용했다. 마가오상(馬家五常)으로 알려진 마속의 5형제도 같은 방법으로 만든 자를 사용했다. 상(常)을 돌림자처럼 썼는데 백미(白眉)로 잘 알려진 마량은 마속의 형으로 자가 계상(季常)이었다.

자는 어떤 사이에서나 쓸 수 있는 것은 아니었으며 일정한 사용방식이 있었다. 사람을 부를 때 같은 나이 또래나 그 아랫사람에게는 자를 썼다. 그러나 부모나 스승이 아들이나 제자를 부를 때는 본명을 사용했으며, 윗사람에게 자신을 칭할 때도 본명을 말했다.

윗글을 근거로 판단할 때 사마욱, 순곤, 마속의 자로 옳게 짝지은 것은?

	사마욱	순곤	마속
①	유달(幼達)	중자(仲慈)	유상(幼常)
②	계달(季達)	중자(仲慈)	중상(仲常)
③	계달(季達)	숙자(叔慈)	숙상(叔常)
④	계달(季達)	중자(仲慈)	유상(幼常)
⑤	유달(幼達)	맹자(孟慈)	중상(仲常)

난도 **중**

풀이시간 1분 30초

합격생 가이드

선지의 구성을 보면 사마욱의 경우 계달이 3회, 순곤의 경우 중자가 3회 등장한다. 따라서 계달과 중자가 답이 될 가능성이 높다고 추측하고 마속부터 판단한다. 제시문을 읽으면 마속이 막내임을 알 수 있고, 막내에게는 유(幼)의 글자를 붙이는 것을 알 수 있다. 따라서 마속의 자는 유상이 된다. 이 때 선지는 ①, ④로 좁혀져 순곤이 중자임이 확실해지므로 사마욱의 경우만 판단하면 된다.

대표문항으로 선정한 이유

상황판단 종합형에서 주로 출제되는 조건적용 유형의 대표적인 문제이다. 글에 제시된 조건과 사례를 파악하여 선지에 적용할 수 있어야 한다.

정답해설

사마의는 가운데 자가 중달(仲達)이므로 둘째이고, 사마욱은 사마의의 둘째 동생이므로 넷째임을 알 수 있다. 따라서 사마욱의 자는 계달(季達)이다.
순곤은 둘째이므로 중자(仲慈)이다.
마량은 자가 계상(季常)이므로 넷째이고 마속의 형제는 5형제이므로 마속은 다섯째, 즉 막내임을 알 수 있다. 따라서 마속의 자는 유상(幼常)이다.

답 ④

※ 다음 글을 읽고 물음에 답하시오. [01~02]

　도지(賭地)란 조선 후기에 도지권을 가진 소작농이 일정한 사용료, 즉 도조(賭租)를 내고 빌려서 경작했던 논밭을 말한다. 지주는 도지를 제공하고 그 대신 도조를 받았다. 도지권을 가진 소작농은 농작물을 수확하여 도조를 치른 후 나머지를 차지하였다. 도지계약은 구두로 하는 것이 보통이고, 문서를 작성하는 경우는 드물었다.

　도조를 정하는 방법에는 수확량을 고려하지 않고 미리 일정액을 정하는 방식과 매년 농작물을 수확하기 직전에 지주가 간평인(看坪人)을 보내어 수확량을 조사하고 그 해의 도조를 결정하는 방식이 있었다. 후자의 경우에 수확량에 대한 도조의 비율은 일정하였다. 특히 논밭을 경작하기 전에 도조를 미리 지급하고 경작하는 경우의 도지를 선도지(先賭地)라고 하였다.

　도지권을 가진 소작농은 그 도지를 영구히 경작할 수 있었고, 지주의 승낙이 없어도 임의로 도지권을 타인에게 매매, 양도, 임대, 저당, 상속할 수 있었다. 도지권의 매매 가격은 지주의 소유권 가격의 1/2이었으며, 도지의 전체 가격은 소작농의 도지권 가격과 지주의 소유권 가격의 합이었다. 도조는 수확량의 약 1/4에서 1/3 정도에 불과하여 일반적인 소작지의 소작료보다 훨씬 저렴하였기 때문에, 도지권을 가진 소작농은 도지를 다른 소작농에게 빌려주고 그로부터 일반 소작료를 받아 지주에게 납부해야 할 도조를 제외한 다음 그 차액을 가지기도 하였다. 지주가 이러한 사실을 알더라도 그것은 당연한 도지권의 행사이기 때문에 간섭하지 않았다.

　지주가 도지권을 소멸시키거나 다른 소작농에게 이작(移作)시키려고 할 때에는 도지권을 가진 소작농의 동의를 구하고 도지권의 가격만큼을 지급하여야 하였다. 다만 도지권을 가진 소작농이 도조를 납부하지 않는 상황에는 지주가 소작농의 동의를 얻은 뒤 도지권을 팔 수 있었다. 이 경우 지주는 연체된 도조를 빼고 나머지는 소작농에게 반환하여야 하였다.

　도지권은 일제가 실시한 토지조사사업에 의하여 그 권리가 부정됨으로써 급격히 소멸하게 되었다. 일제의 토지조사사업으로 부분적 소유권으로서의 소작농의 도지권은 부인되었고 대신 소작기간 20년 이상 50년 이하의 소작권이 인정되었다. 이것은 원래의 도지권 성격과는 크게 다른 것이었으므로 도지권을 소유한 소작농들은 도지권 수호 운동을 전개하였으나, 일제의 무력탄압으로 모두 좌절되고 말았다.

01 ○△✕　　　　　　　　　　　　　　　　19년 행시(가) 19번

윗글을 근거로 판단할 때, 〈보기〉에서 옳은 것만을 모두 고르면?

〈보 기〉

ㄱ. 지주의 사전 승낙이 없어도 도지권을 매입한 소작농이 있었을 수 있다.

ㄴ. 지주가 간평인을 보내어 도조를 결정하였다면, 해당 도지는 선도지가 아니었을 것이다.

ㄷ. 도지권을 가진 소작농들은 일제의 토지조사사업으로 소작을 할 수 없게 되었다.

ㄹ. 도지권을 가진 소작농이 도지권을 매매하려면, 그 소작농은 지주의 동의를 얻어야 했다.

① ㄱ, ㄴ
② ㄱ, ㄹ
③ ㄴ, ㄷ
④ ㄷ, ㄹ
⑤ ㄱ, ㄴ, ㄷ

02 ○△✕　　　　　　　　　　　　　　　　19년 행시(가) 20번

윗글을 근거로 판단할 때, 〈상황〉의 ㉠~㉣에 들어갈 수의 합은?(단, 쌀 1말의 가치는 5냥이며, 주어진 조건 외에는 고려하지 않는다)

〈상 황〉

　甲 소유의 논 A는 1년에 한 번 수확하고 수확량은 매년 쌀 20말이다. 소작농乙은 A 전부를 대상으로 매년 수확량의 1/4을 甲에게 도조로 납부하는 도지계약을 甲과 체결한 상태이다. A의 전체 가격은 甲, 乙의 도지계약 당시부터 올해 말까지 변동 없이 900냥이다.

　재작년 乙은 수확 후 甲에게 정해진 도조 액수인 (㉠)냥을 납부하였다.

　작년 초부터 큰 병을 얻은 乙은 더 이상 농사를 지을 수 없게 되자, 乙은 매년 (㉡)냥을 받아 도조 납부 후 25냥을 남길 생각으로 丙에게 A를 빌려주었다.

　그러나 乙은 약값에 허덕여 작년과 올해분의 도조를 甲에게 납부하지 못했다. 결국 甲은 乙의 동의를 얻어 丁에게 A에 대한 도지권을 올해 말 (㉢)냥에 매매한 후, 乙에게 (㉣)냥을 반환하기로 하였다.

① 575
② 600
③ 625
④ 750
⑤ 925

※ 다음 글을 읽고 물음에 답하시오. [03~04]

○○국의 항공기 식별코드는 '(현재상태부호)(특수임무부호)(기본임무부호)(항공기종류부호)−(설계번호)(개량형부호)'와 같이 최대 6개 부분(앞부분 4개, 뒷부분 2개)으로 구성된다.

항공기종류부호는 특수 항공기에만 붙이는 부호로, G는 글라이더, H는 헬리콥터, Q는 무인항공기, S는 우주선, V는 수직단거리이착륙기에 붙인다. 항공기종류부호가 생략된 항공기는 일반 비행기이다.

모든 항공기 식별코드는 기본임무부호나 특수임무부호 중 적어도 하나를 꼭 포함하고 있다. 기본임무부호는 항공기가 기본적으로 수행하는 임무를 나타내는 부호이다. A는 지상공격기, B는 폭격기, C는 수송기, E는 전자전기, F는 전투기, K는 공중급유기, L은 레이저탑재항공기, O는 관측기, P는 해상초계기, R은 정찰기, T는 훈련기, U는 다목적기에 붙인다.

특수임무부호는 항공기가 개량을 거쳐 기본임무와 다른 임무를 수행할 때 붙이는 부호이다. 부호에 사용되는 알파벳과 그 의미는 기본임무부호와 동일하다. 항공기가 기본임무와 특수임무를 모두 수행할 수 있을 때에는 두 부호를 모두 표시하며, 개량으로 인하여 더 이상 기본임무를 수행하지 못하게 된 경우에는 특수임무부호만 표시한다.

현재상태부호는 현재 정상적으로 사용되고 있지 않은 항공기에만 붙이는 부호이다. G는 영구보존처리된 항공기, J와 N은 테스트를 위해 사용되고 있는 항공기에 붙이는 부호이다. J는 테스트 종료 후 정상적으로 사용될 항공기에 붙이는 부호이며, N은 개량을 많이 거쳤기 때문에 이후에도 정상적으로 사용될 계획이 없는 항공기에 붙이는 부호이다.

설계번호는 항공기가 특정그룹 내에서 몇 번째로 설계되었는지를 나타낸다. 1~100번은 일반 비행기, 101~200번은 글라이더 및 헬리콥터, 201~250번은 무인항공기, 251~300번은 우주선 및 수직단거리이착륙기에 붙인다. 예를 들어 107번은 글라이더와 헬리콥터 중 7번째로 설계된 항공기라는 뜻이다.

개량형부호는 한 모델의 항공기가 몇 차례 개량되었는지를 보여주는 부호이다. 개량하지 않은 최초의 모델은 항상 A를 부여받으며, 이후에는 개량될 때마다 알파벳 순서대로 부호가 붙게 된다.

03 ☐△☒ 18년 행시(나) 39번

윗글을 근거로 판단할 때, 〈보기〉에서 항공기 식별코드 중 앞부분 코드로 구성 가능한 것을 모두 고르면?

─── 〈보 기〉 ───
ㄱ. KK
ㄴ. GBCV
ㄷ. CAH
ㄹ. R

① ㄱ
② ㄱ, ㄴ
③ ㄴ, ㄷ
④ ㄷ, ㄹ
⑤ ㄴ, ㄷ, ㄹ

04 ☐△☒ 18년 행시(나) 40번

윗글을 근거로 판단할 때, '현재 정상적으로 사용 중인 개량하지 않은 일반 비행기'의 식별코드 형식으로 옳은 것은?

① (기본임무부호)−(설계번호)
② (기본임무부호)−(개량형부호)
③ (기본임무부호)−(설계번호)(개량형부호)
④ (현재상태부호)(특수임무부호)−(설계번호)(개량형부호)
⑤ (현재상태부호)(특수임무부호)(항공기종류부호)−(설계번호)(개량형부호)

※ 다음 글을 읽고 물음에 답하시오. [05~06]

측우기는 1440년을 전후하여 발명되어 1442년(세종 24년)부터 1907년 일제의 조선통감부에 의해 근대적 기상관측이 시작될 때까지 우량(雨量) 관측기구로 사용되었다. 관측된 우량은 『승정원일기(承政院日記)』에 기록되었다. 우량을 정량적으로 측정하여 보고하는 제도는 측우기 도입 이전에도 있었는데, 비가 온 뒤 땅에 비가 스민 깊이를 측정하여 이를 조정에 보고하는 방식이었다. 『세종실록(世宗實錄)』의 기록에 의하면, 왕세자 이향(李珦, 훗날의 문종 임금)은 우량을 정확하게 측정하기 위해 그릇에 빗물을 받아 그 양을 측정하는 방식을 연구하였다. 빗물이 땅에 스민 깊이는 토양의 습도에 따라 달라지므로 기존 방법으로는 빗물의 양을 정확히 측정하기 어렵기 때문이었다.

측우기라는 이름이 사용된 것도 이때부터이다. 일반적으로 측우기는 주철(鑄鐵)로 된 원통형 그릇으로, 표준규격은 깊이 1자 5치, 지름 7치(14.7cm)였다. 이 측우기를 돌로 만든 측우대(測雨臺) 위에 올려놓고 비가 온 뒤 그 안에 고인 빗물의 깊이를 주척(周尺 : 길이를 재는 자의 한 가지)으로 읽는데, 푼(2.1mm) 단위까지 정밀하게 측정할 수 있었다.

세종대(代)에는 이상과 같은 표준에 맞게 제작된 측우기와 주척을 중앙의 천문관서인 서운관(書雲觀)과 전국 팔도의 감영(監營)에 나누어 주고, 그 이하 행정 단위의 관아에서는 자기(磁器) 또는 와기(瓦器)로 측우기를 만들어 설치하도록 하였다. 서운관의 관원과 팔도 감사 및 각 고을의 수령들에게 비가 오면 주척으로 푼 단위까지 측정한 빗물의 수심을 기록하여 조정에 보고하고 훗날에 참고하기 위해 그 기록을 남겨두도록 하였다.

그렇지만 임진왜란과 병자호란의 혼란을 겪으면서, 측우 관련 제도는 더 이상 지속되지 못했다. 측우 제도가 부활한 것은 1770년(영조 46년) 5월이다. 영조는 특히 세종대에 갖추어진 천문과 기상 관측 제도를 부흥시키는 데 깊은 관심을 보였는데, 측우 제도 복원 사업도 그 일환이었다. 영조는 『세종실록』에 기록된 측우기의 규격과 관측 및 보고 제도를 거의 그대로 따랐다. 한 가지 차이가 있다면, 전국의 모든 고을에까지 측우기를 설치했던 세종대와는 달리 영조대에는 서울의 궁궐과 서운관, 팔도감영, 강화와 개성의 유수부(留守府)에만 설치했다는 것이다.

05 ◯△✕   17년 행시(가) 39번

윗글을 근거로 판단할 때, 〈보기〉에서 옳은 것만을 모두 고르면?

〈 보 기 〉

ㄱ. 세종대에는 중앙의 천문관서와 지방의 감영에 표준에 맞게 제작된 측우기를 설치하여 전국적으로 우량 관측 및 보고 체계를 갖추었다.

ㄴ. 측우기를 이용한 관측 및 보고 제도는 1907년 일제의 조선통감부에 의해 근대적 기상관측이 도입될 때까지 지속적으로 유지되었다.

ㄷ. 세종대에 서울과 지방에서 우량을 관측했던 측우기는 모두 주철로 제작되었다.

ㄹ. 세종대에는 영조대보다 전국적으로 더 많은 곳에서 측우기를 통해 우량을 측정하여 보고하도록 하였다.

① ㄱ, ㄴ
② ㄱ, ㄹ
③ ㄴ, ㄷ
④ ㄱ, ㄷ, ㄹ
⑤ ㄴ, ㄷ, ㄹ

06 ◯△✕   17년 행시(가) 40번

세종대 甲지역에서 오전 10시부터 오후 1시까지 시간당 51mm의 비가 내렸다고 가정해보자. 측우기를 사용하여 甲지역의 감사가 보고한 우량으로 옳은 것은?(단, 주어진 조건 외에 다른 조건은 고려하지 않는다)

① 약 7치
② 약 7치 1푼
③ 약 7치 3푼
④ 약 7치 5푼
⑤ 약 7치 7푼

※ 다음 글을 읽고 물음에 답하시오. [07~08]

청(淸) 왕조는 종실(宗室), 즉 황족(皇族) 구성원들에게 일정한 작위(爵位)를 수여하였다. 각 작위에는 의전상의 예우와 물질적인 특권 등이 뒤따랐다. 가장 높은 작위는 친왕(親王), 가장 낮은 작위는 봉은장군(奉恩將軍)이었다.

친왕 이하 작위 소지자가 사망하면 그 아들들에게는 아래 〈표〉의 규정에 따라 작위를 수여하였다. 예컨대, 친왕의 적장자는 군왕, 나머지 적자는 불입팔분공(불입팔분진국공 또는 불입팔분보국공), 서자는 진국장군의 작위를 각각 받았다.

〈표〉작위 수여 규정

등급	부(父)의 작위	적장자(嫡長子)	적자(嫡子)	서자(庶子)
1	친왕(親王)	군왕	불입팔분공	진국장군
2	군왕(郡王)	패륵	진국장군	진국장군
3	패륵(貝勒)	패자	진국장군	보국장군
4	패자(貝子)	진국공	진국장군	보국장군
5	진국공(鎭國公)	보국공	보국장군	보국장군
6	보국공(輔國公)	불입팔분진국공	보국장군	봉국장군
7	불입팔분진국공 (不入八分鎭國公)	불입팔분보국공	보국장군	한산종실
8	불입팔분보국공 (不入八分輔國公)	진국장군	보국장군	한산종실
9	진국장군 (鎭國將軍)	보국장군	보국장군	한산종실
10	보국장군 (輔國將軍)	봉국장군	봉국장군	한산종실
11	봉국장군 (奉國將軍)	봉은장군	봉은장군	한산종실
12	봉은장군 (奉恩將軍)	봉은장군	한산종실	한산종실

※ 한산종실(閑散宗室)이란 아무런 작위도 보유하지 못하여 보통 사람과 차이가 없게 된 종실 구성원을 가리키며, 한산종실의 아들은 한산종실이 된다.
※ 모든 종실 남성은 적자와 서자를 1명 이상씩 두었다고 가정한다.

---

07 ◯△✕ 10년 행시(발) 39번

갑, 을, 병, 정 네 사람은 모두 군왕 A의 후손이다. A로부터 각각에 이르게 되는 적자ㆍ서자의 관계가 다음 〈보기〉와 같을 때, 이 네 사람이 받게 될 작위를 옳게 짝지은 것은?

─── 〈보 기〉 ───

※ 아래에서 ☆는 적장자, △는 적자, ▽는 서자를 의미한다.
A → ☆ → ☆ → △ → ☆(갑)
A → △ → △ → ☆ → △(을)
A → ▽ → ☆ → ▽ → ☆(병)
A → ▽ → △ → △ → △(정)

	갑	을	병	정
①	봉국장군	봉은장군	한산종실	봉은장군
②	봉국장군	봉국장군	봉은장군	봉국장군
③	보국장군	봉국장군	봉은장군	한산종실
④	보국장군	봉은장군	봉은장군	봉국장군
⑤	보국장군	봉은장군	한산종실	봉은장군

---

08 ◯△✕ 10년 행시(발) 40번

위 글과 〈표〉에 근거한 추론으로 타당하지 않은 것은?

① 서자는 봉은장군의 작위를 받을 수 없다.
② 어떤 한산종실은 그 조부가 친왕이었을 수 있다.
③ 적자(적장자 제외)와 작위를 받을 수 있는 서자 사이의 차별은 기껏해야 한두 등급 차이에 불과하다.
④ 같은 아버지와 어머니의 아들들일지라도 작위는 최대 여섯 등급의 차이가 날 수 있다.
⑤ 친왕의 후손일지라도 결국에는 모두 작위가 없는 한산종실이 되고 만다.

※ 다음 글을 읽고 물음에 답하시오. [09~10]

15세기 후반 왕실의 도자기 수요량이 증가하자 국가가 도자기 제조를 직접 관리하게 되었다. 광주분원은 왕실에 필요한 도자기를 구워내기 위해 경기도 광주군에 설치한 관요(官窯)였다. 광주군 일대는 질 좋은 소나무 숲이 많았기 때문에 관요에 필요한 연료를 공급하는 시장절수처(柴場折受處)로 지정되었다.

예로부터 백자가마에서는 숯이나 재가 남지 않고 충분한 열량을 낼 수 있는 소나무를 연료로 사용했다. 불티가 남지 않는 소나무는 백자 표면에 입힌 유약을 매끄럽게 해 질 좋은 백자를 굽는 데 최상의 연료였다. 철분이 많은 참나무 종류는 불티가 많이 생겨서 백자 표면에 붙고, 그 불티가 산화철로 변하여 유약을 바른 표면에 원하지 않는 자국을 내기 때문에 예열할 때 외에는 땔감으로 사용하지 않았다. 도자기를 굽는 데는 많은 땔감이 필요하였다. 한 가마에서 백자 1,500개를 생산하기 위해서는 50짐의 소나무 장작이 필요했다. 장작 1거(車)는 5~6태(駄)를 말하며 1태는 2짐에 해당하는 분량이었다.

분원은 소나무 땔감을 안정적으로 공급받기 위하여 시장절수처 내의 수목이 무성한 곳을 찾아 약 10년에 한 번꼴로 그 장소를 이동하였다. 분원이 설치되어 땔감에 필요한 소나무를 다 채취한 곳은 소나무가 무성하게 될 때까지 기다렸다가 다시 그 곳에 분원을 설치하여 수목을 채취하는 것이 원칙이었다. 질 좋은 소나무 확보가 중요했기 때문에 시장절수처로 지정된 곳의 소나무는 관요에 필요한 땔감으로만 사용을 하고 다른 관청의 사용을 전면 금지하였다.

그러나 실제로는 한 번 분원이 설치되어 소나무를 채취한 곳은 화전으로 개간되었기 때문에 다시 그 곳에서 땔감을 공급받을 수 없게 되었다. 그리하여 17세기 말경에는 분원을 교통이 편리한 곳에 고정시켜 두고 땔감을 분원으로 운반하여 사용하자는 분원고정론(分院固定論)이 대두되었다. 이러한 논의는 당시에는 실현되지 못하였고, 경종 원년(1721년) 이후에야 분원을 고정시켜 시장절수처 이외의 장소에서 땔감을 구입하여 사용하게 되었다.

한편 17세기 후반부터는 분원에 소속된 공장(工匠)의 생계를 보조하기 위하여 그들에게 사경영(私經營)을 허용하였고, 이것이 점차 늘어나 18세기에 들어와서는 상인자본이 개입하기에 이르렀다. 19세기에는 그 규모가 더욱 늘어 결국 고종 21년(1884년)에는 관요의 기능을 상실하였다.

09 ▢○△✕ 13년 행시(인) 39번

윗글에 근거하여 추론할 때 옳은 것은?

① 시장절수처의 소나무는 질이 좋아서 관청의 건축에 사용되었을 것이다.

② 17세기에는 시장절수처의 소나무 숲 상태를 고려하여 분원이 이동되었을 것이다.

③ 19세기에 양반들은 광주분원의 공장에게서 도자기를 구입할 수 없었을 것이다.

④ 소나무 확보가 어려워지자 분원을 고정하고 땔감을 구매하자는 주장이 제기되어, 17세기 말부터 분원이 고정되었을 것이다.

⑤ 광주군 일대는 질 좋은 소나무가 많아 19세기까지 광주분원은 정기적으로 순환하면서 시장절수처에서 땔감을 공급받았을 것이다.

10 ▢○△✕ 13년 행시(인) 40번

광주분원 2,000가마에서 300만 개의 백자를 생산하는 데 필요했던 장작의 양은?(단, 장작 1거는 5태로 계산한다)

① 1,000거

② 1,500거

③ 5,000거

④ 7,500거

⑤ 10,000거

※ 다음 글을 읽고 물음에 답하시오. [01~02]

경연(經筵)이란 신하들이 임금에게 유학의 경서를 강론하는 것으로서, 경악(經幄) 또는 경유(經帷)라고도 하였다. 임금에게 경사(經史)를 가르쳐 유교의 이상정치를 실현하려는 것이 그 목적이었으나, 실제로는 왕권의 행사를 규제하는 중요한 기능을 수행하였다. 경연에서는 『사서』와 『오경』 및 역사책인 『자치통감』 등에 대한 강의가 이루어졌고, 강의가 끝난 후에는 정치문제도 협의하였다.

기록에 따르면 경연은 고려 예종이 처음 도입하였고, 조선시대에 들어와 숭유(崇儒)정책을 실시하면서 비약적으로 발전하였다. 조선시대 태조는 경연청을 설치했고, 정종과 태종도 각각 경연을 실시하였다. 세종은 즉위한 뒤 약 20년 동안 매일 경연에 참석했으며, 집현전을 정비해 경연관(經筵官)을 강화하였다. 특히 성종은 재위 25년 동안 매일 세 번씩 경연에 참석하여 여러 정치 문제를 협의하였다. 경연이 바야흐로 정치의 심장부가 된 것이다.

조선시대 경연관은 당상관(堂上官)과 낭청(郎廳)으로 구성되었다. 당상관은 영사(領事) 3인, 지사(知事) 3인, 동지사(同知事) 3인, 참찬관(參贊官) 7인이다. 영사는 삼정승이 겸하고 지사와 동지사는 정2품과 종2품에서 각각 적임자를 임명하였다. 참찬관은 여섯 승지와 홍문관 부제학이 겸직하였다. 그 밖에 성종 말년에 특진관을 두었는데, 1·2품의 대신 중에서 임명했으며, 정원은 없다. 낭청으로는 시강관·시독관·검토관이 있었는데 모두 홍문관원이 겸임하였다. 시강관은 직제학·전한·응교·부응교가 겸했고, 시독관은 교리·부교리가 겸했으며, 검토관은 수찬·부수찬이 겸임하였다.

강의 방식도 세종과 성종 때에 대체로 확립되었다. 세종 때는 승지 1인, 낭청 2인, 사관(史官) 1인이 참석하였다. 성종은 어린 나이로 왕이 되었을 때부터 하루에 세 번 조강(朝講)·주강(晝講)·석강(夕講)에 참석했는데, 성년이 된 후에도 계속되었다. 조강에는 영사·지사(또는 동지사)·참찬관 각 1인, 낭청 2인, 대간(臺諫) 각 1인, 사관 1인, 특진관 2인 등 모두 10인 이상의 신하들이 참석하였다. 주강과 석강의 참석자는 세종 때와 같았다. 좌석의 배치는 왕이 북쪽에 남향해 앉고, 1품은 동편에 서향, 2품은 서편에 동향, 3품 이하는 남쪽에 북향해 부복하였다.

※ 승지 : 조선시대 승정원의 도승지·좌승지·우승지·좌부승지·우부승지·동부승지의 총칭
※ 경연관 : 고려·조선시대 국왕의 학문지도와 치도강론을 위하여 설치한 관직
※ 대간 : 사헌부의 대관과 사간원의 간관을 합칭한 말
※ 부복 : 고개를 숙이고 엎드림

---

01 ○△✕　16년 행시(5) 39번

윗글을 근거로 판단할 때 옳은 것은?

① 조선시대 성종 때 조강에 참석했던 인원은 최소 11인이었을 것이다.
② 삼정승 중 으뜸인 영의정은 경연관 중 동지사에 해당한다.
③ 지사와 동지사는 동편에 서향해 부복하였을 것이다.
④ 경연 시 다루어진 주제에 역사는 포함되지 않았을 것이다.
⑤ 경연은 조선시대에 처음 시작되어 유교의 이상정치 실현에 기여하였다.

---

02 ○△✕　16년 행시(5) 40번

윗글을 근거로 판단할 때, 조선시대 성종 대의 강의 시간과 경연 참석자의 관직으로 구성될 수 없는 것은?

	강의 시간	당상관	낭청
①	조강	우의정	부응교
②	조강	도승지	직제학
③	주강	도승지	부제학
④	주강	우승지	직제학
⑤	석강	좌승지	전한

※ 다음 글을 읽고 물음에 답하시오. [03～04]

조선 시대의 상례(喪禮)에는 오복(五服)이라는 상복(喪服)제도가 있었다. 상을 당했을 때 어떤 상복을 입고 얼마 동안의 상기(喪期)를 지키느냐는 두 가지를 기준으로 정하였다.

첫째는 망자(亡者)와의 친소(親疎) 정도였는데, 촌수 등에 따라 친소관계가 정해졌다. 상을 당했을 때 상복을 입어야 하는 범위는 친가와 외가 및 처가가 서로 달랐다. 친가의 직계는 위로 4대(부모·조부모·증조부모·고조부모), 아래로 4대(자·손·증손·현손), 친가의 방계는 8촌까지였다. 그러나 외가는 4촌까지였고, 처가는 처의 부모에 국한되었다. 한편 입양을 간 남성은 양부모와 양부모의 친족에 대하여 친자와 똑같은 상례를 지켰다.

둘째는 남존여비(男尊女卑)사상에 근거한 남녀의 차별이었다. 출가하기 전의 여성은 집안의 남성과 동등하게 상복을 입었다. 그러나 혼인한 여성은 단지 시집의 구성원으로서 남성 중심의 친족관계에 편입되었다. 부부 상호간의 상례에서 아내는 남편과 동등한 대우를 받지 못하고 보다 중(重)한 상례를 지켜야 했다.

오복은 참최·자최·대공·소공·시마 다섯 가지였다. 오복 중에서 가장 높은 등급인 참최는 3년 동안 상복을 입고 대나무 지팡이를 짚었다. 그 다음 등급인 자최는 다시 상기에 따라 3년·1년·5개월·3개월로 나뉜다. 자최 3년은 오동나무나 버드나무 지팡이를 짚었고, 자최 1년은 지팡이를 짚는 장기(杖朞)와 지팡이를 짚지 않는 부장기(不杖朞)로 나뉘었다. 자최 5개월 이하 및 대공에서 시마까지는 지팡이를 쓰지 않았다. 자최의 다음 등급인 대공은 상기가 9개월이었고, 소공은 5개월이었으며, 최하 등급인 시마는 3개월이었다. 각 등급에 해당하는 예시는 다음과 같다.

1. 참최 : 아버지의 상을 당한 아들
2. 자최 3년 : 어머니의 상을 당한 아들
3. 자최 1년의 장기 : 시집 안 간 고모의 상을 당한 조카
4. 자최 1년의 부장기 : 아내의 상을 당한 남편
5. 자최 5개월 : 증조부모의 상을 당한 증손자
6. 자최 3개월 : 고조부모의 상을 당한 고손자
7. 대공 : 친가 4촌 형제의 상을 당한 경우
8. 소공 : 외조부모의 상을 당한 외손
9. 시마 : 친가 8촌 형제의 상을 당한 경우

참고로, 이상의 오복 외에 20세가 안 된 자식을 잃은 경우는 삼상(三殤)이라 하는데, 죽은 자식의 나이에 따라 16～19세의 장상(長殤), 12～15세의 중상(中殤), 8～11세의 하상(下殤)으로 구분하였다. 삼상은 상복을 입지 않고 두건만 쓰는 일이 많았지만, 장상과 하상은 각각 대공과 소공에 해당하는 상기를 지켰고, 중상의 상기는 하상보다 2개월 길었다.

※ 특별한 지정이 없는 한 상을 당한 주체가 남자라고 전제한다.
※ 상례에 관한 제도는 위의 경우로 한정한다.

03 ○△✕   11년 행시(발) 39번

위 글을 근거로 옳게 추론한 것을 〈보기〉에서 모두 고르면?

─── 〈보 기〉 ───

ㄱ. 외사촌 형의 상을 당한 경우는 대공에 해당할 것이다.
ㄴ. 조부의 상을 당한 경우 손자의 상기는 1년 이상일 것이다.
ㄷ. 당숙(아버지의 사촌)의 상을 당한 경우에는 지팡이를 짚지 않을 것이다.
ㄹ. 남편의 상을 당한 아내는 상례를 치를 때 지팡이를 짚어야 할 것이다.

① ㄱ
② ㄹ
③ ㄱ, ㄹ
④ ㄴ, ㄷ
⑤ ㄴ, ㄷ, ㄹ

04 ○△✕   11년 행시(발) 40번

〈보기〉의 甲～丙을 상기가 긴 순서대로 옳게 나열한 것은?

─── 〈보 기〉 ───

• 甲은 아직 미혼인 17세와 14세의 두 아들을 두었는데 어제 저녁 불의의 사고로 차남을 잃었다.
• 乙은 어제 이종사촌 형의 부고를 접하였는데, 작년 친가 8촌 남동생의 상을 당했을 때와 같은 상기를 지키게 되었다.
• 丙은 10살 때 양자로 가서 양부모를 모시고 사는데 어제 양부의 조모가 돌아가셔서 초상을 치르게 되었다.

① 甲－乙－丙
② 甲－丙－乙
③ 乙－丙－甲
④ 丙－甲－乙
⑤ 丙－乙－甲

※ 다음을 읽고 물음에 답하시오. [05~06]

조선에서는 원나라 곽수경의 수시력(授時曆)을 그대로 계승한 명의 대통력(大統曆)을 써서 하루를 100각(刻) 또는 자(子), 축(丑), 인(寅), 묘(卯), 진(辰), 사(巳), 오(午), 미(未), 신(申), 유(酉), 술(戌), 해(亥)의 12진(辰)으로 나누었다. 각각의 12진은 전반부가 시작되는 시각을 초(初)로 하고 후반부가 시작되는 시각을 정(正)으로 하였다. 그 후 1653년에는 서양역법을 토대로 한 중국의 시헌력(時憲曆)을 채택하여 하루를 96각 또는 12진으로 하였다. 그런데 밤은 12진법과 중국 한대(漢代) 이래 쓰인 5경제(五更制)를 병행하여 썼다. 밤시간은 일몰 후 1등성인 별들이 보이기 시작할 때까지의 혼각(昏刻)과 별이 보이지 않기 시작할 때부터 일출까지의 신각(晨刻)을 제외한 나머지 시간을 초경, 이경, 삼경, 사경, 오경까지 다섯으로 나누되 각 경은 5점(點)으로 나누었다. 결국 밤시간은 수시력으로 춘분·추분에는 50각, 동지에는 62각, 하지에는 38각이 되어 계절에 따라 달라지고 위도에 따라서도 달라진다. 일반적으로 하루는 자정(子正)부터 다음날 자정까지를 일렀다. 즉 밤의 한가운데 시점인 삼경 3점과 삼경 4점의 중간에 하루가 지나가는 것으로 파악하였다.

서울에서는 도성 내 각처에 시간을 알리기 위해 신혼대종(晨昏大鐘)을 쳐서 저녁과 새벽을 알리게 하는 인정(人定)과 파루(罷漏) 제도를 두었다. 초경 3점에 종을 28번 쳐서 성문을 닫았던 인정부터 오경 3점에 종을 33번 쳐서 성문을 열었던 파루까지는 통행이 금지되었다. 한편 인정부터 파루까지의 밤시간에는 매 점마다 북과 징으로 시간을 알렸다. 초경 3점에 북을 1번 치고 징을 3번 치되 각기 5회 되풀이하고, 다음에 4점으로 바뀌면 북을 1번 치고 징을 4번 치되 각기 5회 되풀이하고, 또 5점으로 바뀌면 북을 1번 치고 징을 5번 치되 각기 5회 되풀이하는데, 이런 식으로 오경 3점에 이른다. 즉 경의 수를 북으로, 점의 수를 징으로 하여 각기 5회 반복해서 치되, 마지막 오경 3점에는 북 5번과 징 3번을 각기 5회 되풀이하지 않고, 1회만 쳐서 시간을 알리는 것이다.

05 ○△× 　　　　　　　　　　　　14년 행시(A) 19번

윗글을 근거로 추론할 때 옳은 것은?

① 자정은 5경제의 삼경 중에 있었다.
② 수시력으로는 춘분·추분에 낮과 밤의 시간이 달랐다.
③ 혼각과 신각에 종을 쳐서 성문의 출입을 제한했다.
④ 수시력의 1각은 오늘날의 15분에 해당한다.
⑤ 5경제의 각 경과 12진의 각 진은 오늘날의 2시간을 나타낸다.

06 ○△× 　　　　　　　　　　　　14년 행시(A) 20번

인정부터 파루까지 북과 징을 치는 각각의 총 횟수는?

① 북 295번, 징 303번
② 북 295번, 징 315번
③ 북 315번, 징 303번
④ 북 315번, 징 375번
⑤ 북 330번, 징 375번

MEMO

MY TURN

MY TURN

면접 시리즈
NO.1

MY TURN

MY TURN

면접

시리즈

국가직 전 직렬
면접 대비

MY TURN
국가직 공무원 면접

경찰공무원 면접 대비

MY TURN
경찰공무원 면접

해양경찰공무원 면접 대비

MY TURN
해양경찰 면접

지방직 전 직렬
면접 대비

MY TURN
지방직 공무원 면접

도서 구입 및 내용 문의 **1600-3600**

대한민국

모든시험 일정안내

내가 꼭 필요한 자격증 · 시험이 무엇인지 살펴보세요!

◀ 시대에듀와 함께 대한민국 모든 시험일정 확인!

- 한국산업인력공단 국가기술자격검정
- 자격증 시험일정
- 공무원 · 공기업 · 대기업 시험일정

행시 최종합격생 7인의

5급 PSAT
유형별 기출공략

상황판단

상황판단

5·7급 공채 / 국립외교원 / 지역인재 7급 / 5·7급 민간경력자 대비

2023
최·신·개·정·판

행시 최종합격생 7인의

5급 PSAT
유형별 기출공략
상황판단

행시 최종합격생 7인 편저

22.2.26. 시행
5급 PSAT 상황판단

최신 기출문제 및
해설 수록

정답 및 해설

SD에듀
(주)시대고시기획

목차

공직적격성평가:PSAT

책 속의 책   PART 02 **정답 및 해설**

CHAPTER 01 법조문 · 4

CHAPTER 02 조건적용 · · · · · · · · · · · · · · · · · · · 12

CHAPTER 03 정보확인·추론 · · · · · · · · · · · · · · 17

CHAPTER 04 단순계산 · · · · · · · · · · · · · · · · · · · 24

CHAPTER 05 수리퀴즈(계산) · · · · · · · · · · · · · 29

CHAPTER 06 수리퀴즈(추론) · · · · · · · · · · · · · 34

CHAPTER 07 게임·규칙 · · · · · · · · · · · · · · · · · · 39

CHAPTER 08 논리퀴즈 · · · · · · · · · · · · · · · · · · · 45

CHAPTER 09 시간·공간 · · · · · · · · · · · · · · · · · · 52

CHAPTER 10 종합 · 58

PART

02

행시 최종합격생 7인의 5급 PSAT 유형별 기출공략 〈상황판단〉

정답 및 해설

CHAPTER 01   법조문

CHAPTER 02   조건적용

CHAPTER 03   정보확인 · 추론

CHAPTER 04   단순계산

CHAPTER 05   수리퀴즈(계산)

CHAPTER 06   수리퀴즈(추론)

CHAPTER 07   게임 · 규칙

CHAPTER 08   논리퀴즈

CHAPTER 09   시간 · 공간

CHAPTER 10   종합

CHAPTER 01 법조문

LEVEL I 하급

LEVEL I 하급

01	02	03	04	05	06	07	08	09	10
②	①	④	②	③	②	④	①	③	④
11									
③									

01 법조문

답 ②

난도 하

풀이시간 1분

정답해설

② 옳다. 제2조 제1항에 따라 A도지사가 제출한 기본계획을 환경부장관이 승인하기 위해서는 관계 중앙 행정기관의 장과 협의하여야 한다.

오답해설

① 옳지 않다. 제2조 제3항 제7호에 따라 기본계획에는 재원의 확보계획이 포함되어야 한다.

③ 옳지 않다. 제3조 제1항에 따라 환경부장관은 10년마다 종합계획을 수립하여야 한다.

④ 옳지 않다. 제2조 제2항에 따라 B군 군수는 10년마다 기본계획을 세워 도지사에게 제출하여야 한다.

⑤ 옳지 않다. 제3조 제2항에서는 계획변경에 대해 환경부장관의 재량을 인정하고 있다. 따라서 변경해야 할 의무는 없다.

합격생 가이드

'권한'에 관하여 규정하고 있는 법조문의 경우에는 권한과 해당 권한을 행사할 수 있는 주체가 제대로 연결되었는지, 기속규정인지 재량규정인지를 유념하여 풀어야 한다. ③번 선지와 ④번 선지는 권한과 해당 권한을 행사할 수 있는 주체가 부합하지 않는 오답 선지이고 ⑤번 선지는 재량규정을 기속으로 해석하여 틀린 선지이다. 따라서 이러한 유형의 문항에서는 선지부터 보면서 발췌해서 읽되, 해당 선지가 정형화되어있는 오답유형에 속하는지를 고려하여 판단한다면 보다 정확하게 문항을 풀 수 있다.

02 법조문

답 ①

난도 하

풀이시간 1분 30초

정답해설

① 옳다. A시 지방의회는 제1조 제4호에 따라 A시의 사무처리에 관하여 감사를 청구할 수 있다. 또한, A시가 주요사업으로 시행하는 노후수도 설비교체사업 중 발생한 예산낭비 사항은 제2조 제1항 제1호에 해당하여 감사청구의 대상에 해당한다.

오답해설

② 옳지 않다. B정당의 사무총장은 제1조의 각호 요건에 해당함이 없어 감사청구를 할 수 없다.

③ 옳지 않다. 제1조 제3호에 따라 감사대상 기관의 장은 자체감사기구에서 직접 처리할 수 있는 경우에는 감사청구를 할 수 없다.

④ 옳지 않다. 제2조 제2항 제2호에 따라 판결이 확정된 사항에 대하여는 감사청구를 할 수 없다.

⑤ 옳지 않다. 민간 유통업체 F마트 사장은 제1조의 각호에 해당하지 않으며, 농산물의 납품은 공공기관에서 처리한 사무도 아니므로 감사청구의 대상에도 해당하지 않는다.

합격생 가이드

감사청구를 하기 위해서는 첫째, 감사청구자에게 청구할 수 있는 권리가 있어야 하고 둘째, 감사청구의 대상에 해당하여야 하며 셋째, 단서의 제외 사항에 속하지 않아야 한다. 따라서 선지를 판단할 때에는 세 가지를 순차적으로 판단하면서 요건 중 하나라도 충족하지 못하는 선지는 나머지 요건을 추가로 검토할 필요 없이 제외하면서 푸는 것이 바람직하다.

03 법조문

답 ④

난도 하

풀이시간 1분

정답해설

④ 옳다. 대통령인이 찍혀 있는 법령의 공포문 전문에 대하여는 제2조 제1항, 제3조, 제4조에서 규정하고 있다. 각 조에서는 대통령이 서명한 후 대통령인을 찍고 그 공포일을 명기하여 국무총리와 관계 국무위원이 서명한다고 규정하고 있다. 따라서 대통령인이 찍혀 있는 법령의 공포문 전문이라면 국무총리의 서명이 들어 있다.

오답해설

① 옳지 않다. 제2조 제2항에 따라 확정된 법률을 대통령이 공포하지 아니하여 국회의장이 이를 공포하는 경우에만 국회의장이 서명한 후 국회의장인을 찍는다.

② 옳지 않다. 제3조에 따라 조약 공포문의 전문에는 국무총리가 서명할 뿐이다.

③ 옳지 않다. 제2조 제1항에 따라 법률 공포문에는 대통령인을 찍고 국무총리와 관계 국무위원이 서명한다. 따라서 대법원장은 관여하는 바가 없다.

⑤ 옳지 않다. 제6조 제2항에 따라 전자관보는 부차적인 효력을 가질 뿐이며 종이관보를 우선하여 판단하여야 한다.

합격생 가이드

선지를 먼저 보면서 해당 법령이 법률, 조약, 대통령령, 총리령 중 어디에 속하는지를 기준으로 발췌하여 읽었다면 큰 어려움 없이 풀 수 있었던 문항이었다. 권한을 다루는 법조문은 오답유형이 정형화되어 출제되므로 이를 정리하여 숙지하고 있을 필요가 있다.

04 법조문 답 ②

난도 하

풀이시간 1분 30초

정답해설

② 옳다. 제1조 제5항에 따라 당사자의 신문이 쟁점과 관계가 없는 때, 재판장 A는 당사자의 신문을 제한할 수 있다.

오답해설

① 옳지 않다. 제1조 제3항에 따라 재판장 A는 乙보다 먼저 신문할 수 있다.

③ 옳지 않다. 제1조 제4항에 따라 재판장 A는 당사자 甲과 乙의 의견을 들어 순서를 바꿀 수 있다.

④ 옳지 않다. 제3조에 의하여 대질을 명할 수 있는 자는 재판장 A이다.

⑤ 옳지 않다. 제4조의 단서에 따라 丙은 재판장 A의 허가를 받은 경우에 한하여 서류에 의한 진술을 할 수 있다.

05 법조문 답 ③

난도 하

풀이시간 1분 30초

정답해설

ㄴ. 옳다. 민간이 시행하는 사업이라고 할지라도 제2조에 의하여 국가 예산의 지원을 받으며 완성에 2년 이상이 소요되고 동조 제1항의 각호에 해당하는 사업이라면 타당성조사의 대상 사업이 될 수 있다.

ㄷ. 옳다. 해당 사업의 총사업비가 10% 증가한 경우, 총사업비가 500억 원 이상이 된다. 따라서 제2조의 제2항 제1호의 사업에 해당하여 타당성조사를 실시하여야 한다.

오답해설

ㄱ. 옳지 않다. 국가의 재정지원 비율이 50%인 총사업비 550억 원 규모의 신규 건설사업은 국가의 재정지원 규모가 300억 원 미만인 건설사업으로 제1조의 예비타당성조사 대상 사업에 해당하지 않는다.

ㄹ. 옳지 않다. 500억 미만이라고 하더라도 제2조 제1항 제2호의 사업이 동조 제2항에 해당하는 경우에는 타당성조사를 실시하여야 한다.

06 법조문 답 ②

난도 하

풀이시간 1분 30초

정답해설

㉠ : 재적기간은 입학 시부터 졸업 시까지의 기간으로 휴학기간을 포함한다. 따라서 재적기간과 휴학을 각각 최대한으로 한다면 이는 A대학의 학생이 재적할 수 있는 최장기간이 될 것이다. 따라서 외국인 유학생이 수료연한을 5년으로 한 뒤, 일반휴학을 수료 연한의 2분의 1인 2년 6개월, 해외휴학을 수료연한의 2분의 1인 2년으로 한다면 최장 9년 6개월 동안 재적할 수 있다.

㉡ : 특별입학으로 입학한 학생의 수료연한은 3년이다. 따라서 일반휴학 없이 재적할 수 있는 최장기간은 해외 어학연수를 위한 휴학으로 1년을 했을 때인 4년이다.

〈A대학 학사규정〉 제2조 제1항에 따라 재적기간이 수료연한과 휴학기간으로 구성된다는 점과 휴학기간이 수료연한의 2분의 1을 초과할 수 없도록 규정되어있으므로 휴학기간을 늘이기 위해서는 수료연한도 최장으로 설정해야 한다는 점을 인지하였다면 쉽게 풀 수 있는 문항이다. 이를 인지한 이후에는 일반휴학과 해외 어학연수를 위한 휴학의 신청 단위가 상이하다는 점을 유의하여 실수하지 않도록 하여야 한다.

07 법조문 답 ④

난도 하

풀이시간 1분

정답해설

④ 허용되지 않는다. 제1조의 다음 각호는 열거적인 것으로 이에 해당함이 없어 허용될 수 없다.

오답해설

① 허용된다. 제1조 제5호에 의한다.

② 허용된다. 제1조 제2호에 의한다.

③ 허용된다. 제1조 제8호에 의한다.

⑤ 허용된다. 제1조 제8호에 의한다.

08 법조문 답 ①

난도 하

풀이시간 1분

정답해설

① 옳다. 제1조 제1항에 따라 군위탁생은 각군에서 시행하는 전형과 해당 교육기관에서 시행하는 소정의 시험에 합격한 자 중에서 추천을 받아 임명한다. 따라서 해군 장교가 군위탁생으로 추천받기 위해서는 우선적으로 전형과 시험에 합격하여야 한다.

오답해설

② 옳지 않다. 제1조 제1항에 의하여 육군 부사관의 임명권자는 육군 참모총장이다. 따라서 동조 제2항에 의해 육군 부사관인 군위탁생은 육군 참모총장의 허가를 받아 다른 학교로 전학을 할 수 있다.

③ 옳지 않다. 제3조에 의하여 군위탁생이 관련 학문분야의 상급과정에 진학하기 위해서는 소속군 참모총장의 추천을 받아야 한다.

④ 옳지 않다. 제2조 제2항에 의하여 국외위탁생에 대하여는 왕복항공료 및 체재비가 추가적으로 지급된다.

⑤ 옳지 않다. 제2조 제2항에 의하면 체재비의 지급액은 월 단위로 계산되므로 3개월의 국외위탁교육을 받는 군위탁생도 체재비를 받을 수 있다.

①번 선지에서 바로 답이 나왔기 때문에 30초 내에도 풀 수 있는 문제였다. 이런 경우에는 이후의 선지를 모두 확인하는 것보다는 ①번 선지가 맞는지 재차 확인한 후 넘어가는 것이 좋다.

09 법조문 답 ③

난도 하

풀이시간 1분 30초

정답해설

③ 옳지 않다. 금융기관이 아닌 채권자 甲은 제2조 제1항의 적용을 받기 때문에 주채무자인 乙이 원본, 이자 그 밖의 채무를 3개월 이상 이행하지 아니하는 경우에 지체 없이 보증인 丙에게 그 사실을 알려야 한다.

오답해설

① 옳다. 제1조 제1항에 의하여 보증인 丙의 보증의사는 기명날인 또는 서명이 있는 서면으로 표시되어야 효력이 발생한다. 따라서 서면으로 체결하지 않았다면 그 계약은 무효이다.

② 옳다. 제3조 제1항에 의하여 보증기간을 약정하지 않았다면 그 기간은 3년으로 본다.

④ 옳다. 제2조에 따른 채권자의 통지의무를 채권자 甲이 위반한 경우에는 동조 제4항에 의하여 보증인 丙은 그로 인하여 손해를 입은 한도에서 채무를 면하게 된다.

⑤ 옳다. 제3조 제2항에 의하여 갱신 시에 보증기간을 약정하지 않은 때에는 계약체결 시의 보증기간을 그 기간으로 본다.

합격생 가이드

제00조 옆의 괄호는 해당 조항이 포함하고 있는 내용을 축약적으로 보여주는 것이기 때문에 선지에 맞는 조문이 어떤 것인지를 찾을 때 유용하게 쓰일 수 있다. 이 문항의 경우에는 법조문에 대한 응용 없이 법조문의 내용을 선지에서 그대로 반복하고 있기 때문에 난도가 낮으며 반드시 풀어야 하는 문제이다.

10 법조문 답 ④

난도 하

풀이시간 1분

정답해설

ㄴ. 옳다. 제3조 제1항 제1호에 의하여 헌법재판소 규칙에 따라 비공개사항으로 규정된 정보는 공개하지 아니할 수 있다.

ㄷ. 옳다. '국가의 시책으로 시행하는 공사 등 대규모 예산이 투입되는 사업에 관한 정보'는 제1조 제1항 제2호의 정보로서 공개대상 정보이다. 또한, 해당 정보 내에 포함된 '직무를 수행한 공무원의 성명, 직위'는 제2조 제1항의 단서에 해당하여 공개할 수 있는 정보에 해당한다.

오답해설

ㄱ. 옳지 않다. '국민 생활에 매우 큰 영향을 미치는 정책'에 관한 정보는 제1조 제1항 제1호의 정보로서 공개대상 정보이다. 하지만 단서에 해당할 때는 공개하지 아니할 수 있다.

합격생 가이드

ㄱ. 선지에서처럼 '반드시', '모두' 등이 나오면 유의하여 접근하여야 한다. 이런 단어가 나온다면 예외사항은 없는지를 검토하여 정오판단을 하도록 한다.

11 법조문 답 ③

난도 하

풀이시간 1분 15초

정답해설

ㄱ. 옳지 않다. 제4조에 따라 가능하다.

ㄷ. 옳지 않다. 제7조는 대규모의 경제적 비용이 수반되는 경우만을 규정하고 있으므로 소액의 경제적 비용이 소요되는 사안에 대하여 민원인은 약식서류로 사전심사를 청구할 수 없다.

ㄹ. 옳지 않다. 당해 시에만 소재하는 유명서점은 제2조의 전국적 조직을 가진 법인이라고 할 수 없으므로 E시장은 해당 서점을 지정하여 민원사항을 접수·교부하게 할 수 없다.

오답해설

ㄴ. 옳다. 제3조에 따라 가능하다.

ㅁ. 옳다. 제1조에 의하여 F시 시장은 민원인에게 소정의 구비서류 외의 서류를 추가로 요구하여서는 아니 된다.

01	02	03	04	05	06	07	08	09	10
④	④	④	③	⑤	⑤	③	①	③	⑤

LEVEL II 　중급

01 법조문　답 ④

난도 중

풀이시간 1분 30초

정답해설

ㄱ. 옳다. A기준에 따르면 각 성별 사람 수가 30명일 때 위생기구를 2개씩 설치하여 총 4를 설치한다. B기준에도 동일하게 2개씩 설치하여 총 4개를 설치한다.

ㄴ. 옳다. B기준에 따르면 남자가 50명일 때 총 3개의 위생기구를 설치해야하며, 위생기구 수가 홀수인 경우에는 대변기를 소변기보다 한 개 더 설치한다. 따라서 2대의 대변기가 설치된다. 또한 여자 40명이 근무할 경우 2대의 대변기를 설치한다.

ㄹ. 옳다. C기준에 따르면 남자가 150명일 때 총 4개의 위생기구가 설치되며 그 중 2개가 대변기이다. 또한 여자가 100명일 때 총 3개의 위생기구가 설치되며 이는 모두 대변기이므로 총 5개의 대변기가 설치된다.

오답해설

ㄷ. 옳지 않다. A기준에 따르면 남자가 80명일 때 총 4개의 위생기구가 설치되며 그 중 2대가 소변기이다. 여자 화장실에는 모두 대변기를 설치하므로 설치할 소변기는 총 2대이다.

합격생 가이드

큰 어려움은 없을 것으로 보이며 시간을 충분히 절약할 수 있는 문항이다. 하지만 실수를 해서 틀리기 쉬운 만큼, 〈화장실 위생기구 설치기준〉을 읽으면서 이해한 내용을 간략히 메모하며 읽거나 향후 선지판단을 할 때 손가락으로 표를 짚어가는 방식 등을 통해 실수를 방지하는 것이 중요하다.

02 법조문　답 ④

난도 중

풀이시간 2분

정답해설

④ 옳지 않다. 제1조 제1항에 의하여 종전부지 지방자치단체의 장은 주민투표 없이 국방부장관에게 군 공항 이전을 건의할 수 있다.

오답해설

① 옳다. 제3조 제2항 제4조에 의하여 종전부지를 관할하는 광역시장은 선정위원이 되며 동조 제3항 제1호에 따른 이전부지 선정을 심의한다.

② 옳다. 제1조 제2항에 의하여 제1항의 건의를 받은 국방부장관은 단독으로 예비이전후보지를 선정할 수 있다.

③ 옳다. 제3조 제3항 제2호를 통해 알 수 있다.

⑤ 옳다. 제2조에서는 한 곳 이상의 예비이전후보지 중에서 군 공항 이전후보지를 선정함에 있어서 선정위원회의 심의를 거쳐야 한다고 규정하고 있다. 따라서 한 곳이라고 하더라도 선정위원회를 거쳐야 이전후보지로 선정될 수 있다.

합격생 가이드

심의를 거쳐야 하는지, 아니면 단독으로 할 수 있는지를 구분하여 풀었다면 어렵지 않았을 것으로 생각된다. 또한, 법조문에서 이전부지와 종전부지, 이전후보지와 예비이전후보지와 같은 비슷한 용어가 나오는 경우 이를 이용하여 오답 선지를 만들 가능성이 높기 때문에 이에 유의하여야 한다.

03 법조문　답 ④

난도 중

풀이시간 2분

정답해설

④ 옳다. 甲의 체납액은 2억 원으로 乙이 신고한다면 포상금 지급률은 징수금액의 100분의 15이다. 따라서 3,000만 원을 포상금으로 받을 수 있다.

오답해설

① 옳지 않다. 제2조에 따른 인적사항, 체납액 등의 공개대상은 체납된 국세가 5억 원 이상인 체납자이다.

② 옳지 않다. 제4조에 따른 출국금지 요청은 세무서장이 아니라 국세청장이 하는 것이다.

③ 옳지 않다. 제3조 제1항에 의하면 '허가 등'을 갱신하지 아니할 것을 요구할 수 있는 자는 세무서장이다.

⑤ 옳지 않다. 제3조 제2항의 사업허가의 취소는 국세를 3회 이상 체납한 경우에 요구할 수 있다. 甲의 경우에는 현재 2회 체납된 상태로서 세무서장은 甲에 대한 사업허가의 취소를 해당 주무관서에 요구할 수 없다.

04 법조문　답 ③

난도 중

풀이시간 1분 30초

정답해설

제1조 제3항에 의하여 선이자로 공제할 수 있는 최대 금액을 계산하면 다음과 같다.

채무자가 실제로 수령한 금액×최고이자율=1,200×30%=360만 원

사전 공제한 800만 원은 최대로 공제할 수 있는 선이자 360만 원을 초과한 금액으로 초과분인 440만 원은 약정금액인 2,000만 원의 일부를 변제한 것으로 본다. 따라서 乙이 갚기로 한 날짜에 甲에게 전부 변제해야하는 금액은 2,000만 원 중 440만 원을 제한 금액으로 1,560만 원이다.

합격생 가이드

법조문을 주고 계산하는 문항은 법조문을 이해하면 쉽게 느껴지지만, 실전에서는 짧은 시간 내에 문제를 풀어야 하기 때문에 제대로 이해하지 못할 수도 있다. 이런 경우에는 법조문에서 주어진 줄글로 식을 만든 뒤, 주어진 숫자가 해당 법조문에서 어떠한 법 용어로 치환될 수 있는지를 생각하여 기계적으로 대입하여 푸는 것이 바람직하다.

05 법조문 답 ⑤

난도 중

풀이시간 2분 15초

정답해설

⑤ 옳다. ○○법 제1조 제3항에 따라 유원시설업 중 대통령령으로 정하는 유원시설업을 경영하려는 자는 특별자치도지사, 시장, 군수, 구청장의 허가를 받아야 한다. 한편, 종합유원시설업은 동법 시행령 제1조 제1항에 따라 대통령령으로 정하는 유원시설업에 포함되므로 군산시에서 종합유원시설업을 경영하려는 자는 군산시장의 허가를 받아야 한다.

오답해설

① 옳지 않다. ○○법 제1조 제5항에 따라 청주시에서 관광극장유흥업을 경영하려는 자는 충청북도지사 또는 청주시장의 지정을 받아야 한다.

② 옳지 않다. ○○법 제1조 제1항에 따라 관광숙박업을 경영하려는 자는 제주특별자치도지사에게 등록하여야 한다.

③ 옳지 않다. ○○법 제1조 제5항에 따라 한옥체험업을 경영하려는 자는 서울특별시장 또는 종로구청장의 지정을 받아야 한다.

④ 옳지 않다. ○○법 제1조 제2항에 따라 카지노업을 경영하려는 자는 문화체육관광부 장관의 허가를 받아야 한다.

> **합격생 가이드**
>
> 이 문항에서는 '특별시장, 광역시장, 도지사, 특별자치도지사'와 같은 광역지방자치단체장과 '시장, 구청장, 군수'와 같은 기초지방자치단체장을 구별하는 것이 중요했다. ①번의 청주시와 ⑤번의 군산시는 각각 충청북도와 전라북도에 속하는 기초지방자치단체로 청주시장과 군산시장은 기초지방자치단체장에 해당한다.

06 법조문 답 ⑤

난도 중

풀이시간 2분 15초

정답해설

① 제1조 제2호 가목의 상속에 의한 출원인변경신고료에 해당한다. 따라서 수수료 총액은 6,500×5 = 32,500원이다.

② 제2조 제3호의 말소 등록료에 해당한다. 따라서 수수료 총액은 5,000×9 = 45,000원이다.

③ 제1조 제1호 나목의 출원서를 전자문서로 제출한 경우의 특허출원료에 해당한다. 따라서 수수료 총액은 38,000원이다.

④ 제2조 제1호 나목의 통상실시권에 대한 보존등록료에 해당한다. 따라서 수수료 총액은 43,000원이다.

⑤ 제2조 제2호 나목의 법인 합병에 의한 특허권 이전등록료에 해당한다. 따라서 수수료 총액은 4×14,000 = 56,000원이다.

07 법조문 답 ③

난도 중

풀이시간 2분

정답해설

ㄱ. A의 근로기간은 1년 6개월로, 2년을 초과하지 않아 기간제 근로자로 볼 수 있다.

ㄷ. C는 제2조 제1항 제3호에 해당하는 자로서 근로기간이 2년을 초과하였지만 단서에 해당하여 기간제 근로자로 볼 수 있다.

ㄹ. D는 제2조 제1항 제1호에 해당하는 자로서, 근로계약상의 근로기간이 2년을 초과하였지만 단서에 해당하여 기간제 근로자로 볼 수 있다.

오답해설

ㄴ. E의 복직 후에도 계속해서 B가 근무하여 총 고용기간이 3년이라면 제2조 제2항에 의하여 기간의 정함이 없는 근로계약을 체결한 근로자로 본다. 따라서 기간제 근로자로 볼 수 없다.

> **합격생 가이드**
>
> 근로기간이 2년이 넘는 근로자인 경우, 제1조 제1항의 단서에 해당하는지를 중점으로 선지를 판단하였다면 빠르게 풀 수 있는 문제이다.

08 법조문 답 ①

난도 중

풀이시간 1분 45초

정답해설

ㄱ. 옳다. 중재는 분쟁에 대한 판단을 분쟁당사자의 합의에 의해 중재인에게 맡기는 제도이므로 甲이 중재를 이용하기 위해서는 乙과의 합의가 있어야 한다.

ㄴ. 옳다. 제소전 화해는 단독판사 주재 하에 행해지지만 조정은 법관이나 조정위원회가 이끈다는 점에서 차이가 있다.

오답해설

ㄷ. 옳지 않다. 독촉절차는 금전을 지급받을 것을 목적으로 하는 청구와 관련된 제도이다. 하지만 甲은 주택을 비워줄 것을 요구하고 있으므로 독촉절차를 활용할 수 없다.

ㄹ. 옳지 않다. 중재의 경우 법관이 아닌 중재인이 개입하며, 조정의 경우에는 조정위원회가 진행할 수도 있다.

ㅁ. 옳지 않다. 조정이 성립하지 않고 종결된 경우 조정을 신청한 때에 민사소송이 제기된 것으로 본다. 따라서 2009년 5월 1일에 민사소송이 제기된 것으로 본다.

09 법조문
답 ③

난도 중

풀이시간 2분

정답해설

ㄱ. 옳다. 제1조에 따라 혼인의 효력은 혼인신고로서 발생한다.

ㄴ. 옳다. 제2조에 따라 부부 사이에 체결된 재산에 관한 계약은 혼인 중에는 부부 일방이 이를 취소할 수 있다.

ㄹ. 옳다. 제2조에 따라 혼인관계가 해소된 때에는 부부의 일방이 이를 취소할 수 없다.

오답해설

ㄷ. 옳지 않다. 제2조에 의하여 부부 사이의 증여계약을 취소한 뒤 주택반환을 청구할 경우 C의 소유권을 해하게 되므로 주택의 반환을 청구할 수 없다.

ㅁ. 옳지 않다. 제3조에 따라 혼인 성립 전에 B의 재산에 관하여 약정한 때에는 혼인 중에 한하여 이를 변경하지 못한다. 따라서 혼인 전이라면 법원의 허가 없이도 합의내용을 변경할 수 있다.

10 법조문
답 ⑤

난도 중

풀이시간 2분

정답해설

ㄷ. 옳다. 제3조에 따라서 관계 국무위원은 부서할 권한을 갖는다. 따라서 국무위원은 자신의 업무와 관련된 문서에 부서를 거부할 수 있다.

ㄹ. 옳다. 제4조 제1항에 따라 국무총리의 제청은 국무위원의 임명요건이지만 동조 제2항에 따라 대통령은 국무총리의 제청 없이 국무위원을 해임할 수 있다.

ㅁ. 옳다. 제1조는 헌법을 위배한 경우에 국회는 탄핵소추를 의결할 수 있다고 규정하고 있다. 이는 대통령을 비롯한 고위직 공직자의 위헌적 직무집행에 대한 책임을 추궁하여 헌법을 보호하는 기능을 한다고 할 수 있다.

오답해설

ㄱ. 옳지 않다. 국무회의의 구성원이 최대일 때는 대통령과 국무총리, 30인의 국무위원으로 구성된 경우이다. 따라서 32명이 국무회의 최대 구성원수이다. 또한 감사원의 최대 구성원수는 11명이므로 최대 구성원수의 합은 43이다.

ㄴ. 옳지 않다. 제1조는 헌법이나 법률을 위배한 때를 탄핵소추사유로 규정하고 있다. 따라서 그 외의 사유는 대통령에 대한 탄핵사유가 될 수 없다.

합격생 가이드

회의를 구성하는 구성원 수를 규정하고 있는 경우, 의장과 부의장이 구성원 수에 포함되는지 여부가 중요하다. 이는 법조문 유형에서 오답선지로 흔히 나오는 유형이므로 유념해야 한다.

LEVEL Ⅲ 상급

01	02	03	04	05	06	07	08		
④	④	⑤	④	⑤	④	⑤	⑤		

01 법조문
답 ④

난도 상

풀이시간 2분 30초

정답해설

甲과 乙에게 부과된 과태료는 각각 다음과 같다.

• 甲 : 매도인 甲은 2018.1.15.에 매수인 丙에게 X토지를 5억 원에 매도하였고 그에 따라 甲은 5억 원을 2018.3.16. 이내에 관할관청에 신고할 신고의무를 부담한다. 하지만 2018.4.2.에 3억 원을 신고하였고 그에 따라 신고의무 해태에 따른 과태료와 거짓신고에 따른 과태료를 부담한다. 신고의무 해태에 따른 과태료는 제1항 제1호 나목에 해당하여 100만 원이다. 또한 거짓신고에 따른 과태료는 제2항 제1호 나목의 실제 거래가격이 5억 원 이하인 경우에 해당하여 취득세의 3배인 1,500만 원이다. 한편, 동조 제3항에 따라 해당 과태료는 병과되어 甲은 총 1,600만 원의 과태료를 부담한다.

• 乙 : 매도인 乙은 2018.2.1.에 매수인 丁에게 부동산을 취득할 수 있는 권리를 2억 원에 매도하였고 그에 따라 乙은 2억 원을 2018.3.31 이내에 관할관청에 신고할 신고의무를 부담한다. 하지만 乙은 2018.2.5.에 1억 원을 신고하였고 그에 따라 거짓신고에 따른 과태료만을 부담한다. 거짓신고에 따른 과태료는 제2항 제2호 나목에 해당하여 총 800만 원의 과태료를 부담한다.

따라서 甲과 乙에게 부과된 과태료의 합은 2,400만 원이다.

합격생 가이드

〈상황〉이 주어진 법조문의 경우에는 먼저 상황을 읽은 후, 법조문을 처음부터 조금씩 읽어나가면서 법조문에 있는 용어로 상황을 재정의하는 것이 필요하다. 가령 이 문항에서는 甲과 乙은 매도인, 丙과 丁은 매수인, 5억 원과 2억 원은 실제 거래가격, 3억 원과 1억 원은 신고가격이 되는데, 이는 법조문을 읽고 〈상황〉을 재정의한 것에 해당한다. 〈상황〉을 법조문에 나타난 법용어로 재정의한 이후에는 법조문을 다 읽을 것이 아니라, 각 〈상황〉에 부합하는 항목을 찾아서 발췌하는 방식으로 읽는 것이 시간 절약에 바람직하다. 법조문의 길이가 길어 실전에서 시간압박이 상당하다는 점과 甲과 乙의 과태료 총계를 구해야하기 때문에 둘 중 한 명이라도 계산 오류가 나면 답이 달라진다는 점을 고려해볼 때 개인적으로는 일단 넘기고 와서 이후에 다시 푸는 것도 나쁘지 않다고 생각한다.

02 법조문
정답 ④

[난도] 상

[풀이시간] 3분

[정답해설]

④ 옳다. 화가인 丙이 고객 丁으로부터 위탁을 받아 완성한 초상화의 경우, 丙은 丁의 허락이 있어야 이를 전시, 복제할 수 있다.

[오답해설]

① 옳지 않다. 공중에게 개방된 장소에 항시 전시하는 것이 아닌 한, 원본의 소유자인 乙은 자유로이 회화 원본을 전시할 수 있다.

② 옳지 않다. 거실은 공중에게 개방된 장소가 아니므로 소유자인 乙은 자유로이 원본을 전시할 수 있다.

③ 옳지 않다. 제3자인 A가 「군마」를 회화로 복제하는 것은 회화를 회화로 복제하는 경우에 해당하여 저작자인 甲의 허락을 얻어야 한다.

⑤ 옳지 않다. 제3자인 B가 초상화를 판매목적으로 복제하는 경우에는 저작자인 丙의 허락을 얻어야 한다.

합격생 가이드

윗글은 저작자와 소유자의 권리가 충돌하는 경우 어떻게 해결해야 하는지에 대해 설명하고 있다. 따라서 〈상황〉에서 저작자와 소유자가 누구인지부터 적어두고 접근하는 것이 바람직하다. 정리하면 아래와 같다.
- 甲 : 저작자, 乙 : 소유자
- 丙 : 저작자, 丁 : 위탁자, 소유자

이후에는 선지를 보면서 전시 혹은 복제하려는 상황인지, 위탁받은 작품에 관한 상황인지를 구분하여 접근한다면 실수 없이 판단할 수 있다.

03 법조문
정답 ⑤

[난도] 상

[풀이시간] 2분

[정답해설]

국고보조금을 산정하는 기준은 다음과 같다.

국고보조금 = 국회의원선거의 선거권자 총수 × 보조금 계상단가

최근 실시한 임기만료에 의한 국회의원선거의 선거권자 총수는 3천만 명이며, 물가 변동률을 적용한 2016년의 보조금 계상단가는 1,030원이다. 또한, 2016년에는 대통령선거와 임기만료에 의한 동시 지방선거가 있으므로 1,030원 × 2회 = 2,060원의 보조금 계상단가를 추가하여야 한다. 따라서 2016년 정당에 지급할 국고보조금의 총액은

3,000만 원 × (1,030원 + 2,060원) = 927억 원이다.

합격생 가이드

총 국고보조금은 선거실시 여부와 관계없이 매년 계상되는 부분과 선거실시 여부에 따라 계상되는 부분으로 구분된다는 점을 인지하였다면 쉽게 풀 수 있었으나 법조문의 표현이 무엇을 의미하는지 이해하기가 까다로울 수 있었던 문항이다.

숫자를 계산해야 하는 법조문이 출제되었을 때는 글로 되어있는 계산방식을 식으로 변형하여 적어둔 뒤, 해당하는 숫자를 대입하여 푼다면 실수를 줄일 수 있다.

04 법조문
정답 ④

[난도] 상

[풀이시간] 2분 45초

[정답해설]

④ 옳다. 외국인인 丁법인이 제2조 제2항 제3호의 토지를 취득하기 위해서는 토지취득계약을 체결하기 전에 양양군수의 토지취득의 허가를 받아야 한다. 허가를 받지 않았다면 동조 제3항에 의하여 그 계약은 무효이다.

[오답해설]

① 옳지 않다. 甲은 제1조 제1호에 의하여 '외국인'에 해당한다. 따라서 외국인이 전남 무안군에 소재하는 토지를 취득하는 계약을 체결한 경우에는 무안군수에게 신고하여야 한다.

② 옳지 않다. 乙은 대한민국 국적을 포기하고 외국국적을 취득한 자로서 대한민국 국민이 외국인으로 변경된 경우에 해당한다. 따라서 乙이 충북 보은군의 토지를 계속 보유하려면 제4조에 따라 외국인으로 변경된 날부터 6개월 내에 보은군수에게 신고하여야 한다.

③ 옳지 않다. 제1조 제2호 나목에 따라 丙법인은 외국인에 해당한다. 따라서 외국인이 경매로 서울 금천구에 있는 토지를 취득한 때에는 제3조에 의하여 토지를 취득한 날로부터 6개월 내에 금천구청장에게 신고하여야 한다.

⑤ 옳지 않다. 외국인인 戊법인이 경기 군포시에 있는 토지를 2013.3.3.에 취득한 경우, 제2조 제1항에 따라 60일 이내에 군포시장에게 신고하여야 한다. 따라서 2013.5.2.까지 신고하여야 한다.

합격생 가이드

외국인에 해당하는지를 먼저 판단한 뒤 외국인이 새롭게 토지를 취득한 것인지 아니면 기존의 취득자가 외국인으로 변경된 것인지를 이후 검토하여야 한다. 새롭게 취득한 것이라면 일반적인 형태로 계약 형태로 취득한 것인지 아니면 상속, 경매로 취득한 것인지를 단계적으로 검토하여야 한다. 따라서 순차적으로 검토하였다면 무난하게 풀 수 있었을 것으로 보인다. 다만 ②번 선지와 관련하여 '신고'사항인지 '허가'사항인지를 구분할 수 있어야 하며 시장, 군수, 구청장에는 특별시장 및 광역시장이 포함되지 않는다는 것을 기억해야 한다.

05 법조문
정답 ⑤

[난도] 상

[풀이시간] 3분 이상

[정답해설]

제1조 제1항에 의하여 '여성추천보조금'은 4,000만 원 × 100원으로 40억 원이다. 동조 제2항에 의하여 여성추천보조금의 100분의 50인 20억이 '총액'이 된다.

한편 여성후보자를 전국지역구 총수(= 200개)의 100분의 30(= 60명) 이상 추천한 정당은 없다. 따라서 제2항의 제1호를 충족하는 정당이 없어 제2호로 넘어가게 된다.

가목의 여성후보자를 전국지역구총수의 100분의 15(= 30명) 이상 100분의 30(= 60명) 미만을 추천한 정당은 50명을 추천한 A정당과 30명을 추천한 B정당이다. 따라서 두 정당은 제1호의 기준에 따라 지급받게 된다.

제1호 기준에 따라 총액의 100분의 50(= 10억 원)은 정당별 국회의석수 비율만큼, 총액의 100분의 50(= 10억 원)은 국회의원선거에서의 득표수의 비율만큼 배분하여 지급한다. 여기까지를 표로 나타내면 다음과 같다.

구분	A정당	B정당	C정당
의석률배분(가목)	5억 원 (10억 원×50%)	4억 원 (10억 원×40%)	0
득표율배분(가목)	4억 원 (10억 원×40%)	4억 원 (10억 원×40%)	0

나목의 여성후보자를 전국지역구총수의 100분의 5(=10명)이상 100분의 15(=30명)미만을 추천한 정당은 20명을 추천한 C정당이다. 따라서 C정당은 총액의 100분의 30(=6억 원)은 정당별 국회의석수의 비율만큼, 총액의 100분의 30(=6억 원)은 국회의원선거에서의 득표수의 비율만큼 배분하여 지급한다. 따라서 C정당의 여성추천보조금까지 반영한 최종적인 표는 아래와 같다.

구분	A정당	B정당	C정당
의석률배분(가목)	5억 원 (10억 원×50%)	4억 원 (10억 원×40%)	0
득표율배분(가목)	4억 원 (10억 원×40%)	4억 원 (10억 원×40%)	0
의석률배분(나목)	0	0	0.6억 원 (6억 원×10%)
득표율배분(나목)	0	0	1.2억 원 (6억 원×20%)
총계	9억 원	8억 원	1.8억 원

06 법조문 답 ④

난도 상

풀이시간 2분 30초

정답해설

ㄴ. 옳다. 제3조에 따라, 유실된 자전거를 양수인B가 자전거판매점에서 상인으로부터 선의로 매수한 때에는 유실자A는 양수인B가 지급한 대가를 변상하고 자전거의 반환을 청구할 수 있다.

ㄹ. 옳다. 제1조에서는 양도인이 정당한 소유자인지와 관계없이 평온, 공연하게 동산을 양수한 자가 선의일 것을 요건으로 하고 있다. 따라서 평온, 공연하게 선의이며 과실 없이 그 카메라를 구입한 A는 카메라의 소유자가 된다.

오답해설

ㄱ. 옳지 않다. 제4조에 따라 유실물은 공고한 후 1년 내에 그 소유자가 권리를 주장하지 않아야 습득자가 그 소유권을 취득할 수 있다. 따라서 A가 공고 없이 소유권을 취득한다고 할 수 없다.

ㄷ. 옳지 않다. 제3조가 적용되기 위해서는 도품 또는 유실물과 같은 종류의 물건을 판매하는 상인으로부터 선의로 매수한 경우여야 한다. 시계와 정육점은 같은 종류의 물건이라고 할 수 없으므로 제3조가 적용되지 않는다.

07 법조문 답 ⑤

난도 상

풀이시간 2분 15초

정답해설

⑤ 옳다. 다섯 살 아들의 경우 제4조 제1항 제1호와 제2호에 따른 유족이 없으므로 제3호의 아내가 아들에 대한 1순위로 유족구조금청구권을 가진다.

오답해설

① 옳지 않다. 장해구조금은 제3조 제3항에 따라 당해 피해자에게 지급하는 것으로, 중장해를 입은 아내에게만 지급된다.

② 옳지 않다. 제4조 제2항에 의하여 태아는 제1항의 규정에 의한 유족의 범위를 적용함에 있어서는 이미 출생한 것으로 본다. 따라서 1순위 유족구조금청구권이 인정되는 사람은 아내와 다섯 살인 아들, 뱃속에 있는 태아로 모두 3명이다.

③ 옳지 않다. 범죄피해구조금은 생명이나 신체를 해하는 범죄행위로 인하여 사망한 자의 유족이나 중장해를 당한 자를 구조함으로 목적으로 하고 있으므로 금전상의 피해에 대하여는 구조금을 청구할 수 없다.

④ 옳지 않다. 갑과 그의 아내가 모두 사망하였다면 다섯 살 아들에게만 1순위 유족구조금청구권이 인정된다.

08 법조문 답 ⑤

난도 상

풀이시간 2분 45초

정답해설

⑤ 옳다. 제2조 제2항에 의하여 갑회사의 을은행 예금 1억 원으로 채무 중 1억 원은 상계할 수 있다. 따라서 사원 A는 1억 원에 대하여는 변제를 거부할 수 있다.

오답해설

① 옳지 않다. 각 사원 A와 B는 연대변제책임을 지게 된다. 연대채무의 경우 채무자 각자가 채무 전부를 변제할 의무를 지게 되므로 B는 을은행에 대하여 채무 전부인 2억 원을 변제할 책임을 진다.

② 옳지 않다. 제1조에 따라 회사의 재산으로 회사의 채무를 완전히 변제할 수 없는 때에는 사원 A와 B가 을은행에 대하여 변제할 책임을 부담한다.

③ 옳지 않다. 갑회사의 을은행에 대한 채무 중 을은행의 예금으로 상계된 채무는 1억 원이다. 따라서 B는 나머지 2억 원에 대한 변제를 거부할 수 없다.

④ 옳지 않다. 사원 A와 B는 1억 원을 자신의 부담부분으로 한다. 따라서 사원 B가 을은행에 대하여 1억 원을 변제했다면, 이는 자신의 부담부분을 변제한 것에 불과하여 A에 대하여 구상권을 행사할 수 없다.

합격생 가이드

민법 법조문의 경우, 배경지식이 없다면 단 시간에 이해하기 어려운 문항이 간혹 출제된다. 이 문항 역시 그런 유형으로 연대채무에 대한 배경지식이 없다면 바로 이해하기는 쉽지 않았을 것으로 보이며, 이 문항의 경우에는 넘기는 것도 나쁘지 않은 선택이라 생각한다.

CHAPTER
02 조건적용

01	02	03	04	05					
①	①	③	②	③					

01 조건적용　　　답 ①

[난도] 하

[풀이시간] 1분 30초

[정답해설]

ㄱ. 옳다. 대학생 甲은 X학자금의 신청대상 조건을 모두 만족하여 X학자금 대출을 받을 수 있다.

ㄴ. 옳다. 乙이 X학자금을 통해 대출 받을 수 있는 돈은 한 학기 등록금 300만 원과 학기당 생활비 150만 원으로 총 450만 원을 대출받을 수 있다.

[오답해설]

ㄷ. 옳지 않다. 장애인인 경우 이수학점 기준이 면제될 뿐이며 신용 요건은 여전히 충족되어야한다.

ㄹ. 옳지 않다. X학자금 대출의 경우 졸업 이후에 소득이 없다면 상환이 유예되지만 Y학자금 대출의 경우 소득 발생 여부와 관계없이 졸업 직후에 상환이 개시된다.

02 조건적용　　　답 ①

[난도] 하

[풀이시간] 1분 30초

[정답해설]

각 셀을 값을 구하면 다음과 같다.

㉠ : 4×㉠=8이므로 2로 확정된다.

㉡ : 4×㉡=4이므로 1로 확정된다.

㉢ : 3행에는 2가 없으므로 ㉢은 2로 확정된다.

㉣ : 2행에는 2가 없으므로 ㉣은 2로 확정된다.

㉤ : 2와 4 중에서 확정되지 않은 채 남아있다.

이후에 셀을 채우는 조건을 적용할 경우, 8월에는 4행의 2가 쓰인 셀에 쓰레기 매립이 이뤄짐을 알 수 있다. 따라서 8월에는 ㉠에 쓰레기가 매립된다.

03 조건적용　　　답 ③

[난도] 하

[풀이시간] 1분 15초

[정답해설]

• X지역 : 바람의 방향이 일정하여 수직축 풍력발전기와 수평축 풍력발전기를 모두 설치할 수 있다. 또한 시간당 최소 발전량이 150kW 이상이어야 하므로 설치 가능한 풍력발전기는 U-88과 U-93이다. 복수의 모델이 가능할 경우 수평축 모델을 설치하므로 U-93이 설치될 것이다.

• Y지역 : 바람의 방향이 일정하지 않아 수직축 풍력발전기만 설치 가능하며, 발전기 높이는 70m 이하여야 한다. 이를 만족하는 풍력발전기는 U-50뿐이다.

• Z지역 : 바람의 방향이 일정하지 않아 수직축 풍력발전기만 설치 가능하다. 시간당 최대 발전량은 600kW이상이어야 한다. 이를 만족하는 풍력발전기는 U-88뿐이다.

04 조건적용　　　답 ②

[난도] 하

[풀이시간] 45초

[정답해설]

② 일련번호와 '로'가 결합되었으므로 발견될 수 있는 도로명이다.

[오답해설]

① 일련번호는 '로'와만 결합되므로 발견될 수 없는 도로명이다.

③ 일련번호는 '로'와만 결합되므로 발견될 수 없는 도로명이다.

④ 방위형은 '동', '서', '남', '북'으로만 한정되며 '골목'과만 결합되므로 발견될 수 없는 도로명이다.

⑤ 방위형은 '동', '서', '남', '북'으로만 한정되므로 발견될 수 없는 도로명이다.

05 조건적용　　　답 ③

[난도] 하

[풀이시간] 1분 30초

[정답해설]

ㄱ. 1-가와 1-다에 해당하여 20점의 가점을 부여받는다. 따라서 최종 점수는 90점이다.

ㄴ. 2-나와 1-나에 해당하여 5점의 감점과 10점의 가점을 부여받는다. 따라서 최종점수는 85점이다.

ㄷ. 1-가와 2-나에 해당하여 10점의 가점과 5점의 감점을 부여받는다. 따라서 최종점수는 80점이다.

ㄹ. 가점과 감점 부여항목에 해당함이 없다. 따라서 최종점수는 90점이다.

따라서 ㄱ과 ㄹ이 선정된다.

구분	가격	지원금(-)	충전기	총 가격
A	5,000	2,000	2,000	5,000
B	6,000	1,000	0	5,000
D	8,000	2,000	0	6,000
E	8,000	2,000	0	6,000

따라서 실구매 비용이 동일한 A와 B가 남게 된다.

이때 점수 계산 방식에 따라 A는 승차 정원에서 +2점을 받아 총점 2점이 되고, B는 최고속도에서 -4점과 승차 정원에서 +4점을 받아 총점 0점이 된다. 따라서 최종적으로 甲은 차량 A를 구매할 것이다.

> **합격생 가이드**
>
> 조건적용 유형에서는 '어떠한 경우에도 선택될 수 없는 경우'와 '반드시 선택해야 하는 경우'를 유의하여 푸는 것이 중요하다. 이 문항에서는 첫 문단의 승차 정원과 주행거리가 이에 해당한다. 따라서 C를 먼저 제외하고 풀었다면 시간을 절약할 수 있었을 것이다.

LEVEL II 중급

01	02	03	04	05	06	07			
④	①	①	①	③	④	②			

01 조건적용 답 ④

난도 중

풀이시간 2분

정답해설

각 방식에 따른 광고비는 다음과 같다.

> **〈방식 1〉**
> 甲 : 50점+20점+0점 =70점 → 지급대상×
> 乙 : 50점+25점+10점=85점 → 300만 원
> 丙 : 50점+25점+15점=90점 → 500만 원
>
> **〈방식 2〉**
> 甲 : B등급 → 200만 원
> 乙 : A등급 → 400만 원
> 丙 : A등급 → 400만 원
>
> **〈방식 3〉**
> 甲 : 1000×3/8=375만 원
> 乙 : 1000×3/8=375만 원
> 丙 : 1000×2/8=250만 원

ㄴ. 옳다. 丙은 방식 1일 때 가장 유리하다.

ㄹ. 옳다. 방식 2로 선정할 경우, 丙은 甲이 지급받는 200만 원의 두 배인 400만 원을 지급받는다.

오답해설

ㄱ. 옳지 않다. 乙은 방식 2가 가장 유리하다.

ㄷ. 옳지 않다. 甲은 방식 1로 선정할 경우, 80점 미만에 해당하여 광고비를 지급받지 못한다.

> **합격생 가이드**
>
> 방식 1의 '80점 미만인 신문사에는 지급하지 않는다'는 조건은 예외적인 것이므로 이를 표시해두고 정답 도출 후에는 표시해둔 조건을 사용하였는지를 한 번 더 검토하여 실수를 줄일 필요가 있다.

02 조건적용 답 ①

난도 중

풀이시간 1분 45초

정답해설

甲은 승차 정원이 4명 이상이고 주행거리가 200km 이상인 전기자동차를 구매하려고 한다. 따라서 승차 정원이 2명인 차량 C는 제외된다. 이후의 조건을 정리하여 실구매비용을 정리하면 아래와 같다.

03 조건적용 답 ①

난도 중

풀이시간 2분 30초

정답해설

ㄱ. 가능하다. 무농약농산물 인증을 받기 위해서는 농약을 사용하지 않고 화학비료는 권장량의 2분의 1 이하로 사용하여야 한다. 5km²은 500ha이므로 사과 재배기간 내 화학비료 권장량은 50t이다. 따라서 25t 이하로 사용한 甲은 무농약농산물 인증을 받을 수 있다.

ㄹ. 가능하다. 저농약농산물 인증을 받기 위해서는 화학비료는 권장량의 2분의 1 이하로 사용하여야 하고, 농약은 살포시기를 지켜 최대횟수의 2분의 1 이하로 사용하여야 한다. 丁의 재배면적은 5ha로 감 재배기간 내 화학비료의 권장량은 600kg이다. 따라서 총 300kg 이하로 뿌려야 한다. 또한, 농약은 수확 14일 전까지 2회 이하로 뿌려야한다. 丁은 8월 초에 마지막으로 농약을 살포하여 9월 말에 수확하였으므로 모든 요건을 충족하여 저농약농산물 인증을 받을 수 있다.

오답해설

ㄴ. 가능하지 않다. 저농약농산물 인증을 받기 위해서 농약은 살포 시기를 지켜 살포 최대횟수의 2분의 1 이하로 사용하여야 한다. 복숭아는 수확 14일전까지만 농약 살포가 허용되므로 수확 10일 전에 농약을 살포한 乙은 저농약농산물 인증을 받을 수 없다.

ㄷ. 가능하지 않다. 유기농산물 인증을 받기 위해서는 일정기간 이상을 농약과 화학비료를 사용하지 않아야 한다. 丙은 작년에 화학비료를 사용하였으므로 유기농산물 인증을 받을 수 없다.

04 조건적용 답 ①

난도 중

풀이시간 1분 45초

정답해설

① 甲 : 35만 원×250원×2=1억 7,500만 원

2억 원 이하이므로, 2회 분할하여 8,750만 원을 1회분 분할납부금액으로 한다.

② 乙 : 20만 원×250원×4=2억 원

2억 원 이하이므로 2회 분할하여 1억 원을 1회분 분할납부금액으로 한다.

③ 丙 : 30만 원×250원×3＝2억 2,500만 원

공공기관이므로 2회 분할하여 1억 1,250만 원을 1회분 분할납부금액으로 한다.

④ 丁 : (20만 원×250원×1)+(20만 원×250원 ×3)＝2억 원

지방자치단체이므로 2회 분할하여 1억 원을 1회분 분할납부금액으로 한다.

⑤ 戊 : (25만 원×250원×1)+(25만 원×250원 ×5)＝3억 7,500만 원

2억 원을 초과하므로 3회 분할하여 1억 2,500만 원을 1회분 분할납부금액으로 한다.

따라서 1회분 분할납부금액이 가장 적은 사람은 8,750만 원을 납부하는 甲이다.

합격생 가이드

이 문항에서의 예외적인 조건은 '총 부과금액은 10억 원을 초과할 수 없다'는 것과 '국가, 지방자치단체, 공공기관의 분할은 최대 2회'라는 것이다. 첫 번째 조건은 해당하는 선지가 없어 고려할 필요가 없었으나 두 번째 조건은 ③번 선지와 ④번 선지에 적용되므로 계산을 한 이후에 해당 조건을 제대로 고려하였는지를 한 번 더 검토하여야 한다.

05 조건적용 답 ③

난도 중

풀이시간 2분

정답해설

ㄱ. 옳다. E국의 전자정부순위는 64위로 가장 높고, A국의 전자정부순위는 106위로 가장 낮다. 따라서 E국은 30점, A국은 0점이며 다른 국가들은 모두 15점이다.

ㄹ. 옳다. 이 경우 E국가는 시장매력도에서 30점을 받게 되고 종합점수는 60점이 되어 다른 국가들에 비해 가장 종합점수가 높다. 따라서 E국이 선정된다.

오답해설

ㄴ. 옳지 않다. 접근가능성이 가장 높은 A국은 40점이며, 가장 낮은 E국은 0점이다. 다른 국가들은 모두 20점이다.

ㄷ. 옳지 않다. S/W시장규모만을 고려하여 시장매력도 점수를 결정할 경우 시장매력도에서 A국은 15점, D국은 30점을 받게 된다. 따라서 A국의 종합점수는 (15점+0점+40점)으로 55점이고 D국의 종합점수는 (30점+15점+20점)으로 65점이다.

합격생 가이드

숫자가 작을수록 순위가 높다는 점을 유의하여 풀어야 한다. 정보화수준 점수와 접근가능성 점수는 〈보기〉 없이도 확정되기 때문에 해당 점수부터 먼저 구한 뒤, 〈보기〉의 선지를 고려하여 풀어야 한다.

06 조건적용 답 ④

난도 중

풀이시간 2분

정답해설

甲사무관이 계약을 맺을 수 없는 업체를 제거하면 아래와 같다.

총점이 60점 미만인 경우 입찰시스템에 등록될 수 없으므로 해당 업체와 계약할 수 없다. 따라서 총점이 59점인 D업체는 제거된다. 또한 분류배점의 40% 미만이 나올 경우에는 사전평가점수 총점과 관련 없이 등록 자체를 허용하지 않으므로 수요기관 만족도 배점의 40% 미만이 나온 B업체는 제거된다. 마지막으로 7월 10일까지 공사 완공을 반드시 해야 하므로 완공일이 131일을 초과하는 C업체가 제거된다. 따라서 A업체와 E업체만이 계약 가능성이 있는 업체이다.

ㄴ. 옳지 않다. 만약 D업체가 품질부문에서 2점을 추가로 얻는다면 총점이 60점 이상이 되어 입찰시스템에 등록된다. 하지만 순편익이 4억 원이므로, E업체의 순편익보다 낮다. 따라서 甲사무관은 E업체와 계약을 맺을 것이다.

ㄷ. 옳지 않다. B업체의 공사소요기간이 가장 짧으나 수요기관만족도의 점수가 배점의 40% 미만이므로 입찰시스템에 등록되지 못한다. 따라서 甲사무관은 B업체와 계약을 맺지 못한다.

ㅁ. 옳지 않다. A업체의 청사이전 편익이 2억 원 증가한다고 하더라도 순편익은 4억 원으로 여전히 E업체의 순편익인 5억 원보다 낮다. 따라서 甲사무관은 E업체와 계약을 맺을 것이다.

오답해설

ㄱ. 옳다. 甲사무관은 조달청 입찰시스템에 등록된 업체 중에서 순편익이 가장 높은 업체를 선택한다. C업체의 순편익이 7억 원으로 가장 높지만 공사가 완공될 수 없어 C업체는 제외된다. 따라서 두 번째로 순편익이 높은 E업체와 계약을 맺을 것이다.

ㄹ. 옳다. 안정성이 下인 업체가 제외된다면 甲사무관은 E업체와 계약할 수 없다. 따라서 A업체만이 계약이 가능하여 A업체와 계약을 맺을 것이다.

합격생 가이드

총점 조건, 40% 미만 조건, 공사소요 기간 조건을 사용하여 甲사무관이 계약할 수 없는 업체를 먼저 제거했다면 실수 없이 풀 수 있었을 것이다.

한편, 3월 1일부터 7월 10일까지의 일수는 [30(3월의 잔여일)+30(4월의 일수)+31(5월의 일수)+30(6월의 일수)+10(7월 10일까지의 일수)＝131]이 된다. 날짜를 계산하는 법을 미리 숙지하고 있어야 E업체에 대한 판단을 혼동 없이 할 수 있다.

07 조건적용 답 ②

난도 중

풀이시간 1분 45초

정답해설

ㄴ. 옳다. 건물 A가 2008년 1월에 신축되었다면 위의 세 행정구역 중 부산광역시와 경상남도 모두 가능성이 있다. 따라서 어디에 위치해 있는지 알 수 없다.

ㄷ. 옳다. 2008년 1월 이후에 영도구에 세워진 모든 건물은 장애인을 위한 주차구역을 구비하고 있으므로 해당 구역을 구비하지 않은 건물 A는 영도구 안에 위치해 있지 않다.

오답해설

ㄱ. 옳지 않다. 건물 A의 위치를 특정할 수 없다.

ㄹ. 옳지 않다. 경사로가 설치되어 있다고 하더라도 2008년 1월 이전에 세워진 건물일 수 있다.

ㅁ. 옳지 않다. 영도구는 부산광역시의 하위 행정구역이므로 경상남도의 규정이 적용되지 않는다.

합격생 가이드

제시문에서 영도구는 부산광역시의 하위 행정구역임을 주었기 때문에 이를 인지하여 풀었다면 혼동 없이 풀 수 있었을 것으로 보인다. 또한 각 선지의 정오를 판단할 때에는 선지의 반례에 해당하는 경우가 없는지를 생각하며 푸는 것이 바람직하다.

<table>
<tr><td>01</td><td>02</td><td>03</td><td></td><td></td><td></td><td></td><td></td><td></td><td></td></tr>
<tr><td>③</td><td>④</td><td>④</td><td></td><td></td><td></td><td></td><td></td><td></td><td></td></tr>
</table>

01 조건적용

답 ③

난도 상

풀이시간 2분 15초

정답해설

갑의 친환경 건축물 평가점수는 63점으로 우량등급이며 에너지 효율은 3등급이다. 따라서 갑이 선택하여 얻을 수 있는 감면액과 그에 따른 투자비용을 표로 나타내면 아래와 같다.

(감면액, 투자액)(만 원)	최우수등급	우수등급
에너지효율 1등급	(24,000, 21,000)	(16,000, 11,000)
에너지효율 2등급	(16,000, 19,000)	(8,000, 9,000)

ㄱ. 옳다. 경제적 이익이란 (감면액 – 투자액)이 0이상인 경우를 의미하므로, 경제적 이익이 발생하는 경우는 최우수등급이면서 동시에 에너지효율이 1등급인 경우와 우수등급이면서 동시에 에너지효율이 1등급인 경우 밖에 없다. 두 경우 중 투자금액이 적은 것은 우수등급이면서 에너지효율이 1등급인 경우이므로 최소 투자 금액은 1억 1,000만 원이다.

ㄴ. 옳다. 경제적 이익이 가장 큰 경우는 인증등급이 우수등급이면서 에너지효율이 1등급인 경우이다. 이때의 경제적 이익은 5,000만 원이다.

오답해설

ㄷ. 옳지 않다. 에너지효율이 2등급이라면 건축물 인증등급이 무엇인지와 관계없이 (감면액 – 투자액)의 값이 음수가 된다. 따라서 甲은 에너지효율 3등급을 유지하는 것이 경제적으로 더 이득이다.

합격생 가이드

각주에서 경제적 이익과 경제적 손실을 구분하고 있으므로 감면액에서 투자액을 차감한 값이 0 이상일 때만이 경제적 이익이 된다. 즉, 음수라면 이는 경제적 손실에 해당하게 된다. 따라서 각주에서 정의식이 나온다면 이에 유의하여 문제를 풀어야 한다.

02 조건적용

답 ④

난도 상

풀이시간 3분

정답해설

④ 옳지 않다. 최단기간인 50일 내에 완료하기 위해 필요한 최소인력을 구하기 위해서는 4명의 인력을 필요로 하는 A작업이 C작업을 제외한 다른 작업과 겹치지 않도록 설계하여야 한다. 아래는 가능한 경우의 수 중 하나이다. 따라서 필요한 최소인력은 8명이다.

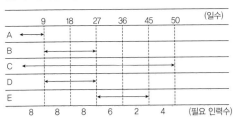

오답해설

① 옳다. 가장 많은 인력을 요구하는 작업은 4명이 필요한 C작업이다. 따라서 프로젝트 완료를 위해서 최소 4명 이상 필요하다.

② 옳다. 가장 많은 기간이 소요되는 작업은 50일이 소요되는 C작업이다. 그 기간 내에 다른 작업들을 병행한다면 50일이 프로젝트를 완료하기 위한 최단 기간이 된다.

③ 옳다. 최소비용으로 프로젝트를 완료하기 위해서는 최단기간 내에 작업을 완료하여야한다. 각 작업에 필요한 인력과 기간은 주어진 값으로, 그에 따라 인건비는 고정되기 때문이다. 따라서 인건비는 {(4×9)+(2×18)+(4×50)+(2×18)+(2×18)}×10만 원=3,440만 원이다. 한편, 작업소요에 필요한 최단기간은 50일이므로 작업장 비용은 2,500만 원이다. 따라서 최소비용은 6천만 원 이하이다.

⑤ 옳다. 최소인력인 4명으로 프로젝트를 최단기간 내에 완료하기 위해서는 되도록 4명 모두가 작업에 투입되도록 설계해야한다. 가능한 경우 중 하나를 나타내면 다음과 같다. 이 경우 최단기간은 95일이다.

03 조건적용

답 ④

난도 상

풀이시간 3분

정답해설

④ 할 수 없다. D의 며느리는 1촌인 아들의 배우자로서 부양의무자에 해당한다. 따라서 부양능력이 있는 부양의무자를 둔 D는 기초생활수급자로 선정할 수 없다.

오답해설

① 할 수 있다. 유치원생 아들은 부양의무자이지만 부양능력이 없는 자에 해당한다. A의 월 소득인정액은 (100만 원 – 20만 원 + 12만 원)으로 92만 원이다. 이는 3인 가구의 최저 생계비인 94만 원보다 적으므로 A를 기초생활수급자로 선정할 수 있다.

② 할 수 있다. 조카는 부양의무자의 범위에 속하지 않아 B는 부양의무자가 없는 경우에 해당한다. B의 월 소득인정액은 (36만 원 – 30만 원)으로 6만 원이다. 이는 2인 가구의 최저생계비인 70만 원보다 적으므로 B를 기초생활수급자로 선정할 수 있다.

③ 할 수 있다. 중학생인 딸은 부양의무자이지만 부양능력이 없는 자에 해당한다. C의 월 소득인정액은 (80만 원 + 24만 원 – 22만 원)으로 82만 원이다. 이는 3인 가구의 최저생계비인 94만 원보다 적으므로 C를 기초생활수급자로 선정할 수 있다.

⑤ 할 수 있다. E는 부양능력 있는 부양의무자가 있어도 부양을 받을 수 없는 경우에 해당한다. E의 소득인정액은 (60만 원 + 36만 원 – 30만 원)으로 66만 원이며 이는 2인 가구의 최저생계비인 70만 원 이하이므로 E를 기초생활수급자로 선정할 수 있다.

합격생 가이드

기초생활수급자가 되기 위해서는 선정기준을 만족하여야한다. 이를 기호로 표현하면 다음과 같다.

[∼ 부양의무자 ∨ (부양의무자∧∼부양능력) ∨ (부양의무자∧부양받을 수 없음)] ∧ 최저생계비 이하

가에서 규정하고 있는 선정기준은 부양의무자와 관련된 세 가지 요건 중에서 적어도 하나를 충족하면서 동시에 소득인정액이 최저생계비 이하일 것을 요구한다. 이러한 요건규정이 나오면 요건을 모두 충족하여야 하는지, 아니면 요건 중 하나만을 충족해도 되는지를 반드시 검토하여야 한다. 따라서 부양의무자와 관련된 세 가지 요건에 속하지 않는 ④번이 정답이 된다.

CHAPTER 03 정보확인·추론

LEVEL I 하급

01	02	03	04	05	06	07	08	09	10
④	①	③	①	①	①	③	④	⑤	⑤
11	12	13	14	15	16	17	18	19	20
②	④	①	①	②	②	③	②	①	②

01 정보확인·추론 립 ④

난도 하

풀이시간 1분 30초

정답해설

④ 옳다. 보름달이 지구에서 제일 멀 때의 거리는 약 40만km이고 이때의 시각도는 0.49도이다. 달이 지구와 가까워질수록 시각도가 커지므로 지구와 달의 거리가 36만km인 경우 지구에서 보름달을 바라보는 시각도는 0.49도보다 클 것이다.

오답해설

① 옳지 않다. 케플러의 행성운동 제1법칙에 의하면 지구는 태양을 중심으로 타원 궤도로 돌기 때문에 태양에 가까워지거나 멀어진다. 따라서 지구에서 태양까지의 거리가 항상 일정한 것은 아니다.

② 옳지 않다. 달이 지구에 가까워지면 달을 향한 쪽의 해수면은 평상시보다 더 높아진다. 따라서 해수면의 높이는 지구와 달의 거리와 관계가 있다.

③ 옳지 않다. 달은 지구에서 멀어질 때가 아니라 가까워질 때 평소 달이 지구를 당기는 힘보다 더 강하게 지구를 당긴다.

⑤ 옳지 않다. 달의 중력 때문에 높아진 해수면이 지구의 자전을 방해하기 때문에 지구의 자전속도는 느려지고 있다.

합격생 가이드

판단이 간단한 것부터 지워나가 시간을 절약한다. ④번 선지를 제외한 다른 선지의 경우 모두 글에 반대되는 내용이 그대로 나와 있다. 따라서 숫자가 들어가서 복잡해 보이는 ④번 선지를 굳이 판단하지 않고, 글과 선지를 비교하는 방법만으로 나머지 선지를 다 지워 문항을 해결할 수 있다.

02 정보확인·추론 립 ①

난도 하

풀이시간 1분 30초

정답해설

ㄱ. 옳다. 영어 알파벳 26개 문자에서 4개 문자를 빼고 알파벳에 없는 6개의 문자가 추가 되었으므로 26-4+6=28, 28개의 문자로 만들어졌음을 알 수 있다.

ㄷ. 옳다. 단어의 강세는 항상 뒤에서 두 번째 모음에 있기 때문에 어머니 (patrino), 장모(bopatrino) 모두 뒤에서 두 번째 모음인 i에 강세가 있다.

오답해설

ㄴ. 옳지 않다. 에스페란토로 '사랑할 것이다'의 어간인 am에 미래형 어미인 -os를 붙이면 amos가 된다.

ㄹ. 옳지 않다. 자멘호프의 구상은 같은 민족끼리는 모국어를, 다른 민족과는 에스페란토를 사용하는 것이다. 따라서 같은 민족인 하와이 원주민끼리는 모국어를 사용하면 된다.

합격생 가이드

〈보기〉 ㄴ에서 실수하기 쉽다. '사랑할 것이다'의 어간이 얼핏 생각하면 '사랑(amo)'으로 보이기 때문이다. 하지만 '사랑(amo)' 역시 어간에 명사형 어미 '-o'가 붙은 것이므로 어간은 am임을 간과해서는 안 된다.

03 정보확인·추론 립 ③

난도 하

풀이시간 1분 30초

정답해설

③ 옳지 않다. 식용 귀뚜라미 0.45kg을 생산하는 데 필요한 물은 3.8ℓ이고, 쇠고기를 0.45kg 생산하는 데 필요한 물은 7,600ℓ 이상이다. 따라서 쇠고기를 생산하는 데에는 동일한 양의 귀뚜라미 생산보다 2,000배 이상의 물이 필요하다.

오답해설

① 옳다. 귀뚜라미는 냉혈동물이라 소와 같이 체내 온도 유지를 위해 먹이를 많이 소비하지 않기 때문에 쇠고기 생산보다 귀뚜라미 생산에 자원이 덜 든다.

② 옳다. 현재 곤충 사육은 많은 지역에서 이루어지고 있고, 곤충의 종류는 2,013종인데 일부만 식재료로 사용되고 있다.

④ 옳다. 식용 귀뚜라미 생산은 육류 생산보다 자원을 절감할 수 있으나, 식용 귀뚜라미 100g의 가격은 10달러로 같은 양의 쇠고기 가격과 큰 차이가 없다.

⑤ 옳다. 귀뚜라미를 사육할 때 발생하는 온실가스의 양은 가축을 사육할 때 발생하는 온실가스의 양의 1/5(=20%)이므로, 가축 사육에 발생하는 온실가스의 양은 귀뚜라미 사육 시 발생하는 온실가스의 5배이다.

합격생 가이드

판단이 간단한 것부터 지워나가 시간을 절약한다. 배수를 판단해야 하는 ③번 선지와 ⑤번 선지를 제외한 나머지 선지의 정오를 먼저 판단한다. ③번 선지를 쉽게 판단하기 위해 식용 귀뚜라미 0.45kg 생산에 필요한 물의 500배가 얼마인지 먼저 계산한다. 그 값은 1,900ℓ으로 닭고기 생산에 드는 물의 양임을 알 수 있다. 따라서 쇠고기 생산에 필요한 물의 양을 구하지 않아도 ③번 선지가 틀렸음을 알 수 있다. 쇠고기 생산에는 닭고기의 경우보다 4배 이상의 물이 필요한 것을 놓치지 않도록 주의한다.

04 정보확인 · 추론

답 ①

난도 하

풀이시간 1분 30초

정답해설

① 옳지 않다. @ 키는 20세기까지 자판에 존재하였으나 사용 빈도가 줄어들었을 뿐이다.

오답해설

② 옳다. @는 6세기부터 사용되었으므로 사용되기 시작한 지 1,000년이 넘었다.

③ 옳다. 토마토 한 개의 가격이 3달러이므로 토마토 15개의 가격은 45달러이다.

④ 옳다. @는 6세기에는 전치사로 사용되었고, 이후 상인들 사이에 측정 단위를 나타내는 기호로 사용되다 단가를 뜻하는 기호로 변화하고, 1971년 이후에는 이메일 기호로 활용되었다.

⑤ 옳다. 스페인 상인은 1@를 9.5kg으로, 포르투갈 상인은 1@를 12kg으로 사용하였다.

> **합격생 가이드**
>
> 글에서 선지의 내용이 있는 부분을 찾아 읽으며 정오를 판정하면 쉽게 해결할 수 있다.

05 정보확인 · 추론

답 ①

난도 하

풀이시간 1분 30초

정답해설

① 옳다. 「조선왕조실록」에 기록된 사례를 보면 자신이 소유한 노비를 다른 사람에게 빼앗겼다고 신문고를 통해 호소한 경우가 있다.

오답해설

② 옳지 않다. 우선 한성부의 주무관청에 호소하고, 그럼에도 원통함이 있으면 사헌부에 고소하고 그 다음에야 신문고를 칠 수 있으므로 신문고를 치기 전에 최소 2번의 단계를 거쳐야 한다.

③ 옳지 않다. 종묘사직을 위태롭게 하는 경우를 고발할 때에는 곧바로 신문고를 칠 수 있었다.

④ 옳지 않다. 태종 1년 때에 신문고가 처음으로 등장한 것은 사실이나 모든 관아에 설치되었다는 내용은 글에 나타나 있지 않다.

⑤ 옳지 않다. 하륜은 신문고를 운영하는 원칙 중 하나로 호소가 거짓이면 벌을 내린다는 점을 강조하였다.

> **합격생 가이드**
>
> ①번 선지에 해당하는 사례가 글에 명확하게 드러나므로 답을 쉽게 고를 수 있다. 이렇게 답이 명백한 경우에는 다른 선지의 정오를 판단하지 않는 것이 합리적인 시간 운용 방법이 될 것이다.

06 정보확인 · 추론

답 ①

난도 하

풀이시간 1분 30초

정답해설

ㄱ. 옳다. 기본 봉록을 x라고 한다면, 근이 들었을 때는 봉록의 5분의 1을 감봉하므로 봉록은 4x/5가 되고, 궤가 들었을 때는 봉록의 5분의 4를 감봉하므로 봉록은 1x/5가 된다. 따라서 근이 들었을 때 받을 수 있는 봉록은 궤가 들었을 때 받을 수 있는 봉록의 4배가 된다.

오답해설

ㄴ. 옳지 않다. 오곡이 모두 제대로 수확되지 않은 것을 기라고 하는데, 기가 든 해에는 봉록은 주지 않지만 약간의 식량은 지급한다.

ㄷ. 옳지 않다. 곡식이 제대로 수확되지 않으면 말에게 곡식을 먹이지 않는다. 따라서 군주가 행차할 때 탄 수레는 곡식을 먹지 않은 말 두 마리가 끌었을 것이다.

ㄹ. 옳지 않다. 곡식이 제대로 수확되지 않으면 군주는 먹던 요리의 5분의 3을 줄인다.

> **합격생 가이드**
>
> 근, 한, 흉, 궤, 기의 용어 적용에 있어 몇 가지 곡식이 제대로 수확되지 않은 경우인지 헷갈리지 않도록 주의한다. 또한 〈보기〉의 ㄱ을 판단할 때 분수로 계산하면 복잡하므로, 기본 봉록을 5로 두고 5분의 n을 감봉하여 자연수로 만든 뒤 계산하는 것이 편리하다. ㄷ을 판단할 때에는 말을 수식하는 '곡식을 먹인'을 놓치지 않도록 주의한다. 문장의 처음과 끝만 읽어 "곡식이 제대로 수확되지 않으면 말 두 마리가 수레를 끈다."는 것만 보고 옳다고 판단하는 실수를 범할 수 있다.

07 정보확인 · 추론

답 ③

난도 하

풀이시간 1분 30초

정답해설

ㄱ. 옳다. 1519~1867년까지의 기간 동안 강제로 아프리카를 떠난 노예의 수를 a명이라고 한다면, $0.85 \times a \geq 950$만 명의 부등식이 성립한다. 따라서 950만 명 ÷ 0.85 = 1,118만 명 ≤ a이므로 a는 1,100만 명 이상일 것이다.

ㄹ. 옳다. 사탕수수뿐 아니라 금광, 커피, 담배, 면화 재배농장에서도 노예를 많이 활용하였다.

오답해설

ㄴ. 옳지 않다. 유럽에서 노예무역은 개인 사업자가 민간 자본을 모아서 운영하는 방식이었다.

ㄷ. 옳지 않다. 16세기 후반 이후 많은 노예가 브라질로 보내졌다. 16~19세기에도 자메이카로 보내진 노예보다 브라질로 보내진 노예가 더 많다.

〈보기〉ㄴ, ㄷ, ㄹ은 비교적 정오 판정이 간단하기 때문에 ㄱ은 넘기고 ㄴ, ㄷ, ㄹ을 우선적으로 판단한다. ㄴ을 지우면 남은 선지에는 모두 ㄱ이 포함되기 때문에 ㄷ, ㄹ의 정오만 이어서 판정하면 된다. 결국 ㄱ을 계산하지 않고 넘어가는 것이 시간 운용에 있어서는 유리하다.

만일 ㄱ을 푼다면 해설처럼 직접 계산하기보다는 선지에 나온 1,100만 명을 식에 대입하여 어림산을 통해 시간을 절약한다. 이동 중 노예의 15%가 사망하였다면 1,100만×0.85＝935만이다. 935만은 950만보다 작으므로 강제이주된 노예의 수가 950만 명이 되려면 강제로 아프리카를 떠난 노예의 수는 1,100만보다 커야 한다.

08 정보확인 · 추론   답 ④

난도 하

풀이시간 1분 30초

정답해설

ㄱ. 옳다. 조선시대 궁녀에게는 의전, 선반, 삭료가 제공되었는데, 궁녀에게 내려주는 포화를 의전이라고 하였고, 삭료는 현물로 지급되었다.

ㄷ. 옳다. 반공상으로는 북어 1태 5미를 받고, 온방자로는 북어 1태를 받으므로 총 북어 2태 5미를 받게 된다. 이때 북어 1태는 20미와 같으므로 총 북어는 45미이다.

ㄹ. 옳다. 기본급인 공상은 모든 궁녀에게 지급되나, 방자는 일부에게만 지급되므로 방자를 받지 않는 궁녀가 존재할 수 있다. 따라서 가장 낮은 단계의 공상인 반반공상만을 받는다면 쌀 4두, 콩 1두 5승, 북어 13미를 받게 된다.

오답해설

ㄴ. 옳지 않다. 단위인 두와 승의 관계를 알 수 없으므로 현물의 양이 온공상이 반공상의 2배인지, 반공상이 반반공상의 2배인지는 알 수 없다.

의전, 선반, 삭료, 포화 등의 용어가 생소하므로 정의를 잘 따라가면서 읽어야 한다. 마찬가지로 〈보기〉를 읽을 때, 온공상, 반공상, 반반공상, 온방자, 반방자 중 어디에 해당하는지 실수하지 않는 것이 중요하다. 또한 반방자가 온방자의 절반이라는 단서에서 '1태＝20미'임을 알아챌 수 있어야 한다.

09 정보확인 · 추론   답 ⑤

난도 하

풀이시간 1분 30초

정답해설

ㄱ. 옳지 않다. 연변봉수의 근무자는 봉군과 오장으로 구성되는데, 봉군의 정원은 6명, 오장의 정원은 2명이므로 근무자 정원은 총 8명이었을 것이다.

ㄴ. 옳지 않다. 봉군은 신량역천으로 그 신분은 양인이고, 발군의 신분 역시 양인이다.

ㄷ. 옳지 않다. 참과 참 사이의 거리는 직로 거리를 참의 수로 나누어 구할 수 있다. 서발의 참과 참 사이의 거리는 (1,050÷41≒25.6)인 반면, 북발의 참과 참 사이의 거리는 (2,300÷64≒35.9)로 서로 다르다.

ㄹ. 옳지 않다. 의주에서 한성까지는 1,050리이고, 기발의 속도는 1주야에 약 300리이다. 따라서 의주에서 한성까지 기발로 문서를 전달하는 데에는 3주야 이상이 걸렸을 것이다.

〈보기〉ㄷ의 정오를 판정할 때, 참과 참 사이의 거리를 직접 나누는 데에는 시간이 소요되기 때문에 비례식으로 푸는 것이 도움이 된다. 예를 들어 서발은 1,050리에 41참을 두었는데, 북발은 2,300리로 그 거리가 서발의 2배 이상인 반면 참의 수는 64참으로 2배 이하이다. 따라서 참과 참 사이의 거리가 동일할 수 없음을 추론할 수 있다.

10 정보확인 · 추론   답 ⑤

난도 하

풀이시간 1분 30초

정답해설

⑤ 옳다. 일벌이 여왕 물질을 더듬이에 묻혀 벌집 곳곳에 퍼뜨리면 여왕벌의 건재함이 알려져서 새로운 여왕벌의 출현이 억제된다.

오답해설

① 옳지 않다. 수벌은 침이 없다.

② 옳지 않다. 일벌은 암컷이다.

③ 옳지 않다. 일벌이 파수병의 역할을 한다.

④ 옳지 않다. 일벌이 낳은 알은 수벌이 되고, 여왕벌이 낳은 알이 로열젤리를 먹는 기간에 따라 일벌과 여왕벌로 성장한다.

11 정보확인 · 추론   답 ②

난도 하

풀이시간 2분

정답해설

ㄱ. 옳다. 물은 성인 체중의 약 60%를 차지하므로, 60kg의 60%면 약 36kg가 된다.

ㄷ. 옳다. 70kg 성인의 경우 체내에 수분을 약 42kg 가지고 있는데, 체내 수분의 5%가 부족하면 혼수상태에 빠진다. 42kg의 5%는 2.1kg(2100ml)이므로 성인 1일 기준 수분배출량인 2,500ml가 부족하면 혼수상태에 빠지게 된다.

오답해설

ㄴ. 옳지 않다. 80kg 성인의 체내 수분량은 약 48kg이다. 이때 체내에 수분이 12% 부족하게 되면 사망하게 되는데, 48kg의 12%는 5.76kg로 약 5,760ml이다.

ㄹ. 옳지 않다. 상추 400g에는 384g의 수분이 포함되어 있고, 쌀밥 300g에는 198g의 수분이 포함되어 있으므로 상추 400g과 쌀밥 300g을 섭취하게 되면 수분 582g을 섭취하게 된다. 성인 1일 기준 수분배출량의 30%는 2,500g×0.3＝750g 이므로, 상추 400g과 쌀밥 300g으로는 부족하다.

문제 자체의 난이도는 어렵지 않으나, 모든 보기가 간단한 계산을 요하므로 시간이 소요된다. 우선 계산이 비교적 간단한 ㄱ선지부터 해결한다. ㄱ을 옳다고 판정하면 ①, ②, ⑤번 선지가 남는다. 이때 ②, ⑤번 선지가 ㄹ 포함 여부를 기준으로 갈리고 있으므로 ㄷ, ㄹ을 판단한다. ㄹ에서 성인 1일 기준 수분배출량의 30%인 750g은 상추 400g과 쌀밥 300g을 더한 것보다 많으므로 해설처럼 계산할 필요 없이 당연히 옳지 않음을 알 수 있다.

12 정보확인·추론 　　　　　　　정답 ④

난도 하

풀이시간 1분 30초

정답해설

ㄱ. 옳다. 특정한 작곡가의 작품에는 다른 약자로 시작하는 특정한 작품 번호가 붙기도 한다. 예를 들어, 바흐의 작품에는 BWV라는 고유의 작품번호가 붙으므로 바흐의 곡임을 알 수 있다.

ㄷ. 옳다. 예를 들어 모차르트 작품에 빈번히 사용되는 작품번호 K는 작품을 정리한 쾨헬의 이니셜을 딴 것이고, 슈베르트 작품에 사용되는 작품번호 D는 번호를 매긴 도이치의 이니셜이다.

ㄹ. 옳다. BWV는 바흐의 작품에 사용되는 작품번호이고, D는 슈베르트 작품에 사용되는 작품번호이다.

오답해설

ㄴ. 옳지 않다. 리옹 이전에도 비발디의 작품번호를 정리하여 출판한 사람이 있었다.

13 정보확인·추론 　　　　　　　정답 ①

난도 하

풀이시간 2분

정답해설

ㄱ. 옳다. 태종은 중국이 명나라일 때의 왕이므로 연주는 유명증시, 사시, 묘호, 상시, 대왕의 순서로 붙여 쓴다. 따라서 태종의 연주에는 '유명증시공정태종성덕신공문무광효대왕'이라고 쓰여 있을 것이다.

ㄴ. 옳다. 우주는 묘호, 상시, 대왕의 순서로 붙여 쓰므로 태종의 우주에는 '태종성덕신공문무광효대왕'이라고 쓰여 있을 것이다.

오답해설

ㄷ. 옳지 않다. 인조는 중국이 청나라가 된 뒤 승하하였으므로 연주를 표기할 때 유명증시와 사시를 빼고 표기하였을 것이다. 따라서 청나라가 '송창'이라는 시호를 보내도 이를 신주에 반영하지 않았을 것이다.

ㄹ. 옳지 않다. 숙종은 중국이 청나라일 때의 왕이므로 연주에서 유명증시와 사시를 빼고 표기하였을 것이다. 따라서 우주와 연주는 모두 묘호, 상시, 대왕으로 같게 표기되어 있을 것이다.

합격생 가이드

글을 읽고 신주를 쓰는 방식을 모두 기억할 수 없으므로 〈보기〉를 먼저 읽고, 글에서 해당 부분을 찾아 읽어 정오를 판정하는 방식으로 풀이한다. 이때 용어가 매우 생소하고 복잡하므로 실수하지 않도록 주의한다. ㄱ, ㄴ은 모두 태종의 시호를 묻고 있으므로 동시에 판단하는 것이 시간 절약에 도움이 된다. ㄷ 판단에 있어, 인조가 명나라와 청나라에 걸쳐있다는 점이 특수하므로 출제자는 이 부분에서 선지를 만들 것임을 예상할 수 있다. 따라서 우주는 건너뛰고, 명나라와 청나라로 바뀌는 것이 표기 방식에 변화를 미치는 연주를 먼저 판단하여 시간을 절약한다.

14 정보확인·추론 　　　　　　　정답 ①

난도 하

풀이시간 1분 30초

정답해설

ㄱ. 옳다. 온난화의 진행 정도는 북반부가 남반구에 비하여 훨씬 심하고, 북극지방의 평균온도 증가율은 지구 평균온도 증가율의 약 2배이므로, 북반구의 평균온도 변화가 남반구의 그것보다 더 클 수 있다.

오답해설

ㄴ. 옳지 않다. 지난 20년 동안 육지의 온난화가 해양보다 빠르게 진행되어 왔으므로 육지의 생태계 변화가 해양의 그것보다 심하지 않다고 추론할 수 없다.

ㄷ. 옳지 않다. 6대 온실가스 중에서 이산화탄소 농도의 증가율만 글에 제시되어 있고, 다른 온실가스의 증가율을 알 수 없기 때문에 이산화탄소 농도의 증가율이 가장 큰지는 알 수 없다.

ㄹ. 옳지 않다. 북극지방의 평균온도 증가율이 지구 평균온도 증가율의 약 2배이고, 남극해의 평균온도 증가율은 알 수 없다.

합격생 가이드

〈보기〉의 ㄴ, ㄷ, ㄹ은 알 수 없는 정보로, 옳지 않은 근거를 글에서 명확하게 찾을 수 없다. 따라서 틀린 근거를 찾기 위해 시간을 허비해서는 안 된다.

15 정보확인·추론 　　　　　　　정답 ②

난도 하

풀이시간 1분 30초

정답해설

ㄱ. 옳다. 통제영 귀선의 포구멍은 좌우 방패판에 각 22개씩 44개, 거북머리 위에 2개, 2개의 문 옆에 각 1개씩 2개, 좌우 복판에 각 12개씩 24개로 (44+2+2+24), 총 72개이고, 전라좌수영 귀선의 경우 거북머리 아래에 2개, 현판 좌우에 각 10개씩 20개, 복판 좌우에 각 6개씩 12개로 (2+20+12), 총 34개이다.

ㅁ. 옳다. 통제영 귀선은 좌우에 각각 10개, 총 20개의 노를 두고 있으므로 20명의 노 담당 군사를 필요로 하고, 전라좌수영 귀선은 좌우에 각각 8개, 총 16개의 노를 두고 있으므로 16명의 노 담당 군사를 필요로 한다.

오답해설

ㄴ. 옳지 않다. 통제영 귀선은 포판 아래 총 24개의 방을 두었고, 포판 위의 방 한 간을 선장이 사용하였다.

ㄷ. 옳지 않다. 두 귀선의 포판 위에 쇠못을 박아두어 적군의 귀선 접근을 막았다는 정보는 나와 있지 않다.

ㄹ. 옳지 않다. 통제영 귀선은 거북 머리 속에서 유황·염초를 태워 연기를 내뿜었다. 두 귀선의 용머리에서 포를 쏜다는 정보는 나와 있지 않다.

합격생 가이드

글을 읽고 귀선에 대한 세세한 정보를 모두 기억할 수 없으므로, 〈보기〉를 먼저 읽고, 글에서 해당 부분을 찾아 읽어 정오를 판정하는 방식으로 풀이한다. 〈보기〉ㄱ과 ㅁ은 통제영 귀선과 전라좌수영 귀선 모두의 계산을 요하므로 시간이 많이 소요될 것이다. 따라서 ㄴ, ㄷ, ㄹ의 정오부터 판정한다. ㄴ의 경우, 통제영 귀선 포판 아래 총 24간의 방을 둔 것은 맞지만 뒤의 정보가 옳지 않다. 따라서 선지의 앞부분만 보고 성급하게 옳다고 판정하는 실수를 범해서는 안 된다. ㄷ과 ㄹ의 경우 글에 나와 있지 않은 정보이므로 부합하는 정보라고 할 수 없다. 따라서 ㄱ과 ㅁ을 계산하지 않더라도 답을 도출할 수 있다.

16 정보확인·추론

답 ②

난도 하

풀이시간 1분 30초

정답해설

ㄴ. 옳다. 대기를 통해 해양으로 유입되는 육상기인의 비율은 24%로, 육상폐기물 해양투기 비율인 10%보다 크다.

오답해설

ㄱ. 옳지 않다. 우리나라의 육상폐기물 해양투기는 하수오니와 축산분뇨 등 유기물질의 해양투기비율이 준설물질의 해양투기비율을 능가하고 있다.

ㄷ. 옳지 않다. 우리나라는 1996년 해양수산부가 설치되기 이전인 1977년에도 해양오염방지법을 제정하여 선박으로부터 해양오염을 규제해 왔다.

ㄹ. 옳지 않다. 우리나라에서 육상기인 해양오염이 유류오염사고로 인한 해양오염보다 심하다는 정보는 나와 있지 않다.

> **합격생 가이드**
>
> 선지에서 ㄷ은 한 번만 등장하므로 ㄱ, ㄴ, ㄹ의 정오를 우선으로 판정한다. ㄱ을 판정하면 ②, ④번만 남으므로 이후 ㄹ의 정오를 판정하는 것이 효율적이다.

17 정보확인·추론

답 ③

난도 하

풀이시간 1분 30초

정답해설

ㄷ. 옳다. 분포가 대칭적이라면 중위값과 평균은 일치하기 때문에 굳이 중위값을 사용할 필요가 없다.

ㄹ. 옳다. 소득분포는 일반적으로 분포가 소득이 적은 쪽에 치우치므로 평균소득은 중위소득보다 크게 도출되고, 다수의 인구는 평균소득보다 낮은 소득수준을 가지고 있게 된다. 따라서 평균소득과 중위소득의 차이가 클 경우, 평균소득으로 후생수준을 판단하는 것은 실제의 소득분포와 괴리를 낳을 것이다.

오답해설

ㄱ. 옳지 않다. 평균과 중위값을 구하는 데는 동일한 양의 정보가 필요하기 때문에 평균과 중위값 정보를 동시에 제공하더라도 추가비용은 들지 않는다.

ㄴ. 옳지 않다. 평균은 극단값에 민감하게 영향을 받지만, 중위값이 극단값의 영향을 받는다는 정보는 나와 있지 않다.

ㅁ. 옳지 않다. 경제변수의 분포가 우측으로 치우친 경우 중위값은 평균보다 우측에 있다.

> **합격생 가이드**
>
> 선지 구성을 보면 ㄴ과 ㄷ이 함께 등장하지 않는다는 것을 확인할 수 있다. 따라서 둘 중에 정오 판정이 쉬운 것을 우선적으로 판단한다. ㄴ을 옳지 않다고 판단하거나 ㄷ을 옳다고 판단하고 나면, 이후 ㅁ의 정오만 판정하여 답을 도출할 수 있다.

18 정보확인·추론

답 ②

난도 하

풀이시간 1분 30초

정답해설

ㄱ. 옳다. 예조는 과거 관리로 채용관련 업무를 담당하였으며, 이조는 인사로 관료의 승진·평가업무를 전담하였다.

ㄷ. 옳다. 조선시대 육조의 각 조에는 3명의 당상관이 있었으므로 육조에는 총 18명의 당상관이 있었을 것이다. 육조는 육관으로 불리기도 하였는데, 육조의 서열은 초기에는 이, 병, 호, 예, 형, 공조의 순서로, 1418년 이후에는 이, 호, 예, 병, 형, 공조의 순서로 정해져 있었다.

오답해설

ㄴ. 옳지 않다. 병조의 정랑·좌랑은 문관만 재직할 수 있도록 되어 있었다.

ㄹ. 옳지 않다. 세종 이후 호조가 강화되었지만, 조선 후기에 실학사상의 영향으로 호조의 역할이 강화되었다는 정보는 나타나 있지 않다.

ㅁ. 옳지 않다. 당상관이 임기제로 운영되고 있었다는 정보는 나타나 있지 않다.

> **합격생 가이드**
>
> 〈보기〉 ㄱ의 판정이 명확하지 않을 수 있다. 과거 관리가 채용관련 업무인지, 인사가 관료의 승진·평가업무인지 글에 나타나지 않기 때문이다. 하지만 ㄱ을 확실하게 옳다고 판정하기 어렵다 하더라도 ㄴ, ㄹ, ㅁ이 옳지 않은 것이 명확하기 때문에 답을 고르는 데에는 큰 어려움이 없을 것이다.

19 정보확인·추론

답 ①

난도 하

풀이시간 1분 30초

정답해설

ㄹ. 옳다. 사단칠정론은 인간의 정신현상을 합리적으로 설명하면서, 인간이 지니는 도덕능력의 근거를 함께 밝히려 하였다.

오답해설

ㄱ. 옳지 않다. 사단칠정론은 성선설을 논리적으로 규명하려는 노력이었다.

ㄴ. 옳지 않다. 퇴계는 이의 자발성을 견지하면서 그 발현에는 기의 작용이 수반한다고 설명하였다.

ㄷ. 옳지 않다. 율곡은 정신현상의 발현과정에 대한 논리적 설명에 주안점을 두었다.

ㅁ. 옳지 않다. 사단칠정론의 최대 쟁점은 인간의 선천적인 윤리적 행위능력에 근거한 도덕적 존엄성의 유무가 아니라, 인간의 선천적인 윤리적 행위 능력의 근거를 인간의 심리현상의 발현을 통해 논리적, 합리적으로 설명하는 것이다.

> **합격생 가이드**
>
> ㄱ, ㄴ, ㄷ은 선지에서 한 번씩만 등장하므로 ㄹ과 ㅁ의 정오를 우선적으로 판정한다. ㄹ을 옳다고 하면, ㄱ과 ㅁ의 정오를 판정하면 된다.

20 정보확인 · 추론　　　　　　답 ②

난도 하

풀이시간 1분 30초

정답해설

ㄱ. 옳다. NEET족은 학교에 다니지 않고, 직업훈련에도 참가하고 있지 않은 미혼 무직자로, 장기적으로 부양가족이 있을 확률이 낮고, 교육수준과 직업능력 수준이 낮아 취업이 어려울 것이므로 정부의 복지수혜대상자가 될 가능성이 높다.

ㄷ. 옳다. NEET족은 생산활동가능인구에 포함되는 연령대로, 생산활동에 참가하는 노동인구를 감소시키므로 경제성장률을 하락시킬 수 있다.

오답해설

ㄴ. 옳지 않다. NEET족은 직업훈련에도 참가하고 있지 않은 무직자이므로, 직업훈련기관을 증설한다고 해서 NEET족 취업에 도움이 되는 것은 아니다.

ㄹ. 옳지 않다. NEET족이 일부 증가하더라도, 전체 청년실업자수가 크게 감소하면 청년실업률은 낮아질 수도 있다.

LEVEL II　　중급

01	02								
④	②								

01 정보확인 · 추론　　　　　　답 ④

난도 중

풀이시간 2분

정답해설

ㄴ. 옳다. Y가설에 따르면 흡인력은 각 도시로부터의 거리 제곱에 반비례하므로, 다른 모든 조건이 동일하다면 거리가 가까운 도시일수록 흡인력이 커진다. 흡인력은 소비자를 끌어당기는 힘이므로 흡인력이 클수록 이상적인 점포 입지가 된다.

ㄷ. 옳다. Y가설에 따를 때, C시로부터 B시가 떨어진 거리가 10km에서 5km로 변한다면 B시의 흡인력은 기존 40,000의 4배인 160,0000이 된다. 이 때 A시의 흡인력은 20,0000이므로 C시 인구의 8/9인 8만 명이 B시로 흡인된다.

오답해설

ㄱ. 옳지 않다. X가설에 따르면 소비자는 유사한 제품을 판매하는 점포들 중 한 점포를 선택할 때 항상 가장 가까운 점포를 선택한다. 즉, 선택에 영향을 미치는 유일한 요인은 거리이고 가격은 점포 선택에 영향을 미치지 않는다.

합격생 가이드

〈보기〉에서 X가설과 Y가설을 완전히 분리해서 묻고 있으므로 글에서 X가설을 읽은 뒤 바로 ㄱ을 판단하고, Y가설을 읽은 뒤 바로 ㄴ과 ㄷ을 판단하는 것이 시간 절약에 도움이 된다. 이때 글의 예 부분을 최대한 활용하여 계산을 최소화하는 것이 중요하다. 즉, ㄷ을 판단하는 데 있어 C시로부터 B시가 떨어진 거리가 1/2이 되면 흡인력은 4배가 된다는 것을 활용하여 시간을 절약할 수 있다.

02 정보확인 · 추론　　　　　　답 ②

난도 중

풀이시간 2분

정답해설

ㄱ. 옳다. A2 용지의 가로는 A4 용지 가로의 2배가 되고, 세로는 A4 용지 세로의 2배가 된다.

ㄴ. 옳다. A 시리즈 용지의 경우, W/L=L/2W의 관계가 성립한다. 다시 말해 바로 아래 등급 용지 면적은 그 위 등급 면적의 1/2이 된다는 것을 의미한다.

오답해설

ㄷ. 옳지 않다. 확대복사의 경우 복사기의 제어판에 표시되는 비율은 길이를 확대하는 비율을 의미하므로 $\sqrt{2}$ / 1 ≒ 1.4 즉, 140%가 될 것이다.

ㄹ. 옳지 않다. 미국표준협회 규격 용지의 경우, 한 용지와 그보다 두 등급 위의 용지의 가로 대 세로 비율이 같으므로, 한 용지와 바로 위 등급 용지의 세로를 가로로 나눈 값이 $\sqrt{2}$로 일정할 수 없다.

합격생 **가이드**

〈보기〉 ㄴ을 제외한 모든 보기가 계산을 요한다. 따라서 시간을 절약하기 위해서는 선지 구성을 보고 먼저 판단할 〈보기〉를 선택해야 한다. 우선 ㄱ은 선지 4개에 포함되므로 우선 옳다고 가정한 뒤, 최종적으로 정오를 판별해야 문제 해결이 가능한 경우에만 푼다. ㄴ은 계산이 없으므로 간단하게 옳은 설명임을 확인할 수 있다. 이후 ㄷ이 옳지 않은 것을 확인하고 나면 정답은 ②번 선지로 도출된다. 여기서 풀이를 마쳐도 되지만, ㄱ이 옳지 않다면 ③번 선지 역시 답이 될 수 있으므로 확실하게 하기 위해서는 ㄱ이나 ㄹ 중 하나의 정오만을 판정한다. 만일 ㄹ을 판정한다면 미국표준협회 규격 용지 중 아무 것이나 골라 나누어 보면 된다. 예를 들어 22÷17은 약 1.29이므로 ㄹ이 옳지 않음을 알 수 있다.

LEVEL Ⅲ　상급

01							
①							

01　정보확인 · 추론　📘 ①

난도 상

풀이시간 2분 30초

정답해설

나. 수 → 목 → 화 → 토 → 금 → 수의 순환구조를 도출할 수 있다. 또한 신라 → 고려 → 조선이므로 신라-금, 고려-수, 조선-목을 도출할 수 있다. 화-7임을 알 수 있다.

다. 조선-8, 고려-6, 신라-9이다. 나.의 정보와 조합하여 수-6, 목-8, 금-9를 도출할 수 있다.

라. 주작-화-예, 청룡-목-인을 도출할 수 있다. 흥인문과 돈의문이 마주보고 있고, 청룡과 백호가 마주 보고 있으므로 백호-의를 도출할 수 있다. 숭례문과 소지문이 마주보고 있고, 주작과 현무가 마주 보고 있으므로 현무-지를 도출할 수 있다.

마. 화와 수가 마주 보고, 목과 금이 마주 보고 있으므로 라.의 정보와 조합하여 백호-금-의, 현무-수-지를 도출할 수 있다.

마지막으로 라.와 마.의 정보를 나.와 다.에서 도출한 5수와 매칭시키면 5행, 5수, 5상, 4신을 모두 짝지을 수 있다.

합격생 **가이드**

2번 혹은 22번 위치에 있는 문제도 어려울 수 있음을 확인시켜주는 문제였다. 2번(22번)이라 맞춰야 하는 문제라고 생각한 많은 사람들이 실전에서 2번에 너무 많은 시간을 투자하여 시간 안배에 실패한 경우가 많았다고 전해진다. 따라서 앞부분에 배치된 문제라고 해서 무조건 풀어야 한다는 강박을 버리고, 너무 어려우면 넘어가는 것이 좋은 전략이 될 수 있다.

이 문제를 풀 때 첫 번째로 중요한 것은 우리의 통상적인 관념처럼 '인, 의, 예, 지, 신'과 '5, 6, 7, 8, 9'가 위와 같은 순서로 연결되지 않는다는 것이다. 따라서 글에 충실하여 순서를 알려주는 것은 '수, 목, 화, 토, 금'밖에 없음을 명확히 하고 다음에 나타나는 정보를 조합해야 한다. 두 번째로 중요한 것은 '돈의문, 소지문, 숭례문, 흥인문'이 각각 '의, 지, 예, 인'을 나타낸다는 것을 캐치하는 것이다. 만일 이를 놓친다면 5행과 5상, 4신을 연결시키는 데에 어려움을 겪게 된다. 마지막으로는 가~마에 제시되는 정보를 가~마 안에서 뿐 아니라, 가~마 간에도 잘 조합하여야 한다. 정보가 많으므로 위치를 알려주는 라와 마를 활용하여 십(十)자 모양으로 배치한 뒤, 각각 해당하는 정보를 적는다면 보다 쉽게 해결할 수 있을 것이다.

CHAPTER 04 단순계산

LEVEL I ㅇ 하급

01	02	03	04	05					
⑤	②	①	④	①					

01 단순계산 답 ⑤

난도 하

풀이시간 2분

정답해설

⑤ 옳다. 돼지고기는 225－100＝125g을 준비해야 한다.

오답해설

① 옳지 않다. 면은 500－200＝300g을 준비해야 한다.
② 옳지 않다. 양파는 150－100＝50g을 준비해야 한다. 그런데 냉장고에 이미 있는 양이 더 많으므로 양파는 준비하지 않는다.
③ 옳지 않다. 새우는 120g을 준비해야 한다.
④ 옳지 않다. 건고추는 10g을 준비해야 한다.

합격생 가이드

총 2.5인분을 준비해야하지만 예외적으로 '고추'가 들어간 재료는 1.25인분, 새우는 3인분을 준비해야한다. 특수한 장치가 들어있는 경우, 해당 장치가 적용되는 선지를 우선 판단한다. ③, ④번 선지를 우선 판단한 이후에 다른 선지들을 풀이하면 실수의 여지를 줄일 수 있다.

매력적인 오답으로 ②번 선지가 제시되었는데, 문항에 필요한 각 재료의 절반 이상이 냉장고에 있으면 그 재료는 구매하지 않는다고 되어있다. 문항에 주어진 조건을 모두 적용하지 못한 경우에는 실수한 것이 없는지 의심해보아야 실수를 줄일 수 있다.

02 단순계산 답 ②

난도 하

풀이시간 1분 30초

정답해설

(가)방식은 5－3＝2억 원, (나)방식은 4.5－(2＋1＋0.5)＝1억 원의 가치가 발생하므로 (가)방식을 선택한다. 한편, 설립 위치는 우선 20～30대 비율이 50%인 乙을 제외한다. 甲은 80×0.75÷3＝20, 丙은 75×0.6÷2＝22.5의 값을 가지므로 丙을 선택한다.

합격생 가이드

숫자의 특성을 고려하면 빠른 풀이가 가능하다. 설립 위치의 경우, 甲은 80×0.25, 丙은 75×0.3으로 나타낼 수 있다. 그런데 80과 25, 75와 30은 합이 같으므로 두 숫자의 간격이 더 가까운 75와 30의 곱이 더 큼을 쉽게 판단할 수 있다. 따라서 丙의 값이 더 클 것임을 계산 없이도 도출해낼 수 있다(합이 같은 두 숫자의 곱셈은 두 숫자 간 차이가 작을수록 더 큼에 주목한다).

03 단순계산 답 ①

난도 하

풀이시간 1분 30초

정답해설

① 옳다. (34×0.6＋34×0.4)×1.3＝(20.4＋13.6)×1.3＝44.2이다.

오답해설

② 옳지 않다. (30×0.6＋35×0.4)×1.3＝(18＋14)×1.3＝41.60이다.
③ 옳지 않다. (37×0.6＋25×0.4)×1.3＝(22.2＋10)×1.3＝41.860이다.
④ 옳지 않다. (32×0.6＋30×0.4)×1.3＋(19.2＋12)×1.3＝40.560이다.
⑤ 옳지 않다. 40×0.6＋25×0.4＝24＋10＝340이다.

합격생 가이드

숫자의 특성을 활용한다. 우선, 30～40의 0.3은 9～12로 매우 크므로 가산점을 받을 수 없는 ⑤번 선지는 소거하고 시작한다. 나머지 선지들을 비교함에 있어서는 가산점을 고려할 필요가 없으므로 전문가 점수와 학생 점수의 가중평균을 비교한다. 이때, ①번 선지는 전문가 점수와 학생 점수가 34점으로 동일하여 그 가중평균 역시 34점이 되므로 다른 선지 판단의 준거로 삼으면 좋다. 3 : 2로 가중평균을 취하게 되므로 ②, ④번 선지는 가중평균이 34를 넘을 수 없음이 바로 판단 가능하다. 이제 ③번 선지만 판단하면 되는데, 37－25＝12이므로 37－4.8이 34보다 작음을 쉽게 판단할 수 있다.

04 단순계산 답 ④

난도 하

풀이시간 1분 30초

정답해설

실제 흑인강도 10명 가운데 8명만 정확히 흑인으로 인식될 수 있으며, 실제 백인강도 90명 중 18명은 흑인으로 오인된다. 따라서 흑인으로 인식된 26명 가운데 8명만이 흑인이다. 8/26≒0.31이다.

01	02	03	04	05	06	07	08		
⑤	④	①	①	⑤	④	⑤	②		

합격생 가이드

통계학적 배경지식이 있다면 쉽지만, 그렇지 않다면 글의 빈칸을 차례대로 채워나가며 계산하면 된다. 한편, 다음과 같이 도식화해서 풀면 헷갈리지 않는다.

백인		흑인	
90%		10%	
백인으로 인식	흑인으로 오인	백인으로 오인	흑인으로 인식
72%	18%	8%	2%

01　단순계산　답 ⑤

난도 중

풀이시간 2분

정답해설

각 평가대상기관이 받는 점수는

- A : 3+3=6점,
- B : 5+3=8점,
- C : 1+1=2점,
- D : 3+5=8점이다.

B, D는 동점이지만 내진보강대상건수가 더 많은 기관은 D이다. 따라서 최상위 기관은 D, 최하위기관은 C이다.

합격생 가이드

내진성능평가지수와 내진보강공사지수를 일일이 계산하지 않는다. 분수 비교를 통해 가장 높은 기관과 가장 낮은 기관만 판단하여 5점과 1점을 부여한 후, 나머지 기관에는 3점을 부여하면 된다. 최고점이나 최하점이 동점으로 나오지 않는다면 주어진 조건을 사용하지 못한 것이므로 실수가 없는지 의심해봐야 한다.

05　단순계산　답 ①

난도 하

풀이시간 1분 30초

정답해설

고속버스를 이용한다면 최소 15+210+30=255분이 걸려 오후 3시까지 도착할 수 없다. 따라서 비행기와 기차를 이용하는 방법만 비교한다.

최저운임은 비행기를 이용할 경우 1,500+60,000+1,500=63,000원이고, 기차를 이용할 경우 1,000+50,000+1,000=52,000원이므로 c → 기차 → a가 최저운임 도착방법이다.

최단시간은 비행기를 이용할 경우 30+90+35+25=180분이고, 기차를 이용할 경우 15+140+20=175분이므로 c → 기차 → b가 최단시간 도착방법이다.

합격생 가이드

4시간 제약이 있으므로 제약이 없는 최단시간 도착방법을 먼저 구한다. 선지를 비교해보면, 기차는 도시 내 소요시간이 비행기보다 20분 빠르므로 도시 간 소요시간을 보상하고도 남는다. 따라서 ①번 선지와 ②번 선지를 비교하면 된다. 그런데 4시간은 240분이므로 도시 간 소요시간이 210분이나 드는 고속버스는 조건을 위반함을 쉽게 알 수 있다.

02　단순계산　답 ④

난도 중

풀이시간 2분

정답해설

④ 옳다. D는 2,000+700=2,700천 원을 받는다.

오답해설

① 옳지 않다. A는 구성원 수가 5명이므로 조건을 충족하지 못한다.

② 옳지 않다. B는 1,500+600=2,100천 원을 받는다.

③ 옳지 않다. C는 (1,500+960)×1.3=3,198천 원을 받는다.

⑤ 옳지 않다. E는 1,500+630=2,130천 원을 받는다.

합격생 가이드

A를 우선 배제하고, C는 구성원 수도 많고 연구 계획 사전평가결과도 '상' 등급을 받았는데 협업 인정 여부까지도 유일하게 인정받고 있으므로 가장 높은 지원금을 받을 것임을 유추 가능하다. 남은 선지들은 차이값을 활용하여 D만 500천 원 더 받고 있음을 포착한다면 더 빠른 풀이가 가능하다.

03 단순계산

답 ①

난도 중

풀이시간 2분

정답해설

- A : 320+80+50×4+7=607백만 원
- B : 240+60+50×2+8=408백만 원
- C : 320×0.8+80+50×4+10=546백만 원
- D : 400×0.6+80+50×4+12=532백만 원

A>C>D>B가 성립한다.

> **합격생 가이드**
>
> 우선 전체적인 보조금 지급 구조를 살펴보면, 입소자당 지원되는 간식비는 매우 작으므로 종사자 수를 기준으로 차이값을 비교한다. 이때, 종사자 수가 2명밖에 되지 않는 B 시설에 지급되는 보조금이 가장 작을 것임을 알 수 있다. A, C, D 시설에 지급되는 보조금은 차이값을 활용하여 계산하면 편리하게 비교가 가능하다.

04 단순계산

답 ①

난도 중

풀이시간 2분 30초

정답해설

① 옳다. 가격이 2,500×2+2,000×2+1,000=10,000원이고, 칼로리는 600×2+350×2+250+150+350=2,650kcal로 가장 높다.

오답해설

② 옳지 않다. 가격이 4,000×2+2,500+500=11,000원으로 예산을 초과한다.

③ 옳지 않다. 가격이 10,000원으로 예산은 초과하지 않으나, 칼로리가 350×2+250×6+350=2,500kcal로 더 작다.

④ 옳지 않다. 가격이 10,000원으로 예산은 초과하지 않으나, 칼로리가 650×2+250×2+650=2,450kcal로 더 작다.

⑤ 옳지 않다. 가격이 10,000원으로 예산은 초과하지 않으나, 칼로리가 600×4+150=2,550kcal로 더 작다.

> **합격생 가이드**
>
> 일일이 모든 값을 계산하기보다는, 우선 ①번 선지를 통해 2,650kcal이라는 칼로리 값을 얻었다면 다른 선지들에서 얻을 수 있는 칼로리 값과 2,650을 비교한다. 비교 결과 더 큰 칼로리 값을 갖는 ②번 선지에 대해서만 가격을 계산한다.

05 단순계산

답 ⑤

난도 중

풀이시간 2분

정답해설

- 甲의 운동량 : 1.4×2=2.8
- 乙의 운동량 : 1.2×0.8×2=1.92
- 丙의 운동량 : 2×1.5=3
- 丁의 운동량 : 2×0.8+1×1.5=3.1
- 戊의 운동량 : 0.8×0.8×2+1.2=2.48

따라서 丁>丙>甲>戊>乙이 성립한다.

> **합격생 가이드**
>
> '일반 자전거 : 거리×1, 연습용 자전거 : 거리×0.8, 외발 자전거 : 거리×1.5, 2인 탑승 : 거리×2'로 정리해두고 문제를 풀기 시작한다. 이후 식으로 정리만 하면 운동량 크기비교는 어렵지 않다. 1.2×0.8은 1×1보다 작으므로, 乙의 운동량은 2보다 작을 것임을 쉽게 알아낼 수 있어 ②, ④번 선지는 소거할 수 있다. 또한 가장 계산하기 쉬운 甲과 丙의 운동량을 기준으로 크기들을 비교하면 편하다.

06 단순계산

답 ④

난도 중

풀이시간 2분 30초

정답해설

④ 옳다. 10,000×(20,000×0.8)+(500×2)=27,000원

오답해설

① 옳지 않다. (10,000+20,000)×0.9+(500×2)=28,000원

② 옳지 않다. 20,000+(10,000×0.8)+(500×2)=29,000원

③ 옳지 않다. (10,000+20,000)×0.8+(500×2×5)=29,000원

⑤ 옳지 않다. 10,000+(20,000×0.8)+(500×2)+500=27,500원

> **합격생 가이드**
>
> 스킨과 로션을 모두 정가로 구매할 경우 드는 돈은 30,000원으로 일정하므로, 각 선지의 상황별로 할인되는 금액과 체감 비용만 계산하면 더 빠른 풀이가 가능하다. ④번 선지는 20,000×0.2=4,000원이 할인되고 500×2=1,000원의 체감비용이 발생하므로, 총 3,000원을 아낄 수 있어 총 비용이 가장 적게 든다.

07 단순계산　　　　　　　답 ⑤

난도 중

풀이시간 2분 30초

정답해설

⑤ 옳다. 12+2+2=16분의 시간이 걸리므로 1,000+(450×2)+(4×200)= 2,700원이다.

오답해설

① 옳지 않다. 5분의 시간이 걸리므로 비용은 (2,000+400)+(15×200)=5,400 원이다.

② 옳지 않다. 15분의 시간이 걸리므로 비용은 1,000+(5×200)=2,000원이다.

③ 옳지 않다. 10분의 시간이 걸리므로 비용은 1,000+(10×200)=3,000원이다.

④ 옳지 않다. 12+1+2=15분의 시간이 걸리므로 비용은 1,000+2,000+ (450×2)+(5×200)=4,900원이다.

합격생 가이드

비용의 계산에 핵심이 되는 것은 시간이다. 대기 시간 1분당 200원의 비용 이 발생하는데, 이는 택시의 추가비용인 분당 100원보다도 크다. 따라서 저 렴한 교통수단을 타면서도 도착 시간을 최대한 늦춰야 비용을 줄일 수 있다. 따라서 15분이 걸리면서 환승 비용도 발생하지 않는 ②번 선지에서 가장 비 용이 적을 것임을 유추할 수 있으며, 환승의 번거로움 비용이 발생하지 않지 만 시간은 덜 걸리는 ③번 선지와 환승의 번거로움 비용은 발생하지만 시간 이 더 오래 걸리고 무료환승이 가능한 ⑤번 선지를 비교하면 두 번째로 비 용이 적게 드는 방법을 쉽게 알아낼 수 있다.

08 단순계산　　　　　　　답 ②

난도 중

풀이시간 2분

정답해설

각 분기별 성과평가 점수는 각각 7.6, 7.2, 9.2, 8이다. 따라서 분기별 성과급 지 급액은 80만 원, 80만 원, 100+10=110만 원, 90만 원이 된다. 80+80+ 110+90=360만 원이다.

합격생 가이드

가중평균의 계산이 핵심이 되는 문항이다. 숫자의 구성상 유용성, 안전성, 서비스 만족도는 두 숫자가 같고 하나만 다르게 나오므로 그 중간 값보다 가중평균이 큰지 작은지만 판단하면 된다. 1/4분기는 8에 0.8의 가중치, 6 에 0.2의 가중치가 주어졌으므로 그 가중평균은 7보다 크고 8보다 작다. 2/4분기는 8에 0.6의 가중치, 6에 0.4의 가중치가 주어졌으므로 그 가중평 균 역시 7보다 크고 8보다 작다. 3/4분기는 10에 0.6의 가중치, 8에 0.4의 가중치가 주어졌으므로 그 가중평균은 9보다 크고 10보다 작다. 4/4분기는 값이 동일하므로 계산할 필요가 없다.

LEVEL III　　상급

01	02	03						
②	④	②						

01 단순계산　　　　　　　답 ②

난도 상

풀이시간 2분 30초

정답해설

• A안 : 1,500×0.2=300가구에 200×0.25=50만 원을 지급하므로 총 300× 50=15,000만 원이 든다.

• B안 : 600가구에 10만 원, 500가구에 20만 원, 100가구에 30만 원을 지급하 므로 총 6,000+10,000+3,000=19,000만 원이 든다.

• C안 : 한 자녀 가구에 600×30×0.3=5,400만 원, 두 자녀 가구에 500×60 ×0.3=9,000만 원, 100×100×0.3=3,000만 원을 지급하므로 총 5,400+ 9,000+3,000=17,400만 원이 든다.

즉, A<C<B이다.

합격생 가이드

주어진 조건들을 묶어서 계산하면 더 빠른 풀이가 가능하다. 예컨대, C안은 한 자녀 가구와 두 자녀 가구를 묶어 30만 원×(600가구+500×2가구)× 0.3으로 계산할 수 있다. 또한 맞벌이 가구와 빈곤 가구는 모든 가구 유형에 대해 동일한 비중을 차지하므로 0.3과 0.2는 가장 마지막에 곱해주면 계산 이 편하다.

02 단순계산　　　　　　　답 ④

난도 상

풀이시간 2분

정답해설

ㄱ. 옳다. 丙국의 x지수는 10+10=200이고, 丁국의 x지수는 10+10+10+10 =400이므로 x지수가 낮은 丙국의 비례성이 더 높다.

ㄷ. 옳다. 甲국의 x지수는 20으로 乙국의 50, 丙국의 20, 丁국의 40 중 가장 작다. 또한 甲국의 y지수는 $\frac{1}{2,550}$ 로 乙국의 $\frac{1}{4,200}$, 丙국의 $\frac{1}{3,400}$, 丁국의 $\frac{1}{4,200}$ 중 가장 크다.

ㄹ. 옳다. 乙국의 x지수는 50으로 가장 크고, y지수는 $\frac{1}{4,200}$ 로 가장 작다.

오답해설

ㄴ. 옳지 않다. 甲국의 y지수는 $\frac{1}{30^2+25^2+25^2+20^2} = \frac{1}{2,550}$ 이고, 丙국의 y지수는 $\frac{1}{50^2+10^2+20^2+20^2} = \frac{1}{3,400}$ 이므로 y지수가 높은 甲국의 비례성이 더 높다.

합격생 가이드

y지수의 계산이 관건이 되는 문제이다. 우선, 헷갈리는 것을 방지하기 위해 y지수의 역수가 작을수록 비례성이 크다고 생각하는 것이 편하다. 또한, y지수의 역수는 결국 총합이 100이 되는 네 숫자의 제곱의 합으로 구성된다. 숫자의 특성상 네 숫자의 크기가 비슷할수록 제곱의 합은 더 작아진다는 점을 활용하면 甲의 비례성이 가장 높고 乙의 비례성이 가장 낮을 것임을 쉽게 예측할 수 있다.

03 단순계산

답 ②

난도 상

풀이시간 2분 30초

정답해설

② 옳다. 상위 3개 영역 수능등급의 평균이 $\frac{5}{3}$이므로 수능최저학력기준을 충족한다. 학교생활기록부 전학년 평균등급은

$$\frac{1.2 \times 0.8 + 1 \times 0.6 + 2 \times 0.9}{3} = 1.12이다.$$

오답해설

① 옳지 않다. 상위 3개 영역 수능등급의 평균이 $\frac{7}{3}$이므로 수능최저학력기준을 충족하지 못한다.

③ 옳지 않다. 상위 3개 영역 수능등급의 평균이 $\frac{7}{3}$이므로 수능최저학력기준을 충족하지 못한다.

④ 옳지 않다. 상위 3개 영역 수능등급의 평균이 10이므로 수능최저학력기준을 충족한다. 학교생활기록부 전학년 평균등급은

$$\frac{2 \times 0.9 + 1.5 \times 0.8 + 1.2 \times 0.6}{3} = 1.24이다.$$

⑤ 옳지 않다. 상위 3개 영역 수능등급의 평균이 20이므로 수능최저학력기준을 충족한다. 학교생활기록부 전학년 평균등급은

$$\frac{2 \times 0.6 + 1 \times 0.7 + 1.5 \times 1}{3} ≒ 1.13이다.$$

합격생 가이드

수능최저학력기준을 통해 ①, ③번 선지를 빠르게 소거하고 시작한다. 반영교과의 보정계수가 어떻게 결정되는지 포착하는 것이 핵심인데, $1.2 - 0.N_{교과}$로 계산된다고 생각하면 편하다.

CHAPTER
05 수리퀴즈(계산)

01	02	03	04	05					
④	④	③	②	④					

01 수리퀴즈(계산)   탑 ④

난도 하

풀이시간 1분 30초

정답해설

이기면 5점, 지면 −1점, 비기면 1점을 얻으므로 총 30회의 게임 결과 받을 수 있는 최대 합산 점수는 150점이다. 이기는 경우와 비기는 경우의 점수차는 4점, 이기는 경우와 지는 경우의 점수차는 6점, 비기는 경우와 지는 경우의 점수차는 2점이므로 가능한 합산 점수는 150점, 146점, 144점, 142점, 140점 순으로 낮아진다. 따라서 빛나만 참말을 하고 있다.

합격생 가이드

홀짝을 이용한다. 총 게임 횟수가 30회로 짝수이고, 1회 게임마다 얻을 수 있는 점수는 홀수이므로 합산 점수는 반드시 짝수가 되어야 한다.

02 수리퀴즈(계산)   탑 ④

난도 하

풀이시간 2분

정답해설

최초에 甲회사의 물과 乙회사의 물에는 A균과 B균이 각각 리터당 1,000마리씩 있다. 공정 (1)을 거치면 A균은 리터당 100마리, B균은 리터당 200마리 남는다. 공정 (2−1)을 거치면 A균은 리터당 10마리 남는다. 공정 (2−2)를 거치면 B균은 리터당 40마리 남는다. 공정 (3)을 거치면 A균과 B균은 리터당 5마리, 20마리 남는다. 공정 (3)을 거친 물의 온도는 60℃이므로 B균은 22마리로 늘어난다.

합격생 가이드

'리터당'이라는 장치에 주의해야 한다. 공정 (3)에서 甲회사의 물과 乙회사의 물을 1:1로 배합하므로 물의 양은 2배로 늘어난다. 따라서 2리터 A균 10마리, B균 40마리가 남은 상태가 되어 절반으로 나눠주어야 리터당 균의 수를 구할 수 있다.

03 수리퀴즈(계산)   탑 ③

난도 하

풀이시간 1분

정답해설

민경은 7개의 화살로부터 점수를 얻었고, 혜명은 8개의 화살로부터 점수를 얻었다. 이때 5점을 맞힌 화살의 수가 동일하므로 가능한 점수의 조합은 (35, 38), (33, 36), (31, 34), (29, 32), (27, 30), (25, 27), (23, 26), (21, 23)이다.

합격생 가이드

5점을 맞힌 화살의 수는 동일하므로 혜명은 민경보다 3점을 하나 더 맞혔다. 따라서 혜명의 점수가 3점 더 높아야 한다. 따라서 ①, ⑤번 선지는 바로 소거된다. 이때 민경은 홀수 개의 화살로부터 홀수의 점수를 얻었으므로 반드시 점수가 홀수이다. 따라서 ②, ④번 선지는 소거된다.

04 수리퀴즈(계산)   탑 ②

난도 하

풀이시간 2분

정답해설

ㄱ. 옳다. 모든 전구가 켜지면 63이고, 모든 전구가 꺼지면 0이며 그 사이의 값들은 한 자리씩 조정함으로써 표현할 수 있다.

ㄹ. 옳다. 하나의 전구로 나올 수 있는 최대의 결과값은 32이다. 32 이외의 모든 전구가 켜져도 31이므로 32보다 클 수 없다.

오답해설

ㄴ. 옳지 않다. 나올 수 있는 수의 가짓수는 2^6=64가지인데, 0~63까지의 숫자를 모두 표현할 수 있으므로 특정 결과값은 한 가지의 방법으로만 표현할 수 있다.

ㄷ. 옳지 않다. 어느 전구가 고장나든 표현할 수 있는 수의 가짓수는 2^5=32가지로 동일하다.

합격생 가이드

이진법 체계가 반영된 문제라는 점을 이해해야 한다. 모든 전구가 켜진 것은 $111111_{(2)}$=63이고, 모든 전구가 꺼진 것은 $000000_{(2)}$=0인 셈이다. 이 점을 포착한다면 ㄱ, ㄴ, ㄷ은 계산해보지 않아도 알 수 있다.

05 수리퀴즈(계산)   답 ④

난도 하

풀이시간 2분

정답해설

녹차 큰 잔은 2,800원, 노른자를 추가한 쌍화차 작은 잔은 3,800원, 식혜 작은 잔은 3,500원, 수정과 큰 잔은 4,200원, 유자차 작은 잔은 3,000원이므로 총 17,300원이다. 회원카드를 제시했으므로 1,000원을 할인받아 16,300원이 되고, 16,300원의 5%는 815원이므로 적립금을 800원 사용하면 15,500원이다.

합격생 가이드

장치들을 헷갈리지 않고 적용하면 된다. 유자차는 균일가이기 때문에 3,500원이 아니라 3,000원이라는 점, 총 금액이 20,000원을 초과하지 못하기 때문에 회원카드 할인만 적용된다는 점을 읽어내야 한다.

선지를 활용해서 검산해보면, 만약 음료 금액의 합이 20,000원이라면 할인을 최대한 받아도 16,000원을 넘기기 때문에 20,000원이 되지 않을 것임을 알 수 있다.

LEVEL II   중급

01	02	03	04	05	06	07	08		
③	②	②	④	④	③	④	③		

01 수리퀴즈(계산)   답 ③

난도 중

풀이시간 2분

정답해설

ㄱ. 옳다. 현재 검수율이 10%이므로 1일 평균 벌금은 1,000만 원이고, 1일 인건비는 300만 원이다. 따라서 1일 평균 수입은 1,000－300＝700만 원이다.

ㄴ. 옳다. 전수조사를 하는 경우의 평균 벌금은 1,000×10＝10,000만 원이고, 인건비는 300＋(20×9×30)＝5,700만 원이다. 따라서 평균 수입은 4,300만 원이며, 인건비보다 작다.

ㄹ. 옳다. 검수율을 30%로 하는 방안을 선택하면, 1일 평균 벌금은 1,000×3＝3,000만 원, 인건비는 300＋(20×2×30)＝1,500만 원으로 1일 평균 수입은 1,500만 원이다. 벌금을 2배로 인상하는 방안을 선택하면 1일 평균 수입은 700＋1,000＝1,700만 원이 되어 더 높다.

오답해설

ㄷ. 옳지 않다. 검수율이 40%일 때 1일 평균 벌금은 1,000×4＝4,000만 원이고, 인건비는 300＋(20×3×30)＝2,100만 원이므로 평균 수입은 1,900만 원이다. 검수율이 10%일 때의 평균 수입은 700만 원이므로 4배에 달하지 못한다.

합격생 가이드

수익구조를 파악해야 한다. 검수율이 10% 증가함에 따라 벌금은 1,000만 원, 인건비는 600만 원 증가하므로 1일 평균 수입은 400만 원 증가하는 구조이다. 따라서 ㄷ은 당연히 옳지 않음을 알 수 있으며, ㄹ은 차이값을 이용하면 600<1,000이므로 옳다는 것을 쉽게 알 수 있다.

02 수리퀴즈(계산)   답 ②

난도 중

풀이시간 2분

정답해설

이미 A를 300kg 생산한 상태이므로 남은 합금 제품은 구리 530kg, 철 0kg, 주석 33kg, 아연 80kg, 망간 0kg이다. 철과 망간을 다 써버렸으므로 이제 B만 생산할 수 있다. B의 최대 생산량은 530kg이므로 300×300＋200×530＝196,000원이 최대 금액이다.

합격생 가이드

A를 더 이상 생산할 수 없다는 점을 포착하는 것이 핵심이다. 또한 제품은 10kg 단위로만 생산할 수 있으므로, A를 생산해서 얻은 90,000원에 2,000원의 배수만큼만 더해질 수 있다. 따라서 ①, ③, ⑤번 선지는 바로 소거 가능하다.

03 수리퀴즈(계산)   답 ②

[난도] 중

[풀이시간] 2분 30초

[정답해설]

주교를 죽이면 젖소 10마리나 은 20온스와 10쿠말을 지급해야 한다. 영주에게 상해를 가하면 5쿠말과 2쿠말을 지급해야 한다. 영주 아내에게 상해를 가하면 5쿠말과 은 1온스를 지급해야 한다. 하인을 10명 거느린 부유한 농민을 죽이면 젖소 2.5+5=7.5마리와 10쿠말을 지급해야 한다. '1쿠말=젖소 2마리=은 4온스'이므로 A가 지급하여야 하는 총액은 (20+40)+(20+8)+(20+1)+2×(15+40)=219온스이다.

[합격생 가이드]

쿠말, 젖소, 은 중 하나의 단위로 우선 통합한 후에 총액을 계산하고 다시 은으로 바꿔주어야 헷갈리지 않는다. 명예가격과 배상금을 따로 쓰면서 계산하면 헷갈릴 여지를 더 줄일 수 있다.

04 수리퀴즈(계산)   답 ④

[난도] 중

[풀이시간] 2분

[정답해설]

상황 A에서 춘향이 느끼는 최종 호감도는 95, 몽룡이 느끼는 최종 호감도는 65이다. 상황 B에서 춘향이 느끼는 최종 호감도는 80, 몽룡이 느끼는 최종 호감도는 80이다. 상황 C에서 춘향이 느끼는 최종 호감도는 60, 몽룡이 느끼는 최종 호감도는 70이다.

④ 옳다. 몽룡이가 춘향이에게 느끼는 최종 호감도는 상황 C가 70, 상황 A가 65로 C가 A보다 5 높다.

[오답해설]

① 옳지 않다. 몽룡이가 춘향이에게 느끼는 최종 호감도는 상황 B가 가장 높다.

② 옳지 않다. 춘향이가 몽룡이에게 느끼는 최종 호감도는 상황 A가 가장 높다.

③ 옳지 않다. 몽룡이가 춘향이에게 느끼는 최종 호감도는 상황 B가 상황 C보다 10 높다.

⑤ 옳지 않다. 상황 B의 경우 춘향이가 느끼는 최종 호감도와 몽룡이가 느끼는 최종 호감도는 동일하다.

[합격생 가이드]

실수를 하지 않는 것이 가장 중요하다. 호감도에 변동을 일으키는 조건은 4가지가 있으므로 각 상황마다 호감도의 변동분을 차례대로 반영한다. 첫 만남 이후의 최초 호감도 70, 60은 마지막에 반영하면 된다. ①, ②, ③번 선지를 판단하기 위해서는 차이값만 알면 되기 때문이다.

05 수리퀴즈(계산)   답 ④

[난도] 중

[풀이시간] 2분

[정답해설]

정은 근무 경력이 3년이므로 선발될 수 없다.

현행 기준을 적용하면 갑, 을, 병의 점수는 각각 60~79점, 85점, 52~71점이다. 개정안 기준을 적용하면 갑, 을, 병의 점수는 각각 55~64점, 75점, 54~63점이다. 따라서 항상 을의 선발가능성이 가장 높다.

[합격생 가이드]

정을 우선 배제하고 시작해야 빠른 풀이가 가능하다. ⑤번 선지가 소거된다. 값을 다 더하기보다는 얼마나 많이 감점을 당하는지를 기준으로 잡으면 편한 풀이가 가능하다. 갑은 외국어 성적 -50%, 근무 성적 최대 -100%, 포상 -50%이고, 을은 외국어 성적 -50%이다. 따라서 갑은 항상 을보다 점수가 낮다. 따라서 ①, ②, ③번 선지가 동시에 제거된다.

06 수리퀴즈(계산)   답 ③

[난도] 중

[풀이시간] 1분 30초

[정답해설]

실험자 가, 다, 라, 바는 '(비커 2)-(비커 1)-2×(비커 3)' 방식을 사용하고 있다. 반면, 실험자 나, 마는 '(비커 2)-(비커 3)-2×(비커 1)' 방식을 사용하고 있다.

[합격생 가이드]

PSAT 시험의 정답은 하나뿐이므로 다양한 경우의 수를 고려할 필요 없이 목표량을 도출하는 하나의 방법만 찾아내면 된다. 우선 실험자 가의 비커 2는 용량이 254cc이고 목표량인 200cc를 초과하므로, 비커 2에서 비커 1과 비커 3만큼을 적절히 빼서 200을 만드는 방법을 생각해보면 된다. 상대적으로 숫자가 작은 실험자 라에 대해 우선 방법을 생각해보는 것도 좋은 방안이다.

07 수리퀴즈(계산)   답 ④

[난도] 중

[풀이시간] 2분

[정답해설]

D → E 구간을 짝수 번 반복할 때 최대가 되며, 부족한 부분은 B를 반복해서 채워야 한다. A→B→B→B→C→E→D→E→D→E→F일 때 $2^3×(-2)^2×3^3$ =864로 최대이다.

[합격생 가이드]

A → B, E → F는 필수적인 절차이고, 나머지 절차에서는 최소한 2씩 곱할 수 있으므로 3을 얼마나 곱할 수 있는지가 관건이다. 시간 대비 데이터에 곱해지는 수치가 2보다 큰 구간을 찾아야 한다. D → E 구간에서만 시간 대비 데이터에 곱해지는 수치가 2보다 크다는 점을 활용한다.

08 수리퀴즈(계산) ▣ ③

[난도] 중

[풀이시간] 2분

[정답해설]

소수를 모두 배제하고, 가장 큰 숫자부터 나열했는데 짝수로 시작해야 하므로 9도 배제한다. 숫자는 중복될 수 없고 6과 8 중 하나만 사용 가능하므로 가능한 비밀번호는 6410과 8410 두 가지이다.

③ 옳지 않다. 〈조건〉을 모두 만족시키는 번호는 모두 두 개가 있다.

[오답해설]

① 옳다. 비밀번호는 모두 0으로 끝나므로 짝수이다.

② 옳다. 6410과 8410 모두 앞에서 두 번째 숫자는 4이다.

④ 옳다. 6410과 8410은 모두 1을 포함하지만 9는 포함하지 않는다.

⑤ 옳다. 6410과 8410 중 더 작은 수는 64100이다.

[합격생 가이드]

0도 비밀번호를 구성할 수 있다는 점과 1은 소수가 아니라는 점을 정확하게 파악해야 한다. 조건을 모두 적용하면 2, 3, 5, 7, 9가 배제되고, 6과 8 중 하나만 사용 가능하므로 0, 1, 4는 반드시 사용해야 한다는 점을 알 수 있다.

LEVEL III   상급

01	02	03	04						
②	②	③	⑤						

---

01 수리퀴즈(계산) ▣ ②

[난도] 상

[풀이시간] 2분

[정답해설]

만족도가 가장 높은 조합은 A구에 복지회관을 2개, B구에 어린이집을 2개 신축하는 것이다.

② 옳지 않다. A구에는 복지회관만 신설된다.

[오답해설]

① 옳다. 총 건축비는 15+15+15+15=60억 원 사용된다.

③ 옳다. B구에는 어린이집이 2개 신설된다.

④ 옳다. A구 2개, B구 2개 총 4개 신설된다.

⑤ 옳다. 〈조건〉에서 5)가 사라진다면 A구의 복지회관과 B구의 어린이집을 2번째 지었을 때 얻는 만족도는 오히려 증가한다. 따라서 따져볼 필요 없이 당연히 신축되는 시설은 그대로이다.

[합격생 가이드]

각 시설은 최대 2개 신설할 수 있으므로, 건축비 대비 만족도를 구해두고 따져본다. 이때 A구의 어린이집 건축비는 복지회관의 1/3만큼 더 높지만 만족도의 증가는 그에 미치지 못하므로 복지회관이 우선 신설된다. B구에서도 마찬가지로 어린이집이 하나 신설된다. 이제 남은 예산 30억 원으로 최대의 만족도를 얻는 조합을 찾는다.

---

02 수리퀴즈(계산) ▣ ②

[난도] 상

[풀이시간] 2분 30초

[정답해설]

패스 사용이 불가능한 c, e에 드는 16€는 고정비용이므로 나머지 관광명소를 가장 낮은 비용에 관람하는 방법을 찾는다. 일요일에 a, b, 월요일에 d, f, 화요일에 g, 수요일에 c, e,를 관람하고 일요일과 월요일에 2일 패스를 사용하면 32+21+16=69€가 최소 금액이다.

[합격생 가이드]

제약조건을 우선 검토한다. g를 관람하려면 하루가 소요되므로 4일 동안 두 곳, 두 곳, 두 곳, 그리고 g를 관람해야 한다. 또한 관람기간이 4일이므로 6일 패스는 배제하고 시작한다. 패스를 사용할 수 있는 관광명소는 a, b, d, f 그리고 g의 일부이다. g는 패스를 사용하는 것보다 1일권을 사용할 때 더 낮은 비용이 들기 때문에 2일 패스를 사용해 a, b, d, f를 관람하고, 평일에 g를 관람하는 방법을 찾아본다.

03 수리퀴즈(계산)

답 ③

난도 상

풀이시간 2분

정답해설

③ 옳다. 41보다 낮은 번호가 아니고, 4의 배수이며 정수의 제곱근을 갖는 숫자라면 64로 특정 가능하다.

오답해설

① 옳지 않다. 최대한 경우의 수를 줄여 봐도 40 이하의 4의 배수, 혹은 41 이상의 4의 배수까지만 도출할 수 있다.

② 옳지 않다. 최대한 경우의 수를 줄여 봐도 49, 64, 81 중 하나라는 점만 알수 있다.

④ 옳지 않다. 최대한 경우의 수를 줄여 봐도 40 이하의 4의 배수, 혹은 41 이상의 4의 배수까지만 도출할 수 있다.

⑤ 옳지 않다. 정수 제곱근을 갖는 숫자이면서 짝수라면 반드시 4의 배수여야한다. 반면, 홀수라면 당연히 4의 배수가 아니다. 따라서 최대한 경우의 수를 줄여 봐도 4, 16, 36, 64 중 하나라는 점만 알 수 있다.

합격생 가이드

ㄱ과 ㄹ은 전체 숫자를 반반으로 쪼개는 질문이고, ㄴ은 전체 숫자를 25%, 75%로 쪼개는 질문이다. 따라서 9개의 숫자만 걸러낼 수 있는 ㄷ질문이 없다면 하나의 숫자를 특정할 수 없다. 이제 ㄷ은 필수적이라는 점을 전제로 문제를 풀면 된다.

04 수리퀴즈(계산)

답 ⑤

난도 상

풀이시간 2분 30초

정답해설

총 점수의 합은 52이므로 각 팀마다 5명을 배분하여 13점을 만들어야 한다. 각 팀의 구성원들의 점수는

(5, 4, 2, 1, 1), (5, 3, 2, 2, 1), (4, 3, 3, 2, 1), (4, 3, 2, 2, 1)이다.

⑤ 옳지 않다. 모든 팀이 팀 내에 같은 실력을 가진 선수가 있다.

오답해설

① 옳다. (5, 3, 2, 2, 1)인 팀이 있다.

② 옳다. (5, 4, 2, 1, 1)인 팀이 있다.

③ 옳다. 모든 팀에 점수가 1인 선수가 있다.

④ 옳다. (5, 4, 2, 1, 1)인 팀이 있다.

합격생 가이드

총점 13을 만들어야 하는데, 동일한 실력을 가진 사람은 최대 2명만 들어갈 수 있으므로 3점 선수가 두 명 들어가는 팀이 반드시 존재해야 한다. 13−(3+3)=7이므로 2와 1만으로는 7을 구성할 수 없다. 이제 5, 3, 3이 들어가는 팀의 구성이 가능한지, 4, 3, 3이 들어가는 팀의 구성이 가능한지 살펴보면 된다. PSAT 시험의 답은 하나뿐이므로 조건에 부합하는 사례를 찾으면 바로 답을 고르고 넘어간다.

CHAPTER 06 수리퀴즈(추론)

LEVEL I 하급

01	02	03	04	05	06	07			
③	⑤	⑤	⑤	①	②	⑤			

01 수리퀴즈(추론)　　답 ③

난도 하

풀이시간 2분

정답해설

甲과 丙을 비교하면 잠재력이 논증력보다 가중치가 높다. 乙과 戊를 비교해보면 열정이 잠재력보다 가중치가 높다. 甲, 丁, 戊를 비교해보면 표현력, 가치관, 논증력 순으로 가중치가 높다. 丙과 丁을 비교해보면 잠재력이 가치관보다 가중치가 높다.

③ 옳다. 잠재력은 가치관보다 항목가중치가 높다.

오답해설

① 옳지 않다. 잠재력은 열정보다 항목가중치가 낮다.
② 옳지 않다. 논증력은 열정보다 항목가중치가 낮다.
④ 옳지 않다. 가치관은 표현력보다 항목가중치가 낮다.
⑤ 옳지 않다. 논증력은 잠재력보다 항목가중치가 낮다.

합격생 가이드

모든 항목에서 최소한 2점씩 받고 있으므로 3점을 받은 항목 간 비교를 통해 어떤 항목에 높은 가중치가 부여되어 있는지 살펴본다. 5명 모두 서로 다른 두 항목에서 3점을 받았으므로, 동일한 항목에 3점을 받은 사람 간의 비교를 통해 항목 간 가중치의 비교가 가능하다.

02 수리퀴즈(추론)　　답 ⑤

난도 하

풀이시간 2분

정답해설

ㄴ. 옳다. d=400이므로 한 시간에 16,000명의 승객을 수송할 수 있어야 한다. 16,000÷400=40대가 필요하다.
ㄷ. 옳다. 평균 1시간 동안 20,000명의 승객을 수송해야 하므로 20,000÷400=50대가 필요하다.

오답해설

ㄱ. 옳지 않다. 버스 한 대는 1시간에 총 400명의 승객을 수송할 수 있다. a=b=c=d=25라면 1시간 동안 수송해야하는 총 승객의 수는 10,000명이므로 10,000÷400=25대가 필요하다.

합격생 가이드

버스 1대가 1시간 동안 수송할 수 있는 총 승객의 수를 구하면 이후의 풀이는 간단하다. 특히 ㄴ에서는 1시간 동안 운송해야 하는 승객의 수가 가장 큰 d=40만 고려하면 되고, a, b, c는 고려할 필요가 없다.

03 수리퀴즈(추론)　　답 ⑤

난도 하

풀이시간 2분

정답해설

ㄱ. 옳다. A시와 C시의 환경개선도는 75로 동일하다.
ㄷ. 옳다. A시의 학교참가도는 (12+3)/15=1000이고, C시의 학교참가도는 100을 초과하므로 100으로 간주된다.

오답해설

ㄴ. 옳지 않다. A, B, C시의 학교참가도는 각각 80, 100, 1000이고, 환경개선도는 각각 75, 100, 750이다. 따라서 평가점수는 각각 78, 100, 900이다. 따라서 B시의 평가점수가 가장 높다.

합격생 가이드

숫자의 특성상 평가점수를 구체적으로 계산하지 않아도 가중평균의 원리에 따라 B시의 평가점수가 가장 높다는 점을 알 수 있다. 학교참가도가 100을 초과하면 100으로 간주한다는 장치에 유의한다.

04 수리퀴즈(추론)　　답 ⑤

난도 하

풀이시간 2분

정답해설

ㄱ. 옳다. 甲, 乙, 丙의 총점은 각각 92.1, 92.2, 91.3점이다.
ㄴ. 옳다. 甲이 현재보다 가격을 30만 원 더 낮게 제시한다면 가격 점수가 96점에서 98점으로 변경되고, 총점은 2×0.4=0.8점 상승하여 92.9점이 된다.
ㄹ. 옳다. 丙이 현재보다 가격을 100만 원 낮춘다면 丙의 가격 점수가 94점에서 100점으로 변경되고, 총점은 6×0.4=2.4점 상승하여 94.6점이 된다.

오답해설

ㄷ. 옳지 않다. 丙이 현재보다 직원규모를 10명 더 늘린다면 직원규모 점수가 94점에서 97점으로 변경되고, 총점은 3×0.1=0.3점 상승하여 91.6점이 된다.

합격생 가이드

총점을 계산하기보다는 100점을 기준으로 점수를 얼마나 잃었는지 계산하면 보다 편하게 비교 가능하다.

05 수리퀴즈(추론)

정답 ①

난도 하

풀이시간 2분

정답해설

① 옳다. 가로로는 1,500+450+1,000=2,950mm만 차지하고, 세로로는 1,000+1,100+550+650=3,300mm만 차지하므로 가능하다.

오답해설

② 옳지 않다. 가로로 650+550+1,100+1,000=3,300mm가 필요하므로 불가능하다.

③ 옳지 않다. 가로로 1,100+1,000+1,000=3,100mm가 필요하므로 불가능하다.

④ 옳지 않다. 세로로 2,110+1,100+550+650=4,410mm가 필요하므로 불가능하다.

⑤ 옳지 않다. 세로로 1,000+1,100+1,500=3,600mm가 필요하므로 불가능하다.

합격생 가이드

가능한 경우를 찾는 것보다 불가능한 경우를 찾아 소거해나가는 방식이 효율적이다. 그림을 통해 불가능할 것 같은 선지를 우선적으로 검토한다. 예를 들어, ④번 선지는 서랍장과 장롱이 붙어있어서 장롱을 여닫을 수 있는 공간이 부족할 것으로 보인다.

06 수리퀴즈(추론)

정답 ②

난도 하

풀이시간 2분

정답해설

② 옳지 않다. B방식으로 채점하면 甲의 점수는 52+55=107점, 乙의 점수는 20+85=105점, 丙의 점수는 84+10=94점이다.

오답해설

① 옳다. A방식으로 채점하면 甲의 점수는 70+70=140점, 乙의 점수는 50+90=140점이다.

③ 옳다. C방식으로 채점하면 甲의 점수는 140+70=210점, 乙의 점수는 100+90=190점, 丙의 점수는 180+40=220점이다.

④ 옳다. A방식, B방식은 상식 영역에 5점, 영어 영역에 10점을 배정하지만 C방식은 상식 영역과 영어 영역에 각각 10점을 배정한다.

⑤ 옳다. B방식에서 점수 계산 방식을 바꾸면 甲의 점수는 40+40=80점, 乙의 점수는 0+80=80점, 丙의 점수는 80-20=60점이므로 A방식과 등수가 같다.

합격생 가이드

상식 영역은 丙, 甲, 乙 순으로 잘 봤고, 영어 영역은 乙, 甲, 丙 순으로 잘 봤으므로 차이값을 이용하면 쉽게 풀 수 있다.

07 수리퀴즈(추론)

정답 ⑤

난도 하

풀이시간 2분

정답해설

⑤ 옳지 않다. 골키퍼가 가운데를 지킬 경우 방어 확률은 0.420이지만 왼쪽이나 가운데를 지킬 경우 방어 확률은 0.48로 더 높다.

오답해설

① 옳다. 왼쪽과 오른쪽의 방어할 확률 구조가 동일하다. 왼쪽으로 움직이든 오른쪽으로 움직이든 기대 방어 확률은

$(0.4\times0.8)+(0.2\times0.4)+(0.4\times0.2)=0.48$로 동일하다.

② 옳다. 골키퍼가 왼쪽이나 오른쪽을 고르면 기대 방어 확률은 0.480이다. 골키퍼가 가운데를 고르면 기대 방어 확률은

$(0.4\times0.3)+(0.2\times0.9)+(0.4\times0.3)=0.420$이다.

③ 옳다. 골키퍼가 방어할 확률이 곧 키커가 승부차기에 실패할 확률이다. 따라서 골키퍼가 왼쪽이나 오른쪽을 고르면 승부차기 실패 확률은 0.480이고, 가운데를 고르면 승부차기 실패 확률은 0.420이다.

④ 옳다. 0.48-0.42=0.06이다.

합격생 가이드

왼쪽을 고르든 오른쪽을 고르든 두 경우는 구조적으로 동일하다는 점을 우선 파악해야 한다. 이제 골키퍼가 왼쪽이나 오른쪽을 고르는 경우의 방어 확률과 가운데를 고르는 경우의 방어 확률을 구하면 모든 선지에 대한 판단이 가능하다.

LEVEL Ⅱ　중급

01	02	03	04	05	06	07	08		
④	①	②	①	②	④	③	②		

01 수리퀴즈(추론)　답 ④

난도 중

풀이시간 2분

정답해설

戊의 나이가 23세이므로 甲, 乙, 丙, 丁의 나이는 각각 32세, 30세, 28세, 26세이다. 오디션 점수가 세 번째로 높은 丙만이 군의관 역할을 연기해 본 경험이 있고, 가장 나이가 많은 甲만이 사극에 출연한 경험이 있다.

甲은 76-8+10=78점, 乙은 78-4=74점, 丙은 80-5=75점, 丁은 82-4=78점, 戊는 85-10=75점이다. 따라서 甲과 丁 중 기본 점수가 가장 높은 丁이 캐스팅된다.

> **합격생 가이드**
>
> 나이와 오디션 점수의 합이 모두 동일하다는 점이 핵심이다. 甲에서 戊로 갈수록 오디션 점수가 높아지기 때문에 甲에서 戊로 갈수록 나이는 줄어든다. 이때 사극 경험으로 가점을 10점이나 받는 甲이 78점이므로 이미 기본점수가 78점인 乙은 캐스팅될 수 없다는 점 등 숫자의 특성을 활용하면 좋다.

02 수리퀴즈(추론)　답 ①

난도 중

풀이시간 2분

정답해설

ㄱ. 옳다. 1번째, 2번째 종목의 승점이 각각 10, 20점이라면 8번째 종목의 승점은 1,280점이므로 1,000점을 넘는다.

ㄷ. 옳다. 6번째 종목의 승점은 1~5번째 종목의 승점의 합이다. 7번째 종목의 승점은 1~5번째 종목 승점의 합에 6번째 종목 승점의 합을 더한 것이므로 1~5번째 종목 승점의 합의 2배이다. 따라서 8번째 종목의 승점은 1~5번째 종목 승점의 합의 4배이다.

오답해설

ㄴ. 옳지 않다. 1번째, 2번째 종목의 승점이 각각 100, 200점이라면 8번째 종목의 승점은 9,920점이므로 10,000점을 넘지 못한다.

ㄹ. 옳지 않다. 10점을 더 주는 경우와 10점을 덜 주는 경우는 결국 본질에 있어서 같은 것이다. 따라서 8번째 종목의 승점은 6번째 종목의 승점의 4배이다.

> **합격생 가이드**
>
> 1~8번째 종목의 승점은 1번째, 2번째를 각각 a, b라고 했을 때 a, b, a+b+10, 2(a+b+10), 4(a+b+10), 8(a+b+10), 16(a+b+10), 32(a+b+10)이다. ㄱ을 판단하면서 4~5번째까지 계산해보면 a+b+10에 2의 제곱수를 곱하는 규칙이 있다는 점을 파악할 수 있다.

03 수리퀴즈(추론)　답 ②

난도 중

풀이시간 2분 30초

정답해설

(기준1)을 적용하면 A~F의 총점은 29, 30, 16, 19, 26, 13~31점이다. 이때 A, B는 심화반에 편성되고 C, D는 기초반에 편성되며 E, F는 알 수 없다. (기준2)를 적용하면 A~F의 총점은 9, 15, 7, 10, 11, 6~15점이다. 이때 B, E는 심화반에 편성되고 A, C는 기초반에 편성되며 D, F는 알 수 없다.

ㄷ. 옳다. (기준1)을 적용하면 F의 점수와 관계없이 C, D는 기초반에 편성된다. (기준2)를 적용하면 F의 총점은 최소 11점이므로 C, D는 기초반에 편성된다.

오답해설

ㄱ. 옳지 않다. (기준2)를 적용하면 B와 D는 함께 심화반에 편성된다.

ㄴ. 옳지 않다. (기준1)을 적용하면 F의 총점은 최대 26점으로 E와 같아질 수 있다. 듣기 점수는 E가 더 높으므로 F는 기초반에 편성된다. (기준2)를 적용하면 F의 총점은 최대 10점으로 D와 같아질 수 있다. 듣기 점수는 F가 더 높으므로 F는 심화반에 편성된다.

> **합격생 가이드**
>
> 점수를 알 수 없는 사람이 F 하나이므로 6명 중 4명은 어느 반에 편성될지 미리 결정할 수 있다. 따라서 F의 점수에 따라 (기준1)에서는 E만, (기준2)에서는 D만 고려해보면 된다.

04 수리퀴즈(추론)　답 ①

난도 중

풀이시간 2분 30초

정답해설

ㄱ. 옳다. 한 장의 투표용지는 8점의 가치를 가진다. 중간집계 점수의 합은 640점이므로 640÷8=80명이 투표했다. 따라서 총 투표인원의 약 66.7%가 투표했다.

오답해설

ㄴ. 옳지 않다. 40명에게서 모두 1순위를 받으면 최대 40×5=200점을 받을 수 있다. 丙이 200점을 추가로 받고, 甲이 10점 미만의 점수를 받게 된다면 丙이 '올해의 체육인상'을 받게 된다.

ㄷ. 옳지 않다. 乙, 丙, 戊를 1순위로 적은 사람은 최소 0명, 1명, 2명이다. 따라서 甲을 1순위로 적은 사람은 최대 80-1-8-2=69명이다.

> **합격생 가이드**
>
> 가장 까다로운 선지는 ㄷ이다. ㄷ의 핵심은 乙, 丁, 戊의 점수에서 5씩 빼면서 가장 큰 3의 배수를 찾는 것이다. 총점은 고정되어 있으므로 乙, 丁, 戊에게 2순위 투표를 최대한 몰아준다.

05 수리퀴즈(추론)

답 ②

난도 중

풀이시간 2분

정답해설

ㄱ. 옳다. 총 상금이 132,000천 원이고, 결선 순위별 상금의 총합이 114,000천 원이므로 특별상 부문별 상금의 총합은 18,000천 원이다. 따라서 감동상, 창의상이 시상되었고 인기상과 기교상 중 하나만 시상되었다.

ㄹ. 옳다. A가 2위가 아니라면 A는 1위여야 한다. A가 1위인 경우 B는 3위가 되어야 하므로 C는 2위가 된다.

오답해설

ㄴ. 옳지 않다. B가 3위를 한 경우 감동상과 인기상 혹은 기교상을 함께 시상한 경우가 존재할 수 있다.

ㄷ. 옳지 않다. C와 D의 총 상금이 20,000천 원으로 같은 경우 C는 4위 상금과 감동상 상금을 받을 수 있다.

합격생 가이드

A~G의 가능한 순위로는 (1, 3, 2, 4, 5, 6, 7), (2, 1, 3, 4, 5, 6, 7), (2, 1, 4, 3, 5, 6, 7)이 있다. E, F, G는 총 상금에 따라 5, 6, 7위임이 바로 확정된다는 점을 활용하면 쉽게 판단 가능하다.

06 수리퀴즈(추론)

답 ④

난도 중

풀이시간 2분

정답해설

ㄱ. 97-10=87점이 최대 점수이다.

ㄴ. 95-10=85점이 최대 점수이다.

ㄷ. 98-12=86점 혹은 96-10=86점이 최대 점수이다.

ㄹ. 98-10=88점이 최대 점수이다.

따라서 ㄹ>ㄱ>ㄷ>ㄴ이다.

합격생 가이드

주어진 개수의 막대로 숫자를 만드는 것이 아니라, 최대의 점수를 얻을 수 있는 조합을 찾은 후 그 조합에 필요한 막대의 수를 역으로 구해야 빠르게 풀 수 있다. 가장 큰 점수는 98-10=88점이고, 이때 막대가 21개 사용되므로 ㄹ에서 가장 높은 점수를 얻게 된다.

07 수리퀴즈(추론)

답 ③

난도 중

풀이시간 2분

정답해설

③ 옳지 않다. B의 점수는 최소 170+15=185점, 최대 270+15=285점이므로 285점을 받는다면 C가 탈락한다.

오답해설

① 옳다. A의 점수는 263+25=288점으로, C의 점수인 266+17.5=283.5점보다 높다.

② 옳다. D의 점수는 265+29.5=294.5점으로, A와 C보다 높아진다.

④ 옳다. B의 점수는 최소 198.75점이고 최대 298.75점, D의 점수는 293.75점이므로 B나 C가 탈락한다.

⑤ 옳다. B의 문자투표 득표수를 조절해서 B의 점수를 283.5점으로 만든다면 B와 C의 공동탈락이 가능하다.

합격생 가이드

B가 탈락자가 되는 반례를 찾기 위해서는 B가 심사위원 丙으로부터 0점을 받는 경우를 생각해보면 되고, C나 D가 탈락자가 되는 반례를 찾기 위해서는 B가 심사위원 丙으로부터 100점을 받는 경우를 생각해보면 된다.

08 수리퀴즈(추론)

답 ②

난도 중

풀이시간 2분

정답해설

팀점수는 25, 27.5, 30, 32.5, 35점을 나눠 갖는다.

① 옳다. 甲은 최소 78점, 최대 88점을 받는다.

② 옳지 않다. 乙은 최소 75점, 최대 85점을 받는다. 따라서 최저 C+, 최대 B+ 등급을 받는다.

③ 옳다. 丙은 최소 71점, 최대 81점을 받는다. 따라서 최저 C, 최대 B등급을 받는다.

④ 옳다. 乙의 기여도가 최상위일 경우 甲의 점수는 최소 78점, 최대 85.5점이고 丙의 점수는 최소 71점, 최대 78.5점이므로 동시에 C+등급을 받는 것이 가능하다.

⑤ 옳다. 甲의 기여도가 최상위일 경우 乙의 점수는 최소 75점, 최대 82.5점이고 丙의 점수는 최소 71점, 최대 78.5점이므로 동시에 C+등급을 받는 것이 가능하다.

합격생 가이드

甲, 乙, 丙의 점수 범위를 구하는 것이 가장 중요하다. 이때 '이상'과 '미만'에 주의해야 한다.

LEVEL Ⅲ	상급

01	02								
⑤	③								

01 수리퀴즈(추론)

답 ⑤

난도 상

풀이시간 2분 30초

정답해설

상황을 정리해보면 다음과 같다.

300	0	300	300	0
0	200			200
200	0			0
0	0			0
0	200	0	0	300

이때, 남은 6개의 칸에 300원을 3개 채워 넣어야 한다. 각 열마다 하나의 칸에 만 300원이 들어가야 하므로, 300원이 들어갈 수 있는 사물함 번호의 조합은 (8, 13, 19), (8 , 14, 18), (9 , 13, 18) 뿐이다.

이제 색칠된 사물함에 들어있는 돈의 총액은 800원, 1,100원, 1,400원 중 하나 이다.

합격생 가이드

위와 같은 표를 정리하면 색칠한 사물함에 들어있는 돈의 총액은 800원에 300원의 배수를 더한 액수가 되어야 한다는 점을 알 수 있다. 따라서 구체 적인 경우의 수를 구하지 않고도 ⑤번 선지만 답이 된다는 점도 알 수 있다.

02 수리퀴즈(추론)

답 ③

난도 상

풀이시간 2분 30초

정답해설

ㄴ. 옳다. 신규 인증대학의 수를 모두 합치면 51개이다.

ㄹ. 옳다. 2014년 3월 이전부터 인증을 유지하고 있는 대학의 수를 세면된다. 2014년 3월 인증대학 합계 28개 중 2015년 3월에 기존 인증대학으로 편입 된 대학의 수는 25개이다.

오답해설

ㄱ. 옳지 않다. 2013년에 신규 인증대학으로 선정된 대학이 2014년 핵심지표평 가를 탈락하고 2015년 다시 신규 인증대학으로 선정된다면 2016년에는 핵 심지표평가만을 받을 수 있다.

ㄷ. 옳지 않다. 신규 인증대학에서 2013년에 인증을 받았지만 2014년 핵심지표 평가를 탈락하고 2015년 다시 신규 인증대학으로 선정된 대학의 수를 빼주 면 된다. 2014년 핵심지표평가를 탈락한 대학의 수는 2개이므로 최소 49개 이다.

합격생 가이드

신규 인증대학이 핵심지표평가를 탈락하면 다시 신규 인증대학의 지위를 취득해야 한다는 점이 핵심이다. 또한 전년도 총 인증대학의 수에서 이번년 도 기존 인증대학의 수를 빼면 이번년도 핵심지표평가에서 탈락한 대학의 수를 구할 수 있다.

CHAPTER 07 게임·규칙

LEVEL Ⅰ 하급

01	02	03	04						
②	③	①	⑤						

---

01 게임·규칙 답 ②

난도 하

풀이시간 1분 30초

정답해설

ㄱ. 옳다. 바로 앞의 사람이 입으로 말한 숫자를 손가락으로 표현하는 것이 경기의 규칙이므로, 바로 앞의 사람이 입으로 말한 숫자와 같은 숫자를 입으로 말하면, 손가락으로 표현하는 숫자와 입으로 말하는 숫자가 같아진다.

ㄴ. 옳다. 경기 규칙에 따르면 甲이 처음으로 입으로 말한 숫자는 '둘'이고, 丙이 손가락으로 표현한 숫자는 '4'이므로 이 둘을 합하면 6이 된다.

ㄹ. 옳다. 丙이 입으로 말한 숫자가 '셋'이라면 丁이 손가락으로 표현한 숫자도 '4'가 된다. 기록지의 나머지 부분은 甲이 처음으로 입으로 말한 숫자 '둘', 丙이 손가락으로 표현한 숫자 '4', 丁이 입으로 말한 숫자 '다섯'이므로, 손가락으로 표현한 '1'은 이 경기에서 한 번도 나오지 않았다.

오답해설

ㄷ. 옳지 않다. 丁이 입으로 말한 숫자는 '다섯'이 되므로 丁은 손가락으로 '5'를 표현할 수 없다. 따라서 丙이 입으로 말한 숫자도 '다섯'이 될 수 없다.

> **합격생 가이드**
>
> 게임의 규칙에 따라 기록지의 나머지 부분을 채우면 다음과 같다.
>
> | 순번 | 1번 | 2번 | 3번 | 4번 | 5번 | 6번 |
> |------|-----|-----|-----|-----|-----|-----|
> | 사람 | 甲 | 乙 | 丙 | 丁 | 戊 | 甲 |
> | 입 | 둘 | 넷 | | 다섯 | 둘 | 둘 |
> | 손가락 | 3 | 2 | 4 | | 5 | 2 |
>
> 표만 만든다면 어렵지 않게 문제를 해결할 수 있다.

---

02 게임·규칙 답 ③

난도 하

풀이시간 1분 30초

정답해설

〈조건〉에 따라 게임의 결과를 정리하면 다음과 같다.

구분	게임의 결과		승리팀	탈락팀
첫 번째	A<C	B<D	C, D	
두 번째	C>D	A>B	A, C	B
세 번째	A<C	D	C, D	A
네 번째	C>D		C(최종)	D

따라서 최초 탈락팀은 B, 최종 승리팀은 C, 최종 승리팀의 승수는 4회가 된다.

> **합격생 가이드**
>
> 〈조건〉과 아래의 단서를 잘 파악하여 적용하면 어렵지 않게 문제를 해결할 수 있다. 이런 유형은 조건에 따라 순서대로 결과를 정리해 나가면서 푸는 것이 가장 빠르고 정확하다.

---

03 게임·규칙 답 ①

난도 하

풀이시간 1분 30초

정답해설

각 선지에서 문자를 이동시켜 〈그림〉의 배치를 만들 수 있는지 역으로 확인한다.

① H↓ >E↓ >C↓ >B← 등으로 〈그림〉의 배치를 만들 수 없다.

오답해설

② H↓ >E↓ >C→>B↑

③ A←>B←>C↑ >E→

④ B→>D↓ >A←>B↑

⑤ F↓ >D↓ >A←>B↑

> **합격생 가이드**
>
> 〈그림〉에서 문자를 4회 이동하는 것이나 선지에서 문자를 4회 이동하는 것이나 같다. 따라서 〈그림〉에서 문자를 이동시켜 선지의 배치를 만드는 것이 가능한지 확인하는 것보다, 선지에서 문자를 이동시켜 〈그림〉의 배치를 만드는 것이 가능한지 확인하는 것이 간편하다.

04 게임·규칙 답 ⑤

난도 하

풀이시간 1분 30초

정답해설

① 뒤로 2칸＞뒤로 1칸＞앞으로 2칸＞뒤로 2칸＞앞으로 1칸＞뒤로 2칸＞앞으로 2칸 → 최종 뒤로 2칸, 최종 도착지 : 8

② 뒤로 2칸＞앞으로 1칸＞뒤로 2칸＞뒤로 2칸＞앞으로 1칸＞뒤로 1칸＞앞으로 2칸 → 최종 뒤로 3칸, 최종 도착지 : 7

③ 앞으로 2칸＞뒤로 2칸＞뒤로 2칸＞뒤로 1칸＞앞으로 2칸＞앞으로 2칸＞앞으로 1칸 → 최종 앞으로 2칸, 최종 도착지 : 2

④ 뒤로 1칸＞앞으로 1칸＞앞으로 2칸＞앞으로 2칸＞뒤로 2칸＞앞으로 1칸＞앞으로 2칸＞→ 최종 앞으로 5칸, 최종 도착지 : 5

⑤ 앞으로 2칸＞앞으로 2칸＞앞으로 1칸＞뒤로 2칸＞뒤로 2칸＞뒤로 1칸＞뒤로 1칸 → 최종 뒤로 1칸, 최종 도착지 : 9

따라서 최종 도착지의 숫자가 가장 큰 것은 9로 선지 ⑤번이다.

합격생 가이드

게임의 규칙은 매우 간단하나 ①~⑤번 선지를 모두 판단해야 해서 시간이 소요될 수 있다. 이때, 주사위 규칙은 간단하게 숫자로 환산하고 계산하는 것이 빠르다. 뒤로 2칸은 −2, 뒤로 1칸은 −1, 앞으로 1칸은 +1, 앞으로 2칸은 +2로 환산한 뒤, 선지의 상황을 계산하면 된다. 이때 '−2+2'나 '−1+1'처럼 상쇄되는 경우는 지우면서 계산을 최소화한다. 즉, ⑦, ⑧이 ⑨, ⑩과 만나면 0이 되므로, 각 선지에서 ⑦, ⑧이 ⑨, ⑩과 같이 있는 경우는 지운다. 마찬가지로 ⑪와 ⑫가 만나면 0이 되므로, ⑪, ⑫이 같이 있는 경우는 지운다. 이후 남은 주사위만 계산하여 시간을 절약한다.

LEVEL II   중급

01	02	03	04	05	06	07	08		
⑤	④	⑤	①	③	①	②	①		

01 게임·규칙 답 ⑤

난도 중

풀이시간 2분

정답해설

ㄴ. 옳다. 甲이 120쪽과 121쪽을 펼치면 甲의 점수는 4점. 乙이 210쪽과 211쪽을 펼치면 乙의 점수는 4점으로 무승부이다.

ㄹ. 옳다. 乙이 100쪽을 펼치면 오른쪽 면은 101이 되므로 乙의 점수는 2점이 된다. 따라서 乙이 승리하기 위해서는 甲이 1점이 되어야 한다. 하지만 1점이 나오는 경우는 존재하지 않으므로 乙이 100쪽을 펼치면 승리할 수 없다.

오답해설

ㄱ. 옳지 않다. 甲이 98쪽과 99쪽을 펼치면 甲의 점수는 81점. 乙이 198쪽과 199쪽을 펼치면 乙의 점수는 81점으로 무승부이다.

ㄷ. 옳지 않다. 甲이 369쪽을 펼치면 왼쪽 면은 368쪽이 되므로 甲의 점수는 162점이 된다. 하지만 乙이 299쪽을 펼치는 경우 162점이 되어 무승부가 될 수도 있다.

합격생 가이드

〈보기〉 ㄱ과 ㄴ은 주어진 경우를 풀면 쉽게 정오를 판단할 수 있다. ㄷ과 ㄹ은 甲이 반드시 승리할 수 있는지, 乙이 승리할 수 없는지 주어지지 않은 상대방의 경우를 직접 찾아야 하기 때문에 시간이 소요된다. 따라서 반례를 찾는 방식으로 푸는 것이 좋다. 예를 들어 ㄷ을 풀 때는 乙이 162점 이상이 나오는 경우를 찾아야 한다. 따라서 큰 수끼리 곱해야 하므로 9, 8, 7, …끼리 곱할 수 있는 경우를 찾는다. 2×9×9의 경우가 가능한데, 이때 乙의 점수는 162점으로 반례가 되므로 ㄷ을 틀리다고 판단한다.

02 게임·규칙 답 ④

난도 중

풀이시간 2분

정답해설

ㄱ. 옳다. 乙은 게임에서 승리하기 위하여 최선의 선택을 하므로 甲의 점령 경로를 최대한 차단하는 방향으로 구역을 점령할 것이다. 따라서 乙이 첫 번째 가위바위보에서 이겨 5구역을 점령하고 두 번째 가위바위보에서 이겨 2구역을 점령하면, 乙은 게임에서 승리한다.

ㄷ. 옳다. 주어진 상황에서 甲이 네 번째 가위바위보를 이겨서 3구역을 점령하고, 또 승리하여 6구역이나 7구역을 점령한다면 게임의 승자가 결정된다. 혹은 乙이 네 번째 가위바위보를 이겨서 6구역을 점령하고, 또 승리하여 3구역이나 7구역을 점령한다면 게임의 승자가 결정된다. 1번의 가위바위보로 게임의 승자가 결정되지는 않는다.

오답해설

ㄴ. 옳지 않다. 주어진 상황에서 乙이 네 번째 가위바위보를 이긴다 하더라도 乙이 점령할 수 있는 구역은 7구역이나 6구역 밖에 없고, 이후 가위바위보에서 승리한다 하더라도 4구역이나 3구역 외에는 더 이상 점령할 수 없으므로 乙은 승리할 수 없다.

(iv) 乙이 '도'로 시작하는 단어를 말해야 하는데 주어진 어휘 중에 '도'로 시작하는 단어가 없다. 따라서 '□시'는 '도시'가 될 것이다.

(ⅴ) 남는 어휘가 없이 놀이가 끝나기 위해서는 '기□>□금>금은방>방사선'이 되어야 한다(만일 '기방>방사선'이 된다면 금은방과 대금의 어휘는 사용할 수 없다). 따라서 '기□'은 '기대'가 될 것이다.

따라서 甲이 사용한 어휘는 '선심, 새날, 기대'이므로 A는 '심, 새, 대'가 되고, 乙이 '방사선'을 마지막으로 제시하면서 놀이에서 이기게 된다.

03 게임 · 규칙

目 ⑤

[난도] 중

[풀이시간] 2분

[정답해설]

ㄱ. 옳다. B팀도 첫 번째 경기에 장사를 출전시켜 비긴다면, 남은 경기에서 왼손잡이로 A팀 오른손잡이를 이기고, 오른손잡이로 A팀 오른손잡이에게 비기고, 왼손잡이로 A팀 오른손잡이에게 지는 경우가 최대 승점을 얻는 경우이다. 이때의 승점은 5점이다.

ㄷ. 옳다. B팀이 첫 번째 경기에 오른손잡이를 출전시켜 진다면, 남은 경기에서 장사로 A팀 왼손잡이를, 왼손잡이로 A팀 오른손잡이를 이기고, 오른손잡이로 A팀 오른손잡이에게 비기는 경우가 최대 승점을 얻는 경우이다. 이때의 승점은 7점이다.

ㄹ. 옳다. A팀이 첫 번째 경기에 장사를, 두 번째 경기에 왼손잡이를 출전시킨다면 세 번째와 네 번째 경기에는 오른손잡이를 출전시키게 된다. 따라서 B팀이 첫 번째 경기에 오른손잡이를, 두 번째 경기에 장사를, 세 번째와 네 번째 경기에 왼손잡이와 오른손잡이를 출전시키면 B팀은 7점의 승점으로 우승할 수 있다.

[오답해설]

ㄴ. 옳지 않다. B팀이 첫 번째 경기에 왼손잡이를 출전시킬 때, 다음 경기에서 B팀의 장사와 A팀의 왼손잡이가 경기를 치르고, B팀의 오른손잡이 2명이 A팀의 오른손잡이 2명과 남은 경기를 치른다면 최대 승점 5점을 얻을 수 있다.

[합격생 가이드]

〈보기〉 ㄱ~ㄷ이 모두 최대 승점을 묻고 있어 게임의 순서는 중요하지 않으므로, A팀의 출전 순서를 장사, 왼손잡이, 오른손잡이, 오른손잡이로 고정시켜 놓고 B팀의 선수를 대입시켜 최대 승점이 되는 경우를 구한다.

04 게임 · 규칙

目 ①

[난도] 중

[풀이시간] 2분

[정답해설]

끝말잇기 놀이를 〈조건〉에 따라 전개하면 다음과 같다.

자동차>차림새>(ⅰ) 새날>(ⅱ) 날개>개천절>절취선>(ⅲ) 선심>심지>지도>(ⅳ) 도시>시험>험담>담배>배기>(ⅴ) 기대>대금>금은방>방사선

(ⅰ) 甲이 '새'로 시작하는 단어를 말해야 하는데 주어진 어휘 중에 '새'로 시작하는 단어가 없다. 따라서 '□날'은 '새날'이 될 것이다.

(ⅱ) 乙이 '날'로 시작하는 단어를 말해야 하는데 주어진 어휘 중에 '날'로 시작하는 단어가 없다. 따라서 '□개'는 '날개'가 될 것이다.

(ⅲ) 甲은 '지도'를 다섯 번째에 사용하여야 하므로 '선□>□지>지도'가 되어야 한다. 이때 乙이 사용한 어휘 중 '지'로 끝나는 어휘는 심지이므로 '선□'은 '선심'이 될 것이다.

05 게임 · 규칙

目 ③

[난도] 중

[풀이시간] 2분 30초

[정답해설]

ㄴ. 옳다. 甲이 2승 1무를 하는 경우는 경기에 순서대로 B-A-C 규칙이 적용되는 경우뿐이다.

ㄹ. 옳다. 乙이 세 번째 경기에서 가위나 바위를 냈을 때, 甲이 3승을 하기 위해서는 앞의 두 경기에서 승리했어야 한다. 甲이 앞의 두 경기에서 2승을 하게 하는 규칙 적용 방식은 경기 순서대로 B-A-C이므로 세 번째 경기에 C규칙을 적용한다. 이 경우 乙이 세 번째 경기에서 가위나 바위를 내면 乙이 무조건 승리하므로 甲은 3승을 할 수 없다.

[오답해설]

ㄱ. 옳지 않다. 경기에 순서대로 B-C-A 규칙이 적용되는 경우 甲은 1승 1무 1패를 하게 된다. 따라서 첫 번째 경기에 B규칙이 적용되는 경우가 있다.

ㄷ. 옳지 않다. 경기에 순서대로 A-C-B 규칙이 적용되는 경우 甲은 2패 1무를 하게 된다.

[합격생 가이드]

가능한 경우를 빠뜨리지 않기 위해서는 표를 그려 생각하는 것이 좋다.

구분	경기1	경기2	경기3
甲	보(5)	보(5)	보(5)
乙	가위(2)	바위(0)	보(5)

구분	경기1	경기2	경기3
A규칙 적용시 승자	乙	甲	무
B규칙 적용시 승자	甲	甲	무
C규칙 적용시 승자	甲	乙	무

이때 가능한 규칙의 조합은 A-B-C, A-C-B, B-A-C, B-C-A, C-A-B, C-B-A로 총 6가지이다. 이후 보기에서 상황이 주어지면, 규칙의 조합과 위의 표를 함께 보며 문제를 해결한다.

06 게임·규칙 目 ①

난도 중

풀이시간 2분 30초

정답해설

ㄱ. 옳다. 7카드를 2장 갖고 있는 경우, 7을 내고 남은 사람이 7을 또 내서 우승할 수 있다.

오답해설

ㄴ. 옳지 않다. 甲은 7카드를 한 장 가지고 있으므로, 乙과 丙이 7카드를 가지고 있는 경우로 가능한 것은 (ⅰ) 乙과 丙이 한 장씩 (ⅱ) 乙이 두 장 (ⅲ) 丙이 두 장으로 총 세 가지이다. 이 중 어떤 경우에도 甲이 게임 시작과 동시에 7카드를 내면 우승할 수 없다. 따라서 甲이 우승할 확률은 0%이다.

ㄷ. 옳지 않다. 게임에서 우승할 수 있는 조건은 마지막으로 7카드를 내는 사람이 되는 것이다. 따라서 甲이 게임 시작과 동시에 6카드를 내고 우승하려면, 甲이 6을 냈을 때 乙이 7을 내고, 丙이 7을 내는 경우가 유일하다. 즉, 乙이 7카드를 한 장 가지고 있고, 丙이 6카드 한 장, 7카드 한 장을 가지고 있어야 한다. 따라서 이 확률은 33%보다 작다.

합격생 가이드

ㄱ과 ㄴ은 경우의 수가 적어 비교적 판단이 쉽다. 하지만 ㄷ은 경우의 수가 매우 많기 때문에 이를 모두 찾을 수 없다. 즉, 정확한 확률을 직접 계산할 수 없다는 것이다. 따라서 최소한으로 필요한 경우만 생각해 본다. 甲이 6카드를 낸다면 이후에 고려해야 하는 상황은 6카드와 7카드를 가지고 있는 상황뿐이다. 따라서 乙과 丙이 6, 7카드를 각각 어떻게 가지고 있어야 하는지, 이 확률이 33%보다 작은지만 판단한다. 선지 구성상 ㄷ을 판단하지 않더라도 답을 도출할 수 있기 때문에, ㄷ은 풀지 않는 것이 현명한 방법이다.

07 게임·규칙 目 ②

난도 중

풀이시간 2분 30초

정답해설

ㄱ. 옳다. 만들 수 있는 가장 큰 수는 9872이고, 가장 작은 수는 2714이므로 이 둘을 뺀 값은 7158이다.

ㄴ. 옳다. 천의 자리가 5인 수는 홀수랑 곱하면 일의 자리가 또 5가 되어 만들 수 없고, 짝수랑 곱하면 일의 자리가 0이 되어 만들 수 없다.

ㄹ. 옳다. 천의 자리나 백의 자리에 0이 들어가면 십의 자리가 0이 되므로 천의 자리나 백의 자리가 1인 네 자리 수는 만들 수 없다. 따라서 추가된 숫자 1이 적힌 카드는 일의 자리나 십의 자리에 들어가야 하는데, 1이 두 장 필요한 경우는 없다(일의 자리나 십의 자리에 1이 들어가는 경우는 2×6, 2×7, 2×8, 2×9, 3×7의 다섯 가지인데 모두 1이 한 장만 필요하다). 따라서 숫자 1이 적힌 카드가 한 장 추가되어도 만들 수 있는 네 자리 수의 총 개수는 동일하다.

오답해설

ㄷ. 옳지 않다. 천의 자리에 9를 넣을 때 만들 수 있는 네 자리 수는 6가지인데, 천의 자리에 7을 넣을 때도 6가지의 네 자리 수를 만들 수 있으므로 만들 수 있는 네 자리 수는 같다.

ㅁ. 옳지 않다. 숫자 9가 적힌 카드가 한 장 추가되면 '9981'이라는 네 자리 수를 만들 수 있으므로 네 자리 수의 총 개수에는 변화가 있다.

합격생 가이드

〈보기〉의 다섯 가지 상황을 개별적으로 검토해야 해서 시간이 소요된다. 사람마다 편하게 느낄 수 있는 〈보기〉가 다를 수 있으므로 본인이 풀기 쉬운 것부터 풀어 나가는 것이 좋다. 선지를 보면 ㄱ이 선지 4개에 포함되므로 일단 옳다고 가정하고 다른 보기를 우선적으로 검토하는 것이 좋을 것이다. 필자는 〈보기〉 ㅁ의 '9981'이 한 눈에 들어와 ㄷ이나 ㄹ 중 하나만 검토하면 되어서 시간을 절약할 수 있었다. ㄷ을 풀 때는 천의 자리에 9를 넣을 때 만들 수 있는 네 자리 수를 직접 구해본 뒤, 반례를 찾을 때는 천의 자리에 다른 홀수를 넣어 시도해 보는 것이 좋다. 짝수를 넣는다면 곱했을 때 1의 자리에 계속 짝수가 나와 만들 수 있는 네 자리 수의 가능성이 낮아져 반례가 될 수 있는 확률이 낮기 때문이다.

08 게임·규칙 目 ①

난도 중

풀이시간 2분 30초

정답해설

ㄱ. 옳다. 乙의 최종 점수의 최댓값은 20점이고, 丁의 최종 점수의 최댓값은 20점이다.

ㄷ. 옳다. 乙의 최종 점수의 최솟값은 8점인데, 甲은 4점에 두 번 명중하여도 7점을 받게 되므로 甲이 8점을 받을 수 있는 경우는 없다.

오답해설

ㄴ. 옳지 않다. 丙의 최종 점수가 10점인 경우로, 초록색 화살이 초록색 칸에 명중하고 노란색 화살이 파란색 칸에 명중한 경우가 가능하다.

ㄹ. 옳지 않다. 丙과 丁의 화살 4개가 모두 파란색 칸에 명중한다면, 丙은 최종 점수로 7점을 받고, 丁은 최종 점수로 9점을 받는다. 따라서 丙과 丁의 화살 4개가 모두 같은 칸에 명중했고 최종 점수가 같았다면, 그 칸은 파란색일 수 없다.

합격생 가이드

화살과 명중한 칸의 색깔을 잘 구분해서 경우를 나누어야 한다. 〈보기〉 ㄴ 같은 경우는 경우의 수를 따져봐야 하므로 나중에 판단하고, 다른 보기를 우선으로 판단한다. ㄱ은 두 화살이 10점에 명중하면 되므로 쉽게 판단할 수 있다. ㄹ도 화살 4개가 파란색에 명중했을 때 최종 점수가 같은지 판단하면 되므로 쉽게 판단할 수 있다. 본인이 판단하기 쉬운 보기를 우선으로 판단하고, 여러 경우의 수를 따져야 하거나, 반례를 찾아야 하는 보기는 시간도 오래 걸리고 실수할 가능성이 높으므로 판정해야 답을 고를 수 있는 경우에만 최종적으로 판단한다.

LEVEL Ⅲ 상급

01	02	03	04				
④	①	⑤	③				

01 게임 · 규칙

답 ④

난도 상

풀이시간 2분 30초

정답해설

ㄴ. 옳다. 게임이 종료될 때까지 총 22개의 퀴즈가 출제되었다는 것은 마지막 5라운드까지 C, D, E 세 명이 남아 있었고, E가 퀴즈를 풀었다는 것을 의미한다. 이때 E가 퀴즈를 풀었음에도 5라운드에서 벌칙을 받을 사람이 결정되기 위해서는 C, D 중 한 명이 퀴즈를 맞히지 못하고 E는 퀴즈를 맞혀야 한다.

ㄷ. 옳다. 게임이 종료될 때까지 총 21개의 퀴즈가 출제되었다는 것은 마지막 5라운드까지 C, D, E 세 명이 남아 있었는데, D가 퀴즈를 풂으로써 E가 벌칙을 받을 사람으로 결정되었다는 것을 의미한다. 만약 E가 4라운드까지 한 문제를 맞힌 상태이고 C나 D보다 먼저 퀴즈를 풀었다면, C나 D 중 한 명이 벌칙을 받을 사람으로 결정되었을 수도 있다. 따라서 퀴즈를 푸는 순서가 벌칙을 받을 사람 선정에 영향을 미친 것으로 볼 수 있다.

오답해설

ㄱ. 옳지 않다. 벌칙을 받게 되는 사람이 그 전 4라운드까지 한 번도 퀴즈를 맞히지 못하였다면 5라운드까지 참가자들이 정답을 맞힌 퀴즈는 총 8개가 될 수도 있다.

합격생 가이드

게임이 종료될 때까지 퀴즈가 출제된 총 개수를 고려하는 것이 처음에 어렵게 느껴질 수 있다.

1	A B C D E	
2	A B C D E	
3	A (B C D E)	→ A는 3라운드에서 처음으로 제외
4	B (C D E)	→ B는 4라운드에서 유일하게 제외
5	C D E	

*단, ( )안의 경우 총 퀴즈의 개수에 따라 구성이 달라질 수 있음
위와 같은 형식으로 표를 그리고 가능한 경우의 수를 따져보도록 한다.

02 게임 · 규칙

답 ①

난도 상

풀이시간 2분 30초

정답해설

ㄱ. 옳다. A부족의 셈법에 따르면 손바닥이 보이는 채로 손가락 다섯 개가 세 번 모두 펴져있는 경우 펴져 있는 손가락 개수만큼 더하기 때문에 셈의 합이 15가 되고, B부족의 셈법에 따르면 세 번 모두 엄지가 펴져 있으므로 엄지를 제외하고 펴져 있는 손가락 개수만큼 더하기 때문에 셈의 합은 12가 된다.

ㄴ. 옳다. B부족의 셈법에 따르면 세 번 다 엄지만 펴져 있는 경우 엄지를 제외하고 펴져 있는 손가락이 0개이므로 셈의 합은 0이 되고, 세 번 다 주먹이 쥐어져 있는 경우 엄지가 접혀 있고 펴져 있는 손가락이 0개이므로 셈의 합은 0이 된다.

오답해설

ㄷ. 옳지 않다. A부족의 셈법에 따르면 손바닥이 보이는 채로 세 손가락이 펴져 있고, 두 손가락이 펴져 있고, 한 손가락이 펴져있으므로 셈의 합은 6이 되고, B부족의 셈법에 따르면 엄지가 펴져 있을 때 나머지 두 손가락을 더하고, 엄지가 접혀있을 때 두 손가락을 빼고, 엄지만 펴져 있을 때 0을 더하면 셈의 합은 0이 된다.

ㄹ. 옳지 않다. 세 번 내내 엄지가 펴져 있었다면 B부족의 셈법에 따르면 세 수를 더해서 9가 나와야 한다. 따라서 가능한 경우로는 엄지를 제외하고 펴져 있는 손가락 수가 (ⅰ) 1+4+4, (ⅱ) 2+3+4, (ⅲ) 3+3+3인 경우가 있다. 위의 경우들을 A부족의 셈법으로 계산해보면 다음과 같다.

(ⅰ) 1+4+4인 경우 : 펴져있는 엄지의 수를 고려하면 2±5±5가 된다. 이를 더하거나 빼서 9를 도출할 수 없으므로 제외한다.

(ⅱ) 2+3+4인 경우 : 펴져있는 엄지의 수를 고려하면 3±4±5가 된다. 이를 더하거나 빼서 9를 도출할 수 없으므로 제외한다.

(ⅲ) 3+3+3인 경우 : 펴져있는 엄지의 수를 고려하면 4±4±4가 된다. 이를 더하거나 빼서 9를 도출할 수 없으므로 제외한다. 따라서 어떤 경우에도 A부족과 B부족 셈의 합이 똑같이 9가 나올 수 없다.

합격생 가이드

〈보기〉 ㄱ, ㄴ, ㄷ은 시키는 대로 셈을 하면 비교적 간단히 풀 수 있지만, ㄹ은 판단에 사고를 요한다. 하지만 ㄱ, ㄴ을 옳다고 도출하더라도 ㄹ을 반드시 판정해야만 정답을 고를 수 있기 때문에 ㄹ 판단에 시간이 많이 소요될 것 같다면 포기하는 것도 전략이다. 따라서 이런 경우 ①번 선지와 ④번 선지만을 남겨 놓고 남은 문제를 푼 뒤, OCR카드의 정답 선지 분포를 세고 적은 번호의 선지를 선택한다면 정답 확률을 높일 수 있을 것이다.

03 게임·규칙

답 ⑤

난도 상

풀이시간 2분 30초

정답해설

ㄴ. 옳다. 게임 시작 시 참가자 모두 봄 카드를 받았다면 甲은 겨울, 겨울, 겨울, 봄 카드를 받은 것인데, 乙은 가을 카드를 받을 수 없으므로, 丙이 가을, 가을, 가을, 봄이 될 것이다.

ㄷ. 옳다. 乙은 봄과 여름 카드만 가지고 있으므로 甲이 첫 번째 맞바꾸기 이후 우승하려면, 甲은 게임 시작 시 가을 카드를 가지고 있어야 한다. 乙은 가을 카드를 받을 수 없으므로, 丙은 게임 시작 시 가을 카드를 2장 가지고 있었을 것이다. 이때 丙은 여름 카드를 받을 수 없으므로 봄 카드를 2장 받았을 것이다.

오답해설

ㄱ. 옳지 않다. 모든 경우에 게임 시작 시 두 명 이상의 참가자가 3가지 종류의 계절 카드를 받게 된다.

합격생 가이드

게임의 규칙을 잘 읽고 불가능한 경우를 제외하면서 가능한 모든 경우의 수를 나열해야 한다. 가능한 경우를 빠뜨리지 않는 것이 중요하다. 규칙을 정리하면 다음과 같다. 甲은 겨울 카드를 3장 가지고 있으므로, 丙은 봄과 가을 2가지 종류의 계절 카드만 가지고 있을 것이다. 따라서 乙이 봄을 3장 받을 수는 없으므로 乙이 (ⅰ) 봄 2장, 여름 2장을 받는 경우, (ⅱ) 봄 1장, 여름 3장을 받는 경우로 나누어 다음 경우의 수를 정리하는 것이 좋다.

04 게임·규칙

답 ③

난도 상

풀이시간 2분 30초

정답해설

ㄱ. 옳다. 8번이 시민인 경우 "옆에 범인이 있다"로 가능한 세 가지 경우를 따져 본다.

(ⅰ) 7번과 9번이 모두 범인인 경우, 7번과 9번의 진술이 모두 거짓이므로 1번도 범인이 된다. 그렇다면 1번의 옆에는 범인이 없어야 하는데, 9번이 범인이므로 모순이 된다. 따라서 이 경우는 불가능하다.

(ⅱ) 9번이 범인이고, 7번이 시민인 경우도 (ⅰ)과 마찬가지로 모순이 된다. 이 경우도 불가능하다.

(ⅲ) 7번이 범인이고, 9번이 시민인 경우, 2번과 3번이 범인이고, 나머지는 시민이 된다. 따라서 8번이 시민임을 알면 범인들을 모두 찾아낼 수 있다.

ㄴ. 옳다. 모두가 "옆에 범인이 있다"라고 진술한 경우, 범인의 양 옆에는 시민이 있어야 한다. 따라서 '시민-범인-시민'을 하나의 그룹으로 놓으면 '시민-범인-시민-시민-범인-시민-시민-범인-시민'의 배치가 된다. 따라서 가능한 번호의 조합은 (1, 4, 7), (2, 5, 8), (3, 6, 9)가 된다.

오답해설

ㄷ. 옳지 않다. 예를 들어 1번과 4번과 6번이 범인이고, 나머지가 시민인 경우, 8번 한 명만이 "옆에 범인이 없다"라고 진술한다.

합격생 가이드

1~9의 숫자를 원 모양으로 배치하고 그 위에 범인을 O, 시민을 X로 표기하면서 가능한 경우의 수나 반례를 따져 보며 풀이한다. 하지만 이렇게 모든 보기에서 여러 경우의 수를 다 따지게 만드는 문제는 상당히 오랜 시간이 소요되고 실수하기도 쉬우므로, 특별히 자신 있지 않는 한 풀지 않는 것이 좋다.

CHAPTER
08 논리퀴즈

LEVEL I 　하급

01	02	03	04	05				
①	④	③	⑤	①				

01 논리퀴즈 　　　　　　　　　　답 ①

난도 하

풀이시간 2분

정답해설

A : 육각형, B : 오각형, C : 원, D : 사각형, E : 삼각형이다.

합격생 가이드

C, D에 관한 지영과 미석의 진술이 엇갈리는 것이 핵심이다. 둘 중 하나는 반드시 옳고, 다른 하나는 반드시 틀리기 때문에 C : 삼각형, D : 오각형이거나 C : 원, D : 사각형이어야 한다. 전자는 모순이 나오기 때문에 후자가 참이 된다.

02 논리퀴즈 　　　　　　　　　　답 ④

난도 하

풀이시간 2분

정답해설

구분	가영	나리	다솜	라임	마야	바다	사랑
오래달리기	×	×	○	×	×	×	×
팔씨름	○	×	○	○	○	×	×
3인 4각	×	○	×	○	×	×	○
공굴리기	○	×	×	×	○	○	○

혹은

구분	가영	나리	다솜	라임	마야	바다	사랑
오래달리기	○	×	×	×	×	×	×
팔씨름	○	×	○	○	○	×	×
3인 4각	×	○	×	○	×	×	○
공굴리기	×	×	○	×	○	○	○

따라서 나리, 라임, 사랑이 A부에서 3인 4각 선수로 참가해야 한다.

합격생 가이드

PSAT은 객관식 시험인데다 답이 하나뿐이므로 두 경우의 수가 있다고 해도 결국 동일한 답이 나오도록 설계되어 있다. 따라서 모순이 되지 않는 하나의 조합만 찾으면 다른 조합은 굳이 해보지 않아도 된다.
팔씨름을 하는 사람은 가영, 다솜, 라임, 마야 4명으로 바로 확정된다. 또한 모두 한 종목 이상은 참가해야 하므로 나리는 3인 4각, 바다는 공굴리기에 참가해야 한다. 이러한 정보를 기반으로 두 경우의 수를 따져보면 된다.

03 논리퀴즈 　　　　　　　　　　답 ③

난도 하

풀이시간 2분

정답해설

ㄴ. 옳다. G의 업무내용은 A와 겹치는 부분이 존재하고, B, D와는 겹치는 부분이 존재하지 않는다는 점만 알 수 있으므로, A의 업무내용이 C에 속하는 이상 G의 업무내용도 C에 속할 수 있다.

ㄷ. 옳다. E의 업무내용은 F에 속한다는 점만 알 수 있으므로 E의 업무내용은 G에도 속할 수 있다.

ㄹ. 옳다. F의 업무내용은 C와 겹치지 않는다는 점만 알 수 있으므로 F의 업무내용은 C와는 중복될 수 있다.

오답해설

ㄱ. 옳지 않다. B, D의 업무내용은 모두 C의 업무내용에 속하는데, B, D의 업무내용은 G의 업무내용에 속할 수 없다.

ㅁ. 옳지 않다. G의 업무내용은 A와 중복되는 부분이 존재하는데, A의 업무내용은 C에 속하므로 C와 중복될 수 없는 F의 특성상 G의 업무내용 중 일부는 반드시 F의 업무내용일 수 없다.

합격생 가이드

다음과 같이 도식화해서 나타내면 편리하게 풀 수 있다.

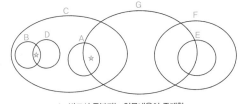

※ ☆ : 반드시 중복되는 업무내용이 존재함

04 논리퀴즈　　　답 ⑤

난도 하

풀이시간 2분

정답해설

조건들을 모두 적용했을 때, 가능한 경우의 수는 다음과 같다.

甲	乙	丙	丁
A	D, F	B	C, E
A	D, E	B	C, F
A	C, F	B	D, E
A	C, E	B	D, F

ㄴ. 옳다. A는 언제나 '甲'과에 배정된다.

ㄷ. 옳다. '甲'과에 A, '丙'과에 B를 배정한 이후 남은 C, D, E, F를 '乙'과와 '丁'과에 둘씩 나누어주는 구조이므로, '丁'과에 E, F가 배정된다면 남는 C, D는 반드시 '乙'과에 배정된다.

오답해설

ㄱ. 옳지 않다. '丙'과에는 언제나 B 혼자 배정된다.

합격생 가이드

'甲', '丙'과는 모두 7급 신규인원을 한 명씩 요구하고 있으므로, '乙'과에는 반드시 9급 신규인원이 둘 배정된다. 한편, '丁'과 역시도 9급 신규인원을 둘 요구하므로 '丙'과에는 7급 신규인원 한 명만 배정이 가능하다. 따라서 '甲'과에는 A, '丙'과에는 B가 확정적으로 배정된다.

05 논리퀴즈　　　답 ①

난도 하

풀이시간 2분

정답해설

구분	희경	은정	소미	정선
A(몸살)	×	×	×	○
B(치통)	×	○	×	×
C(배탈)	○	×	×	×
D(피부병)	×	×	○	×

합격생 가이드

단순한 매칭형 문제로, 경우의 수를 따질 필요가 없기 때문에 겁먹지 않고 접근한다면 쉽게 풀린다. 은정의 처방전이 B에 해당한다는 점을 우선 파악하고, 희경의 처방전은 A와 D가 아니므로 C에 해당한다는 점을 파악하면 그 이후는 위의 매칭표를 단순히 채워나가면 된다.

LEVEL II　　중급

01	02	03	04	05	06	07	08	09	10
①	⑤	③	②	①	⑤	②	⑤	④	⑤

01 논리퀴즈　　　답 ①

난도 중

풀이시간 2분

정답해설

• 甲 : 옳다. '바구니에 들어 있는 과일이 모두 몇 개니?'라는 질문은 A와 E, B와 C, D를 구분한다. '바구니에 들어 있는 과일의 무게를 모두 합치면 1kg 이상이니?'라는 질문은 A와 C, B와 D와 E를 구분한다. 따라서 A, B, C, D, E를 모두 구분할 수 있다.

• 乙 : 옳다. '바구니의 색깔과 같은 색깔의 과일이 포함되어 있니?'라는 질문은 A와 B와 D, C와 E를 구분한다. '바구니에 들어 있는 과일이 모두 몇 개니?'라는 질문은 A와 E, B와 C, D를 구분한다. 따라서 A, B, C, D, E를 모두 구분할 수 있다.

오답해설

• 丙 : 옳지 않다. '바구니에 들어 있는 과일이 모두 몇 개니?'라는 질문은 A와 E, B와 C, D를 구분한다. '바구니에 들어 있는 과일의 종류가 모두 다르니?'라는 질문은 A와 B와 C와 D, E를 구분한다. 따라서 B와 C를 구분할 수 없다.

• 丁 : 옳지 않다. '바구니에 들어 있는 과일의 종류가 모두 다르니?'라는 질문은 A와 B와 C와 D, E를 구분한다. '바구니에 들어 있는 과일의 무게를 모두 합치면 1kg 이상이니?'라는 질문은 A와 C, B와 D와 E를 구분한다. 따라서 A와 C, B와 D를 각각 구분할 수 없다.

합격생 가이드

다음과 같은 표를 만들어 풀면 상황이 명확해진다.

구분	A	B	C	D	E
바구니에 들어 있는 과일이 모두 몇 개니?	4	5	5	3	4
바구니에 들어 있는 과일의 무게를 모두 합치면 1kg 이상이니?	○	×	○	×	×
바구니의 색깔과 같은 색깔의 과일이 포함되어 있니?	○	○	×	×	×
바구니에 들어 있는 과일의 종류가 모두 다르니?	×	×	×	×	○

따라서 문항의 핵심은 '바구니에 들어 있는 과일이 모두 몇 개니?'라는 질문이다. 이 질문이 포함되어있지 않은 선지는 답이 될 수 없다. 다른 질문들은 다섯 개의 바구니를 ○와 ×로만 나누기 때문에 두 질문만으로 모든 바구니를 다르게 분류해낼 수 없기 때문이다.

02 논리퀴즈
답 ⑤

난도 중

풀이시간 2분 30초

정답해설

구분	甲	乙	丙	丁
밀가루	×	×	×	×
우유	○	×	×	×
옥수수가루	×	?	×	×
아몬드	×	?	×	×
달걀	×	×	×	○
식용유	×	×	○	×

ㄴ. 옳다. 甲은 우유, 乙은 옥수수가루나 아몬드, 丙은 식용유에 대하여 알레르기 증상을 보였다.

ㄷ. 옳다. 화요일에 제공된 빵의 확인되지 않은 재료 중 하나는 달걀이고, 나머지 하나는 옥수수가루, 아몬드 중 乙이 알레르기 증상을 보이지 않은 재료이다.

ㄹ. 옳다. 화요일에 제공된 빵에 포함된 재료 중 한 가지가 아몬드라면 乙의 알레르기 증상은 옥수수가루 때문이고, 재료가 옥수수가루라면 乙의 알레르기 증상은 아몬드 때문이다.

오답해설

ㄱ. 옳지 않다. 甲이 알레르기 증상을 보인 것은 우유 때문이다.

합격생 가이드

문항의 핵심은 해당 요일에 알레르기가 일어났다면 그날 제공된 빵에 들어간 재료에 의해 알레르기가 일어났다는 것을 알 수 있다는 점, 그리고 해당 요일에 알레르기가 일어나지 않았다면 그날 제공된 빵에 들어간 재료들은 모두 알레르기를 일으키지 않는다는 것을 알 수 있다는 점 총 두 가지이다. 후자를 놓치지 않도록 유의한다.

03 논리퀴즈
답 ③

난도 중

풀이시간 2분

정답해설

경기 결과는 다음과 같다.

구분	甲	乙	丙	丁	戊
甲		乙승	甲승	甲승	甲승
乙			비김	비김	비김
丙				丙승	비김
丁					丁승
戊					

따라서 비긴 카드게임의 총 수는 4회이다.

합격생 가이드

甲은 반드시 한 번 져야 한다. 그러므로 甲이 얻을 수 있는 최대 점수는 6점이다. 그런데 총 경기 수가 10회이므로, 甲~戊에게 배분되는 점수의 총점은 20점이다. 6+5+4+3+2=20으로 정확하게 떨어지기 때문에, 甲은 6점(승, 승, 승, 패), 乙은 5점(승, 비김, 비김, 비김), 丁은 3점(승, 비김, 패, 패), 戊는 2점(비김, 비김, 패, 패)이 되어야함을 알 수 있다. 丙이 4점으로 (승, 승, 패, 패)인지 (승, 비김, 비김, 패)인지 생각해보아야 하는데, 다른 선수들의 결과와 대조해보면 (승, 비김, 비김, 패)라는 것을 알 수 있다.

04 논리퀴즈
답 ②

난도 중

풀이시간 1분 30초

정답해설

우선 36개의 로봇을 여섯 그룹으로 나눠 각 그룹에서 1위와 2위를 선발한다. 이후 그룹별 1위를 한 로봇들을 묶어 최종 1위를 선발한다. 다음으로는 1위가 나온 그룹에서 2위를 한 로봇과, 그룹별 1위를 한 로봇 중 2위를 한 로봇을 묶어 최종 2위를 선발한다. 따라서 총 6+1+1=8회의 경기가 필요하다.

합격생 가이드

그룹별 1위를 한 로봇들끼리 묶어 최종 1위를 선발한다는 지점까지는 대부분 수월하게 생각해낸다. 그러나 이후 최종 2위를 선발하기 위한 최소 경기 수가 문제가 된다. 최종 2위가 될 수 있는 로봇의 후보는 단 둘뿐인데, 1위가 나온 6개 로봇의 그룹에서 2위를 한 로봇과 1위가 나오지 않은 다른 30개의 로봇 중 가장 빠른 로봇이 그 둘이다. 따라서 둘만 비교하면 최종 2위를 선발할 수 있다.

05 논리퀴즈
답 ①

난도 중

풀이시간 2분 30초

정답해설

구분	월요일	화요일	수요일	목요일	금요일
밥	잡곡밥	백미밥	흑미밥	백미밥	짜장덮밥
국	미역국	된장국	김칫국	육개장	북엇국
김치	배추김치	배추김치	깍두기	?	?
기타반찬	계란찜	돈육장조림	호박전	김치전	잡채
후식	식혜	수정과	?	?	단호박샐러드

① 옳지 않다. 월요일의 후식은 식혜이다.

합격생 가이드

경우의 수가 하나뿐인 정보를 우선적으로 적용해나가는 것이 핵심이다. 김치는 모두 붉은색이므로 매일 붉은색 음식이 최소한 하나 있으며, 목요일과 금요일 김치의 종류는 중요하지 않다. 목요일에 붉은색 음식이 3개 있으므로 목요일에는 백미밥이 나온다. 모든 음식이 한 번은 나와야하므로 수요일에는 흑미밥이 나온다. 국은 북엇국과 미역국이 남았는데, 노란색 음식이 하나 더 필요하므로 금요일에는 단호박샐러드가 나온다. 후식은 이틀 연속으로 같은 음식이 나올 수 없으므로 월요일에는 식혜가 나온다. 이와 같이 확정적인 정보들을 우선적으로 채워나가면 된다.

06 논리퀴즈   탑 ⑤

난도 중

풀이시간 1분 30초

정답해설

전화를 거는 순서는 AEDBCF, AEDBFC, DEACBF, DEACFB가 된다.

합격생 가이드

4가지 경우의 수 중 하나만 찾아내면 나머지는 찾을 필요가 없다.
같은 소속이면 참석경험이 있는 자문위원에게 먼저 전화하되, 연속으로 전화할 수는 없으므로 A, F순으로 전화하되 연속으로 전화할 수 없고 D, C순으로 전화하되 연속으로 전화할 수 없다. 같은 분야면 참석경험이 있는 자문위원에게 먼저 전화하되, 연속으로 전화할 수는 없으므로 A, B순으로 전화하되 연속으로 전화할 수 없고 D, F순으로 전화하되 연속으로 전화할 수 없다. 또한 참석경험이 있는 A, D는 연속으로 전화할 수 없다.

A는 B, D, F와 연속될 수 없고 D는 A, C, F와 연속될 수 없다. 따라서 A와 D는 모두 F와 연속될 수 없고, 서로 연속될 수 없으면서도 각각 연속될 수 없는 사람이 둘씩 더 존재하므로 A나 D에게 첫 번째와 세 번째로 전화를 해야 한다. A와 D 중 누구에게 우선 전화하든 B, C, F에게는 4, 5, 6번째로 전화를 해야 하므로 E만 두 번째로 전화를 받을 수 있다.

07 논리퀴즈   탑 ②

난도 중

풀이시간 2분

정답해설

곶감의 위치	甲	乙	丙	丁	戊
꿀단지	나쁜	나쁜	착한	나쁜	착한
아궁이	착한	나쁜	나쁜	착한	나쁜
소쿠리	나쁜	착한	착한	나쁜	나쁜
소쿠리	나쁜	나쁜	착한	착한	나쁜

② 옳다. 곶감이 소쿠리에 있다면 丁은 착한 호랑이고 乙은 나쁜 호랑이이거나, 그 반대이다.

오답해설

① 옳지 않다. 곶감이 꿀단지에 있다면 戊, 丙 모두 착한 호랑이이다.
③ 옳지 않다. 곶감이 소쿠리에 있다면 乙이 착한 호랑이일 수는 있으나, 丙은 항상 착한 호랑이이다.
④ 옳지 않다. 곶감이 아궁이에 있다면 丙, 戊 모두 나쁜 호랑이이다.
⑤ 옳지 않다. 곶감이 아궁이에 있다면 甲, 丁은 모두 착한 호랑이이다.

합격생 가이드

곶감의 위치에 따라 착한 호랑이와 나쁜 호랑이가 달라지므로 각 위치에 따라 개별적으로 살펴보아야 한다. 甲, 丙, 戊가 참을 말하는지 거짓을 말하는지는 곶감의 위치에 따라 바로 확정된다. 따라서 乙과 丁만 착한 호랑이와 나쁜 호랑이의 수에 맞춰서 판단해주면 된다.

08 논리퀴즈   탑 ⑤

난도 중

풀이시간 2분

정답해설

⑤ 옳지 않다. B, E, F가 각각 차량을 운전하게 되는데, E와 F 차량에 각각 남성 두 명이 추가로 타야하므로 F가 운전하는 차량에는 3명이 승차하게 된다.

오답해설

① 옳다. E, F/A/B, C, D, G가 각각 같은 차를 타거나 E, F/A, C, D, G/B가 각각 같은 차를 탄다.
② 옳다. 운전자는 A, B 그리고 D 혹은 F인데, E와 F만 한 차량을 타야하므로 F가 운전자가 된다.
③ 옳다. E, F가 같은 차량을 타는 경우 남성 두 명이 함께 타야하므로 남은 두 차에는 남성이 각각 두 명, 한 명씩 타게 된다. E와 F가 서로 다른 차량을 타는 경우 각각 남성 두 명이 함께 타야하므로, 남은 한 차에는 남성이 한 명 타게 된다.
④ 옳다. ㄷ 원칙을 우선 적용하면 E와 F만 타는 차량이 반드시 생긴다. F가 E보다 면허보유기간과 운전기간 모두 길기 때문에 ㄱ과 ㅁ 중 어느 원칙을 적용하더라도 F가 운전을 하게 된다.

합격생 가이드

각 원칙을 순서대로 차근차근 적용해야 한다. 세 차량으로 우선 나눠두고 차량 별로 인원을 채우는 식으로 풀이하면 실수할 여지가 줄어든다. 또한 총 인원이 7명이라는 점을 염두에 두고 풀면 더 쉽게 풀 수 있다.

09 논리퀴즈   탑 ④

난도 중

풀이시간 2분

정답해설

12시 방향부터 시계방향으로 조각 1, 조각 2, …, 조각 100이라고 하자. 그렇다면 다음과 같이 정리할 수 있다.

구분	조각 1	조각 2	조각 3	조각 4	조각 5	조각 6	조각 7	조각 8	조각 9	조각 10
甲	×	×	×	?	×	?	×	?	×	×
乙	×	?	×	?	○	×	×	?	×	×
丙	×	×	×	×	×	×	○	×	○	×
丁	×	?	×	?	×	×	×	×	×	○
戊	○	×	○	×	×	×	×	×	×	×

따라서 甲, 乙, 丁이 각각 (조각 4, 조각 8, 조각 2), (조각 8, 조각 2, 조각 4), (조각 8, 조각 4, 조각 2)를 먹는 총 세 가지 경우의 수가 있다.

합격생 가이드

확정된 정보와 확정되지 않은 정보의 분리가 가장 중요하다. 모든 조건을 적용해서 정리해보면, 戊가 먹는 피자가 조각 1, 조각 3으로 확정된다. 이후 해당 조각을 먹을 수 있는 사람이 한 명밖에 없다면 그 사람은 반드시 그 조각을 먹어야 한다는 점을 적용하면 조각 2, 조각 4, 조각 8을 제외하고는 모두 먹을 사람이 확정된다.

10 논리퀴즈 답 ⑤

난도 중

풀이시간 2분

정답해설

(A, B, C, D, E)를 배치하는 방법은 다음 표와 같이 총 6가지이다.

A	B	C	D	E
2와 3 사이	5와 1 사이	3과 4 사이	1과 2 사이	4와 5 사이
3과 4 사이	5와 1 사이	2와 3 사이	1과 2 사이	4와 5 사이
2와 3 사이	5와 1 사이	1과 2 사이	3과 4 사이	4와 5 사이
2와 3 사이	5와 1 사이	4와 5 사이	3과 4 사이	1과 2 사이
3과 4 사이	5와 1 사이	1과 2 사이	2와 3 사이	4와 5 사이
3과 4 사이	5와 1 사이	4와 5 사이	2와 3 사이	1과 2 사이

⑤ 옳지 않다. E가 4와 5 사이에 앉으면 A는 2와 3 사이에 앉을 수도 있고, 3과 4 사이에 앉을 수도 있다.

합격생 가이드

상황을 정리해보면 다음과 같은 상황이 나온다.

구분	A	B	C	D	E
1과 2 사이	×	×	×	○	×
2와 3 사이		×		×	×
3과 4 사이		×		×	×
4와 5 사이	×	×	×	×	○
5와 1 사이	×	○	×	×	×

혹은

구분	A	B	C	D	E
1과 2 사이	×	×		×	
2와 3 사이		×			×
3과 4 사이		×			×
4와 5 사이	×	×		×	
5와 1 사이	×	○	×	×	×

첫 번째 상황에는 두 경우의 수가 있고, 두 번째 상황에는 네 경우의 수가 있다.

LEVEL III 상급

01	02	03	04	05	06	07	08		
②	①	⑤	①	③	①	③	⑤		

01 논리퀴즈 답 ②

난도 상

풀이시간 2분 30초

정답해설

② 옳다. B는 여성이며, 경제학과에 다니고 유령 가면을 썼다.

오답해설

① 옳지 않다. A는 남성이며, 행정학과에 다니고 늑대인간 가면을 썼다.

③ 옳지 않다. C는 남성이며, 식품영양학과에 다니고 처녀귀신 가면을 썼다.

④ 옳지 않다. D는 여성이며, 정치외교학과에 다니고 좀비 가면을 썼다.

⑤ 옳지 않다. E는 남성이며, 전자공학과에 다니고 드라큘라 가면을 썼다.

합격생 가이드

반드시 참인 정보에서 문제 풀이를 시작한다. 단 한 명만 거짓을 말하고 있으므로 유일하게 여학생이라고 주장하는 D는 반드시 참을 말하고 있다. 따라서 D는 여성이며, 정치외교학과에 다니고 좀비 가면을 썼다.

거짓을 말하는 사람의 모든 진술은 거짓이어야 한다는 점이 다음 단서가 된다. A가 거짓을 말하고 있다면 드라큘라 가면을 쓴 사람이 2명이 되므로 A는 진실만을 말하고 있다. 반대로 E가 거짓을 말하고 있다면 드라큘라 가면을 쓴 사람이 없게 되므로 E는 진실만을 말하고 있다. C가 거짓을 말하고 있다면 식품영양학과에 다니는 학생이 없게 되므로 C는 진실만을 말하고 있다. 결국 B가 거짓만을 말하고 있다는 것을 도출할 수 있다.

02 논리퀴즈 답 ①

난도 상

풀이시간 2분 30초

정답해설

甲은 사과 사탕 1개와 딸기 사탕 1개, 乙은 사과 사탕 1개, 戊는 포도 사탕 1개를 먹었고, 丙과 丁이 먹은 사탕은 알 수 없다.

합격생 가이드

주어진 정보를 기반으로 표를 그리면 다음과 같이 나타난다.

구분	사과, 딸기	사과	딸기	포도	포도
甲		×		×	×
乙	×	○	×	×	×
丙	×	×			
丁	×	×			
戊		×			

이 상태에서 딸기 사탕을 먹은 사람 두 명을 모두 알 수 없는 상황을 도출해내면 된다. 戊가 사과 사탕과 딸기 사탕을 모두 먹었다면 甲은 딸기 사탕, 丙과 丁은 포도 사탕을 먹은 상황이 확정되므로 답이 될 수 없다. 戊가 딸기 사탕만을 먹었다면 甲은 사과 사탕과 딸기 사탕, 丙과 丁은 포도 사탕을 먹은 상황이 확정되므로 답이 될 수 없다. 따라서 戊는 포도 사탕을 먹었다.

03 논리퀴즈
답 ⑤

난도 상

풀이시간 2분 30초

정답해설

상황을 정리하면 다음과 같다.

구분	A	B	C	D
9:08	+3	−3		
9:10	17마리			
9:15		−2		+2
9:18	+5		−5	
9:22				21마리
9:30		8마리		
9:32			+1	−1
9:45			11마리	
9:48	−4		+4	
9:50		+1		−1
9:52			−3	+3
9:58				㉠마리
10:04	㉡마리			
10:05		+2	−2	
10:10		㉢마리		
10:15			㉣마리	

양의 총 마리 수는 61마리이다. ㉠은 22마리, ㉡은 18마리, ㉢은 11마리, ㉣은 10마리이다.

합격생 가이드

총 마리 수와 ㉠~㉣을 별개로 계산하면 편리하다. A, B, C, D의 시점별 마리 수가 모두 나오는 09:45를 기준으로 총 마리 수를 계산하면 A는 22마리, B는 8마리, C는 11마리, D는 20마리로 총 61마리임을 알 수 있다. 이후 ㉠~㉣는 09:45의 마리 수를 기준으로 각각 계산해주면 편리하다. 이때, 해당 구역에 몇 마리가 들어왔고 몇 마리가 나갔는지 보면 되므로 위와 같은 표를 그릴 필요 없이 이후의 증감만 고려해주면 된다. 예컨대, ㉡은 22−4로 계산한다.

04 논리퀴즈
답 ①

난도 상

풀이시간 2분 30초

정답해설

구분	좀쇠	작은놈	어인놈	상득	정월쇠
성씨	윤	이	김	김	박
직업	미장공	목수	단청공	벽돌공	대장장이

① 옳다. 좀쇠는 3×4전 2푼+1전=13전 6푼을 받는다.

오답해설

② 옳지 않다. 작은놈은 3×4전 2푼=12전 6푼을 받는다.

③ 옳지 않다. 어인놈은 4×2전 5푼=10전을 받는다.

④ 옳지 않다. 상득은 4×2전 5푼=10전을 받는다.

⑤ 옳지 않다. 정월쇠는 5×2전 5푼+1전=13전 5푼을 받는다.

합격생 가이드

실전에서는 풀지 않는 것이 낫다. 일꾼과 성씨, 직업을 매칭하는 것에 그치지 않고 각 일꾼들의 일당까지 계산해야하는데, 정보가 흩어져있기 때문에 실수할 여지도 많다.

만약 풀게 되었다면, 〈조건〉을 두 부분으로 나누어 생각하면 된다. 전반부의 일당 조건은 우선 무시하고, 후반부의 일꾼과 성씨, 직업의 매칭을 우선 완성한다. 핵심은 성씨와 직업을 주어진 정보를 바탕으로 연결하는 것이다. 이씨는 목수이고, 대장장이와 미장공은 박씨나 윤씨이다. 자동적으로 단청공과 벽돌공은 김씨로 확정된다. 그렇다면 어인놈의 성씨는 김씨이고, 상득의 직업은 벽돌공임을 알 수 있다. 정월쇠의 일당이 2전 5푼이므로 정월쇠는 대장장이이고, 좀쇠는 박씨나 이씨가 아니므로 윤씨가 되어야 한다.

05 논리퀴즈
답 ③

난도 상

풀이시간 2분 30초

정답해설

순찰에는 총 5×6=30분이 걸린다.

층간 이동의 최소 시간은 1층 → 3층 → 2층 → 5층 → 4층 → 6층 → 3층 → 4층 → 1층으로 이동할 때 3×16=48분이 걸린다.

따라서 총 소요 시간은 78분이 된다.

합격생 가이드

일단 올라가면 반드시 내려와야 한다는 점이 핵심이다. 1층에서 시작했을 때 다음에 도착하는 층은 3층이나 4층이어야 한다. 3층을 선택했다면 그 다음 층은 반드시 2층이 되어야 한다. 이를 이용해서 우선 3층을 선택한 경우의 최소 층간 이동 횟수를 구한다. 다음으로, 4층을 선택한 경우와 비교해야 하는데, 4층 다음으로 2층을 선택하든 3층을 선택하든 16회보다 적은 횟수로 층간 이동을 할 수 없다.

06 논리퀴즈
답 ①

난도 상

풀이시간 2분 30초

정답해설

상황을 정리하면 다음과 같다.

구분	1997	1997	2001	2001	2007	2007	2009
동의보감	×	×	×				
승정원일기	×	×	○	×	×	×	×
조선왕조실록	○	×	×	×	×	×	×
조선왕조의궤	×		×				×
직지심체요절	×		×		×	×	×
팔만대장경판	×	×	×				
훈민정음	×		×				×

또한, 동의보감은 조선왕조의궤와 같은 시기에 지정되었거나, 더 늦게 지정되었다.

① 옳다. 훈민정음이 2002년 이전에 지정되었다면 직지심체요절과 훈민정음이 1997년, 2001년에 지정되어야하므로 조선왕조의궤는 2007년에 지정된 것이다.

② 옳지 않다. 동의보감이 2002년 이후에 지정되었다고 하더라도 조선왕조의궤는 1997년, 2001년, 혹은 2009년에 지정되었을 가능성이 있다.

③ 옳지 않다. 직지심체요절이 2002년 이전에 지정된 것은 이미 알고 있는 정보이다.

④ 옳지 않다. 팔만대장경판이 2002년 이후에 지정되었다고 하더라도 조선왕조의궤는 1997년, 2001년, 혹은 2009년에 지정되었을 가능성이 있다.

⑤ 옳지 않다. 팔만대장경판이 동의보감보다 먼저 지정되었다고 하더라도 조선왕조의궤는 1997년, 2001년, 혹은 2009년에 지정되었을 가능성이 있다.

합격생 가이드

확정된 정보들을 정확하게 모두 정리하는 것이 관건이다. 이 부분에 성공했다면, 풀이의 핵심은 직지심체요절에 있다. 직지심체요절은 1997년이나 2001년으로 경우의 수가 두 가지 뿐이므로, 2002년 이전에 지정된 다른 세계기록유산이 하나 더 있다면 조선왕조의궤는 반드시 2007년에 지정되어야 한다.

07 논리퀴즈 · 답 ③

난도 상

풀이시간 2분

정답해설

확정된 정보들을 정리해보면 다음과 같이 두 상황이 존재한다.

구분	A	B	C	D
1년차	장미	진달래	튤립	×
2년차	진달래	장미	×	백합 혹은 나팔꽃
3년차	×	진달래		

이때, 3년차 C, D로 가능한 조합은
(튤립, 나팔꽃), (튤립, 백합), (나팔꽃, 튤립), (백합, 튤립)이다.
혹은

구분	A	B	C	D
1년차	장미	진달래	튤립	×
2년차	진달래	장미	×	백합 혹은 나팔꽃
3년차	장미	×		

이때, 3년차 C, D로 가능한 조합은
(튤립, 나팔꽃), (튤립, 백합), (나팔꽃, 튤립), (백합, 튤립)이다.

합격생 가이드

선지를 소거하는 방식으로 풀면 훨씬 쉽다. 우선, C, D는 이미 아무것도 심지 않은 적이 있기 때문에 또 아무것도 심지 않을 수는 없다. 따라서 ①, ⑤번 선지가 소거된다. 또한 1년차에 튤립을 심었으므로 3년차에는 다시 튤립을 심어야 한다. 이에 ②, ④번 선지가 소거되어 ③번 선지만 남는다.

08 논리퀴즈 · 답 ⑤

난도 상

풀이시간 2분

정답해설

모자장수는 3월의 토끼가 그들 셋이 모두 제정신이라는 것을 믿지 않는다고 '말했다'. 모자장수의 믿음이 참이라면 3월의 토끼는 제정신이지만 그릇된 믿음을 갖고 있는 셈이 되므로, 모자장수는 제정신이 아니다.

따라서 모자장수의 말은 반드시 거짓이고, 3월의 토끼는 그들 셋이 모두 제정신이라고 믿고 있는 것이다. 그런데 모자장수가 제정신이 아니므로 이 진술은 반드시 거짓이다. 따라서 3월의 토끼 역시 제정신이 아니다.

마지막으로, 겨울잠 쥐는 3월의 토끼가 제정신이라고 믿고 있지만 이는 거짓이므로 겨울잠 쥐 역시 제정신이 아니다.

합격생 가이드

'제정신'이라는 형식을 취하고 있으나, 항상 참을 말하는 인물과 항상 거짓을 말하는 인물을 구분하는 문항이다.

공작부인의 진술은 모두 참인 반면, 공작부인이 다른 인물의 말을 인용한 경우 그 진술은 해당 인물이 제정신인지에 따라 진위가 갈린다는 점을 염두에 두고 문제를 풀면 된다. 또한 글의 맨 마지막 문단만 이용해서 세 인물의 진술의 진위를 가리면 되는 문제이다.

선지를 이용해보자면, 우선 모자장수가 제정신이 아닌 인물이라는 것을 밝혀낸 시점에서 ①, ②, ④번 선지가 소거된다. 또한, 겨울잠 쥐의 진술의 특성상 3월의 토끼와 겨울잠 쥐는 함께 제정신이거나 제정신이 아니어야 한다. 따라서 ③번 선지는 답이 될 수 없음을 알 수 있다. 결국 3월의 토끼와 겨울잠 쥐가 제정신인지 아닌지 판단하지 않고도 답을 골라낼 수 있다.

CHAPTER

09 시간·공간

01	02	03	04	05					
①	②	④	④	⑤					

01 시간·공간 답 ①

난도 중

풀이시간 2분

정답해설

ㄱ. 옳다. 정육면체에 점 6개를 새긴 면이 있다면, 점의 총수는 적어도 11개가 된다. 따라서 정육면체에 새긴 점의 총 수가 10개라면 점 6개를 새긴 면은 있을 수 없다.

오답해설

ㄴ. 옳지 않다. 정육면체에 새긴 점의 총 수가 21개인 방법은 '6, 6, 6, 1, 1, 1', '6, 6, 5, 2, 1, 1', … 외에도 여러 방법이 있다.

ㄷ. 옳지 않다. '6, 6, 4, 4, 2, 2'처럼 각 면의 새긴 점의 수가 같은 경우에도 정육면체에 새긴 점의 총 수가 24개일 수 있다.

ㄹ. 옳지 않다. '6, 6, 5, 1, 1, 1'처럼 3개 이하의 점을 새긴 면이 3개인 경우에도 정육면체에 새긴 점의 총 수가 20개일 수 있다.

합격생 가이드

각 〈보기〉의 반례를 찾는 방식으로 풀이한다. 각 면에 새기는 점의 수가 반드시 달라야 할 필요는 없으므로 매우 다양한 경우가 존재할 수 있어 반례를 찾는 것이 어렵지 않기 때문이다.

02 시간·공간 답 ②

난도 중

풀이시간 2분 00초

정답해설

ㄱ. 옳다. 평면 γ가 서로 평행한 두 평면 α, β와 만날 때 생기는 두 교선은 반드시 평행하다.

ㄷ. 옳다. 두 직선 x, y가 평행할 때, y를 포함하고 x를 포함하지 않는 평면 α는 x와 만나지 않으므로 평행하다.

오답해설

ㄴ. 옳지 않다. 직선 x와 평면 α가 평행할 때, x를 포함하는 평면 β와 평면 α의 교선 y는 x와 평행하다.

ㄹ. 옳지 않다. 세 직선 x, y, z가 동일 평면에 있지 않을 때, x와 y가 평행하고, y와 z가 평행한 경우에 x와 z는 반드시 평행하다.

03 시간·공간 답 ④

난도 중

풀이시간 2분

정답해설

④ 23일(일)~26일(수): 가능하다.

오답해설

① 16일(일)~19일(수): 화요일에 파고가 높아 선박이 운행되지 않아 독도를 갈 수 없으므로 불가능하다.

② 19일(수)~22일(토): 토요일엔 멀미로 인해 선박을 탈 수 없으므로 불가능하다.

③ 20일(목)~23일(일): 목요일에 오전 8시 이후에 울릉도에 도착하면 독도를 갈 수 없으므로 불가능하다.

⑤ 25일(화)~28일(금): 금요일 오후 3시에 출발하여 호박엿 만들기 체험을 할 수 없으므로 불가능하다.

합격생 가이드

선지에서 불가능한 경우를 찾아 소거하는 방식으로 풀이한다. 단서가 되는 것은 최대 파고가 3m 이상인 날 선박 운행이 불가능하다는 것, 토요일엔 선박을 탈 수 없다는 것, 호박엿 만들기 체험을 해야 하고, 독도를 다녀와야 한다는 것 등이 있다.

04 시간·공간 답 ④

난도 중

풀이시간 2분

정답해설

④ G는 어떤 경우에도 301호에 투숙한다.

오답해설

① B가 102호에 투숙하는 경우도 있다.

② D가 203호에 투숙하는 경우도 있다.

③ F가 303호에 투숙하는 경우도 있다.

⑤ A, C, F가 다른 열에 투숙하는 경우도 있다.

퍼즐을 맞춘다고 생각하면 간단하다. 대신 〈조건〉에 따라 정리하면서 퍼즐 조각의 크기를 키우는 것이 핵심이다. 크기가 커진 조각 덩어리는 들어갈 수 있는 자리가 많지 않기 때문이다. 〈조건〉을 순서에 따라 정리하면 아래와 같은 큰 조각이 나온다.

			E
X	C	D	
B	A	X	

이를 호텔에 조합시킬 수 있는 가능한 경우의 수는 B가 101호인 경우와 102호인 경우밖에 존재하지 않는다. 따라서 남은 조건과 조합하여 가능한 경우를 따져본다. 3층은 이미 차였으므로, I가 H보다 위층에 투숙해 있으려면 I가 2층, H가 1층이 된다. 또한 G의 옆방에 아무도 투숙해 있지 않은 조건을 고려하면 가능한 경우의 수는 다음과 같다.

G	X	E	F
X	C	D	I
B	A	X	H

G	X	F	E
I	X	C	D
H	B	A	X

따라서 이 두 경우를 가지고 문제를 해결하면 된다.

05 시간·공간
답 ⑤

난도 중

풀이시간 2분

정답해설
⑤ 4월 30일에는 금연교육이 있다.

오답해설
① 금연교육은 화요일에만 가능하다.
② 금주교육은 꼭 같은 요일에 실시될 필요는 없다.
③ 금주교육은 4월 마지막 주에 실시될 수 없다.
④ 성교육이 가능한 일정 조합은 4일, 5일로 한 가지이다.

우선 달력을 그리고, 주어진 〈조건〉을 대입해서 푼다. 22~26일에는 교육을 실시할 수 없으므로 지운다. 금연교육은 정해진 같은 요일에 주 1회, 총 4회를 실시해야 하므로, 금연교육이 가능한 요일은 화요일 밖에 없다. 이때 성교육은 10일 이전에 이틀 연속으로 실시해야 하므로 생각해 볼 수 있는 조합은 3~4일과 4~5일이다. 하지만 금주교육은 월, 금에 실시할 수 없고 주 2회 이상 실시할 수 없으므로, 성교육을 3~4일에 실시하게 되면 금주교육을 총 3회 실시할 수 없게 된다. 따라서 성교육은 4~5일에 실시하게 된다. 따라서 3일에 금주교육을 1회 실시하게 되고, 이후 10~11일 중에 하루, 17~18일 중에 하루 금주교육을 실시할 수 있다.

월	화	수	목	금	토	일
1	2 : 금연	3	4 : 성	5 : 성		
8	9 : 금연	10	11	12		
15	16 : 금연	17	18	19		
~~22~~	~~23~~	~~24~~	~~25~~	~~26~~		
29	30 : 금연					

LEVEL III	상급

01	02	03	04	05	06	07	08	09	10
④	①	②	②	⑤	③	⑤	③	⑤	①
11	12								
②	④								

01 시간·공간
답 ④

난도 상

풀이시간 2분 30초

정답해설
ㄴ. 옳다. 1일이나 2일부터 〈조건〉에 따라 삼치를 먹으면 최대 14마리 먹을 수 있다.
ㄹ. 옳다. 꽁치를 먹어야 하는 날이 짝수일과 홀수일이 되어 꽁치와 다른 생선을 번갈아 먹는다 하더라도, 꽁치를 먹어야 하는 날 전후로 하루는 생선이 연속되기 때문에 또 다른 생선을 먹을 수밖에 없다.

오답해설
ㄱ. 옳지 않다. 석봉이가 홀수일마다 꽁치를 먹는다면, 1월 한 달 동안 먹을 수 있는 꽁치는 최대 16마리이다.
ㄷ. 옳지 않다. 석봉이가 짝수일마다 고등어를 먹는다면, 1월 한 달 동안 먹을 수 있는 고등어는 최대 15마리이다.

〈보기〉 ㄹ의 판단이 어려우나, ㄱ과 ㄷ을 판단하면 문제를 해결할 수 있다. ㄱ과 ㄷ은 꽁치나 고등어를 격일로 먹는 경우를 떠올리면 되므로 어렵지 않게 해결할 수 있다. ㄹ의 경우도 마찬가지로 꽁치와 고등어, 혹은 꽁치와 삼치를 번갈아 가면서 격일로 달력에 대입해본다. 대입하다보면 17일 전에 두 생선이 연속되는 경우가 발생하므로 제3의 생선을 반드시 먹어야 함을 확인할 수 있을 것이다.

02 시간·공간
답 ①

난도 상

풀이시간 2분 30초

정답해설
① 옳지 않다. 올해 여름의 첫날은 5월 6일이다.

오답해설
② 옳다. 절기는 정기법에 의해 정해지므로 양력 날짜가 매년 고정적이지는 않을 것이다.
③ 옳다. 태양황경이 15도 증가할 때마다 절기가 매겨진다. 따라서 태양황경이 60도가 되는 날은 춘분으로부터 네 번째 절기인 소만이 되는 날이다.
④ 옳다. 올해 7월 24일은 대서이다. 대서는 춘분으로부터 여덟 번째 절기이므로 대서는 15×8=120도가 되는 날 시작된다. 따라서 24일은 태양황경이 120도에서 135도 사이에 있는 날이다.
⑤ 옳다. 올해 입춘부터 곡우까지의 날짜 간격은 75일이고, 한로부터 동지까지의 날짜 간격은 74일이다.

합격생 **가이드**

각 월의 일수와 〈상황〉을 고려하여 절기의 시작일을 직접 계산해야 하므로 시간이 많이 소요된다. 따라서 그냥 풀지 않고 넘어가는 것이 좋은 전략이 될 수 있다. 앞 절기와 16일, 14일 간격이 되는 절기를 빠뜨리지 않고 고려하는 것이 계산에 있어서 중요하다.

03 시간 · 공간   답 ②

난도 상

풀이시간 2분 30초

정답해설

② 옳다. 공연일 오전 8:30에 도착한 관람객까지 좌석에 앉고, 9:00부터 10:00까지 도착한 관람객은 9:00에 도착한 관람객, 9:30에 도착한 관람객, 10:00에 도착한 관람객으로 총 세 명이다. 이후 11:30까지 세 명의 관람객이 더 도착하므로, 초과인원 중 먼저 도착한 절반인 세 명은 좌측 계단에 앉는다.

오답해설

① 옳지 않다. 우측 계단에 앉은 관람객은 오전 10:30~11:30에 도착한 관람객이다. 이들이 중앙 좌석에 앉기 위해서는 오전 3:10~4:30에 도착하거나 오전 5:40~7:00에 도착하여야 한다. 따라서 우측 계단에 앉은 관람객이 중앙 좌석에 앉기 위해서는 적어도 3시간 30분, 최대 8시간 30분 일찍 도착해야 한다.

③ 옳지 않다. A에 앉은 관람객과 B에 앉은 관람객의 도착시간은 40분 차이가 난다.

④ 옳지 않다. 공연일 오전 6:00에 도착한 관람객은 뒷줄 좌석에 앉는다.

⑤ 옳지 않다. 총 28명의 관람객이 공연장에 도착하였다.

합격생 **가이드**

공연장 좌석에 〈상황〉에 맞게 관람객이 도착한 시간을 적는 것이 실수하지 않고 가장 정확하게 풀 수 있는 방법이다.

04 게임 · 규칙   답 ②

난도 상

풀이시간 2분 30초

정답해설

1년에 작업될 수 있는 양은 다음과 같다.

원목	100개 (10×10)
경판	10,000장 (100×100)
필사	1,000만 자 (25만×40)
판각	500만 자 (1만×500)

원목은 1년에 100개씩 채집되어(1년) 갯벌에 묻어두는 과정(3년)을 거쳐야 경판으로 제작될 수 있다. 그러므로 5년 차에 경판을 만드는 과정이 시작된다. 원목 1개로 경판 100장을 만들므로 1년에 100개씩 갯벌에서 나오는 원목은 그 해에 10,000장의 경판으로 만들어진다. 경판은 총 80,000장을 만들어야 하므로, 경판 제작에는 8년이 소요되어 12년 차에 완료된다.

경판 10,000장이 제작된 후에 판각을 시작하므로 판각은 6년 차부터 시작한다. 총 글자 수는 5천만 자이므로 판각에는 10년이 소요되어 15년차에 완료된다.

필사의 경우 작업 시작과 동시에 5년만이 소요된다.

최단 기간으로 제작할 경우 판각이 완료되어야 팔만대장경의 제작이 완료된다. 그러므로 15년이 최단 기간이다.

합격생 **가이드**

원목과 경판, 판각의 선후관계를 파악하는 것이 핵심이다. 특히, 첫 원목 100개가 갯벌에서 나오는 시점(=경판 제작이 시작되는 시점), 첫 경판 10,000개가 나오는 시점(=판각이 시작되는 시점)을 차근차근 파악해야 한다.

원목의 경우 첫 원목 100개가 갯벌에서 나온 이후에는 연속해서 1년에 100개씩 나오며, 이 원목이 있어야만 경판이 제작될 수 있다는 점에서 끝나는 시점을 고려할 필요가 없다. 또한 필사의 경우 짧은 기간만이 소요되며 다른 작업과 연관이 없으므로 고려할 필요가 없다.

05 시간 · 공간   답 ⑤

난도 상

풀이시간 2분 30초

정답해설

⑤ 옳지 않다. 12시 27분에는 B휴게실에서 베토벤의 곡이 나온다. 따라서 甲은 12시 27분에 열람실이 아닌 B휴게실에 있었을 것이다.

오답해설

① 옳다. A휴게실은 11시 6분~8분에 베토벤의 곡이 나온다.

② 옳다. 11시 30분에는 A, B휴게실 어느 곳에서도 베토벤의 곡이 나오지 않는다.

③ 옳다. B휴게실은 11시 20분~22분에 베토벤의 곡이 나온다.

④ 옳다. 12시 30분에는 A, B휴게실 어느 곳에서도 베토벤의 곡이 나오지 않는다.

합격생 **가이드**

선지를 보면 오전 11시 7분과 낮 12시 30분 사이 甲의 위치를 묻고 있으므로, 해당 시간만 살펴보면 된다. 베토벤의 곡이 재생되는 주기성을 이해하면 쉽게 정리할 수 있다.

A휴게실의 경우 베토벤의 곡은 10:22~24에 재생되고, 이후 44분을 주기로 재생된다. 따라서 11:06~08, 11:50~52에 甲은 A휴게실에 있을 것이다.

B휴게실의 경우 베토벤의 곡은 10:02~04, 18~20, 22~24, 46~48에 재생되고, 이후 62분을 주기로 재생된다. 따라서 11:02~04, 20~22, 24~26, 48~50, 12:04~06, 22~24, 26~28에 甲은 B휴게실에 있을 것이다.

06 시간 · 공간   답 ③

난도 상

풀이시간 2분 30초

정답해설

백화점 영업일을 최대로 하기 위하여 11월 1일을 목요일로 두고 달력을 전개하면 다음과 같다.

월	화	수	목	금	토	일
11월						
			1			
		7	8			
			15			
			22			
		28	29	30		

12월					
		5			1
					8
					15
				22	23
24	25	26			

백화점은 색칠된 칸만큼 캐롤을 튼다. 따라서 29일 동안 캐롤을 틀게 되므로 최대 58만 원을 지불해야 한다.

> **합격생 가이드**
>
> 주어진 글에서 두 가지 단서를 잡고 문제를 풀어나가야 한다.
> 1. 네 번째 목요일 이후 돌아오는 첫 월요일부터 캐롤을 틀기 때문에, 네 번째 목요일이 최대한 빠른 것이 좋다.
> 2. 백화점 휴점일이 네 번째 수요일이기 때문에, 크리스마스는 네 번째 수요일 이전이거나 당일인 것이 좋다.
>
> 이를 기준으로 달력을 전개하면 해설과 같은 달력을 전개할 수 있다.
> 이때 주의해야 할 것은 백화점 수요일이 네 번째 수요일이기 때문에 11월 28일을 영업일에서 빼주어야 한다는 것이다. 또한 백화점 점등식과 휴점일이 넷째 주 수/목요일이 아니라, 네 번째 수/목요일이라는 것이다. 그리고 시간을 절약하기 위하여 달력의 일 숫자는 최소한으로 채운다. 달력 문제의 경우 고려해야 할 것이 많고, 실수하기도 쉬워 풀지 않는 것이 좋은 전략이지만, 만약 풀기로 마음먹었다면 달력을 그리되 최대한 시간을 절약할 수 있는 방향으로 전개한다.

07 시간 · 공간 답 ⑤

난도 상

풀이시간 2분 30초

정답해설

갑, 을, 병 모두 하나의 지역을 기준으로 시각을 고려했다. 사실상 아무도 시차를 고려하지 않은 것이다. 갑이 말한 '런던 기준의 오후 10시'를 을은 '시애틀의 오후 10시'로 받아들였고, 13시간 후인 '시애틀의 오후 3시'에 업무를 마칠 수 있다고 판단한다. 하지만 모두 실제로는 처음에 제시된 기준인 런던의 시각이다. 즉, 을이 업무를 마치는 실제 시각은 '시애틀의 오후 3시'가 아니라 '런던의 오후 3시'인 것이다. 마찬가지로, 병이 모든 업무를 마친 시각은 실제로는 '런던의 모레 오전 10시', 즉 11월 3일 오전 10시이고 이것은 서울을 기준으로 11월 3일 오후 7시가 된다.

업무에 걸리는 시간을 계산해도 답은 같을 수밖에 없다. 업무 시간을 계산해보면 갑은 오전 9시~오후 10시로 13시간, 을은 오후 10시~오후 3시로 17시간, 병은 오후 3시~오전 10시로 19시간이다. 총 소요시간은 13+17+19=49시간으로, 회의 시각이 런던 기준으로 1일 오전 9시이므로 업무 종료 시간은 런던 기준으로 3일 오전 10시, 서울 기준으로는 3일 오후 7시가 된다.

> **합격생 가이드**
>
> 애초에 갑, 을, 병 모두 시차를 고려하지 않았다는 문제의 트릭을 알아채면 30초 만에도 문제를 풀 수 있지만, 시차의 함정에 빠져 계산을 일일이 하는 순간 절대로 시간 내에 풀 수 없는 고난도 문항이다. 해답이 빠르게 떠오르지 않는다면 뒤로 넘기고 다른 문제에 열중하는 것이 도움이 될 수 있다.

08 시간 · 공간 답 ③

난도 상

풀이시간 2분 30초

정답해설

축제가 18일 동안 개최되기 위한 조건을 생각한다. 10월 1일이 일요일인 경우에만 축제가 이틀 연장되므로 18일 동안 열릴 수 있다. 따라서 축제가 18일 동안 개최되는 해는 10월 1일이 일요일인 해일 것이다. 이를 기준으로 삼아 9월 15일까지 거슬러 올라가면, 결국 축제가 18일 동안 개최되는 해는 9월 15일이 금요일인 해가 된다. 이때, 2015년 9월 15일은 화요일이고, 평년인 한 해가 될 때마다 9월 15일은 한 요일씩 미뤄진다. 윤년인 해가 될 때는 두 요일이 미뤄진다. 평년인 1년은 365일로 7로 나누었을 때 1이 남고, 윤년인 1년은 366일로 7로 나누었을 때 2가 남기 때문이다. 따라서 이를 기준으로 생각하면, 매년 9월 15일이 되는 요일은 아래 표와 같다.

년도	15	16	17	18	19	20	21	22	23
요일	화	목	금	토	일	화	수	목	금

따라서 2020년 이후 축제가 처음으로 18일 동안 개최되는 해, 즉 9월 15일이 금요일인 해는 2023년이 된다.

> **합격생 가이드**
>
> 두 가지를 단서로 잡아 문제를 해결하는 것이 중요하다. 첫째는 축제가 18일 동안 개최되기 위한 조건이다. 10월 1일이 일요일인 해, 즉 9월 15일이 금요일인 해에 축제가 18일 동안 개최된다는 것을 기준으로 삼아야 한다. 둘째는 해가 지날 때 마다 같은 날짜에 해당하는 요일이 미뤄진다는 것이다. 평년인 경우는 한 요일이 뒤로 미뤄지고, 윤년인 경우는 두 요일이 뒤로 미뤄진다는 것을 찾아낼 수 있어야 한다. 따라서 앞서 도출한 9월 15일을 기준으로 삼아 요일을 계산하며 년도를 찾아야 한다.

09 시간 · 공간 답 ⑤

난도 상

풀이시간 2분 30초

정답해설

⑤ 옳다. 트래킹은 8일차에 좀롱부터 나야풀의 구간을 거쳐 완료된다.

오답해설

① 옳지 않다. 1일차에는 김체에서 숙박을 한다.
② 옳지 않다. 마차푸체르 베이스캠프에서 숙박을 하지 않고 내려온다.
③ 옳지 않다. 5일차에는 데우랄리에서 숙박을 한다.
④ 옳지 않다. 하루 6시간을 걷는 경우는 총 사흘이다.

시간이 오래 걸리더라도 아래와 같이 〈조건〉에 따라 가능한 트래킹 일정을 모두 정리하는 것이 실수하지 않고 문제를 풀 수 있는 방법이다.

1일차	나야풀 → 김체 (5h)	
2일차	김체 → 콤롱(4h)	
3일차	콤롱 → 뱀부(6h)	
4일차	뱀부 → 히말라야(5h)	
5일차	히말라야 → 데우랄리(2h)	*수면고도 제약
6일차	데우랄리 → 안나푸르나 → 데우랄리(6h)	*내려오는 경우 소요시간 50% 단축
7일차	데우랄리 → 촘롱(5h)	
8일차	촘롱 → 나야풀(6h)	

하지만 시간이 상당히 오래 소요되고, 고려해야 할 조건도 많아 트래킹 일정을 짜거나 계산에서 실수하기 쉽다. 이런 문항은 풀고도 틀릴 가능성이 높아 풀지 않고 넘어가는 것이 좋은 전략이 될 것이다.

10 시간 · 공간

답 ①

난도 상

풀이시간 2분 30초

정답해설

5월 10일 A시의 일출 시각은 A시의 시각으로 05:30이고 일출 시각은 매일 2분씩 빨라지므로, 5월 12일 A시의 일출 시각은 05:26이다. 이때 A시와 B시는 각각 동경 125도와 115도에 위치하므로 10도의 차이가 난다. 따라서 지구가 10도 자전하여 B시가 A시가 있던 위치에 이르면 B시에 일출이 있게 된다. 지구는 1시간에 15도 자전하므로, 10도 자전하는 데에는 40분이 소요된다. 따라서 B시의 일출은 A시의 일출 시각인 05:26으로부터 40분 뒤인 06:06에 일어난다. 한편, A시는 동경 135도의 표준시를 사용하고, B시는 동경 105의 표준시를 사용하므로 A시가 B시보다 2시간 빠르다. 따라서 A시의 시각으로 06:06은 B시의 시각으로 04:06이 된다. 따라서 B시의 일출시각은 B시의 시각으로 04:06이 된다.

해가 뜨는 시각은 A시와 B시의 실제 위치에 따라 결정되고, A시와 B시의 시각은 실제 시의 위치가 아닌 표준시를 기준으로 결정되므로 두 차원을 나누어 생각해야 한다. A시와 B시가 10도 차이난다는 것은 곧 A시 일출로부터 40분 후 B시에 일출이 있다는 것을 의미한다는 것을 이해하고 있어야 이 문항을 해결할 수 있다.

11 시간 · 공간

답 ②

난도 상

풀이시간 2분 30초

정답해설

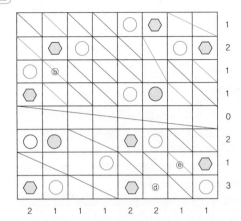

2	1	1	1	2	2	1	1	

우선 우물에 인접하지 않아 마을이 위치할 수 없는 위치를 다 지우고 생각한다(검은색 사선). 이후, 단서를 활용하여 마을이 위치할 수 없는 가능성이 높은 장소를 찾는다. 마을은 인접해서 위치하지 않고, 대각선으로도 놓여있지 않으므로 만일 ⓔ자리에 마을이 위치한다면, ⓔ 주변 8칸에는 마을이 위치할 수 없다. 하지만 그렇게 되면 마지막 행에 세 마을이 인접해서 위치해야만 마을 수 조건을 충족할 수 있는데, 이는 마을이 인접해서 위치할 수 없다는 조건에 모순된다. 따라서 ⓔ위치에는 어떠한 경우에도 마을이 위치할 수 없다. ⓔ를 지우면, ⓔ가 있는 열에 마을이 하나 있어야 하므로 2행 7열에 마을이 위치하게 된다.

이제 규칙에 따라 가능성을 따져본다(초록색 사선). 2행 7열의 주변 8칸을 다 지우면, 1행 5열에는 반드시 마을이 위치하게 된다. 이때 2행에 마을이 2개 위치하려면 2행 2열에 있는 우물을 2행에서 사용해야 한다. 따라서 ⓑ에는 마을이 위치할 수 없다. 마을의 수 조건을 충족시키려면 2행 3열과 3행 1열에 마을이 위치하게 된다.

계속 가능성을 따져본다. 3열에는 더 이상 마을이 있을 수 없다. 이때, 마을의 수 조건을 충족시키기 위해서는 ⓒ와 8행 2열에 마을이 위치해야 한다. 계속 조건을 충족시키면 ⓓ에도 마을이 반드시 위치하게 된다.

따라서 어떠한 경우에도 마을이 위치할 수 없는 곳은 모두 두 군데이다.

모순이 되는 마을의 위치가 한 눈에 들어오지 않는 한 풀지 않는 것이 좋다. 모순점을 못 찾고 무작정 접근하려 하면 가능한 경우의 수가 너무 많기 때문이다. 만약 ⓑ에 마을이 위치하게 되면 위의 두 행에서 마을의 수 조건을 충족할 수 없다는 것이나, ⓔ에 마을이 위치하게 되면 8행 마을의 수 조건을 충족할 수 없다는 것을 발견한다면 이를 중심으로 이하의 규칙을 전개해 나가면 된다.

12 시간·공간 　　　　　　　　　　　　　답 ④

난도 상

풀이시간 2분 30초

정답해설

④ 옳지 않다. 1일이 금요일인 달은 6월이므로, (1)이 원래 속해 있는 달은 첫 장 달인 8월과 2개월의 차이가 있다.

오답해설

① 옳다. 첫 장은 해당 연도의 8월이다.

② 옳다. 10월 25일은 목요일이므로 (25)가 원래 속해 있는 달이 될 수 없다.

③ 옳다. 10월 3일은 수요일이므로 (3)이 원래 속해 있는 달은 첫 장 달의 2개월 후이다.

⑤ 옳다. (3)이 원래 속해 있는 달인 10월과 (25)가 원래 속해 있는 달인 4월은 6개월의 차이가 있다.

합격생 가이드

달력의 규칙성을 이해하는 것이 중요하다. 규칙을 찾기 위해 첫 장의 앞뒤로 두 개월 정도는 월 초와 말인 1일과 30일 또는 31일을 기준으로 생각해본다. 우선 첫 장의 15일이 빨간색이므로 첫 장은 8월임을 알 수 있다. 이때 9/1은 토요일이고, 10/1은 월요일이다. 이를 쉽게 계산하는 방법은 다음과 같다. 9/1이 토요일이면 9/29은 토요일이므로 9/30은 일요일, 10/1은 월요일이 된다. 이 과정을 한 번만 더 해보면 10/29가 월요일이므로 11/1은 목요일이 됨을 알 수 있다. 여기서 규칙성을 발견할 수 있다. 한 달이 30일인 달의 다음 달은 전 달보다 요일이 두 개씩 밀리고, 한 달이 31일인 달의 다음 달은 전 달보다 요일이 세 개씩 밀린다. 예를 들어, 9/1이 토요일이면, 10/1은 월요일, 11/1은 목요일, 12/1은 토요일이 되는 것이다. 앞으로 셀 때도 마찬가지이다. 9/1이 토요일이면, 8/1은 수요일, 7/1은 일요일, 6/1은 금요일이 된다. 이러한 규칙성을 적용하면 문항을 해결하는 데 드는 시간을 절약할 수 있다.

CHAPTER
10 종합

LEVEL I 하급

01	02	03	04	05	06	07	08	09	10
①	③	⑤	③	②	③	⑤	⑤	②	⑤

01 종합　　　　　　　답 ①

난도 하

풀이시간 1분 30초

정답해설

ㄱ. 옳다. 도지권을 가진 소작농은 지주의 승낙 없이 임의로 도지권을 타인에게 매매할 수 있었기 때문에, 다른 소작농이 도지권을 가진 소작농으로부터 도지권을 매입한 경우가 있을 수 있다.

ㄴ. 옳다. 선도지는 경작 이전에 미리 일정액의 도조를 지급하는 경우의 도지이다. 따라서 수확량을 조사하기 위해 간평인을 보냈다면 선도지일 수 없다.

오답해설

ㄷ. 옳지 않다. 일제의 토지조사사업으로 도지권을 가진 소작농들의 도지권은 부인되었지만, 소작권이 인정되었으므로 소작은 할 수 있었다.

ㄹ. 옳지 않다. 도지권을 가진 소작농은 지주의 승낙 없이 임의로 도지권을 타인에게 매매할 수 있었다.

합격생 가이드

①번 선지와 ⑤번 선지가 ㄷ 포함 여부로 구분되므로 ㄷ을 우선적으로 판단한다. ㄷ을 옳지 않다고 판단하게 되면 ①, ②번 선지만 남으므로 ㄴ이나 ㄹ 중 하나만 판단하면 된다.

02 종합　　　　　　　답 ③

난도 하

풀이시간 1분 30초

정답해설

㉠ 정해진 도조 액수는 수확량인 쌀 20말의 1/4인 5말이 된다. 5말은 냥으로 환산하면 25냥이 된다.

㉡ 丙에게 A를 빌려주고 소작료를 받아 지주에게 도조인 25냥을 납부하고 그 차액인 25냥이 남는다면 丙에게 받는 소작료는 50냥이 된다.

㉢ 도지 A의 전체 가격은 도지권 가격과 지주의 소유권 가격의 합이다. 도지권의 매매 가격을 a라고 한다면, 소유권 가격은 도지권 가격의 2배이므로 A의 가격은 3a가 된다. 이때 A의 전체 가격(3a)은 900냥이므로 도지권의 매매 가격은 300냥이 된다.

㉣ 도지권을 가진 소작농이 도조를 납부하지 않는 경우, 지주는 연체된 도조를 빼고 나머지는 소작농에게 반환하여야 한다. 연체된 도조는 2년분인 50냥이므로, 甲은 乙에게 도지권의 매매 가격인 300냥에서 연체분인 50냥을 빼고

250냥을 반환해야 한다.

따라서 ㉠~㉣에 들어갈 수의 합은 25+50+300+250=625이다.

합격생 가이드

계산을 요하는 문제이므로 글에서 숫자가 나와 있는 문단을 찾아 읽으며, 글에 나타난 정보를 토대로 〈상황〉에 나타난 계산을 해나간다. 종합 유형에서 계산 문제의 경우, 보통 해당 문단을 발췌독하여도 풀이에 문제가 없다. 따라서 글을 읽다가 계산과 관련된 내용이나 수식이 제시된다면 해당하는 계산 문제를 찾아 먼저 해결해도 무방하다. 이런 경우, 문제를 읽고 해당하는 문단을 찾는 시간을 절약할 수 있다.

03 종합　　　　　　　답 ⑤

난도 하

풀이시간 1분 30초

정답해설

ㄴ. 옳다. 특수임무로 폭격을 수행하고, 기본임무로 수송을 수행하는 영구보존처리된 수직단거리이착륙기는 항공기 식별코드를 GBCV로 가질 수 있다.

ㄷ. 옳다. 특수임무로 수송을 수행하고, 기본임무로 지상공격을 수행하는 현재 정상적으로 사용되는 헬리콥터는 항공기 식별코드를 CAH로 가질 수 있다.

ㄹ. 옳다. 현재 정상적으로 사용되는 일반항공기로 기본임무만 수행하는 정찰기는 항공기 식별코드를 R로 가질 수 있다.

오답해설

ㄱ. 옳지 않다. 현재상태부호와 항공기종류부호에 해당하는 부호를 포함하고 있지 않으므로 (특수임무부호)(기본임무부호)로 구성되어 있음을 알 수 있다. 이때 특수임무부호는 항공기가 기본임무와 다른 임무를 수행할 때 붙이는 부호이므로 같은 임무를 나타내는 부호를 중복해서 사용할 수 없다.

합격생 가이드

종합형 문제가 모두 조건적용형 문제이므로, 문제 유형을 먼저 파악하여 처음부터 글을 꼼꼼하게 읽기보다는 문제에서 글의 해당 부분을 찾아 문제를 해결하는 식으로 접근한다.

앞부분 코드는 최대 (현재상태부호)(특수임무부호)(기본임무부호)(항공기종류부호)로 구성되고, 일반 비행기는 항공기종류부호가 생략될 수 있다. 모든 항공기 식별코드는 기본임무부호나 특수임무부호 중 적어도 하나는 반드시 포함하고 있으며 두 부호를 모두 포함할 수도 있다. 현재상태부호는 정상적으로 사용되는 경우 붙이지 않는다. 앞부분 코드를 물었으므로 다섯 번째 문단까지만 읽고 3번 문제를 해결한다.

현재상태부호로는 G, J, N이 있는데 〈보기〉 ㄱ, ㄷ, ㄹ에는 나타나지 않으므로, ㄱ, ㄷ, ㄹ의 앞부분 코드는 최대 (특수임무부호)(기본임무부호)(항공기종류부호)로 이루어져있음을 알 수 있다. ㄴ은 코드를 최대로 포함하고 있으므로 ㄴ의 가능성부터 따져본다. 이후 ③번 선지와 ⑤번 선지가 ㄹ의 포함 여부를 기준으로 나뉘고 있으므로 ㄹ의 정오를 판단한다. 식별코드가 한 개로 구성되려면, 항공기종류부호는 생략 가능하므로 기본임무부호만 포함하고 있으면 된다. 기본임무부호 중 R이 있으므로 ㄹ은 가능하다.

04 종합 　　　　　　　　 답 ③

난도 하

풀이시간 1분 30초

정답해설

현재 정상적으로 사용 중인 개량하지 않은 일반 비행기는 앞부분 코드로 특수임무부호와 현재상태부호, 항공기종류번호를 포함하지 않는다. 개량하지 않은 최초의 모델은 항상 A를 개량형부호로 부여받으므로, 뒷부분 코드로는 설계번호와 개량형부호를 포함한다. 따라서 문제에 제시된 항공기 식별코드 형식은 (기본임무부호)-(설계번호)(개량형부호)가 된다.

05 종합 　　　　　　　　 답 ②

난도 하

풀이시간 1분 30초

정답해설

ㄱ. 옳다. 세종대에는 표준 규격에 맞게 제작된 측우기를 중앙의 천문관서인 서운관과 전국 팔도의 감영에 설치하여 우량을 측정하고 조정에 보고하도록 하였다.

ㄹ. 옳다. 세종대에는 전국 모든 고을에까지 측우기를 설치한 반면, 영조대에는 서울의 궁궐과 서운관, 팔도 감영, 강화와 개성의 유수부에만 설치하였다.

오답해설

ㄴ. 옳지 않다. 측우기를 이용한 관측 및 보고 제도는 임진왜란과 병자호란을 겪으면서 지속되지 못하다가 영조대에 부활하였다. 따라서 1907년까지 지속적으로 유지된 것은 아니다.

ㄷ. 옳지 않다. 세종대에 서운관과 팔도 감영 이하 행정 단위의 관아에서는 자기 또는 와기로 측우기를 만들었다.

06 종합 　　　　　　　　 답 ③

난도 하

풀이시간 1분 30초

정답해설

시간당 51mm의 비가 내렸으므로, 세 시간 동안 153mm의 비가 내렸음을 알 수 있다. 글에 따르면 7치는 147mm이고, 1푼은 2.1mm이다. 153-147=6mm이고 6mm는 3푼에 근사하므로 이를 환산하면 약 7치 3푼이다.

07 종합 　　　　　　　　 답 ⑤

난도 하

풀이시간 2분

정답해설

- 갑 : 군왕 → 패륵(군왕의 적장자) → 패자(패륵의 적장자) → 진국장군(패륵의 적자) → 보국장군(진국장군의 적장자, 갑)
- 을 : 군왕 → 진국장군(군왕의 적자) → 보국장군(진국장군의 적자) → 봉국장군(보국장군의 적장자) → 봉은장군(봉국장군의 적자, 을)
- 병 : 군왕 → 진국장군(군왕의 서자) → 보국장군(진국장군의 적장자) → 한산종실(보국장군의 서자) → 한산종실(한산종실의 적장자, 병)
- 정 : 군왕 → 진국장군(군왕의 서자) → 보국장군(진국장군의 적자) → 봉국장군(보국장군의 적자) → 봉은장군(봉국장군의 적자, 정)

08 종합 　　　　　　　　 답 ⑤

난도 하

풀이시간 1분 30초

정답해설

⑤ 옳지 않다. 친왕의 후손인 봉은장군의 적장자는 봉은장군의 작위를 부여받으므로 한산종실이 되지 않을 수 있다.

오답해설

① 옳다. 작위 수여 규정을 보면 서자는 부의 작위에 따라 진국장군, 보국장군, 봉국장군의 작위만을 받을 수 있다.

② 옳다. 진국장군의 서자인 한산종실은 그의 아버지가 친왕의 서자인 진국장군일 수 있다.

③ 옳다. 적자와 작위를 받을 수 있는 서자 사이의 차별로 가능한 것은 보국장군-봉국장군(1등급 차이), 진국장군-보국장군(1등급 차이), 불입팔분공-진국장군(1~2등급 차이)이다.

④ 옳다. 적장자와 적자는 같은 아버지와 어머니를 가진다. 예를 들어, 군왕의 적장자와 적자는 각각 패륵과 진국장군의 작위를 부여받는데 이는 여섯 등급의 차이가 난다.

09 종합

답 ②

난도 하

풀이시간 1분 30초

정답해설

② 옳다. 17세기에 분원은 약 10년에 한 번 시장절수처 내의 수목이 무성한 곳으로 이동하였고, 17세기 말경 분원을 고정시키자는 분원고정론이 대두되었으나 이는 18세기에 이르러 시행되었다.

오답해설

① 옳지 않다. 시장절수처의 소나무는 질이 좋아서 관요에 필요한 연료로 사용되었다.

③ 옳지 않다. 19세기에 광주분원은 관요의 기능을 상실하였을 뿐 광주분원의 공장은 도자기를 계속 생산하였을 것이다.

④ 옳지 않다. 분원고정론은 17세기 말에 대두되었으나 당시에는 실현되지 못하고, 1721년이 되어서야 비로소 분원이 고정되었다.

⑤ 옳지 않다. 1721년 이후에는 분원을 고정시켜 시장절수처 이외의 장소에서 땔감을 구입하여 사용하였다.

10 종합

답 ⑤

난도 하

풀이시간 1분 30초

정답해설

광주분원 1가마에서 백자 1,500개를 생산하는데 50짐(=25태=5거)의 소나무 장작이 필요했다. 따라서 2,000가마에서 300만 개의 백자를 생산하기 위해서는 5거×2,000=10,000거의 장작이 필요하다.

합격생 가이드

2,000가마에서 300만 개의 백자 생산에 필요한 장작의 양을 구하는 것은 1가마에서 1,500개의 백자 생산에 필요한 장작의 양에 2,000씩만 곱하면 되므로 '1거=5태=10짐'의 관계만 파악한다면 어렵지 않게 계산할 수 있다. 글을 읽다가 계산과 관련된 내용이나 수식이 제시된다면 해당하는 계산 문제를 찾아 먼저 해결해도 무방하다. 이런 경우, 문제를 읽고 해당하는 문단을 찾는 시간을 절약할 수 있다.

LEVEL II 중급

01	02	03	04	05	06				
①	③	⑤	②	①	①				

01 종합

답 ①

난도 중

풀이시간 1분 30초

정답해설

① 옳다. 성종 때 조강에 참석했던 최소 인원은 영사·지사(동지사)·참찬관 각 1인으로 3인, 낭청 2인, 대간 2인, 사관 1인, 특진관 2인으로 총 10인에 성종을 더하여 11인이 된다.

오답해설

② 옳지 않다. 영의정은 삼정승으로 경연관 중 영사에 해당한다.

③ 옳지 않다. 지사와 동지사는 정2품과 종2품에서 임명되므로 서편에 동향해 부복하였을 것이다.

④ 옳지 않다. 경연에서는 역사책인 자치통감 등에 대한 강의가 이루어졌다.

⑤ 옳지 않다. 경연은 고려 예종이 처음 도입하였다.

합격생 가이드

①번 선지에서 조강에 참석했던 인원을 셀 때 글에 나와 있는 것처럼 신하에 한정하여 생각한다면 성종을 빠뜨려 최소 인원이 10명이라고 도출하게 된다. 그렇다면 ①번 선지를 틀리다고 판단하여 정답을 못 찾고 시간을 소모하거나, 미처 판단하지 않은 남은 선지를 정답으로 고르고 넘어갈 수 있다. 이런 실수를 방지하기 위해서 계산이 필요한 선지는 마지막에 판단하는 것이 좋다. 이 전략은 시간을 절약하는 데에도 도움이 되고, 본인이 계산 실수로 인해 잘못 판단할 가능성을 줄이는 데에도 도움이 된다.

02 종합

답 ③

난도 하

풀이시간 1분 30초

정답해설

③ 주강에는 도승지가 참석할 수 있으나, 낭청 중 부제학이 겸할 수 있는 역할은 없다. 따라서 부제학은 낭청으로 경연에 참석할 수 없다.

오답해설

① 조강에는 우의정이 겸하는 영사와 낭청 중 부응교가 겸하는 시강관이 참석할 수 있다.

② 조강에는 도승지가 겸하는 참찬관과 낭청 중 직제학이 겸하는 시강관이 참석할 수 있다.

④ 주강에는 우승지가 참석할 수 있고, 낭청 중 직제학이 겸하는 시강관이 참석할 수 있다.

⑤ 석강에는 좌승지가 참석할 수 있고, 낭청 중 전한이 겸하는 시강관이 참석할 수 있다.

당상관은 삼정승이 겸하는 영사, 정2품과 종2품이 겸하는 지사·동지사, 여섯 승지와 홍문관 부제학이 겸하는 참찬관으로 구성된다. 낭청은 직제학·전한·응교·부응교가 겸하는 시강관, 교리·부교리가 겸하는 시독관, 수찬·부수찬이 겸하는 검토관으로 구성된다. 경연관의 이름과 경연관을 맡는 관직의 용어가 생소하여 연결시키는 데에 혼란스러움을 느끼기 쉬우므로 꼼꼼하게 읽어야 한다.

03 종합 　　　　　　　답 ⑤

난도 중

풀이시간 2분

정답해설

ㄴ. 옳다. 조부의 상은 참최의 다음 등급이되 자최 5개월보다는 중한 등급에 해당할 것이다. 따라서 손자의 상기는 1년 이상이 된다.

ㄷ. 옳다. 당숙은 아버지의 4촌으로 5촌 방계에 해당한다. 지팡이를 짚어야 하는 가장 낮은 단계는 고모의 상을 포함하는 자최 1년의 장기인데, 당숙의 상은 적어도 자최 1년의 장기보다는 낮은 등급일 것이다.

ㄹ. 옳다. 부부 상호간의 상례에서 아내는 보다 중한 상례를 지켜야 하므로, 자최 1년의 부장기보다 중한 상이라면 반드시 지팡이를 짚게 된다.

오답해설

ㄱ. 옳지 않다. 친가 4촌 형제의 상을 당한 경우가 대공에 해당하고, 외사촌의 경우는 알 수 없다.

합격생 가이드

글을 읽고 오복과 상복 제도의 내용을 모두 기억할 수 없으므로 〈보기〉를 먼저 읽고 글의 해당 부분 찾아서 문제를 해결하는 식으로 접근한다. ㄱ의 외사촌 형, ㄴ의 조부, ㄷ의 당숙, ㄹ의 남편의 상을 당한 아내, 즉 보기의 모든 경우가 주어진 예시에 나와 있지 않으므로 글의 내용을 통해 추론해야 한다. 추론 문제의 경우, 본인의 능력에 맞게 본인이 판단하기 쉽거나, 확실하다고 생각하는 선지부터 해결해 나가는 것이 좋다.

04 종합 　　　　　　　답 ②

난도 하

풀이시간 1분 30초

정답해설

• 甲 : 14세인 아들을 잃었으므로 중상에 해당한다. 중상의 상기는 하상의 상기인 5개월보다 2개월이 기므로 甲의 상기는 7개월이 된다.

• 乙 : 친가 8촌 형제의 상은 3개월인 시마에 해당한다. 이와 같은 상기를 지키게 되었으므로 乙의 상기는 3개월이 된다.

• 丙 : 입양을 간 남성은 양부모의 친족에 대하여 친자와 똑같은 상례를 지킨다. 양부의 조모는 증조모로, 증조모의 상을 당한 증손자인 丙의 상기는 5개월이 된다.

따라서 甲~乙을 상기가 긴 순서대로 나열하면 甲(7개월) – 丙(5개월) – 乙(3개월)이 된다.

05 종합 　　　　　　　답 ①

난도 중

풀이시간 2분

정답해설

① 옳다. 하루가 지나가는 시간인 자정은 삼경 3점과 삼경 4점의 중간에 있었다.

오답해설

② 옳지 않다. 수시력으로 춘분·추분에 낮과 밤의 시간은 각각 50각으로 같았다.

③ 옳지 않다. 초경 3점에 종을 쳐서 성문의 출입을 제한하였다.

④ 옳지 않다. 수시력에 따르면 하루를 100각으로 나눈다. 하루는 1,440분이므로 이를 100으로 나누면 14.4분이 된다.

⑤ 옳지 않다. 5경제의 각 경이 오늘날의 2시간을 나타내는지는 알 수 없다.

합격생 가이드

④번 선지를 다음과 같이 생각할 수 있다. 수시력의 1각이 오늘날의 15분이라면, 하루는 100각이므로 1,500분이 되어야 한다. 하지만 하루는 1,440분이다.

06 종합 　　　　　　　답 ①

난도 중

풀이시간 2분 30초

정답해설

표 안의 숫자를 (북, 징)을 치는 횟수라고 하면 다음과 같다. 이때 인정은 초경 3점에, 파루는 오경 3점에 해당하므로 초경 1점과 2점, 오경 4점과 5점에는 종을 치지 않는다.

구분	1점	2점	3점	4점	5점
초경	×	×	(1,3)×5	(1,4)×5	(1,5)×5
이경	(2,1)×5	(2,2)×5	(2,3)×5	(2,4)×5	(2,5)×5
삼경	(3,1)×5	(3,2)×5	(3,3)×5	(3,4)×5	(3,5)×5
사경	(4,1)×5	(4,2)×5	(4,3)×5	(4,4)×5	(4,5)×5
오경	(5,1)×5	(5,2)×5	(5,3)×1	×	×

따라서 이를 계산하면 북 295번, 징 303번이다.

합격생 가이드

계산을 하기로 마음먹었다면, 규칙성을 찾아 계산을 최대한 간단하게 하는 것이 중요하다. 초경과 오경은 규칙에서 벗어나므로 따로 계산하고 이경~사경을 먼저 계산한다. 북을 치는 횟수는 경에 의해 결정되고, 징을 치는 횟수는 점에 의해 결정된다. 따라서 이를 구분하여 생각하면 북을 치는 횟수는 (2+3+4)×5×5=225번이 되고, 징을 치는 횟수는 (1+2+3+4+5)×5×3=225번이 된다. 이때 초경에 북을 치는 횟수는 5×3=15, 징을 치는 횟수는 (3+4+5)×5=600이고, 오경에 북을 치는 횟수는 25×2+5=55, 징을 치는 횟수는 (1+2)×5+3=180이다. 따라서 이를 더하면 북을 치는 횟수는 225+15+55=295번, 징을 치는 횟수는 225+60+18=303번이 된다.

위의 해설은 정석적인 계산 방법이고, 이 문제를 최대한 빨리 풀기 위해서는 규칙성에서 벗어나는 횟수를 단서로 잡아야 한다. 오경 3점을 제외한 다른 모든 점에서는 북과 징을 5회 되풀이하여 치기 때문에 징을 치는 횟수가 5의 배수로 떨어질 것이다. 하지만 오경 3점에는 징을 1회만 치므로 징을 치는 횟수가 5의 배수로 떨어지지 않고 3번이 남아야 한다. 따라서 답은 ①, ③번 선지로 좁혀진다. 따라서 징을 치는 횟수를 계산할 필요 없이 북을 치는 횟수만 계산하면 된다.

종합형 문제라고 해서 두 문제를 모두 풀어야 한다고 생각하지 말고, 계산에 시간이 많이 소요될 것 같다면 과감하게 넘길 줄 알아야 한다.

MEMO

좋은 책을 만드는 길 독자님과 함께하겠습니다.

도서나 동영상에 궁금한 점, 아쉬운 점, 만족스러운 점이
있으시다면 어떤 의견이라도 말씀해 주세요.
SD에듀는 독자님의 의견을 모아 더 좋은 책으로 보답하겠습니다.

www.sdedu.co.kr

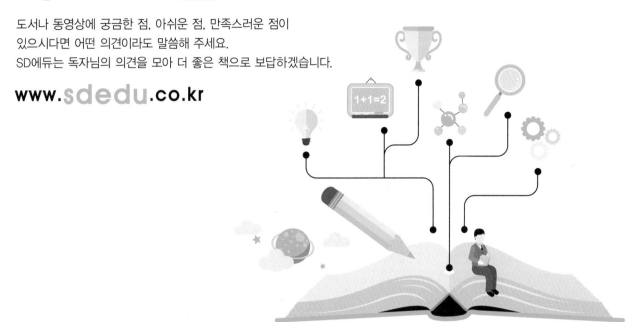

2023 행시 최종합격생 7인의 5급 PSAT 유형별 기출공략 〈상황판단〉

개정2판1쇄 발행	2022년 06월 02일 (인쇄 2022년 04월 15일)
초 판 발 행	2020년 10월 05일 (인쇄 2020년 08월 28일)
발 행 인	박영일
책 임 편 집	이해욱
편 저	행시 최종합격생 7인
편 집 진 행	송재병 · 정유진
표지디자인	박종우
편집디자인	김예슬 · 박서희
발 행 처	(주)시대고시기획
출 판 등 록	제 10-1521호
주 소	서울시 마포구 큰우물로 75 [도화동 538 성지 B/D] 9F
전 화	1600-3600
팩 스	02-701-8823
홈 페 이 지	www.sdedu.co.kr
I S B N	979-11-383-2302-4 (13350)
정 가	18,000원

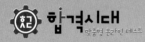 

행시 최종합격생 7인의

5급 PSAT
유형별 기출공략
상황판단

정답 및 해설

SINCE 2010
PSAT 부문
누적
판매 6만 부
2010년부터 2022년 상반기까지
본사 PSAT 시리즈 전체 판매량 기준

22.2.26. 시행
5급 PSAT 상황판단
최신 기출문제 및
해설 수록

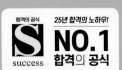

행시 최종합격생 7인의

5급 PSAT
유형별 기출공략

상황판단